A MAGIA DAS LETRAS AFRICANAS

Angola e Moçambique – Ensaios

CIÊNCIAS & ARTES

Carmen Lucia Tindó Secco

A MAGIA DAS LETRAS AFRICANAS

Angola e Moçambique – Ensaios

edição revista, atualizada e ampliada

kapulana
editora

São Paulo
2021

Copyright©2003 Carmen Lucia Tindó Ribeiro Secco
Copyright©2021 Editora Kapulana Ltda.

Edição revista, atualizada e ampliada.

Edições anteriores:
A magia das letras africanas. Ensaios escolhidos sobre as literaturas de Angola, Moçambique e alguns outros diálogos. Rio de Janeiro: Barroso Edições, 2003.

A magia das letras africanas. Ensaios escolhidos sobre as literaturas de Angola, Moçambique e alguns outros diálogos. Lisboa: Novo Imbondeiro, 2004.

A magia das letras africanas. Ensaios escolhidos sobre as literaturas de Angola, Moçambique e alguns outros diálogos. Rio de Janeiro: Quartet Editora, 2008.

Grafia atualizada segundo o Acordo Ortográfico da Língua Portuguesa de 1990, em vigor no Brasil a partir de 2009.

Coordenação editorial: Rosana Morais Weg
Projeto gráfico e capa: Daniela Miwa Taira

Dados Internacionais de Catalogação na Publicação (CIP)
(Câmara Brasileira do Livro, SP, Brasil)

Secco, Carmen Lucia Tindó
A magia das letras africanas: Angola e Moçambique : ensaios / Carmen Lucia Tindó Secco.-- 1. ed. rev., atual. e ampl. -- São Paulo: Kapulana, 2021. -- (Ciências e artes)

Bibliografia
ISBN 978-65-87231-12-9

1. Ensaios 2. Literatura africana (Português) - História e crítica 3. Literatura angolana (Português) 4. Literatura moçambicana (Português) I. Título II. Série.

21-83781   CDD-Af869.09

Índices para catálogo sistemático:

1. Literatura africana: Português: História e crítica Af869.09

Maria Alice Ferreira - Bibliotecária - CRB-8/7964

2021

Reprodução proibida (Lei 9.610/98).
Todos os direitos desta edição reservados à Editora Kapulana Ltda.
editora@kapulana.com.br – www.kapulana.com.br

Agradecimentos

À Laura Padilha, grande Mestra e amiga, com quem muito aprendi e partilhei viagens e aventuras pelas letras africanas.

À Inocência Mata, autora do prefácio das edições de 2003 e 2008; a Michel Laban e a Russell Hamilton, responsáveis pelos escritos da quarta capa – nossa eterna gratidão pelo incentivo, reconhecimento e difusão dados às duas primeiras edições de *A Magia das Letras Africanas*.

À Edna Maria dos Santos e à sua equipe, pelo apoio e divulgação da obra junto aos cursos oferecidos pelo seu Laboratório de Pesquisas - LPPE, na Universidade do Estado do Rio de Janeiro - UERJ, de 2003 a 2010.

Aos colegas e alunos da UFRJ (Universidade Federal do Rio de Janeiro), cujos diálogos enriquecedores possibilitaram maior aprofundamento de nossas reflexões.

Ao CNPq e à FAPERJ pelas bolsas concedidas anteriormente, cujos projetos de pesquisa deram origem a muitos dos textos publicados neste livro.

À Editora Kapulana, pelo interesse nesta publicação.

Para todos aqueles que, a par do desencanto contemporâneo, ainda têm tempo e olhos, ouvidos e sonhos para captarem o saber e a magia das palavras.

A palavra é, por excelência, o grande agente da magia africana.[1]

Amadou Hampâté Bâ

A imaginação tenta um porvir; ela é um fator de imprudência que nos destaca das pesadas estabilidades.[2]

Gaston Bachelard

Afinal de contas, quem imagina é porque não se conforma com o real estado da realidade.[3]

Mia Couto

---

1 BÂ, Amadou Hampâté. "Palavra africana". In: *O Correio da UNESCO*. Ano 21, n. 11. Paris; Rio de Janeiro, nov. 1993, p. 17.
2 BACHELARD, Gaston. *La poétique de la revêrie*. Paris: Presses Universitaires de France, 1960, p. 7.
3 COUTO, Mia. "Escrevências Desinventosas". *Cronicando*. Lisboa: Caminho, 1991, p. 167-168.

Sumário

APRESENTAÇÃO   11

A ARTE DE MAGICAR   13

I. A MAGIA DO CONTAR – O RECONTAR DA HISTÓRIA PELA FICÇÃO

- Manuel Rui: uma teorização do narrar...   25
- As míticas águas da memória em Agostinho Neto e Arguedas 31
- *Mayombe*: os meandros da guerra e os "feitiços" do narrar 37
- Guimarães Rosa, Luandino Vieira e Mia Couto – intertextualidades... 44
- Moçambique: alegorias em abril   54
- O mito da criação em Luandino e Guimarães   67
- *Rioseco* – memória de mar, memória de outras memórias... 74
- Pepetela e o grito melancólico da Kianda   83
- Boaventura Cardoso: os alegóricos "maios" e "desmaios"   93
- Religiosidades e tradições angolanas na ficção e na pintura 103
- Entre crimes, detetives e mistérios... Pepetela e Mia Couto – riso, melancolia e o desvendamento da História pela Ficção 113
- Paulina Chiziane e o tear crítico de sua ficção   123
- A memória como "Lugar de Escrita" em dois romances angolanos contemporâneos 131
- Fraturas e tensões: o repensar crítico da nação moçambicana. História, mito e ficção em *As duas sombras do rio* 141
- Os outros pés da História: uma leitura de *Choriro*, de Ba Ka Khosa, e de *O outro pé da sereia*, de Mia Couto 154

II. A MAGIA DO CANTO – DISPERSAS INCURSÕES PELA POESIA

- A vertigem da criação — 165
- Canto e poesia a uma só voz — 173
- Uma poética de mar e silêncio... — 179
- Sonhos e clamores... — 187
- E agora, Rui ?!... – Um passeio pelo irreverente e transgressor lirismo knoplifiano — 196
- Indeléveis ruminações da memória — 209
- A haste e a ostra: uma poética da catástrofe e do sonho... — 220
- *Os pequenos botões* e o desesperado desabrochar de uma jovem poesia... — 228
- Quando as "sagradas certezas" desmancham no ar... (ressonâncias da poética de Agostinho Neto na poesia angolana contemporânea) — 236
- Craveirinha e Malangatana: cumplicidade e correspondência entre as artes — 246
- Voos em direção ao humano — 263
- *Dormir com Deus* e sonhar o mel das palavras... — 270
- Letras e telas moçambicanas em diálogo... — 278
- Por entre sonhos e ruínas – reflexões sobre a atual poesia angolana — 286
- Paisagens, memórias e sonhos na poesia moçambicana contemporânea — 303
- Noémia de Sousa, grande dama da poesia moçambicana — 330

Referências — 338

A Autora — 355

Apresentação

Esta edição de *A Magia das Letras Africanas* vem a público, revista e ampliada, depois de esgotada há anos e após muita insistência de alunos e colegas que consideram a publicação importante e necessária aos estudos africanos, tendo em vista ser uma das obras indicadas como bibliografia obrigatória para concursos e referência para os estudos das Literaturas Africanas de Língua Portuguesa no Brasil e no exterior.

A Magia das Letras Africanas se constitui como um conjunto de exercícios literários, de "modos produtivos de interpretação"[1], por intermédio dos quais práticas de exegese textual são veiculadas, com o intuito de incitar, nos que se iniciam nos estudos das letras africanas, o prazer de ler, o gosto de magicar. Esclarecemos que nossas análises dos textos não se colocam, de modo algum, como modelos fechados, mas como uma das muitas vias possíveis de leitura, conforme Kwame Anthony Appiah pondera que deva ser todo processo interpretativo:

> Concentrarmo-nos na questão de saber se uma interpretação é "correta" equivale a suscitarmos a pergunta: "Do que é que se supõe que uma interpretação deva dar uma explicação correta?" A resposta rápida – que, como veremos de imediato, diz-nos menos do que pretende – é, evidentemente, do "texto". Só que o texto existe como evento lingüístico, histórico, comercial e político; e, embora cada um desses modos de conceber o mesmíssimo objeto forneça oportunidades pedagógicas, cada qual oferece oportunidades diferentes: oportunidades entre as quais temos de escolher. (...) Compreender o que é uma interpretação equivale a compreender que a chamada interpretação está sempre ao alcance de qualquer um.[2]

A seleção dos ensaios aqui reunidos priorizou obras de escritores e poetas africanos frequentemente estudadas em universidades brasileiras e estrangeiras. Nossa intenção foi concentrar, em uma única obra, nossos artigos, publicados dispersamente em capítulos de livros, revistas e jornais especializados, anais de congressos, dentre os apresentados em variados eventos e os produzidos em nossos projetos de investigação desenvolvidos na Universidade Federal do Rio de Janeiro, a partir de 1995, com o apoio do CNPq (Conselho Nacional de Desenvolvimento Científico e Tecnológico) e da FAPERJ (Fundação Carlos Chagas Filho de Amparo à Pesquisa do Estado do Rio de Janeiro), órgãos brasileiros de fomento à pesquisa.

Agrupamos nossos ensaios em duas partes: A MAGIA DO CONTAR – o recontar da história pela ficção, que analisa contos e romances representativos da prosa angolana e moçambicana; e A MAGIA DO CANTO – dispersas incursões pela poesia, que aborda a produção de alguns poetas de Angola e Moçambique.

Como evidenciam esses subtítulos e o título do próprio livro, "magia" se revela um significante privilegiado e, por tal razão, abrimos a coletânea com A ARTE DE MAGICAR para discutir os vários sentidos do termo.

Carmen Lucia Tindó Secco

Rio de Janeiro, abril de 2021.

NOTAS

1 APPIAH, K. A. *Na casa de meu pai*. A África na filosofia da cultura. Rio de Janeiro: Contraponto, 1997, p. 106.

2 Id., ibid., p. 106.

A arte de magicar

> A imaginação não é, como sugere a etimologia, a faculdade de formar imagens da realidade; ela é a faculdade de formar idéias que ultrapassam a realidade, que cantam a realidade.
>
> Gaston Bachelard[1]

Os ensaios que ora publicamos fazem parte do ofício literário que realizamos com a "palavra africana", desde 1993, nos bancos universitários brasileiros. Conquanto os estudos das literaturas africanas motivem nossos alunos, estes, na maioria das vezes, se aproximam dessas letras carregados de curiosidade e fetichismo. As concepções que possuem em relação à África se encontram envoltas em "exotismo" e "exclusão". Dentre os estudantes que tenham ouvido ou lido algo sobre as literaturas de Angola, de Moçambique ou de outra nação da África, quase todos têm uma visão parcial e deturpada em relação a essas letras, julgando que estas se restringem a temas raciais de exaltação dos negros, à denúncia da opressão colonial e a um discurso engajado em prol das lutas de libertação dos países africanos. Desse modo, a África é ainda, em grande parte, concebida como um continente periférico e misterioso, berço de orixás e religiosidades africanas, como um território de feitiços e magias.

Duas imagens costumam surgir com frequência: a da Mãe-África idealizada pelos lugares-comuns de uma mítica "africanidade imaginada", configurada por sons de tambores, danças sensuais, avós contadoras de estórias; e a da África dizimada por doenças, miséria e guerras. As percepções condicionadas pela mídia ocidental ou acentuam a ideia de violência e fome ou ressaltam

> características residuais da "eterna África", tais como a dança, os gestos expressivos, o poder de fabulação, a religiosidade, o entusiasmo descontínuo, ou, segundo as palavras cruéis de Blyden, o "ritmo, verdadeira feitiçaria e o erotismo ávido de sensações novas".[2]

Nossa intenção, como a de Alpha Sow e a de outros estudiosos da África, é, justamente, desconstruir esses estereótipos, enfatizando que a "cultura negro-africana não é, de modo algum, este sincretismo folclórico tão estimado e encorajado pelos meios de difusão de massa"[3].

Ao focalizarmos obras das literaturas africanas, desejamos mostrar que o encantamento despertado por elas provém, em muitos casos, do grande labor estético que possuem, não podendo, portanto, receberem o rótulo de "literaturas menores", conforme foram designadas por certos segmentos da crítica literária ocidental.

Para empreendermos a desconstrução dessas visões estigmatizadas, há que começarmos por explorar a polissemia da palavra "magia" e dos étimos dela derivados. Do grego *magéia* e do latim *magía* (por via erudita)[4], esse vocábulo tem, na língua portuguesa, uma série de significações, embora as mais correntes sejam as de "ciência oculta", "bruxaria", "magismo", "religião fetichista", "invocação de espíritos e gênios da natureza"[5], em virtude de essas acepções terem sido difundidas, em maior escala, pelos colonizadores europeus que revestiram o termo de conotações negativas, discriminando, preconceituosa e etnocentricamente, as práticas culturais e religiosas africanas.

Antes de, em nossas análises textuais, evidenciarmos que o culto dos antepassados e das divindades representativas dos elementos cósmicos integram, frequentemente, as concepções animistas do universo de vários povos de Angola e Moçambique, é importante chamarmos atenção para os demais sinônimos que os dicionários registram para a palavra "magia". De acordo com Aurélio Buarque de Holanda, esse vocábulo possui também os significados de "encanto", "fascinação", "magnetismo"[6], sentidos consoantes com a semântica do adjetivo "mágico" (do grego *magikós* e do latim *magicu*, por via erudita)[7], cuja etimologia é a mesma de "meigo" (= "mágico", "encantador")[8]. Essas últimas significações respaldam nossa concepção de literatura que se apoia na noção de "prazer do texto", expressão cunhada pelo semiólogo francês Roland Barthes, para quem a escrita literária é um espaço de desejo, conforme ele próprio explicita: "O texto que escreve tem de me dar a prova **de que me deseja**. Essa prova existe: é a escrita. A escrita é isso: a ciência das fruições da linguagem, o seu kamasutra"[9]. Essa escrita, entretanto, nada tem a ver com a dimensão meramente fonética de fonemas, palavras, sintagmas e frases, mas, sim, com as camadas submersas do discurso, onde emoção, melodia e gestualidade transformam o texto em local de manifestação do erotismo verbal intrínseco a toda enunciação literária. A escritura, para Roland Barthes, possui, dessa forma, uma vocalidade, ou seja, uma materialidade capaz de fazer os leitores escutarem "o grão da voz"[10] e se tornarem cativos do magnetismo emanado das malhas textuais. Esse tipo de fascínio é inseparável de qualquer literatura, pois diz respeito ao próprio fundamento dos discursos literários. Portanto, quando aludimos à "magia das letras africanas", não nos referimos, apenas, à atmosfera animista que muitos textos, com base em mitos e religiosidades locais, reinventam literariamente, mas, principalmente, ao encanto e à fascinação ante o aspecto lúdico característico da linguagem artística. E, validando ainda mais a escolha do título que elegemos para nosso livro, encontramos nos dicionários outros sentidos para "magia": "arte de magicar" (= "maginar"), "pensar", "ruminar", "cismar", "devanear", "imaginar"[11]. A designação de nossa coletânea se explica, assim, polissemicamente, pois, se nossos ensaios, de um lado, trabalham com o encantamento da contação africana de estórias, com o animismo presente em representações míticas e religiosas do imaginário cultural africano recriadas[12] pela literatura, de outro, operam com o deslumbramento estético próprio a qualquer literatura, com a "arte de magicar" que implica o gozo da imaginação criadora inerente tanto às obras literárias quanto à atividade crítica de análise textual.

Os textos que estudamos – os de poesia e os de prosa – foram engendrados por cosmovisões, pensamentos, imaginações dos autores que, através da elaboração poética da linguagem, conseguiram apreender, criativamente, aspectos culturais e sociais de seus países, sentimentos e emoções de seus povos. As leituras por nós elaboradas, por sua vez, procuram desvelar alguns dos sentidos profundos das obras analisadas e, para tal, se valem da arte de imaginar, ruminar palavras, especular ideias. "Magicar" – como vimos – diz respeito, também, ao ato de pensar; assim, nossas interpretações não ficam na mera sedução da linguagem, buscando, principalmente, refletir acerca das relações entre literatura e História, uma vez que, esta, de acordo com Walter Benjamin[13], se encontra "sob ruínas", não estando dissociada das noções de "magia e técnica, arte e política".

O magnetismo exercido pelas literaturas africanas, das quais ora nos ocupamos, advém, pois, de várias formas de magia. Uma dessas resulta, em parte, da presença da oralidade reatualizada, de forma inventiva, por escrituras que se querem, simultaneamente, som, corpo e letra[14], dramatizando vozes de *griots*, guardiões da sabedoria ancestral. E, ao fazerem isso, reencenam ritmos fundadores e poderes cósmicos do verbo criador.

Segundo Amadou Hampâté Bâ, em várias mitologias de antigos povos da África, a palavra é considerada força vital, gerando movimento, melodia, ação: "Escuta, diz a África milenar. Tudo fala. Tudo é palavra. Tudo busca nos transmitir um estado de ser misteriosamente enriquecedor. Aprende a escutar o silêncio e descobrirás que é música"[15]. Envoltas em sacralidade, as estórias orais se faziam instrumento dos mais velhos que passavam ensinamentos e conselhos aos mais jovens, fundando, dessa maneira, a "cadeia da tradição"[16], imprescindível ao desenvolvimento das sociedades. Os artesãos tradicionais, conforme menciona Hampâté, acompanhavam seu trabalho com musicalidade e gestos sincronizados que imitavam o mistério da criação:

> Nos cantos rituais e nas fórmulas mágicas, portanto, a palavra é materialização da cadência. E caso se considere que a palavra pode atuar sobre os espíritos, é porque sua harmonia cria movimentos, movimentos que engendram forças, que por sua vez atuam sobre os espíritos, eles próprios potências de ação.[17]

Nessas culturas de predomínio oral, também era comum o emprego de provérbios, adivinhas, lendas e estórias, cujas lições se transmitiam por intermédio de métodos mnemônicos baseados em repetições ritmadas, as quais cumpriam a função de imprimir o sabor das experiências subjetivas compartilhadas, fazendo com que, dessa forma, a memória coletiva se perpetuasse através dos tempos e gerações:

> Os mitos, contos, adivinhações, provérbios e enigmas, etc., ainda mal estudados e mal conhecidos, nem sempre constituem simples expressões de valores folclóricos. Eles representam muitas vezes técnicas de memorização e de difusão de um saber ou de uma mensagem.[18]

Sendo os ditados e máximas proverbiais numerosos entre diversos povos da África, o africanista Honorat Aguessy é outro estudioso que destaca a importância deles como elementos constituintes de um dos modos africanos de pensar:

> (...) os provérbios não são obras secundárias e, além disso, revelam-se como sendo belos "resumos" de longas e amadurecidas reflexões, resultado de experiências mil vezes confirmadas. O caráter anónimo dos provérbios traduz a sua profunda inserção no âmago da experiência e da vida colectiva, depois de longas rodagens e experiências.[19]

Ainda hoje, vários escritores se mantêm atentos ao caráter infindável dessas fórmulas orais, cientes de que as "fronteiras móveis da oralidade se tecem pela contagem interminável das contas do colar da vida, nas suas voltas e mais voltas ao redor do fio"[20]. Dessa consciência partilham não só a poetisa angolana Paula Tavares, mas diversos outros autores, entre os quais, por exemplo, Mia Couto:

> O verso
> une o verso,
> universo em página única
> de um só lado, sem verso.
> A parte,
> então, parte o colar
> missanga entre palavras: nasce o particular.
> Assim,
> no bulir da vida,
> o abolir da morte.[21]

Grande parte desses escritores sabe, contudo, da impossibilidade de as tradições poderem ser resgatadas em sua inteireza primeva. Assim, com domínio de modernas técnicas de "fingimento" literário, refletem sobre o próprio ato da criação e, muitas vezes, retrabalham provérbios, adivinhas, máximas, ressignificando-os e criando situações orais simuladas na cena textual. Pathé Diagne, reconhecido estudioso das culturas de África, quando declara que a estética da oralidade foi um dos fatores de renovação das artes literárias africanas, reafirma a reincidência desse processo de teatralização do narrar:

> A narrativa oral tradicional do contador e do "griot" negro-africano utiliza uma técnica de caracterização e um modo de dramatização que se articulou sobre uma estrutura frequentemente simples. Os acontecimentos enxertam-se aí sobre uma intriga linear. A riqueza das peripécias cria uma tensão permanente. O romance moderno, parece, paradoxalmente, embrenhar-se hoje nesta via, que se julgaria simplista depois de Joyce.[22]

Também Laura Padilha, especialista das literaturas africanas, aponta a oratura recriada pela escrita como uma característica constante dessas letras. Ela chama atenção para o fato de esses discursos literários gerarem um gozo alquímico que se produz num "entrelugar", ou seja, no limiar entre a voz e a letra[23]. Manuel Rui, poeta e ficcionista angolano, num de seus conhecidos ensaios, teoriza sobre essa fratura que preside ao jogo de transmutação do registro oral ao escrito:

> Eu sou poeta, escrito [sic], literato. Da oratura à minha escrita que só me resta o vocabular, signo a signo em busca do som, do ritmo que procuro traduzir numa ou outra língua. E mesmo que registe o texto oral para estruturas diferentes – as da escrita – a partir do momento que

o escreva e procure difundi-lo por esse registo, quase assumo a morte do que foi oral; a oratura sem griô; sem a árvore sob a qual a estória foi contada; sem a gastronomia que condiciona a estória; sem a fogueira que aquece a estória, o rito, o ritual.[24]

Muitos teóricos discutem a questão das representações orais no universo das letras africanas. Mas, Manuel Rui, sendo escritor, "fala" de dentro, ou seja, de sua própria experiência, apresentando, assim, uma compreensão muito lúcida a respeito de como os textos africanos devem ser oralizados e oralizantes. No livro *Oralidades &escritas*, Ana Mafalda Leite alerta para o perigo de visões generalizadoras e neorromânticas:

> A questão não tem a ver com a negação da importância da oralidade em África e nas literaturas africanas, mas antes com o modo como foram construídas e são entendidas as categorias de oralidade e, na sua esteira, de escrita e literatura. (...)
> A predominância da oralidade em África é resultante de condições materiais e históricas e não uma resultante da "natureza" africana; mas muitas vezes este fato é confusamente analisado, e muitos críticos partem do princípio de que há algo de ontologicamente oral em África, e que a escrita é um acontecimento disjuntivo e alienígeno para os africanos.[25]

A ensaísta demonstra que alguns estudiosos entendem a oralidade de modo utópico ou nostálgico, reduplicando determinados preconceitos produzidos por concepções evolucionistas, funcionalistas ou essencialistas. Ela defende que existem várias formas de representar os signos orais; por isso, propõe o uso do termo "oralidades":

> Diferentes modos de apropriação da língua simulam e executam diferentes registos de textualização das "oralidades".
> O facto de usarmos no plural a palavra "oralidade" visa exactamente demonstrar que, por um lado, as tradições orais são diferentes de país para país, embora com um registo lingüístico-cultural bantu comum, e dentro de cada país, de etnia para etnia, apesar de ser possível encontrar elementos unificadores na caracterização dos géneros e dos mitos, por exemplo. E o plural serve-nos, neste caso, também, para significar o processo transformativo que a urbe provocou nas tradições rurais, modelando-as e recriando-as.[26]

Que a oratura[27] se revele como um dos traços agenciadores do fascínio despertado pelas literaturas angolanas e moçambicanas é ponto pacífico. Todavia não é o único vetor da magia que emana dessas letras. Outros procedimentos – também encontrados em literaturas de qualquer parte do mundo, entre os quais: o trabalho com a memória e as tradições; o repensar crítico da história, dos mitos e do animismo religioso; a metalinguagem e a ludicidade poética; o humor e a paródia – ganham formas peculiares ao se interseccionarem com vivências históricas, visões de mundo e estilos próprios de cada escritor ou poeta, cujos discursos se tecem de acordo com suas perspectivas ideológicas e sociais, com o uso que fazem da língua portuguesa (em vários casos, reinventada por elementos das línguas africanas locais), com seus valores morais, crenças e sentimentos, enfim, com suas idiossincrasias.

Nossos ensaios abordam diferentes modos de as narrativas africanas contarem estórias e recontarem a História. Focalizam a maneira como os autores trabalham com o idioma português e as línguas africanas, analisando os "toques e retoques" dos estilos, as "brincriações" da linguagem, as "belezices estéticas" presentes não só nos textos em prosa, mas também nos de poesia, pois em vários deles existe uma alquimia da voz recriada em letra:

> Os contadores do meu país sabem como usar suas línguas maternas para realizarem as tarefas de Deus, a transmutação do corpo em voz e, uma vez voz, repetir o murmúrio da tradição que assim se fortalece e se transforma em pedra de tanto durar. Os poetas também sabem desses ofícios. O David Mestre ainda era miúdo e já dizia: "Mover a voz para/ fora. Subverter-lhe a derme/ inquieta no sopro".[28]

Ainda que diversos poetas africanos transformem e reinterpretem, muitas vezes, em seus poemas, o legado da oralidade, nem todos os que elegemos operam, predominantemente, com essa vertente lírica. Foi intencional nossa opção em trabalhar com alguns, cujo canto se afasta da visão idealizada de que a essência da poesia africana se circunscreve unicamente ao registro oral. Nossa seleção contemplou, assim, determinadas produções que se voltam para a metalinguagem, para a rebeldia de inovadoras elaborações, para a renovação dos caminhos da poesia nos respectivos países estudados, embora, ao mesmo tempo, reinventem e questionem também – como é o caso, por exemplo, da *poiesis* de Paula Tavares – certos aspectos das tradições orais, pois estas, conforme adverte Appiah, "têm o hábito de transmitir apenas o consenso, a visão aceita."[29]

Nos textos analisados – tanto nos de poesia como nos de prosa –, observamos que, mesmo quando tratam do tema do desencanto social, existe sempre um fascínio, que se traduz ora pela reinvenção da narratividade oral, ora pela lucidez de desvelar outras versões da História, ora pelo sopro e pelo canto de poemas que arrepiam e "subvertem a derme" da linguagem. Constatamos, desse modo, que a "magia das letras africanas" apresenta várias faces e formas. Passemos, pois, ao exercício, ao desfrute e ao sortilégio delas!

NOTAS

1 BACHELARD, Gaston. *O ar e os sonhos*. Ensaio sobre a imaginação do movimento. São Paulo: Martins Fontes, 1990, p. 1.

2 SOW, Alpha I. "Prolegômenos". In: SOW, Alpha I.; BALOGUN, Ola et al. *Introdução à cultura africana*. Lisboa: Edições 70, 1977, p. 26.

3 Id., ibid, p. 26.

4 NASCENTES, Antenor. *Dicionário etimológico resumido*. Rio de Janeiro: Instituto Nacional do Livro; Ministério de Educação e Cultura, 1966, p. 459.

5 FERREIRA, Aurélio Buarque de Holanda. *Novo Aurélio século XXI: o dicionário da língua portuguesa*. Rio de Janeiro: Nova Fronteira, 1999, p. 1254.

6 Id., ibid, p. 1254.

7 NASCENTES, op. cit., p. 459.

8 Id., ibid., p. 479.

9 BARTHES, Roland. *O prazer do texto*. Lisboa: Edições 70, 1974, p. 39. [Grifos nossos]

10 Id., ibid., p. 115.

11 FERREIRA, Aurélio Buarque de Holanda. *Novo Aurélio século XXI: o dicionário da língua portuguesa*. Rio de Janeiro: Nova Fronteira, 1999, p. 1254.

12 Utilizamos, no decorrer dos ensaios, os termos "recriadas", "recriação", "reinventadas" e "reinvenção" como sinônimos que designam o processo de dramatização da voz pela escrita.

13 BENJAMIN, Walter. *Magia e técnica, arte e política*. 2. ed. São Paulo: Brasiliense, 1986.

14 Vários escritores e estudiosos das literaturas já apontaram tal característica, entre os quais Paul Zumthor, Manuel Rui, Luandino Vieira, Mia Couto, Ana Paula Tavares, Laura Padilha, Ana Mafalda Leite, Leda Martins, todos citados em nossa bibliografia.

15 BÂ, Amadou Hampâté. "Palavra africana". In: *O Correio da Unesco*. Ano 21, n. 11. Paris; Rio de Janeiro, nov. 1993, p. 16.

16 BENJAMIN, Walter. "O Narrador". In:_____. *Magia e técnica, arte e política*. 2. ed. São Paulo: Brasiliense, 1986, p. 197-221.

17 Id., ibid., p. 16.

18 SOW, Alpha I. "Prolegômenos". In: SOW, Alpha I.; BALOGUN, Ola et al. *Introdução à cultura africana*. Lisboa: Edições 70, 1977, p. 26.

19 AGUESSY, Honorat. "Visões e percepções tradicionais". In: SOW, Alpha I.; BALOGUN, Ola et al. *Introdução à cultura africana*. Lisboa: Edições 70, 1977, p. 118.

20 TAVARES, Ana Paula. *O sangue da buganvília*. Praia: Instituto Cultural Português, 1998, p. 45.

21 COUTO, Mia. "O verso...". Poema inédito publicado na Internet, na Revista Literária Moçambicana *Maderazinco*. Disponível em: http://www.maderazinco.tropical.co.mz/couto_poemas.html. Acesso: set. 2001, p. 1.

22 DIAGNE, Pathé. "Renascimento e problemas culturais em África". In: SOW, Alpha I.; BALOGUN, Ola et al. *Introdução à cultura africana*. Lisboa: Edições 70, 1977, p. 139.

23 PADILHA, Laura Cavalcante. *Entre voz e letra: o lugar da ancestralidade na ficção angolana do século XX*. Niterói: EDUFF, 1995.

24 RUI, Manuel. "Entre mim e o nómada – a flor". In: *África. Revista de Literatura, Arte e Cultura*. Ano II, v. I, n. 5. Lisboa, jul.-set. 1979, p. 541.

25 LEITE, Ana Mafalda. *Oralidades & escritas*. Lisboa: Colibri, 1998, p. 14; p. 17.

26 Id., ibid., p. 35.

27 Termo usado para designar a oralidade recriada pela escrita literária, i. é., o discurso oral representado na literatura.

28 TAVARES, Ana Paula. *O sangue da buganvília*. Praia: Instituto Cultural Português, 1998, p. 125.

29 APPIAH, K. Anthony. *Na casa de meu pai. A África na filosofia da cultura*. Rio de Janeiro: Contraponto, 1997, p. 136.

I. A MAGIA DO CONTAR
O RECONTAR DA HISTÓRIA PELA FICÇÃO

Não sou mais que isso: um contador de estórias trabalhando na tentativa de recriar essa magia...(...) O fascínio pelas histórias resulta dessa absoluta necessidade de brincar. Como todos os animais caçadores carecemos dessa aprendizagem ritualizada. Como um gato perante o novelo, assim estamos ante o texto que nos encanta. [1]

Mia Couto

A questão da escrita da história remete às questões mais amplas da prática política e da atividade da narração. É esta última que eu gostaria de analisar: o que é contar uma história, histórias, a História? [2]

Jeanne Marie Gagnebin

---

[1] COUTO, Mia. "O gato e o novelo". In: *JL*. Lisboa, 8 out. 1997, p. 59.
[2] GAGNEBIN, Jeanne Marie. "Prefácio". In: BENJAMIN, Walter. *Magia e técnica, arte e política*. 2. ed. São Paulo: Brasiliense, 1986, p. 7.

Manuel Rui: uma teorização do narrar...[1]

> Quando chegaste mais velhos contavam estórias. Tudo estava no seu lugar. A água. O som. A luz. Na nossa harmonia. O texto oral. (...) E era texto porque havia gesto. Porque havia dança. Texto, porque havia ritual. Texto falado, ouvido, visto. É certo que podias ter pedido para ouvir e ver as estórias que os mais velhos contavam quando chegaste! Mas não! Preferiste disparar os canhões![2]
>
> Manuel Rui

Manuel Rui, escritor e poeta representativo da literatura angolana, possui uma produção literária significativa, tanto no campo da poesia, como no da ficção. Sua obra se constrói pelo constante intercâmbio crítico de duas interfaces: a de denúncia social da opressão e a de elaboração estética, cujo trabalho é o de reinventar poeticamente a linguagem, sem, entretanto, se afastar das estruturas orais que caracterizam o universo das tradições africanas.

A prosa de Manuel Rui opera com temas sociais da pré e pós-independência de Angola, ou seja, com o presente de libertação, mas, paralelamente, não se esquece do passado ancestral. Em alguns de seus textos, o velho e o novo interagem, tentando reatualizar a antiga harmonia cósmica anterior à conquista que, entretanto, o autor sabe ser impossível recuperar integralmente.

Mar e memória são temas recorrentes na obra do autor e se acumpliciam no jogo narracional de reinvenção e busca das raízes angolanas perdidas, esgarçadas pelo longo tempo de violência colonial. Nas narrativas e poemas escritos no calor e euforia da Independência, o desejo de reafirmar a liberdade metaforicamente se plasma em uma escrita que conjuga os gêneros épico e lírico, as lembranças do outrora e a denúncia das contradições do presente. Manuel Rui também assume, por vezes, a sátira, a ironia e o humor, efetuando críticas ao contexto social angolano tanto da época colonial, como do período pós-Independência. O escritor possui clara consciência metaficcional, que se revela em seus textos de ensaio, através dos quais teoriza sobre a arte milenar de contar estórias. Ele tem clareza de que o processo de reconstrução da própria identidade está intimamente associado à recuperação das matrizes orais dilaceradas por séculos de opressão. Assim, reflete sobre as qualidades imprescindíveis a seu texto:

> E agora o meu texto, se ele trouxe a escrita? O meu texto tem que se manter assim oraturizado e oraturizante. Se eu perco a cosmicidade do rito, perco a luta (...). E eu não posso retirar de meu texto a arma principal: a identidade.[3]

Mas, o autor não explicita seu fazer literário apenas nos textos ensaísticos. Faz isso também na ficção, como é o caso, por exemplo, de "O Relógio", do livro *Sim, camarada!*, conto por nós privilegiado nesta análise. Tal narrativa, metalinguisticamente, se arma como uma teoria do próprio narrar, trabalhando com dois tempos e espaços: o presente, às portas da Independência, com o Comandante sem perna narrando estórias aos meninos, na varanda de sua casa à beira-mar; e o passado narrado que rememora os fatos recentes da guerra de libertação de Angola.

A descrição inicial do cenário lembra as imagens usadas por Manuel Rui (cf. a epígrafe deste ensaio) para caracterizar os tempos imemoriais da oralidade africana, antes da chegada dos invasores: um universo de paz e ternura, luz e sombra, gestos e água. Água fluindo, como o narrar. Um narrar que se institui como rito cosmogônico, na medida em que reencena a religação cósmica com as matrizes orais do ato de contar:

> Começavam os meninos a chegar na mira de ouvirem a estória do relógio. Os que moravam na praia sabiam-na de cor e repetiam-na cada um de sua maneira e talento, sob a sombra dos coqueiros, toda vez com uma maravilha nova, um acrescento de inventar **nessa estória que navegava na boca da miudagem como um barco de música num mar de arco-íris fingido**.[4] (grifos nossos)

Metaforizando o narrar, o barco e o mar assinalam a travessia da memória em direção às origens ancestrais; o arco-íris representa o arco da liberdade a ser conquistada. A narrativa é embalada pelo marulho das ondas, cujo movimento desperta os "búzios da imaginação" (RUI, 1985, p. 55), imagem recorrente na obra de Manuel Rui:

> (...) ouvir o búzio – prática de conhecimento das religiões africanas – significa prever o novo tempo, mas, ao mesmo tempo, possibilita a recriação de práticas antigas. Ir ao búzio é construir o futuro. Ir ao búzio do mar é buscar a memória do passado, a vida. O mar é memória, imaginação, criação. Ouvir o búzio do corpo é também ouvir o búzio do poema. O búzio, a concha são símbolos sonoros, metáforas, portanto, da oralidade (...)[5]

A estória do relógio, contada pelo Comandante, protagonista do conto, reatualiza a estrutura dos *missossos*[6] e *makas*[7] da tradição oral, pois mistura fatos do contexto da guerra anticolonial com a própria fantasia poética. Funcionando como um *griot*, o Comandante encanta os miúdos, iniciando-os na prática da oratura. O contar se institui como voz, sopro e prazer. Procurando restaurar a cosmicidade do rito do verbo iniciático nas culturas africanas orais, gestos e expressões corporais teatralizam cada detalhe e fazem interagir o narrador e os ouvintes. O dialogismo aproxima o relato das narrativas exemplares que, segundo Walter Benjamin, permitem o reviver subjetivo das lembranças. O Comandante não passa só o acontecido, mas experiências prenhes de emoção. A estória nuclear do relógio se faz, assim, recriada em mil e uma versões, enriquecidas pelas constantes interferências dos miúdos.

Como nos contos de *As mil e uma noites* e nos tradicionais *missossos*, há uma narrativa dentro da outra, formando um processo de encaixe, característico da narratividade oral. As estórias vão-se tecendo com fios das próprias perguntas dos ouvintes, entrecruzando digressões que enriquecem o enredo central. No caso do conto em questão, a narrativa encaixada é a estória do relógio: de como ele chegou a Angola e, depois, ao pulso do Comandante. É o contar da emboscada vitoriosa, da morte do Major português, dono inicial do relógio, e de como este objeto se transformou em troféu de guerra. Já a narrativa encaixante assume um perfil metaficcional, fazendo o contraponto teórico do próprio processo de narrar. Nela, o narrador externo, onisciente, se acumplicia com o prazer do texto e reflete sobre este, discutindo o sabor e os sortilégios da "verdadeira narração"[8], cuja subjetividade permite a reinvenção da oralidade, o recordar emotivo do acontecido recuperado por meio do encantamento das palavras. O Comandante imprime, assim, nos ouvintes uma lição de heroísmo e liberdade, passando aos miúdos a história da resistência angolana.

Se, por um lado, esse texto de Manuel Rui se encontra centrado nos paradigmas revolucionários da "literatura necessária", por outro, reflete metaficcionalmente sobre a própria arte africana de contar. O oceano, símbolo da memória e da imaginação, embala liricamente, com sua musicalidade e movimento, as artimanhas épicas da narrativa. Esta, no plano do enunciado, se relaciona à emboscada vitoriosa, ao engajamento típico da literatura que se fazia em Angola na antecena da Independência. Mas, é preciso saber ler as entrelinhas da enunciação. Nesta, a emboscada, metaforicamente, se transforma no próprio ardil dialógico do ato de contar-ouvir a estória, fazendo com que tanto o narrador, como os miúdos se comportem corporalmente como se "vivessem de novo" a cilada narrada:

> Toda a miudagem restolhosa **na mudança de posição** para chegar ainda mais pertinho à cadeira do Comandante, pois, nesse bocado da estória, **a regra era um maior silêncio à maneira de quem participa não já da recriação da trama mas da dureza e seriedade do combate.**
> (RUI, 1985, p. 40 – grifos nossos)

O suspense e a expectativa do combate se tornam metáforas do próprio narrar que, lento, cheio de meandros, se engendra também com estratagemas e armadilhas, como uma emboscada narracional. A narrativa, prenhe de curvas, enredos e palpitações, traz, dessa forma, a memória viva do contado, prendendo a atenção dos miúdos. Recriando o real vivido, o Comandante, como se "revivesse" a emboscada vitoriosa, também se envolve nas malhas e fios de seu relato. Mas, em alguns momentos, dá "a impressão de sair do narrado" (RUI, 1985, p. 47), teorizando sobre o fingimento ficcional, sobre a distância entre o *factum* e o *fictum*:

> O mais engraçado é que os miúdos riam. Participavam no fingimento, nesse sentir de que entre o real vivido e o real recriado não havia fronteira. Havia sim aquela ligação. Como a que há sempre entre a espuma do mar e as ondas sob o azul aberto do céu. E nessa ligação é que estava todo o sortilégio bem doseado pelo real onírico que o camarada Comandante punha em cada palavra. Em cada pausa. Porque o real, mesmo, era essa estória contada. (RUI, 1985, p. 24)

Literatura e vida se imbricam, envoltas no tecido úmido e leve de uma oratura reagenciada pela poesia de uma linguagem que se quer espuma, mar e onda. O narrado e o vivido se tangenciam nas fronteiras tênues da imaginação verbalizada com sortilégios próprios a um narrar oraturizado, cuja astúcia e sutileza dos recursos usados o transformam em um estratagema da enunciação: "Silêncio! Os miúdos não queriam interromper. **Disciplina de combate. Estavam todos preparados para a emboscada.** Bastava só o Comandante ordenar o abrir fogo e pronto". (RUI, 1985, p. 43 – grifos nossos)

Os ouvintes, participando do relato, se revelam também como coautores e, poeticamente, reinventam o final da estória, inconformados com o fato de o Comandante ter perdido o relógio para o chefe de polícia bêbado do Zaire. Criam, então, um novo desfecho, desejando que o relógio retorne para os descendentes de seu primeiro dono, o Major português morto na emboscada. Os miúdos anseiam pela liberdade e, por isso, navegam, metaforicamente, em uma conchinha, indo até Portugal para entregar o relógio aos herdeiros do Major. Vão cantando o hino do ÉME-PÉ-LÁ (RUI, 1985, p. 55), imagem que traduz a visão idealizada da época, quando ainda havia a crença e a esperança em uma Angola que pudesse ser reconstruída com a ternura e a coragem dos que almejavam por um país livre e independente.

Para além do real histórico reinventado, o narrador efetua uma constante recriação verbal em seu discurso. *Kazukutando*[9] o idioma imposto pelo colonizador com expressões orais das línguas africanas locais, com neologismos e com inovações sintáticas de um português já angolanizado, o texto de Manuel Rui opera com uma linguagem literária angolana, alargada pelo uso da língua portuguesa mesclada com signos representativos de diferentes oralidades existentes em Angola. O mar, como pano de fundo da estória, metaforiza a memória ancestral que faz fluírem ritmos antigos em híbridas combinações com modernas construções discursivas. Essa é a intensa magia que se desprende do conto analisado e dos textos, em geral, de Manuel Rui, tecidos na fenda entre o oral e o escrito, entre a tradição e a ruptura, encantando os leitores com a poesia da linguagem e os ardis enunciadores do próprio narrar.

NOTAS

1 SECCO, Carmen L. T. Texto anteriormente intitulado "O mar e os marulhos da memória na ficção do angolano Manuel Rui", publicado em *Estudos portugueses e africanos*, Revista da Unicamp, n. 21, Campinas, jan-jun 1993, p. 1-76.

2 RUI, Manuel. "Eu e o Outro – o Invasor ou em poucas três linhas uma maneira de pensar o texto". In: MEDINA, Cremilda de Araújo. *Sonha mamana África*. São Paulo: Epopeia, 1987, p. 308.

3 Id., ibid.

4 RUI, Manuel. "O relógio". In: _____. *Sim, camarada!* 2. ed. Luanda: União dos Escritores Angolanos, 1985, p. 21.
5 ALVES, Maria Theresa Abelha. "Manuel Rui: os onze novembros de certeza". Rio de Janeiro: Faculdade de Letras, 1992. (Palestra no curso "Vozes d'África"; texto não publicado).
6 Narrativas fantasiosas da tradição oral africana.
7 Narrativas orais que relatavam fatos históricos.
8 Expressão de Walter Benjamin na obra já referida.
9 Termo derivado de *kazukutar* que, no kimbundo, significa "instalar a desordem".

As míticas águas da memória em Agostinho Neto e Arguedas[1]

Atualmente, mesmo os países emergentes, do antigo Terceiro Mundo, ingressaram na política de globalização que rege os intercâmbios financeiros mundiais. Aprisionados a uma economia interplanetária e multinacional, esses países se tornaram cada vez mais dependentes das "grandes potências".

Com a chamada "crise das utopias", há um apagamento dos paradigmas ideológicos e as figuras dos líderes revolucionários tornam-se esmaecidas. Os heróis das vanguardas políticas, dos movimentos de libertação popular que, nos anos 1960, se apresentavam como personagens singulares construtoras da história, cedem lugar às corporações anônimas, às grandes empresas de redes internacionais, nas quais, geralmente, o individual se dissolve no coletivo e o nacional se transnacionaliza. Na nova conjuntura globalizante, os grandes temas, as grandes causas têm seus sentidos esvaziados. O esfacelamento das "verdades", da ética, da liberdade provoca a dormência dos valores morais nessas sociedades do final do século XX e início do século XXI. As "grandes potências", saturadas das inovações da informática, jogam seus produtos nos mercados dos países periféricos, havendo, desse modo, uma hipertrofia da memória nessas sociedades.

Entretanto, a América Latina e a África, com suas múltiplas faces culturais, prenhes de tradições e mitos, devem preservar suas diferenças, empreendendo uma luta, por meio de palavras e ações, contra alguns dos cânones globais impostos pelo neoliberalismo no campo cultural.

Homi Bhabha e Edward Said, teóricos atuais dos tempos "pós-coloniais", defendem que identidades puras são inexistentes e, por tal razão, postulam a valorização das heterogeneidades, ou seja, o contato entre as culturas, o diálogo das diferenças, a volta crítica ao passado. Segundo esses críticos, a diferença não pode ser tratada como elemento monológico e exótico, mas deve ser pensada de modo dialógico. Tanto a África, como a América Latina constituem-se de pluralismos culturais que devem ser respeitados e concebidos sempre de forma interativa.

Dentro dessa perspectiva, Bhabha e Said propõem a busca de uma nova eticidade política a ser engendrada pelo viés do multiculturalismo para que tanto a África, como a América Latina se reconstruam e afirmem, pelo jogo entre presente-passado-futuro, as especificidades múltiplas de seus respectivos imaginários sociais mesclados pelo contato, através dos séculos, com culturas várias. Essa nova eticidade pode ser alcançada por intermédio da literatura e, em especial, de um discurso que, de forma crítica, recupere as raízes socioculturais de cada povo.

Uma cultura que perde a memória ou a dissolve não pode construir um futuro. É essa também a opinião de Edward Said, para quem "a invocação do passado constitui uma das estratégias mais comuns nas interpretações do presente. O que inspira tais apelos não é apenas a divergência quanto ao que ocorreu no passado e o que teria esse passado, mas também a incerteza se o passado é de fato passado, morto e enterrado, ou se persiste, mesmo que talvez sob outras formas."[2]

Analisando o conto "Náusea", de Agostinho Neto, e o romance *Os rios profundos*, de José María Arguedas, pretende-se demonstrar que, sob as dobras do tecido literário, muitos mitos persistem, legando aos leitores o conhecimento do passado.

A partir das metáforas líquidas, a do mar, no texto de Agostinho Neto, e a dos rios, no romance de Arguedas, nossa leitura propõe um mergulho nas águas míticas do outrora para a revisão crítica da história e para a afirmação das diferenças africanas e latino-americanas esmaecidas por séculos de opressão e descaracterização cultural.

O romance *Os rios profundos* se inscreve na ótica memorialista da literatura indigenista que constitui uma das vertentes da ficção latino-americana. O protagonista, Ernesto, é o narrador dividido, cuja linguagem revela o confronto de duas culturas que até hoje coexistem, em conflito, no Peru: a branca e a indígena. Embora fale o espanhol, é o idioma quíchua que lhe desperta a memória emotiva do passado, pois, em sua infância, quando o pai, por problemas políticos, viajara e o deixara com parentes, ele, descontente com os maus tratos dos familiares, fugira para um *ayllu*, ou seja, para uma comunidade indígena dos tempos pré-incaicos ainda existente nas regiões andinas. Nesse espaço, onde viveu até os quatorze anos, recebeu carinho e aprendeu a cultuar os ritos indígenas. Por isso, mais tarde, ao viver, no colégio interno, sente saudade desse passado.

A narrativa se tece em vários planos, através dos quais o protagonista vai cruzando seu outrora com o da história peruana. Recorda as viagens feitas com o pai a Cuzco, os tempos de adolescência no colégio interno e a infância primeira onde aprendeu a amar as tradições quíchuas.

É interessante frisar que, o tempo todo, o processo de construção memorialista do protagonista-narrador evidencia as relações entre as injustiças dos tempos da conquista e as do presente vivido pelo protagonista.

Na adolescência, ao presenciar as discriminações em relação aos índios, Ernesto se revolta e chora junto ao lago e ao rio que se localizam na região do colégio. Sua atitude revela uma profunda identificação com as crenças indígenas animistas, pois, segundo essas, os rios e lagos são concebidos como espaços divinizados, canais por onde se efetua a comunicação com os antepassados. Esses locais apresentam, portanto, uma conotação mitológica que o romance de Arguedas busca recuperar. Os dois rios, que, espacial e simbolicamente, atravessam a narrativa, têm a sua geografia, inclusive, relacionada à construção memorial do protagonista-narrador. O rio Apurímac, perto de Cuzco, e o Pachachaca, próximo do colégio, dividem os espaços em torno dos quais se tece o relato de Ernesto. O primeiro traz as recordações das viagens andinas feitas com o progenitor; o segundo, as lembranças tristes do internato. O Pachachaca é o refúgio de Ernesto; ali chora as saudades do pai e reencontra a memória subjetiva da infância passada junto aos índios.

A análise da significação dos nomes desses dois rios citados por Arguedas amplia a interpretação da tecedura mítica subjacente ao romance. Apurímac significa "oráculo, o que fala com os deuses"; simboliza, pois, o elo que dá passagem ao tecido arqueológico das origens. Já o Pachachaca, significando "ponte sobre o mundo", atua nesse mesmo campo semântico, trazendo lembranças remotas que a colonização fez esquecer. "Ponte sobre o tempo", esse segundo rio faz emergir a memória indígena. Esta, metaforizada pela imagem dos "rios profundos", refere-se àquilo que flui nas profundezas, nas subjacências da História. Uma história de "sangue fervente" a brotar das "veias abertas" da América Latina.

No texto "Náusea", de Agostinho Neto, as águas estão relacionadas ao universo mítico das origens africanas e à memória da história angolana. Só que, nessa narrativa, as águas não são fluviais, mas marítimas. É o mar que provoca a náusea na personagem principal, o velho João, despertando-lhe lembranças antigas provocadoras da crise existencial que ativa sua consciência social. O mal-estar causado pelo nauseabundo cheiro da maresia cria um estranhamento, desencadeia a náusea (uma alusão, também, às marcas do existencialismo sartreano presente no texto...).

O mar em Agostinho Neto é metáfora do imaginário mítico e da história. Uma história de odores pútridos. O olhar dissonante do velho João em relação ao progresso e ao asfalto o leva à beira-mar. O balanço das marolas provoca-lhe um enjoo, fazendo-o devolver o almoço. Mas o vômito não é apenas físico. Metaforicamente, também representa um vomitar de mágoas antigas: pessoais e coletivas. Velho João olha as ondas e lhe vem a imagem de Kalunga, divindade africana associada ao mar e à morte. Óscar Ribas, no entanto, estabelece algumas diferenças entre Kalunga e Kalungangombe:

> Os entes sobrenaturais dividem-se em soberanos e intermediários. E os intermediários em: superiores, auxiliares e serviçais. Os soberanos são: Nzâmbi e Kalungangombe. (...) Nzâmbi é Deus, o Criador, o Autor da existência e de suas características dominantes – o bem e o mal. Conquanto seja o Ente Supremo, não rege directamente os destinos do Universo. (...) Serve-se de intermediários – os demais entes sobrenaturais. (...) Enquanto esses mesmos entes permanecem nas profundezas do globo, Nzâmbi paira em toda parte, sem lugar determinado. Pelo alheamento a que votou os problemas mundanos, só é invocado em última instância. Tal como noutros povos, também existem sinónimos para o designar: Kalunga, Lumbi lua Suku, Suku, etc.
> Kalungangombe – o juiz dos mortos – tem o poder de suprimir a existência. Mas se Nzâmbi não concordar com sua decisão, o mortal continuará subsistindo. (...)[3]

A partir dessa explicação, pode-se observar que o mito de Kalunga, presente no conto de Agostinho Neto, não se refere ao ente supremo criador do mundo, mas, sim, a Kalungangombe, ente espiritual que, nas profundezas do mar "– o Além-Túmulo – suprime a vida, julga e pune os mortos"[4].

Velho João, quando tomado por reminiscências dolorosas, associa o mar a essa divindade que pune e mata. Voltam-lhe à memória a imagem da mulher que morrera de parto a cheirar mal como a maresia, as lembranças remotas de negros chicoteados nos navios negreiros, a recordação do primo Xico que afundou em seu barco e desapareceu sob as águas marítimas. Kalunga, representado no texto de Agostinho Neto com características de Kalungangombe, se revela um ente maléfico[5] capaz de castigar os que infringiram determinados preceitos da tradição, metonimizando o oceano como um local de temor e de desventuras: "Kalunga. Depois vieram os navios, saíram os navios. E o mar é sempre

Kalunga. A morte. O mar tinha levado o avô para outros continentes. O trabalho escravo é Kalunga. O inimigo é o mar."[6]

Desse modo, o conto de Agostinho Neto efetua "uma avaliação do papel do mar no processo da colonização"[7] fazendo com que cheiros e odores acres exalem das águas marinhas e do inconsciente do Velho João. A alegoria da náusea revolve os mares da memória e da história. O outrora retorna através de esgarçadas reminiscências da personagem principal e o narrador faz a catarse de sofrimentos vividos por Angola. Olha também o presente e denuncia as contradições existentes entre as casas do asfalto e as cubatas cobertas de latas. Critica, nas entrelinhas textuais, o processo de urbanização que acirrou as cisões entre ricos e pobres, silenciando e/ou deturpando muitas das tradições locais.

Esse texto de Agostinho foi escrito na década de 1950, em plena época de utopias e nacionalismos. O de Arguedas também. Qual a importância deles, então, hoje, quando as sociedades vivem distopias e imposições da era do mercado cibernético, tecnológico?

Um caminho de resistência é continuar a provocar nos leitores a náusea, o estranhamento para que as diferenças sejam possíveis pelo conhecimento dos mitos, da história e das tradições presentes e passadas.

A América Latina e a África, para terem acesso a uma maior projeção política no mundo contemporâneo, entre outras medidas, devem afirmar suas próprias identidades híbridas, feitas de diferenças e singularidades.

É trabalhando a literatura nas escolas e universidades, fortalecendo o ensino de seus mitos, de suas tradições e de suas falas populares que esses continentes, considerados marginais na atual economia globalizada poderão resistir às dissemetrias culturais provocadas pelo impacto oriundo da imposição de uma nova ordem mundial.

NOTAS

1 SECCO, Carmen L. T. Texto anteriormente intitulado "Nas águas da memória, a releitura do passado", apresentado no 49º Congresso de Americanistas em Quito, Equador, 1997. Publicado como capítulo do livro *El espacio en la cultura latino-americana*. Varsóvia: Universidade de Varsóvia; Centro de Estudos Latino-americanos, 1998, p. 119-121.

2 SAID, Edward. *Cultura e imperialismo*. São Paulo: Companhia das Letras, 1995, p. 11.

3 RIBAS, Óscar. *Ilundu*. Rio Tinto; Luanda: Edições Asa; União dos Escritores Angolanos, 1989, p. 31.

4 Id., ibid.

5 Cabe chamar atenção para o fato de que os "gênios da natureza" não são em si maléficos. Só se tornam quando as tradições não são cumpridas, conforme explica o antropólogo Virgílio Coelho. Cf. *Ngola*, Revista de Estudos Sociais. Luanda, I (1), 1997, p. 158.
6 AGOSTINHO NETO, António. "Náusea". In: SANTILLI, Maria Aparecida. *Estórias africanas*. São Paulo: Ática, 1985, p. 53.
7 PADILHA, Laura Cavalcante. *Entre voz e letra: o lugar da ancestralidade na ficção angolana do século XX*. Niterói: EDUFF, 1995, p. 181.

Mayombe: os meandros da guerra e os "feitiços" do narrar[1]

SENSEMAYÁ

(Canto para matar uma serpente)

Mayombe-bombe-mayombê!
Mayombe-bombe-mayombê!
Mayombe-bombe-mayombê!
(...)
A serpente morta não pode comer,
A serpente morta não pode silvar,
não pode caminhar,
não pode correr.
(...)
não pode respirar,
não pode morder![2]

Nicolás Guillén

O título *Mayombe* assume, na narrativa, significações plurívocas que o tornam um sema conotativamente privilegiado. Floresta tropical da região de Cabinda, metonimicamente, representa o coração de Angola. Segundo o poema *"Sensemayá"*, de Nicolás Guillén, *"mayombe"* é um *"canto para matar una culebra"*; remete, assim, também a práticas religiosas africanas, pois o termo, original do Congo, significa "feitiço", "macumba", sendo o *"mayombero"* uma espécie de xamã, responsável pelo conjuro mágico capaz de matar cobras venenosas. Por analogia, no livro *Mayombe*[3], do autor angolano Pepetela, a escritura do romance, ao se utilizar de um plurifoco narrativo, pode ser entendida como um discurso capaz de "enfeitiçar" o leitor e, ao mesmo tempo, pelas reflexões dos vários narradores, esconjurar o veneno da tirania. Esta, metaforizada pela "surucucu", que dá título ao quarto capítulo do livro, é questionada pela enunciação do romance que alerta para o perigo de qualquer forma de opressão, seja ela oriunda do colonialismo, do tribalismo ou do ortodoxo marxismo-leninista.

Mayombe possui uma técnica narrativa inovadora. Constrói-se dialogicamente pela polifonia de vozes narradoras a quem o narrador em terceira pessoa cede a palavra, evidenciando a relatividade dos pontos de vista. O discurso enunciador discute, assim, a ambiguidade do poder e da liberdade, repensando tais conceitos, dialeticamente, não só pelo prisma social, mas também pelo existencial.

O romance inicia-se por uma dedicatória epigráfica bastante sugestiva e metafórica, que se articula com a última frase do livro e com o segundo capítulo, onde é clara a alusão a Zeus e Mayombe, a Prometeu e Ogum. Na mitologia grega, Prometeu foi aquele que roubou o fogo criador, símbolo da imaginação e do intelecto, representando a rebeldia e a coragem, por ter resistido à águia que lhe bicou o fígado.

O discurso enunciador de *Mayombe*, *kazukutando*[4] a mitologia clássica, reinventa africanamente o mito de Prometeu, contaminando-o com a figura do deus africano Ogum, que simboliza, no romance, a força destemida dos guerrilheiros angolanos. Ogum é o orixá do ferro, dos embates, da guerra. Deus das batalhas, simbolicamente, preside, na narrativa analisada, a luta pela libertação de Angola.

No texto de Pepetela, a associação de Ogum e Prometeu ao protagonista, o Comandante Sem Medo, faz dessa personagem a metáfora da resistência e da racionalidade. Como Prometeu, Sem Medo enfrenta os deuses e, inteligentemente, rouba a chama da esperança a ser semeada no coração de cada guerrilheiro. Como Ogum, orienta as batalhas e ensina a lição da perseverança e da luta em prol da realização dos ideais revolucionários. Recriando ficcionalmente a tradição mitológica africana e a ocidental, Pepetela demonstra que a identidade angolana é plural, implicando não só a ressignificação de mitos africanos de diversas etnias de Angola, mas também a articulação destas mitologias com o mundo clássico do Ocidente, cuja herança cultural também foi legada aos povos da África, vítimas da dominação europeia durante cinco séculos.

Em *Mayombe*, os nomes das personagens são alegóricos e desindividualizados; sugerem a função que cada guerrilheiro desempenha na luta ou acentua traços da personalidade de cada um. Sem Medo é o herói romanesco tipicamente corajoso. Guerreiro como Ogum, racional como Prometeu, é ele que, usando a inteligência, arquiteta os ataques e dirige a guerra. Mayombe, floresta úmida, cheia de lama fecundante, é metáfora do útero de Angola parindo a revolução.

Embora a narrativa celebre a ideologia da libertação, há, pelo jogo polifônico dos depoimentos dos vários narradores, a denúncia da diversidade étnica, ideológica e existencial que fragmenta o corpo de Angola. O multifoco narracional reflete as contradições internas do país cindido entre a utopia revolucionária, a opressão colonialista, a miséria e o peso de ressentimentos "tribais" ancestrais. A pluridiscursividade ressalta as dissonâncias existentes por sob a unidade pretendida pelos ideais pregados pela Revolução. Em itálico, os narradores expressam seus dramas, suas crenças, suas dúvidas, deixando claro para o leitor que tudo é muito relativo e não pode ser explicado apenas pelo maniqueísmo redutor do discurso marxista-leninista. Sem Medo, em trechos de discurso indireto-livre, em contraponto com a voz narradora em terceira pessoa, cujo discurso é grafado em letra tipo *courier*, se expõe e deixa escapar alguns de seus medos, os quais, em termos de ação, são fortemente escondidos sob a capa da coragem inabalável.

O romance *Mayombe* denuncia que a História não pode ser lida de modo dualista. Opor meramente os "tugas" (portugueses) aos "turras" (guerrilheiros do MPLA) é cair em uma análise simplista. Teoria é o narrador que questiona esse maniqueísmo. Ele é o intelectual; reflete sobre o lugar do mulato em uma revolução que apenas opõe negros e brancos. Discutindo a possibilidade do "talvez", propõe uma interpretação histórica dialética. No entanto, todo o seu discurso é teórico; não chega à ação. A práxis do que ele prega encontramos na conduta de Sem Medo. Um é o duplo invertido do outro. Aliás, em todo o jogo narracional do romance, está presente essa inversão especular de duplos, cujos aspectos contrários se refletem, apontando para o abalo das certezas revolucionárias e para a ambiguidade do poder e das "verdades absolutas". Cada narrador apresenta um olhar diferente, focalizando a História angolana por ângulos diversos. Muatiânvua é o narrador destribalizado que discute a pluralidade étnica e linguística. Chefe do Depósito é o velho camponês que também reage ao tribalismo e mostra a importância da sinceridade humana, independentemente da origem étnica de cada um. Outros, em oposição, como é o caso de André e de Milagre, defendem o tribalismo. Milagre é o rebelde radical, porque viveu na carne a opressão colonialista, tendo perdido o pai no massacre de 4 de fevereiro de 1961. André é tão preconceituoso, que considera da plebe quem não pertence à sua etnia. João, o Comissário Político, é o duplo invertido de Sem Medo. Enquanto este é firme e racional, aquele, embora reduplique as ideias do Comandante, é inseguro e hesitante. Novo Mundo é o leninista que prega um marxismo ortodoxo e considera Sem Medo um anarquista liberal, um pequeno-burguês disfarçado. Em suma, todos esses narradores formam um painel polifônico. Seus depoimentos expressam o choque das ideologias existentes no seio da Revolução angolana, embora o discurso do MPLA camuflasse as contradições, ocultando-as sob a utopia da "união nacional em prol da libertação".

Em *Mayombe*, a recriação do mito de Ogum efetua uma reatualização do imaginário africano ancestral; a narração das guerrilhas evidencia a crítica ao colonialismo português e o repúdio a qualquer forma de opressão. A aguda consciência estética, tecida pelos comentários do narrador em terceira pessoa, faz desse romance uma obra representativa da moderna ficção contemporânea. Ao lado da reflexão ideológica e social, há uma frequente teorização do narrar:

> Mas nunca deixei de inventar estória em que era o herói. Como não era tipo para ficar só na invenção das estórias, tinha dois únicos caminhos na vida: ou escrevê-las ou vivê-las. A Revolução deu-me oportunidade de as criar na ação. Se houvesse a revolução, com certeza acabaria como escritor, que é outra maneira de se ser solitário. (PEPETELA, 1982, p. 128)

O discurso do narrador em terceira pessoa se apresenta, muitas vezes, colado ao do Comandante Sem Medo. A voz narradora disfarça-se o tempo todo por um alternativo jogo de máscaras entre diferentes narradores. Mas é quando focaliza o Comandante que, nas malhas da própria linguagem, se trai e, nas entrelinhas, assume a posição de um narrador-escritor, discutindo o processo romanesco: "O dominador, o senhor, nunca procurará matar por matar, antes pelo contrário, evitará matar. Ele vê a guerra como o jogo ou o amor. (...) Tal gostaria de ser hoje, mas este é um herói de romance". (PEPETELA, 1982, p. 234)

Sem Medo, ao mesmo tempo que apresenta, na narrativa, características de herói trágico, tem essa imagem dessacralizada pela voz narradora em terceira pessoa, quando esta, colada ao seu discurso, teoriza sobre a criação romanesca, conforme demonstra a citação anterior. Entretanto, no plano mítico, sua morte, fecundando com o sangue guerrilheiro o solo da floresta, reafirma em Sem Medo um dos principais atributos do herói: "o de levar os homens a desafiarem os deuses. Assim é Ogum, o Prometeu africano." (PEPETELA, 1982, p. 71)

A heroicidade do Comandante se inscreve em uma dimensão trágica, pois ele é uma personagem movida pelo *phatos*, pela paixão. Esta, no caso do Comandante, não é apenas revolucionária, mas também existencial.

Nas tragédias clássicas, o herói se nutre de valores morais superiores (*hybris*), mas comete uma "falha trágica" e, por isso, sua fragilidade humana acaba, ao final, desvelada. No caso de Sem Medo, essa "falha" foi perder a racionalidade e deixar os sentimentos sobrepujarem a razão. Mas é a partir disso que a narrativa de *Mayombe* cresce, pois passa a discutir não apenas a guerra e a relatividade dos pontos de vista ideológicos, mas a aprendizagem do jogo, do amor, do prazer e da amizade. Na relação entre Sem Medo e o Comissário Político, não há só o ideológico; ambos amadurecem existencialmente e se metamorfoseiam. Ondina e Leli, principalmente a primeira, são as personagens femininas que, através do amor e da sensualidade, propiciam mudanças interiores em cada um. Ondina, cujo nome simboliza sedução, é a que "tem olhos de onça" (PEPETELA, 1982, p. 101) e provoca em Sem Medo a perda da racionalidade. É ela metáfora do desejo; inverte o universo feminino das mulheres africanas submissas aos homens e à terra. Traz semanticamente em seu nome a simbologia das ondas, das águas do mar, as quais passam a conotar o elemento feminino. Ondina metaforiza as ondulações sensuais do prazer desreprimido: mulher, serpente, "surucucu". Explica-se, assim, o subtítulo do quarto capítulo, onde Sem Medo cede aos impulsos eróticos e é seduzido por essa mulher libertária, que, mesmo quando noiva do Comissário Político, nunca cerceara o gozo genital com outros homens. Através da figura dessa mulher sedutora e livre, é discutida a submissão feminina no universo africano tradicional, onde o prazer, de modo geral, não era destinado às esposas, pois o papel social destas era apenas o de procriar e o de prover o grupo e a família com o trabalho.

O Comissário não consegue entender que Ondina fosse dominada pelos prazeres carnais e fizesse amor livremente. Toma como traição as atitudes da moça. A decepção e a ruptura amorosas provocam nele, entretanto, um crescimento existencial, fazendo com que ele procure afirmar-se como homem e como guerrilheiro, descolando-se do Comandante Sem Medo. Este, por sua vez, ao se relacionar mais tarde com Ondina, também perde o controle racional que caracterizava sua personalidade. Metáfora da sedução, Ondina é a personagem que instaura o desequilíbrio na trajetória do herói. É ela a responsável por várias metamorfoses que pontuam a narrativa: "Há mulheres para quem esse duelo é apenas um capricho (...) Ondina não. Sem Medo sentira que, nela, o que parecia começar como jogo, era afinal uma necessidade de se julgar e se refazer a pele que caía durante o duelo". (PEPETELA, 1982, p. 102)

Ondina leva Sem Medo a refletir sobre o amor e sobre a vida, fazendo-o despir a pele racional do guerrilheiro, sob a qual se ocultara, depois de ter perdido a esposa Leli:

> O amor é uma dialética cerrada de aproximação-repúdio, de ternura e imposição. Senão cai-se na mornez das relações e, portanto, na mediocridade. Detesto a mediocridade! Não há nada pior no homem que a falta de imaginação. É o mesmo no casal, é o mesmo na política. A vida é criação constante, morte e recriação, a rotina é exatamente o contrário da vida, é a hibernação. Por vezes o homem é como o réptil, precisa de hibernar para mudar de pele. (PEPETELA, 1982, p. 98)

A partir de Ondina, a narrativa comporta-se como um discurso amoroso que se compraz no jogo erótico da própria linguagem. É ela que, por decepcionar o noivo, o arranca da rotina e o faz evoluir, construindo nova pele.

O epílogo do romance é constituído pela "fala" do Comissário que, após ter perdido Ondina e o amigo Sem Medo, compreende que o escrever é um ato de recriação da vida e da morte. O narrar converte-se na metamorfose das diversas vozes narradoras que, especularmente, foram mudando de pele. O escrever torna-se metáfora do duelo solitário do escritor a cortar a pele da linguagem e a refletir sobre a História e sobre a dimensão existencial de cada personagem: "*Mayombe-bombe-mayombê!*" – o conjuro mágico se efetua pelo feitiço exercido pela própria linguagem.

Ultrapassando a dimensão ideológica das narrativas comprometidas apenas com a utopia da Revolução, o romance cresce, pois discute valores humanos universais como o amor e a amizade. A morte de Sem Medo deixa uma grande lição contra o tribalismo. Ele, kikongo, morrera para salvar um kimbundo. Em uma metamorfose cósmica, seu sangue é absorvido pelo solo de Mayombe e, em uma ressurreição simbólica, sua imagem confunde-se com a da amoreira, metáfora da resistência africana. Na fusão homem-terra, o telurismo representa a busca das raízes angolanas. Sem Medo morre, mas seu sangue, como "o sangue fecundante dos heróis", permanece representado pelas amizades e pelos ideais políticos semeados durante a vida. Transformado em "força vital", o sangue derramado renasce cosmicamente, refazendo-se como o mítico fígado de Prometeu.

Este romance de Pepetela funde e irmana o *ethos* social-revolucionário a um *ethos* existencial. A amizade, no livro, é um valor muito forte, conforme demonstra o último depoimento do Comissário, quando denuncia que os conflitos étnicos e o ódio contra os "tugas" perdem o sentido ao se depararem com causas maiores, como a conquista da liberdade angolana, ou com tristezas profundas, como a perda de um amigo:

> Penso, como ele, que a fronteira entre a verdade e a mentira é um caminho no deserto. Os homens dividem-se dos dois lados da fronteira. Quantos há que sabem onde se encontra esse caminho de areia no meio da areia? Existem, no entanto, e eu sou um deles. Sem Medo também o sabia. (PEPETELA, 1982, p. 268)

Esgarçando as fronteiras redutoras dos maniqueísmos ortodoxos, a ficção de Pepetela coloca em questão qualquer tipo de arbítrio, evidenciando que a História angolana não pode ser lida como se apenas tivesse dois lados: o dos oprimidos e o dos opressores. Esconjura, assim, o veneno da "surucucu", metáfora dos radicalismos ideológicos e étnicos, os quais, na verdade, podem acabar incidindo em novas formas de opressão tão tiranas, como as utilizadas pelo colonialismo salazarista. "*Mayombe-bombe-mayombê!*"

NOTAS

1 Este texto, anteriormente intitulado "*Mayombe*: as metamorfoses sedutoras do narrar", foi publicado em *Convergência Lusíada*, Revista do Real Gabinete Português de Leitura. Rio de Janeiro, n. 11, 1994, p. 132-138.
2 GUILLÉN, Nicolás. *Lagarto verde*. Rio de Janeiro: Leviatã, 1992, p. 20-21.
3 PEPETELA. *Mayombe*. São Paulo: Ática, 1982.
4 *Kazukutando*, termo originado do kimbundo, significa o ato de subverter.

Guimarães Rosa, Luandino Vieira e Mia Couto – intertextualidades...[1]

Adotando uma perspectiva comparativista, analisaremos a figura dos velhos e aleijados em Luandino Vieira, Mia Couto e Guimarães Rosa. A obra do autor brasileiro e a dos africanos mencionados encontram-se no cerne dos paradigmas da modernidade, fundando na literatura de seus países uma escritura descentrada, caracterizada pela reinvenção tanto da linguagem, como da arquitetura ficcional. Embora se inscrevam na esfera transgressiva da ficção contemporânea, não rompem com a tradição oral, trabalhando com a memória viva e com o imaginário mítico popular. Os três autores captam aspectos de suas realidades regionais: Guimarães focaliza o sertão de Minas, repleto de jagunços, de lendas e leis próprias; Luandino ficcionaliza a vida nos *mussekes*[2] luandenses onde o português, mesclando-se ao quimbundo (uma das principais línguas nativas de Angola), se encontra africanizado; Mia Couto, por sua vez, traz para sua prosa os sonhos e as crenças do povo moçambicano, anestesiado pelos anos de guerra e violência.

Entre os três autores há outras semelhanças: em seus discursos estão presentes as ambivalências entre o regional e o universal, entre o social e o existencial, entre o real e o suprarreal. Apesar de acentuarem os traços locais das realidades focalizadas, "desrealizam" as paisagens, criando espaços imaginários que refletem tradições e mitos armazenados no inconsciente popular. Guimarães ultrapassa a geografia dos Gerais e busca, pelo narrar, um sertão cósmico, fonte de conhecimento e investigação existencial: "o sertão-mundo", nos avessos da linguagem e do humano. Luandino, também nessa trilha de recriação verbal, persegue as "belezices estéticas", ou seja, o intenso trabalho poético com a linguagem, cujo enredamento dos fios reatualiza as tradições africanas segundo uma dimensão cósmica e lírica. Dentro dessa vertente, Mia Couto traz reinventado o manancial da cultura moçambicana para seus textos e, sem deixar de denunciar o contexto social de seu país, opera com uma cartografia onírica, em que os sonhos se colocam como elementos imprescindíveis ao despertar político de Moçambique.

Os autores comparados utilizam ludicamente a linguagem, alcançando efeitos inusitados da literariedade sígnica: criam neologismos, invertem provérbios; usando procedimentos da própria língua portuguesa, fazem combinações sintáticas e léxicas inabituais.

A par da imensa artesania da linguagem, os três escritores têm outra afinidade: seus textos estão cheios de seres de exceção, como crianças, velhos, aleijados, prostitutas e loucos, personagens que conservam a pureza e, por isso, captam o mistério poético da existência.

Os velhos têm um papel importante na filosofia de vida africana: são os guardiães da memória, os *griots*, ou seja, os velhos contadores de estórias que passam aos mais jovens a tradição e os conhecimentos ancestrais. As obras de Luandino e Mia Couto são povoadas de *vavós* e *vavôs*, cuja sabedoria expressa o sentido cósmico de viver.

Em Guimarães Rosa, também a velhice é vista com positividade, pois é o tempo privilegiado em que as personagens atingem "a terceira margem da existência", ou seja, apreendem a poesia do universo. Em *Grande sertão: veredas*, a narrativa se tece a partir de Riobaldo já velho, aposentado da jagunçagem. É quando se encontra "barranqueiro", à margem da labuta cotidiana, que reflete sobre a vida, a morte, o amor, o ódio. A senescência torna-se, então, o momento de revisão dos atos juvenis, pois, como afirma Riobaldo, "mocidade é tarefa para mais tarde se desmentir"[3]. É a ocasião do ócio, do repouso, da rede, que leva o protagonista-narrador a "especular ideia" e a reimaginar o vivido. Assim, é no balanço do lembrar, no "range-rede" das recordações, que Riobaldo efetua uma travessia cósmica em direção ao seu eu-profundo. Na mocidade, por ralar na aspereza do sertão, Riobaldo não tinha tempo para refletir ou imaginar. É velho que compreende: "quem mói no aspr'o, não fantaseia"[4]. A senescência, portanto, espaço de folga e descanso, torna-se o tempo da reinvenção. O vaivém da rede passa a ser o acelerador das reminiscências. Ancorado na "terceira margem" na qual se constitui a velhice, é que Riobaldo "consegue o pensar direito". O "ser velho "apresenta-se, dessa forma, como condição para o entendimento do poético, cuja significação extrapola os sentidos convencionais e gastos do idioma, realizando-se no suprassenso da linguagem. Apreendendo, sempre, dimensões existenciais mais profundas, a ficção rosiana se constrói como uma "poética do mais"[5], na medida em que explora os sentidos cósmicos de um viver mais humano.

Na ficção de Mia Couto, os anciãos também têm uma grande importância. Cumprem, entre outras funções, a de alertar os mais jovens para o perigo da morte do antigamente. No conto "Sangue da Avó, manchando a alcatifa", do livro *Cronicando*, a avó Carolina se sente estrangeira na casa dos filhos, onde a televisão acabara com o hábito de contar e ouvir estórias. Ela se rebela, então, contra os modernos costumes da cidade e volta para sua aldeia. No romance *Terra sonâmbula*, é o velho Tuahir quem salva o jovem Muidinga e o ajuda a recuperar a memória. No conto "Nas águas do tempo", do livro *Estórias abensonhadas*, é o avô quem passa as tradições ao neto e o desperta para a necessidade de sonhar e de, assim, poder captar os profundos sentidos da vida e da morte. É ele quem ensina ao menino que: "há olhos que espiam para dentro; são os que usamos para ver os sonhos."[6]

No romance *A varanda do frangipani*, a velhice também tem uma função importante na narrativa. Esta, afastando-se do gênero policial clássico que se caracteriza pela elucidação de um acontecimento misterioso através de procedimentos metódicos e racionais, opta pelos caminhos dos sonhos, instaurando uma outra lógica. Funda, desse modo, um gênero híbrido, em que o onírico se mescla a um tipo de investigação, cujos métodos trilham os meandros subterrâneos dos mitos, das lendas e da história. Ao contrário do romance policial clássico, que tem na figura do detetive o lugar mental no qual a "verdade" ocorrida deve ser pouco a pouco formulada, a narrativa de Mia Couto se tece das "mentiras" dos velhos asilados que, confundindo o inspetor Izidine Naíta, o desviam da tarefa principal para a qual fora designado: a elucidação do assassinato do diretor do asilo. O suspense, as conjecturas, o enigma e a revelação deste – elementos característicos do gênero policial – são reagenciados em outra direção que leva à denúncia de crimes maiores como, por exemplo, o da morte das tradições moçambicanas.

Em consonância com o modo ancestral do pensar africano, em que os provérbios e as adivinhas tinham um papel importante, os misteriosos relatos das personagens se armam como alegóricas charadas, as quais, por entre os fios de seus discursos aparentemente sem nexo, deixam escapar frases proverbiais, cujos significados, ao invés de reafirmarem valores da moral popularmente consagrada, formulam profundos questionamentos de ordem poética, existencial e histórica. Assim é que a enfermeira Marta Gimo, nas entrelinhas de seus evasivos depoimentos, aponta para o Inspetor e para o leitor o autêntico culpado dos crimes cometidos no país:

> Olhe para estes velhos. (....) São os guardiões de um mundo. É todo esse mundo que está sendo morto. (...) O verdadeiro crime que está a ser cometido aqui é que estão a matar o antigamente.[7]
>
> Não é só aqui na fortaleza. É no país inteiro. Sim, é um golpe contra o antigamente. (...) Há que guardar esse passado. Senão o país fica sem chão.[8]

Marta faz, conscientemente, a opção pelos velhos, porque sabe que, com eles, pode ingressar no "ciclo dos sonhos"[9], única forma de resistir à morte das tradições culturais.

Em Luandino Vieira, a figura dos idosos também vem revestida de um halo de sabedoria. No conto "A Estória da Galinha e do Ovo", do livro *Luuanda*, a mais-velha Bebeca é quem reinstaura a harmonia na ordem grupal ameaçada. A narrativa começa com a disputa do ovo que a galinha Cabíri botara na cubata de Nga Bina, vizinha de Nga Zefa. Esta era mãe de Beto e Xico e dona de Cabíri. Ela vira a vizinha dar milho todos os dias para sua galinha, mas, só quando esta põe o ovo, reclama sua posse. A *maka*[10] começa então e *Vavó* Bebeca é chamada para arbitrar a questão. Com sua sabedoria de mais velha, convoca outros árbitros: Sô Zé da quitanda que fiava o milho, o proprietário da cubata, entre outros. O problema, entretanto, não se resolve, pois todos, movidos pela ganância, queriam o ovo, o que desperta, ainda mais, a ira entre as duas mulheres. A confusão aumenta e a polícia chega, ameaçando levar a galinha. Nessa hora, as crianças intervêm: Beto imita um galo, o que faz Cabíri alçar voo, desprendendo-se dos braços do policial. O saber e a sensibilidade são, portanto, dos mais novos e da mais velha, seres que, nas culturas africanas tradicionais, geralmente, se encontram à margem dos valores mesquinhos do senso comum. No conto em questão, as crianças burlam o egoísmo de todos. O voo final de Cabíri, misturando-se com o sol, funciona como metáfora da harmonia recuperada. *Vavó* Bebeca faz Nga Zefa compreender que Nga Bina, grávida de oito meses, estava com desejo de comer o ovo. Chamada a dar a sentença final, sorri e, "segurando o ovo na mão dela, seca e cheia de riscos dos anos, entregou para Nga Bina. Posso, Zefa?!"[11]. O profundo lirismo e ternura de *Vavó* Bebeca deixam como lição, ao final da narrativa, que a força da vida vence mais uma vez, metaforizada pelo ovo, pela barriga de Bina, símbolos da criação.

Denunciando os preconceitos existentes no senso comum e recuperando os sentidos poéticos de um existir mais profundo, além dos velhos e das crianças, também é recorrente, na obra dos três autores aqui estudados, a presença de personagens "loucas" e/ou aleijadas. Há, desse modo, uma proposta consciente de subversão dos valores convencionais presentes nas sociedades, cujo binarismo, geralmente, opõe o normal x anormal, o louco x não louco, o sadio x doente, excluindo todos os que não se enquadram nos padrões ortopédicos e disciplinares impostos pelos preceitos médicos e morais socialmente consagrados. Vigilâncias, punições, exílios são os mecanismos discriminatórios utilizados para anular existencialmente aqueles que são diferentes.

Para analisar como os escritores estudados tratam essa questão, escolhemos textos em que as personagens protagonistas apresentam algum defeito ou aleijão. De Guimarães, elegemos o conto "A Benfazeja", de *Primeiras estórias*, no qual a Mula-Marmela é marginalizada socialmente por sua figura grotesca. De Mia Couto, selecionamos o conto "A Rosa Caramela", do livro *Cada homem é uma raça*, cuja protagonista é hostilizada por sua corcunda e por se apaixonar pelas estátuas dos jardins de sua cidade. De Luandino, destacamos o conto "Estória da Menina Santa", do livro *Velhas estórias*, pois a personagem central também apresenta uma anomalia na coluna, sendo supliciada pela madrasta e desprezada pela comunidade onde vivia.

Mula-Marmela, personagem principal do conto "A Benfazeja", de Guimarães Rosa, é a personificação do grotesco com que a sociedade preconceituosa, geralmente, rejeita o lado demoníaco do inconsciente humano. É descrita como uma mulher "furibunda de magra, de selvagem compostura"[12]. No plano do enunciado, o narrador conta a história dessa personagem, discriminada pelos habitantes da cidadezinha onde vivia. Marmela matara o marido, o Mumbungo, porque era um malfeitor. Passara, então, a guiar o enteado, o cego Retrupé, "um revoltado blasfemífero", o qual, ela mesma, depois, veio também a assassinar. Mas os crimes por ela cometidos foram, entretanto, movidos por um profundo amor. Amor por esses dois homens que só semeavam desgraças. E amor pela comunidade, livrando-a da periculosidade desses seres a quem tanto se afeiçoara.

Mumbungo, Retrupé e Marmela metaforizam a agressividade existente em uma parte do inconsciente humano que, geralmente, se encontra reprimida. Todos rejeitavam e temiam essa mulher aleijada, sem perceber que ela representava a contraface grotesca da própria sociedade dividida injustamente entre ricos e miseráveis. É o narrador que, no plano da enunciação, procura comover os leitores para que possam apreender o outro lado dessa mulher considerada "maldita". Ele, desconstruindo provérbios consagrados, subverte a imagem de Marmela, descortinando-lhe a fisionomia doce e a abnegação pelo cego, a quem queria como verdadeiro filho. Através dos aforismos invertidos, a voz enunciadora vai corrigindo os preconceitos em relação a essa mulher.

Mula-Marmela, no texto, é descrita como a "grande loba". Aliás, há diversas referências à semântica leporina relacionadas a sua imagem: "lobunos cabelos"[13], "que qual, que tal, loba"[14], "do lobo a pele"[15], "feia, furtiva, lupina"[16]. Enquanto Marmela é associada à loba, Retrupé o é ao cão, ambos animais que simbolizam a sexualidade demoníaca, desordenada que existe encoberta em todo ser humano. O lobo tem uma relação com os arquétipos do carnaval medieval, no qual as pessoas se vestem de pêlos na festa dos lupercais. A loba representa o desejo voraz; é a grande mãe e também a grande prostituta, tanto que *lupanar*, cuja etimologia é a mesma de *lúpus* (lobo), significa prostíbulo. Marmela é essa figura ambígua, a que mata e a que ama, "a maldita" e "a benfazeja", prostituída pela vida, mas com um grande instinto maternal.

O discurso enunciador subverte a imagem temida de Marmela, levando o leitor a repensar o mundo convencional, descobrindo profundos sentidos existenciais no coração e no modo de vida daqueles que são excluídos, tanto que a narrativa se encerra assim: "pensem, meditem nela"[17]. No universo ficcional rosiano, tudo está misturado: bem x mal, amor x ódio, sublime x grotesco – tudo faz parte do humano. Do conto fica a seguinte questão: por que julgar e discriminar, quando, por baixo da pele do lobo, existe o coração do cordeiro, quando, sob a aparência do grotesco, existem o amor, a misericórdia e outros sentimentos sublimes?!

No conto "A estória da Menina Santa", de Luandino, a protagonista também apresenta defeitos físicos: os olhos sempre colados ao acordar e o acentuado desvio na coluna, que a faziam tão infeliz. Criada pela autoritária Madrinha, a menina fora vítima de inúmeras surras que podem ter sido a causa de sua atrofia. O narrador deixa essa hipótese em suspenso, apresentando várias versões da história de Santa. O certo, entretanto, é que a madrasta exerce grande tirania em relação à enteada. Desde cedo, a menina crescera em silêncio, com vergonha da corcunda e dos maus tratos de D. Ximinha, escondendo-se também da zombaria das crianças do *musseque*. "Torta, passo dela com devagarinho, a pequena *mulumba* disfarçada em seu vestir"[18]. O aleijão a estigmatizara, aprisionando-a num universo de solidão. No entanto, sob a aparência "grotesca" do corpo disforme, abrigava, como a Mula-Marmela do conto de Guimarães, o desejo sublime da maternidade. E muito lutou por isso, embora tenha sido sempre incompreendida e punida pela madrasta. Ainda mocinha, descobriu exercícios corporais de ioga e passou a praticá-los, despida, à frente do espelho, para corrigir o desvio das costas. Mas, logo foi proibida de continuar a ginástica. Nga Ximinha a chamou de feiticeira, criticando-a aos gritos: "Tinha desconfiado Santa fazia *quimbandices*. Porquê uma mãe tem de ver vergonha de sua filha nua, nem um trapo lhe tapava, *bungulando, bungulando, bungulando?*"[19]. Quando, mais tarde, Santa ficou grávida, foi também rejeitada e teve de deixar o *musseque*, acusada de despudorada e pecadora. Exilada espacial e culturalmente, ela se debateu, durante algum tempo, entre o desejo inocente de ser feliz com o filho que carregava no ventre e a culpa do pecado cristão inculcado em seu interior pelas palavras maldosas e desumanas de Ximinha. O clímax do sofrimento da Menina Santa se dá quando ela, desesperada, ingressa em delírio profundo, rompendo com os limites do senso comum. Fraturada entre as origens africanas e os valores católicos em que fora criada pela madrasta, começa a orar em português e em quimbundo, língua materna por onde jorrava toda a sua afetividade. Implora, então, à virgem-madrinha ajuda e cumplicidade:

> Quero um filho que me alegra nas tardes de sem-serviço, (...), para proteger minha vida – é pecado? Rogo, minha santa, só quero ainda o meu filho... Peço muito? As boas têm tudo, elas têm tudo, milho cresce, roupa fica branca, homem delas não fica bêbado – eu, (...) nada que tenho, marreca só. *Ubeka uami ngó ubeka uami, aiuê...*[20]

A ideia de pecado é, assim, subvertida pela pureza e inocência das palavras e sentimentos da Menina Santa, que, assumindo o seu desejo de ser mãe, volta ao *musseque*, sem pensar em esconder o filho que carregava no ventre.

Mia Couto, no conto "A Rosa Caramela", também coloca como protagonista uma menina "*gauche*", marginalizada, cujo lindo rosto contrastava com a corcunda. Sem família, "dela se sabia quase pouco. Se conhecia assim, corcunda-marreca, desde menina."[21]

Vivendo sob o signo da exclusão, Rosa se acostumara a ser sozinha. Com os sentimentos petrificados, depois que o noivo a deixara esperando no altar, passa a se enamorar das estátuas. Alegoria de sua solidão, pedras e minérios apontam para a frieza de sua vida, da qual estavam ausentes os humanos afetos:

> Ela se condizia sozinha, despovoada. Fez-se irmã das pedras, de tanto nelas se encostar. Paredes, chão, tecto: só a pedra lhe dava tamanho. Rosa se pousava, com a leveza dos apaixonados, sobre os frios soalhos. A pedra, sua gêmea.[22]

A voz enunciadora é mordaz, quando pergunta: "Era a loucura da corcunda que fazia voar os nossos juízos?"[23]. Nas entrelinhas textuais, fica a denúncia da tênue fronteira que, na verdade, separa o senso do não senso. Tal questionamento se acirra com o episódio da prisão de Rosa. "Seu único delito fora venerar a estátua de um colonialista". Os fantasmas do passado, portanto, continuavam a assombrar as mentalidades revolucionárias que haviam mandado derrubar os monumentos coloniais em respeito à nação recém-libertada. Para "o chefe das milícias a loucura da corcunda escondia outras, políticas razões"[24]. Ou eram as cicatrizes da guerra que faziam com que visse em tudo motivos políticos subjacentes?!... Não seria esse julgamento autoritário em relação à Rosa Caramela mais irreal que os próprios sonhos que a mantinham viva?! A enunciação do conto deixa essas questões em suspenso, levando o leitor a pensar.

"Vigiar e punir" – como ensina Michel Foucault – são os mecanismos disciplinares mais usados por uma cultura ortopédica que não dá espaço aos diferentes. Os preconceitos do senso comum interditam as sexualidades, inserindo os que se afastam da norma em um universo de solidão e dor.

Saída da prisão por terem reconhecido sua inocência, Caramela, em seu "sobressonhar", extrapola os ditames da moralidade convencional. Comparecendo ao enterro de um enfermeiro que se enforcara, se desnuda, à beira da cova, e atira sua roupa para dentro da sepultura, dizendo:

– E agora: posso gostar?

Os presentes recuaram, só se escutava a voz da poeira.

– Heim? Deste morto posso gostar! Já não é dos tempos. Ou deste também sou proibida?[25]

A personagem, em seu suprassenso, questiona, como a Menina Santa, de Luandino, o direito de amar e de não ter o corpo excluído por causa do defeito físico.

O final do conto é surpreendente. O pai do narrador, homem doente do coração, desencantado do trabalho e da vida, que apenas tinha notícias da cidade através do irmão, era o noivo que deixara Rosa esperando no altar. Ao saber da cena da moça no cemitério, fica muito incomodado e, à noite, quando a ouve soluçar no degrau de sua varanda, vai ao seu encontro comovido. Realidade e sonho se entrelaçam. Rosa se irrealiza e os dois partem noite adentro...

Como a Mula-Marmela, de Guimarães, Rosa-Caramela, do conto de Mia Couto, é doce também, trazendo na própria onomástica o puro gosto do mel. Ambas apresentam, assim, na semântica de seus nomes, a ternura dos que são capazes de sentimentos sublimes, porque, apesar da dor e dos sofrimentos, ainda conseguem amar e sonhar.

Concluindo, podemos afirmar que Guimarães, Luandino e Mia Couto, ao romperem com os dualismos aprisionadores do humano, recuperam a figura dos excluídos, descobrindo-lhes sentidos poéticos profundos que os recolocam além das fronteiras da razão convencional, às margens do inefável, onde vida, poesia e linguagem se enlaçam, fluindo à procura do infinito:

> Hora da palavra
> Quando não se diz nada
> Fora da palavra
> Quando o mais dentro aflora
> Puro silêncio:
> Água da palavra...
> Asa da palavra....
> Margem da palavra...[26]

NOTAS

1. Este texto anteriormente intitulado "As margens do inefável: a significação poética dos velhos e aleijados em Guimarães Rosa, Luandino Vieira e Mia Couto" foi publicado como capítulo do livro *Veredas de Rosa*, Lélia Parreira Duarte (org.). Belo Horizonte: Edições CESPUC, PUC-MG, 2000, p. 117-121.
2. Mussekes ou musseques são bairros periféricos da cidade de Luanda, capital de Angola.
3. ROSA, Guimarães. *Grande sertão: veredas*. 4. ed. Rio de Janeiro: José Olympio, 1965. p. 21.
4. Ibid., p. 11.
5. SECCO, Carmen Lucia Tindó. *Além da idade da razão: longevidade e saber na ficção brasileira*. (Originalmente, tese de Doutorado, defendida na Faculdade de Letras/ UFRJ, 15 jan 1992). Rio de Janeiro: Graphia, 1994, p. 56.
6. COUTO, Mia. *Estórias abensonhadas*. Lisboa: Caminho, 1994, p. 16.
7. _____. *A varanda do frangipani*. Lisboa: Caminho, 1996, p. 59.
8. Ibid., p. 103.
9. Ibid., p. 128.
10. Palavra do quimbundo que nesta frase significa confusão, discussão.
11. VIEIRA, José Luandino. *Luuanda*. 3. ed. Lisboa: Edições 70, s.d., p. 123.
12. ROSA, João Guimarães. *Primeiras estórias*. Rio de Janeiro: José Olympio, 1962, p. 125.
13. Ibid., p. 25.

14 Ibid., p. 126.
15 Ibid., p. 129.
16 Ibid., p. 133.
17 Ibid., p. 134.
18 VIEIRA, Luandino. *Velhas estórias*. 3. ed. Lisboa: Edições 70, 1986, p. 103. *Mulumba* significa corcunda.
19 Ibid., p. 115. *Quimbandices* quer dizer feitiços; *bungulando* significa saracoteando para chamar e incorporar espíritos, prática realizada em algumas religiões tradicionais africanas.
20 Ibid., p. 157.
21 COUTO, Mia. *Cada homem é uma raça*. 2. ed. Lisboa: Caminho, 1992, p. 15.
22 Ibid., p. 17.
23 Ibid., p. 18.
24 Ibid., p. 19.
25 Ibid., p. 22.
26 Trecho adaptado da letra da música "A terceira margem do rio", de Milton Nascimento e Caetano Veloso. LP *TXAI*, Discos Colúmbia, s.d.

Moçambique: alegorias em abril[1]

> Venho de um país de sonho
> de uma verdade tão pura
> que até mete medo.
>
> Ana Mafalda Leite[2]
>
> Tanto é o medo, que ensandece as pessoas.
>
> Espinosa[3]

    Vinte e zinco é uma escritura alegórica que, no sentido benjaminiano[4], dramatiza os fantasmas produzidos pelo colonialismo, colocando em cena medos, culpas, preconceitos, ódios, superstições, crenças e ressentimentos introjetados tanto no imaginário dos colonizados, como no dos colonizadores.
    A narrativa se tece entre os dias 19 e 30 de abril de 1974, no limiar, portanto, do vinte e cinco de abril português, data da queda do regime salazarista em Portugal, mas que, para Moçambique, não representou o fim do colonialismo, uma vez ter sido este extinto, um ano e dois meses mais tarde, no dia 25 de junho de 1975, quando, então, foi proclamada a independência moçambicana. E é, justamente, para o sonho desse outro vinte e cinco que acena a primeira epígrafe do livro: "Vinte e cinco é para vocês que vivem nos bairros de cimento. Para nós, negros pobres que vivemos na madeira e zinco, o nosso dia ainda está por vir. (Fala da adivinhadora Jessumina)".[5]
    É clara, nesse discurso epigráfico, a denúncia da cisão social criada pelo colonialismo em Moçambique, cuja ação foi a de alijar os negros em bairros de caniço, reservando à elite branca os confortáveis casarões dos bairros de asfalto.

A situação colonial, assentada em forte preconceito étnico, adotou sempre uma perspectiva etnocêntrica de discriminação aos povos africanos e aos seus valores culturais. Fazendo dos negros meros objetos de sua exploração, o colonialismo incentivou o poder arbitrário do colonizador e instalou a tortura como uma de suas práticas recorrentes. É para essa questão que alerta a segunda epígrafe do romance, ressaltando a complexa trama de ódios e temores produzidos, em mão dupla, pelo jogo perverso do próprio processo colonial:

> O homem nunca é cruel e injusto com impunidade; a ansiedade que nasce naqueles que abusam do poder frequentemente toma a forma de terrores imaginários e obsessões dementes.
>
> Nas plantações de cana-de-açúcar, o senhor maltratava o escravo, mas receava o ódio deste. Ele tratava-o como besta de carga, mas temia os ocultos poderes que lhe eram imputados.
>
> (Alfred Metraux. *Voodoo in Haiti*, 1959)[6]

As epígrafes, tanto as colocadas no pórtico do livro, como as que encabeçam cada capítulo, formam uma rede dialógica, cuja paratextualidade apresenta uma dicção "a contrapelo"[7], funcionando como um contraponto crítico da estória e da história. Tal artifício narracional torna o romance polifônico, na medida em que retira do narrador em terceira pessoa a hegemonia da voz e estabelece um foco narrativo múltiplo, cuja eficácia é a de revelar pontos de vista divergentes, os quais apontam para a crise pela qual passava o sistema colonial moçambicano nos estertores do regime salazarista. Os discursos epigráficos criam paratextos que se transformam em lugares de consciência e subversão, pois, ao comentarem criticamente os procedimentos racistas e autoritários próprios da situação colonial, denunciam o medo e o ódio como os piores fantasmas que se instalaram no âmago da sociedade.

Alegoricamente, o romance narra a história de um PIDE e a de sua família, em Moçambique, revelando os horrores da tortura. A linguagem romanesca não se compraz, entretanto, com o gozo catártico do sofrimento, tendo em vista proceder a uma reelaboração ficcional desveladora da violência engendrada pelo colonialismo. Escrita, memória e sangue lutam contra o esquecimento dessa história de dores e mortes, porém, simultaneamente, também recusam a repetição puramente nostálgica das lembranças dessas práticas de crueldade, destruidoras da dignidade humana tanto dos torturados, quanto dos torturadores. Segundo o estudo de Edward Peters,

> (...) se concebemos a vítima como alguém sem dignidade humana e portanto vulnerável à tortura, o torturador também se despoja dessa mesma dignidade. (...)
> As sociedades que não reconhecem a dignidade da pessoa humana, ou professam reconhecê-la, mas não o fazem na prática, ou a reconhecem apenas em circunstâncias excepcionais, tornam-se não apenas sociedades com tortura, mas sociedades nas quais a presença da tortura transforma a própria dignidade humana e, consequentemente, toda a vida individual e social.[8]

Vinte e zinco denuncia essa desintegração dos valores humanos nos tempos de arbítrio exacerbado. Os pesadelos dessa época são narrados politicamente pela escritura que, com eticidade, consegue dizer o que ficou submerso nos desvãos das prisões e nos bastidores do colonialismo português na África. Ao trabalhar com os silêncios, as ruínas da história, e ao recriar poeticamente pela ficção os dramas coloniais, a palavra do escritor reflete criticamente sobre os terrores gerados pela tortura em seu país. Esta, expressão máxima da opressão, não se deixa, entretanto, capturar pela memória, nem pela linguagem, pois, concebida como "catástrofe"[9], torna-se uma experiência postergada que não deixa traços, a não ser nos traumas, cujas marcas ficam impressas no imaginário coletivo e retornam, apenas, sob a forma de fantasias obsessivas monstruosas.

Conforme afirma Michel Foucault, em *Vigiar e punir*, "no ritual da tortura corporal, o terror é o suporte do exemplo: medo e pavor são imagens que ficam gravadas no inconsciente das testemunhas e no do próprio torturador."[10]

A escritura literária de *Vinte e zinco*, desvendando a loucura que, em consequência de séculos de arbitrariedade e tirania, se apossa de várias personagens do romance, logra resgatar a tarefa ética da literatura, na medida em que efetua uma desconstrução, por dentro, da violência colonial. Mia Couto tem clareza de que cabe ao escritor a recuperação dos sentidos humanos e éticos, tanto que, em uma entrevista a Nelson Saúte, declara:

> O escritor moçambicano tem uma terrível responsabilidade: perante todo o horror da violência, da desumanização, ele foi testemunha de demônios que os preceitos morais contêm em circunstâncias normais. Ele foi sujeito de uma viagem irrepetível pelos obscuros e telúricos subsolos da humanidade. Onde outros perderam a humanidade ele deve ser um construtor da esperança. Se não for capaz disso, de pouco valeu essa visão do caos, esse Apocalipse que Moçambique viveu.[11]

Vinte e zinco, focalizando o crepúsculo do salazarismo, embora denuncie a ferocidade da polícia política ainda maior nos últimos anos do regime, deixa, ao término da leitura, uma certa dose de esperança e de poesia, metaforizadas pela figura do cego Tchuvisco Andaré, personagem que, apesar de não ver com nitidez em virtude de ter "os olhos desbotados e azulecidos", é, paradoxalmente, quem leva o protagonista Lourenço de Castro, filho de Joaquim de Castro, a enxergar as desumanidades perpetradas por ele e pelo pai.

Tchuvisco Andaré não nascera cego; perdera a visão em decorrência de uma punição por ter presenciado segredos de Joaquim de Castro, que, na época, era Inspetor na cidadezinha moçambicana de Pebane. Após esse episódio, para que pensassem que o defeito do rapaz era de nascença, é que o velho PIDE resolvera se transferir com a família e com o cego para Moebase.

O narrador relata algumas das versões que tentavam explicar a causa da cegueira de Andaré, mas antecipa que a verdade era outra. Esta, no entanto, só é completamente revelada ao final, o que mantém em suspense o leitor.

Desde Pebane, Tchuvisco desempenhava a função de pintor da prisão, profissão para a qual fora contratado por Joaquim de Castro, cuja obsessão era a seguinte:

> As paredes brancas deveriam permanecer assim, alvas e puras, sem vestígio de sangue. O chão da prisão tinha sido encerado de vermelho. Justo para que não detectasse o sangue dos torturados. No chão, sim. Nas paredes, nunca. De onde vinha esse medo de as paredes revelarem as vermelhas nódoas?[12]

O narrador é quem vai interrogando, colocando dúvidas e suspeitas no leitor. Por intermédio da alegoria do velho PIDE mandar cobrir o sangue das paredes da prisão é denunciada a prática da tortura nos anos duros do colonialismo em Moçambique, pois "el ocultar la sangre es perfectamente eficaz. Su presencia, y a menudo tan sólo su visión, prueba el asesinato y, hasta cierto punto, lo comete."[13]

A imagem do sangue é recorrente na narrativa, onde se cruzam vários planos temporais. Cenas do passado vivido em Pebane se articulam com o presente narrativo protagonizado por Lourenço, que se tornara também um PIDE como o pai, cuja trágica morte era motivo de seus pesadelos:

> Ele assistira a tudo no helicóptero. O pai estava fardado e mantinha-se de pé, lutando contra o balanço. Seus gritos, ásperos, sobrepunham-se ao ruído do motor. Mandava que os presos, de mãos atadas chegassem

à porta aberta do aparelho. Depois, com um pontapé ele os fazia despenhar sobre o oceano.

Daquela vez, o pai decidira que Lourenço o devia acompanhar para ver esse espetáculo. Dizia: experiências daquelas é que endurecem o verdadeiro homem. (...)

Anichado no canto do aparelho, Lourenço sofria de enjôo. Mas ele não podia confessar essa fraqueza quase feminina. (...)

De repente, um emaranhado de pernas se cruzou em redor de Joaquim de Castro. Como tesouras de carne os membros inferiores dos presos enredaram o corpo do português. Os prisioneiros lutavam, arrumados em prévia combinação. Cairiam eles, mas o Castro iria junto. O português gritou, pediu ajuda ao filho. Mas este nem se mexeu. Olhos esbugalhados, viu o pai ser ejectado do helicóptero. Súbito, lhe pareceu eclodir um pássaro, composto em asas e plumas. (...) Essas plumas embaladas em hesitante brisa eram a única memória que lhe restava daquele momento. Para além do barulho das hélices, sobre a cabeça. Nunca mais haveria de suportar ventoinha. Fizesse calor de torrar, a ventoinha estava interdita.[14]

Lourenço, desde o primeiro capítulo, se mostra um ser frágil e inseguro. Os louros, ironicamente, só os traz na semântica do nome, porque sua vida se revela fracassada. É descrito como um "guerreiro de espáduas circunflexas, não exala glórias" (COUTO, 1999, p. 16). O casarão, onde residia com a mãe viúva, Dona Margarida, e a irmã desta, a tia Irene, por quem nutria secreta paixão, também se apresenta envolto por "uma luz doentia e cinzenta", o que, metaforicamente, se faz presságio da debilidade do regime salazarista, cuja política, por mais de quarenta anos, se estendera às colônias portuguesas na África. A casa dos Castros, portanto, se afigura como metonímia do desmoronamento do poder colonial português em Moçambique: "A mãe corrige a porta, ainda que não haja aragem nenhuma. Se não corre brisa por que razão a bandeira portuguesa tombou da parede onde estava pendurada?"[15]

A voz enunciadora vai prenunciando as transformações que estão por ocorrer no contexto sociopolítico. Lourenço, entretanto, se nega a aceitar qualquer mudança, continuando preso à memória do pai. A alegoria do umbigo a crescer-lhe do ventre é reveladora dessa dependência em relação à figura paterna:

– Outra vez o umbigo, Lourencinho?

– Está-me a crescer, mãe. A sério, desta vez é a sério. Até já estou a sentir o cordão umbilical a sair-me.

– Deixa que eu lhe faço uma massagem e isso já passa.
A mãe senta-se na cama e esconde as mãos por baixo dos lençóis. Seus olhos agasalham muita ternura.
– Vê, mãe, eu não dizia?
– Já vai passar, filho.
– Isso só pode ser feitiço da pretalhada. É esse cego, mãe.[16]

Infantilizado pela mãe, o jovem PIDE só dormia com um cavalinho de madeira e um velho pano, no qual enxugava a baba produzida durante os delírios noturnos que lhe sobressaltavam o sono. Atormentavam-lhe a memória as tiranias contra os negros presenciadas no passado e cometidas no presente, assim como também a lembrança das crueldades do pai e o remorso por ter assistido, petrificado, à sua morte, sem um esforço sequer para salvá-lo.

> Na tentativa de se libertar do medo, o sujeito renuncia a se diferenciar do outro que teme, para, ao imitá-lo, aniquilar a distância que os separa, a distância que permite ao monstro reconhecê-lo como vítima e devorá-lo. Para se salvar do perigo, o sujeito desiste de si mesmo e, portanto, perde-se.[17]

O temor e a consciência culposa se introjetaram no inconsciente de Lourenço e o transformaram em um sujeito mimético. Sua identidade cindida, aprisionada à fantasia imaginária de perpetuar a figura do progenitor, o leva a repetir hábitos, preconceitos e comportamentos aprendidos com o pai. Assim como este mandava ocultar o sangue das paredes da prisão, ele também, ao chegar à casa, cumpria o ritual de lavar as mãos para esconder os vestígios da tortura: "Lavarse las manos, después del asesinato, purifica. Es descargar sobre otros un acto que se há realizado. Pilato se lavará las manos y declarará: inocente soy de esta sangre."[18]

Lourenço pretendia isentar-se da culpa, imitando a frieza paterna, mas, era subjugado por temores que o faziam oscilar entre a repulsa e a aceitação do animismo africano, entre a rejeição dos rituais mágicos dos negros e a ameaça de seus feitiços.

A atmosfera cinzenta da casa colonial enredava, num clima de morte, loucura e doença, não só o jovem PIDE, mas também a mãe e a tia Irene. Dona Margarida carregava a tristeza da solidão e do desenraizamento provocado pelo exílio. Irene encontrava no comportamento divergente uma forma de expressar sua rebeldia contra a opressão colonial de que eram representantes, entre outros, o cunhado e o sobrinho.

Este, por sua vez, umbilicalmente preso à figura paterna, funciona, na narrativa, como um duplo do velho Castro, sem notar, entretanto, que, em virtude da queda do salazarismo prestes a ocorrer, ele "vivia", como PIDE, o próprio "outono de patriarca". Imerso num universo de insanidade mental, não se apercebia, portanto, da decadência iminente.

A loucura é sempre um processo problemático, inseparável da questão colocada pelos homens sobre sua própria identidade[19]. O romance *Vinte e zinco* chama atenção, justamente, para essa fenda identitária das personagens, evidenciando que ela é decorrente da situação colonial.

Ao teorizar sobre a "desrazão", Michel Foucault ressalta que ela sempre "desvenda a verdade terminal do homem; mostra até onde puderam levá-lo as paixões, a vida em sociedade, tudo aquilo que o afasta de uma natureza primitiva que não conhece a loucura. Esta está sempre ligada a uma civilização e a seu mal-estar."[20]

A enunciação do romance, por intermédio do comportamento transgressor de Irene e das obsessões dementes de Lourenço, aponta para o mal-estar gerado pelo colonialismo em Moçambique. A oposição entre essas personagens ressalta a loucura do jovem PIDE como fruto do remorso e do medo e a da tia como expressão de recusa ao autoritarismo. Das atitudes de delírio e dos discursos desviantes da moça, aflora, entretanto, um sentido poético profundo, que, segundo Michel Foucault, existe no âmago da "desrazão", na qual se encontra latente: "a possibilidade de um lirismo do desejo e a possibilidade de uma poesia do mundo; uma vez que a loucura e o sonho são simultaneamente o momento da extrema subjetividade e o da irônica objetividade, não há aqui nenhuma contradição: a poesia do coração, na solidão final e exasperada de seu lirismo, se revela, através de uma imediata reviravolta, como o canto primitivo das coisas."[21]

Irene, a que era "capaz de amar as impossíveis coisas" (COUTO, 1999, p. 75), se torna, portanto, na narrativa, metáfora desse lirismo profundo. Rompera com a razão colonial e se cobrira de *matope*[22], assumindo as "sujidades" e as religiosidades africanas. Frequentando os rituais da adivinha Jessumina e praticando o culto aos falecidos, se identificara aos negros oprimidos. Apaixonara-se pelo mulato Marcelino e fora levada por este à política, acumpliciando-se aos ideais revolucionários da FRELIMO. Sua "desrazão" liberara a poesia de seu coração, o que a fizera se afeiçoar ao cego Tchuvisco, personagem que conservara o sentido poético da vida, apesar da desumanidade da qual fora vítima.

No romance, duas galerias de personagens se contrapõem: a dos opressores, constituída por Lourenço, pelo pai, pelos torturadores

Diamantino e Soco-Soco, e a dos que "sonhavam futuros e liberdades", formada por Irene, pelo cego Andaré, por Marcelino, pelo tio Custódio e pela adivinha Jessumina.

Relacionadas ao primeiro grupo, embora não se tenham revelado propriamente como personalidades opressoras, há, ainda, as figuras secundárias do padre e do médico, personagens-tipo, cuja mornez dos discursos não conseguia se contrapor à moral veiculada pelo colonialismo, e Dona Margarida, cuja submissão ao marido e, posteriormente, ao filho, fizera com que perdesse a própria identidade, não sendo capaz de lhes contestar as atitudes arbitrárias. Também essa personagem tinha seu inconsciente povoado de fantasmas. No seu universo onírico, pombas que se transformavam em morcegos, uma mão decepada sangrando, um cão com a cabeça do Diamantino (um dos adjuntos da PIDE) expressavam, alegoricamente, o medo e o horror introjetados em seu íntimo pela tortura. Esses pesadelos, entretanto, eram interrompidos, no meio da noite, pelos gritos de Lourenço a chorar ao lado do cavalinho de madeira ensanguentado, cujas pernas estavam arrancadas. Sonho e realidade se fundem, dessa forma, um espelhando o outro: "Triste é escolher entre o mau e o pior. Entre o sonho e a realidade qual deles preferir? " (id., p. 63)

Vale ressaltar a maneira como a enunciação do romance trabalha com essas alegorias: de forma ambivalente, deixa ao leitor mais de uma possibilidade de as interpretar. Psicanalítica e socialmente, admitem ser lidas como representações oníricas dos traumas provocados pelo ambiente de terror vivenciado. Mas, segundo as crenças africanas, podem ser entendidas como vingança do espírito do velho PIDE, que, inconformado com a própria morte, se transformara num *xipoco*[23] e voltava para assombrar o filho. Essa explicação, vinda pela boca de Jessumina, põe em cena aspectos da religiosidade e das tradições moçambicanas negadas pelo colonialismo.

O romance, dessa forma, recupera fragmentos do múltiplo imaginário moçambicano, mostrando como esse, muitas vezes, também contaminava, culturalmente, os próprios imigrantes portugueses, os quais, com o decorrer dos anos no exílio, já se sentiam distantes da pátria de origem. O comportamento de Dona Margarida, por exemplo, em *Vinte e zinco*, exemplifica bem isso. Ela, que nunca aceitara os cultos dos negros, fora, em seu desespero, consultar a feiticeira. Sua identidade, esgarçada por anos de degredo e opressão, não mais guardava a memória de sua terra natal e ela procurava apoio nas crenças locais. Suas antigas certezas já se encontravam abaladas: "Teria sido o simples falar com alguém? Um ser do além-mundo, como Jessumina, podia fazer suportar melhor este nosso mundo?" (id., p. 72)

A adivinha simboliza, na narrativa, uma das vozes da resistência e da ancestralidade africana. Sua linguagem buscava restaurar a cosmicidade da natureza e seus ensinamentos se faziam por provérbios, como era passada pelos mais velhos a sabedoria antiga: "O besouro, antes de entrar, dá duas voltas à toca" (id., p. 67). "Só se aprende, nesse desmaio, a súbita perda dos sentidos" (id., p. 67). "As palavras chamam as sucedâncias" (id., p. 68). "Quem não tem viagem, é escolhido pela loucura" (id., p. 68).

Também Custódio, dono da oficina e tio de Marcelino, é uma outra personagem representativa da tradição; falava quase sempre por provérbios e contava muitos casos antigos. Ele, como o sobrinho, era cúmplice da luta contra o colonialismo, mas, agia em silêncio. Ao contrário do jovem Marcelino, que abraçara, de peito aberto, a utopia da independência, ele dava lições de que os fracos tinham de tirar partido de sua própria condição para que conseguissem enganar e vencer os fortes. Ao morrer, provou ao sobrinho que também lutara pela mesma causa, entregando-lhe os papéis roubados do quartel para que os repassasse aos camaradas. Marcelino, entretanto, não viu a Revolução vitoriosa. Antes disso, foi preso e morreu na prisão, vítima de torturas. Sua mãe, Dona Graça, irmã de Custódio, desapareceu, então, misteriosamente, afundada em desespero pela perda do filho. Irene, inconsolável, se tornou mais agressiva e irreverente, afrontando Lourenço, que ela sabia ser o culpado da morte de seu amado.

Apesar de considerada "louca" pelos familiares, Irene revela em seus cadernos (dos quais são retiradas várias das epígrafes que encimam os capítulos do romance) uma escritura lúcida, coerente e crítica, denunciadora da tortura, do racismo e das discriminações. Não há nenhuma "desrazão" em seus escritos; pelo contrário, estes desvelam profundas reflexões de ordem política, social, filosófica e poética. Adepta da liberdade e da poesia, a moça, desde que chegara à África, preferira o mundo dos negros, suas religiosidades e valores culturais, rejeitando a atmosfera pesada do casarão colonial. Após a morte de Marcelino, que surpreendera sendo torturado pelo próprio sobrinho, só encontra consolo junto à feiticeira Jessumina ou sob a maçaniqueira, árvore sagrada onde praticava o culto aos falecidos, seguindo as tradições locais.

Sob o signo da poeticidade, Irene e Tchuvisco são os que mais põem em questão a ordem colonial e a tortura. Personagens à deriva, buscam o avesso da realidade opressora, transgredindo ordens e fronteiras. "Os cegos e os poetas são os que enxergam na escuridão"[24]. Tchuvisco "via futuros" (id., p. 33) e suas palavras eram pura "poesia, doença de irrealizar o mundo" (id., p. 34). Ele e Irene enxergavam "em outra visibilidade" (id., p. 18): " viam a vida, não os vivos" (id., p. 38).

O fato de não enxergar dera a Andaré uma "nova luz dentro dos sonhos" (id., p. 133), tanto que é ele quem prenuncia o "transbordamento do rio" e a "chuva de abril" (id., p. 83-88), alegorias das transformações políticas que estavam na iminência de ocorrer no sistema colonial português em Moçambique:

> No centro da praça está o cego Andaré Tchuvisco, gesticuloso e barulhador. Grita, convocando Moisés e a montanha. Anuncia suas terríveis visões: que o rio está para se desprender do leito, cansado da margem (...) Loucura, somada à cegueira: não podia ser outra coisa. (...) castigo, aquilo semelhava um castigo dos antepassados. (...) Quem podia saber de sua noção? Os brancos falam na ideia como coisa solar que ilumina as mentes. Mas a ideia, todos sabemos, pertence ao mundo do escuro, dessas profundezas de onde nossas vísceras nos conduzem.[25]

"Loucura" e cegueira se erigem, desse modo, como formas de oposição ao racionalismo imposto pela colonização. Elementos das tradições moçambicanas invadem a narrativa e a voz enunciadora se acumplicia a uma visão africana de mundo. O pesadelo da tortura precisava ser exorcizado e é pela bengala do cego que a cobra voadora, designada, segundo um dos mitos moçambicanos, *Napolo*, se apresenta alegorizada, se transmutando na ave que Lourenço, na ocasião da morte do pai, vira emergir do helicóptero e se desfazer nos ares. O jovem PIDE, então, descobre "os seus fantasmas naquele instantâneo céu" (id., p. 87).

Tchuvisco, ao vaticinar o "transbordamento do rio" e "a tempestade de abril", se emocionara e suas lágrimas trouxeram "água da terra", alegoria das tradições que precisavam renascer em Moçambique. A própria semântica de seu nome é portadora do simbolismo cósmico do chuvisco que, relacionado à chuva e ao orvalho, significa, figuradamente,

> uma água que jorra do coração e inunda o interior do homem, aclarando suas visões. Símbolo de redenção e revificação, o orvalho representa a bênção celeste, é água pura que suaviza, sendo, portanto, a água-Mãe, o princípio úmido por excelência.[26]

O cego Andaré se faz, portanto, na narrativa, um iluminador de visões. Reconhecendo, no cheiro de graxa de Jessumina, a velha Graça, mãe de Marcelino, desaparecida há tempos, pressentira, abraçado a ela, que, em breve, poderia voltar a ver. Mas, a adivinha o alertara, entretanto, de que, para isso, era necessário esperar um outro vinte e cinco, pois ainda "não era esse dia, o 25 de Abril, que fazia o antes e o depois daquela terra" (id., p. 123).

Na verdade, Andaré não ficara completamente cego. Continuara a ver sombras, mas resolvera tirar partido da cegueira, pois, na África, quem não enxerga encontra sempre um amparo. Tivera os olhos desbotados, em virtude de o velho Castro ter esfregado raiz de *mukuni*[27] em suas vistas como castigo por o ter surpreendido em práticas sexuais com os presos. Essa é a terrível revelação feita por ele, ao final, ao jovem PIDE, que, vendo esboroarem-se a figura mítica de Salazar e a imagem do pai, "mera espuma vermelha naufragada no Índico", perde, completamente, os referenciais. Com a identidade despedaçada, se sente sem terra e sem pátria: "um búzio que ensurdeceu" (id., p. 116). Jessumina, compadecendo-se de Lourenço, procura convencê-lo a deixar Moçambique, mas o moço se recusa a partir. Só a mãe, Dona Margarida, o fez, consciente de que não podia mais continuar ali, pois não havia água que limpasse o passado de sua gente naquela terra.

Tchuvisco também tentou dissuadir Lourenço a permanecer na África e se ofereceu para ir no lugar dele soltar os presos, pois receava o rancor dos oprimidos e queria evitar outras violências. Porém, estas eram inevitáveis. Os séculos de autoritarismo haviam engendrado muito ódio. Ao chegar à cadeia, se deparou com os corpos ensanguentados do adjunto Soco-Soco e o do ex-PIDE. Procurou saber quem matara aqueles dois e um antigo preso lhe confessou: "nós matamos o pide preto. (...) Cada qual mata o da sua raça" (id., p. 138). Tchuvisco compreendeu, nesse momento, que o racismo e a opressão dos tempos coloniais apenas se haviam intervertido. Ao sentir, ali, um familiar aroma de mulher, intuiu que fora Irene quem assassinara Lourenço, vingando, assim, a morte de Marcelino com as próprias mãos.

> Se a tirania é o fruto amargo do medo, estende-se dos indivíduos à sociedade e, desta, retorna àqueles. Cada qual, imaginando-se "um império em um império", tiraniza seus próximos como se deixa tiranizar pelos déspotas. O sistema do medo, porque flutua entre esperança e desespero, desencadeia outras paixões tristes: a ambição de uns exige a humildade de outros; o orgulho e a soberba de uns força a autocomiseração e a inveja de outros; a crueldade de uns incita a pusilanimidade e a abjeção de outros. A teia enigmática da tristeza tece com a desconfiança uma tecelagem de ódios onde cada fio se entrelaça aos demais para encobrir a solidão e o terror.[28]

Com sua "visibilidade outra", Andaré fazia previsões e receava o futuro, depois da saída dos portugueses de Moçambique:

> Seu medo era (...) que esses que sonhavam ser brancos segurassem os destinos do país. Proclamavam mundos novos, tudo em nome do povo, mas nada mudaria, senão a cor da pele dos poderosos. A panela da miséria continuaria no mesmo lume. Só a tampa mudaria. (id., p. 133)

Por ter essa lucidez, é que, ao final, o cego, repetindo o antigo ofício de cobrir o sangue da prisão, revela a potência extraordinária de um querer e de um olhar capazes de varrer, em cada pincelada de tinta, a violência e a tortura do tempo e do espaço, do visível e do invisível, deixando esboçada, pelo simbolismo do branco das paredes, a esperança de virem a ser completamente extirpadas as verdadeiras causas da tirania. "E sente que a prisão, a cada pincelada, se vai dissolvendo, a pontos de total inexistência. Como se o pincel que empunhasse fosse areia, na mão do vento, apagando pegadas no deserto."(id., p. 139)

O romance termina, assim, em aberto, à espera de um outro vinte e cinco, que metaforiza a utopia de ainda ser possível, talvez, um dia, construir uma sociedade mais justa, pautada pela dignidade, pela ética e pelo respeito humano.

NOTAS

1 Este texto, anteriormente intitulado "Alegorias em abril: Moçambique e o sonho de outro vinte e cinco – uma leitura do romance *Vinte e zinco*, de Mia Couto", publicado em *Via Atlântica*, Revista da Área dos Estudos Comparados das Literaturas de Língua Portuguesa, Departamento de Letras Clássicas e Vernáculas, Faculdade de Filosofia, Letras e Ciências Humanas da USP, n. 3. São Paulo: Edição do Departamento, 1999, p. 110-123.
2 LEITE, Ana Mafalda. In: CHICHORRO, Roberto; PATRAQUIM, Luís Carlos; LEITE, Ana Mafalda. *Mariscando luas*. Lisboa: Vega, 1992, p. 65.
3 ESPINOSA. *Tratactus theológico-politicus*. Apud CHAUÍ, Marilena. Sobre o medo. In: CARDOSO, Sérgio et al. *Os sentidos da paixão*. São Paulo: Companhia das Letras, 1987, p. 56.
4 Para o filósofo alemão Walter Benjamin, pertencente à Escola de Frankfurt, a "alegoria" diz o que se encontra reprimido nos silêncios da "história dos vencidos".
5 COUTO, Mia. *Vinte e zinco*. Lisboa: Caminho, 1999, p. 11.
6 Ibid., p. 12.
7 Empregamos esse conceito na acepção de Walter Benjamin.
8 PETERS, Edward. *Tortura*. São Paulo: Ática, 1989, p. 217.

9   Empregamos esse conceito na acepção de Walter Benjamin.
10 FOUCAULT, Michel. *Vigiar e punir*. 4. ed. Petrópolis: Vozes, 1986, p. 98.
11 COUTO, Mia. Entrevista. In: SAÚTE, Nelson. *Os habitantes da memória*. Praia; Mindelo: Embaixada de Portugal; Centro Cultural Português, 1998, p. 229.
12 COUTO, Mia. *Vinte e zinco*. Lisboa: Caminho, 1999, p. 36.
13 ROUX, Jean-Paul. *La Sangre: mitos, símbolos y realidades*. Barcelona: Ediciones Península, 1990, p. 119. (Colección História, Ciencia y Sociedade, n. 219)
14 COUTO, 1999, p. 26; p. 27
15 Ibid., p. 20.
16 Ibid., p. 21.
17 GAGNEBIN, Jeanne Marie. *Sete aulas sobre linguagem, memória e história*. Rio de Janeiro: Imago, 1997, p. 87.
18 ROUX, Jean-Paul. *La Sangre: mitos, símbolos y realidades*. Barcelona: Ediciones Península, 1990, p. 118 (Colección História, Ciencia y Sociedade, n. 219)
19 Mannoni, M. *Apud* FRAYSE-PEREIRA, João. *O que é loucura*. São Paulo: Brasiliense, 1985. p. 13 (Coleção Primeiros Passos, 18)
20 FOUCAULT, Michel. *História da loucura*. São Paulo: Perspectiva, 1978, p. 512. (Coleção Estudos, 61)
21 Ibid., p. 510.
22 Matope significa lama.
23 O termo, em uma das línguas moçambicanas, significa fantasma.
24 Trecho de uma letra de música dos compositores brasileiros Chico Buarque e Edu Lôbo.
25 COUTO, Mia, 1999, p. 81; p. 83; p. 84.
26 CHEVALIER, Jean e GHEERBRANT, Alain. *Dicionário de símbolos*. Rio de Janeiro: José Olympio, 1988, p. 664.
27 Em uma das línguas moçambicanas, a palavra significa sândalo.
28 CHAUÍ, Marilena. "Sobre o medo". In: CARDOSO, Sérgio et al. *Os sentidos da paixão*. São Paulo: Companhia das Letras, 1987, p. 65.

O mito da criação em Luandino e Guimarães[1]

A imagem cosmogônica do andrógino primordial encontra-se, sob as mais variadas representações, na origem de quase todas as civilizações. Está, geralmente, associada ao ovo cósmico ou às serpentes subterrâneas que regulam a harmonia do universo, à Criança Divina, símbolo da unidade fundamental. Em alguns países da África, há a crença em um orixá bissexual (durante seis meses do ano é do sexo feminino; nos outros seis meses, é do sexo masculino), responsável pelo equilíbrio dos elementos naturais: é Oxumaré, deus do arco-íris[2] entre os povos iorubás, sendo representado por duas serpentes que, mordendo as respectivas caudas, metaforizam a eternidade, ou seja, a unidade perdida, desde a fratura em relação ao sagrado primordial[3]. Em Angola, a divindade correspondente, muitas vezes anunciada pelo arco-íris, é a kianda, um dos gênios da natureza de sexo também não definido, relacionada aos arquétipos da água.

O filósofo Gaston Bachelard[4], estudando a questão da imaginação criadora, atribui às artes em geral um poder também bipolar de apreender as ambivalências do mundo, atingindo, pela polissemia da linguagem, a "androginia do poético".

Tanto a ficção do escritor brasileiro Guimarães Rosa[5], como a do angolano Luandino Vieira operam com essa "androginia do poético". Usando a técnica labiríntica do narrar desalinhavado de Riobalo, João Vêncio[6], o narrador-personagem do romance de Luandino, assume o vaivém do próprio discurso, embalado pelo ritmo da memória. Os dois textos fazem a opção por um percurso memorialista; assim, atestam, tanto no plano da enunciação, como no do enunciado, uma crise dos sujeitos-narradores. Os dois romances se constroem entre a dúvida e a angústia dos protagonistas que se atormentam por terem tido experiências amorosas consideradas "malditas" em suas sociedades. Crime e castigo, culpa e pecado, amor e ódio, vida e morte, sagrado e profano tornam-se, então, os dilemas propulsores dessas narrativas.

João Vêncio, espécie de duplo do escritor, encontra-se na cadeia, preso e acusado por tentativa de homicídio frustrado contra a companheira. A narrativa se tece na interiorização da culpa, na busca da absolvição. Através desse jogo dialético, a voz enunciadora questiona tanto o discurso jurídico, como o religioso, ironizando o último pela referência a "sô padre Vieira". Na verdade, João Vêncio não dialoga, pois seu interlocutor, "Muadié", é mudo, como o Compadre Meu Quelemém, de *Grande sertão: veredas*. Funcionando como sua consciência e memória – e isso João Vêncio confessa textualmente (cf. VIEIRA, 1987, p. 26) –, Muadié, como Quelemém, exerce o papel do ouvinte imparcial, do narratário ideal, sendo um artifício narrativo por intermédio do qual os narradores (tanto João Vêncio, como Riobaldo) reatualizam o próprio narrar. A certeza de que "as palavras mentem" (id., p. 18) leva os protagonistas a duvidarem não só de seus próprios discursos, mas também dos instituídos, como o da Igreja e o da Justiça que determinam o que é crime e pecado. Insurgindo-se contra o dualismo aprisionador do humano, João Vêncio satiriza o discurso religioso:

> o que mais gosto em missa de católico é isso mesmo: os putos latins caçando os demônios (...) O senhor é que informa, aceito. Mas duvido. (...) **Mu Kimbundu** (...) **Muadié** veja: se a gente percebe tudo, onde está Deus, **Ngana Nzambi Tata**? – Se Deus existe? (id., p. 43 – grifos nossos)

De modo semelhante a Guimarães Rosa, os valores absolutos do mundo institucionalizado são abalados. Deus e o Diabo vigem dentro do homem: "Deus, muadié, é o que a gente ainda não viveu. O que se está a viver é que é do homem, somos nós" (id., p. 56)."Kimbundizando" a língua da colonização, o discurso de Luandino assume-se "verbalmente mestiço", como já assinalaram tantos críticos de sua obra. Carnavalizando a linguagem jurídica e a católica, a escritura de João Vêncio incorpora estruturas orais do *kimbundu*, mesclando-as ao português culto, juntamente com termos chulos, gírias e o calão expurgados pela moralidade inculcada pela colonização. Utilizando um recurso fático semelhante ao "mire: veja" empregado por Guimarães Rosa – cuja função, em *Grande sertão*, é corrigir as percepções escamoteadas pelo senso comum, acordando o protagonista Riobaldo para os sentidos poéticos da vida –, a narrativa do romance *João Vêncio* busca também restaurar as conotações líricas da linguagem, ou seja, tenta resgatar a importância e a veracidade que tinham as palavras para os antigos, pois, diferentemente dos tempos atuais, elas não mentiam; fluíam plenas, de acordo com o ritmo cósmico da existência. Na

África ancestral, anterior à chegada dos colonizadores, a voz, nas comunidades tradicionais, era sagrada; tinha o peso da honra e do saber. Recriando o discurso por meio de recursos poéticos que estabelecem a ruptura com os paradigmas prescritos da língua portuguesa imposta, a ficção de Luandino busca livrar-se da *"esclavagidão"* (id., p. 66) provocada pela colonização que fez *tabula rasa* das culturas conquistadas e, impingindo os valores e a moral do ocidente cristão, fragmentou a concepção africana de mundo, cindindo a linguagem, o amor, a vida, enfim, tudo que, antes, fazia parte da harmonia primeva.

Tanto em *Grande sertão*, como no romance *João Vêncio*, os narradores encontram-se fracionados. Ambos se debatem na dúvida, questionando o que é pecado. No plano do narrado, o motivo propulsor da narrativa da personagem João Vêncio é a acusação sofrida por Vêncio: "Seria ele um sexopata? Um lombrosiano?" A partir desse conflito, mergulha no passado e na memória, relembrando seus vários amores: o angelical, por Maristrela; o rotulado de profano, por Florinha; o considerado "maldito", pelo amigo Mimi. Amores vários, que, entretanto, para João Vêncio, se irmanavam na metáfora da *estrela de três pontas*, símbolo de um amor total não reconhecido pela moral judaico-cristã que estigmatizou o desejo sob as formas do puro e do impuro, do permitido e do proibido.

Importante fazer o confronto com *Grande sertão*, pois, também nesse romance, Riobaldo busca rememorar os amores vividos para poder compreender a atração sentida por Diadorim, o amigo Reinaldo, que, só depois de morto, soube ser uma mulher travestida de homem para vingar o pai. "Como ele, Tatarana, jagunço macho do sertão dos Gerais, pudera se apaixonar por um camarada do mesmo sexo?" Essa é a angústia do protagonista-narrador. Angústia mobilizadora do enunciado e da própria enunciação, uma vez que, pelas lembranças, Riobaldo revive o amor por Otacília, "moça pura", como a Maristrela de Vêncio; o amor por Diadorim, o amigo especial que o despertou para as singelezas do poético, do mesmo modo que Mimi o fez em relação a João Vêncio; a paixão carnal por Nhorinhá, a "mulher-dama", a "prostituta", que lhe ensinou os mistérios do sexo e do prazer, de forma semelhante à Florinha, personagem do romance *João Vêncio*.

Na ficção de Rosa e na de Luandino, a mulher "prostituta" é envolta em carinho e respeito. Os dois autores valorizam os seres de exceção, ou seja, os que se encontram à margem e, por isso, se encontram afastados dos valores estereotipados da sociedade. Há nos dois escritores a preocupação com o mistério da criação artística; ambos buscam captar o que Bachelard chama a "androginia do poético", isto é, a literariedade sígnica, da qual Mimi, em *João Vêncio*, e Diadorim, em *Grande sertão*, são representações metafóricas dos arquétipos da criação.

Em Guimarães, o mito da Criança Divina apresenta-se transfigurado no menino ambíguo que levou Riobaldo a ultrapassar a dureza do sertão geográfico, fazendo-o ingressar no universo mítico da própria imaginação criadora. É Diadorim quem acende a sensibilidade de Riobaldo, antes bloqueada pelas leis do sertão. É ele o "menino especial" que o desperta para os mistérios e forças imaginantes da natureza: "Ia escurecendo. Diadorim acendeu um foguinho. (...) O chiim dos grilos (...) Diadorim me pôs o rastro dele para sempre em todas essas quisquilhas da natureza" (ROSA, 1965, p. 25).

Riobaldo descobre, assim, a poesia do universo, no canto do pássaro manuelzinho-da-c'roa, no chiim dos grilos e em outros barulhinhos da natureza, que, antes, dominado pelo código da jagunçagem, pensava serem belezas poéticas destinadas apenas à sensibilidade feminina. É, portanto, a partir de Diadorim, que compreende a complementaridade dos contrários: vida e morte, Deus e Diabo. Reunindo em si o masculino e o feminino, o bem e o mal, Diadorim abala as certezas de Riobaldo, levando-o a questionar as verdades consagradas pelo senso comum, como, por exemplo, seu machismo de jagunço acostumado ao mundo violento do sertão.

Como símbolo da imaginação criadora, Diadorim remete à ambivalência da poesia, ao mito do andrógino, conforme já observou o crítico brasileiro Benedito Nunes: "Diadorim, ambíguo, menino que é também menina, desperta a alma de Riobaldo, infundindo-lhe o desassossego, o toque de Eros. (...) Representa a Criança primordial, a androginia divina, que devassa o passado imemorial."[7]

A ambivalência do sertão e a androginia de Diadorim contaminam enunciado e enunciação. Poeticamente, a língua é reinventada, rompendo com os aspectos convencionais da norma culta. Há advérbios no plural, neologismos, arcaísmos. O linguajar regional do sertão é recriado. A travessia de Riobaldo-narrador não segue apenas as trilhas do geográfico, mas as veredas míticas da memória e os caminhos profundos de uma séria pesquisa linguística que revoluciona a linguagem, sem, no entanto, ferir o sistema da língua.

Uma das inovações de Guimarães foi construir um narrador "problemático", que, inscrito no cerne da modernidade, estilhaça a narrativa em idas e vindas, ao sabor da memória; uma memória subjetiva, que traz as experiências emotivas do vivido e incorpora também a oralidade ao seu discurso. Desse modo, o narrador solitário do romance dialoga com o narrador contador de "causos". Riobaldo, expondo suas dúvidas ao Quelemém, vai e vem desalinhavadamente, imprimindo ao seu relato o sabor de um contar que se tece de mil e uma maneiras. Sua narração se transforma, assim, em travessia. Travessia ancestral da memória, que, pelo mergulho no mítico e no cósmico, reencontra, na "cicatriz do andrógino", a poeticidade do verbo.

As estratégias narrativas utilizadas por Luandino, no romance *João Vêncio*, apresentam uma certa semelhança em relação às empregadas por Guimarães. Também existe em seu romance a dialogia do narrar, o narrador moderno que teoriza sobre a arte, e, ao mesmo tempo, se comporta como um *griot* da tradição oral africana, cuja função era transmitir o saber através de narrativas típicas, como, por exemplo, os *missossos*, estórias fantasiosas características do processo da oratura angolana. Laura Padilha, analisando esse romance, comenta a metáfora do "colar das miçangas" que "simboliza o fio da oralidade, o colar dos casos da tradição oral"[8].

Fundindo o português e o quimbundo, recriando as palavras "podres" e se livrando de um discurso alheio, João Vêncio, pelo vício do dicionário e pelo exercício da imaginação, dialoga com o pseudoautor que, ao final do romance, apresenta um "glossário metalinguístico" para uso do próprio autor. Por tais artifícios, o signo linguístico se adensa e alcança a opacidade do poético, o que possibilita a subversão do instituído, por meio da ludicidade do tecido literário. A linguagem surge "como um búzio ressonando nos ouvidos". (VIEIRA, 1987, p. 77). Essa metáfora simboliza a recuperação da oralidade silenciada e das origens perdidas. Outra imagem presente no romance é a do "arco-íris", cujas significações encontram-se intimamente relacionadas ao imaginário africano, apontando também para os sentidos universais da ambivalência e da androginia da linguagem poética: "Este muadié tem cada pergunta!... missangas separadas no fio, a vida do homem? (...) Cada coisa que ele faz é ele todo - cada cor é o arco-íris." (id., p. 89)

O arco-íris, na África, é, segundo a mitologia de diversos povos de Angola e de outros países, a representação da grande serpente mítica e subterrânea, que regula as correntes cósmicas, unindo os contrários. Tem poder ambíguo, remetendo ao indiferenciado primordial, aos mitos cosmogônicos e aos arquétipos da criação. Relaciona-se também à aparição da Kianda ou simboliza o caminho entre o mundo dos homens e o dos deuses. É a ponte por onde passam os antepassados; representa, portanto, miticamente, uma permanente passagem para uma nova ordem cósmica, ou seja, indica, sempre, a gestação de um novo ciclo. Literariamente, no texto de Luandino, significa a libertação da imaginação criadora, a "cosmicização" da linguagem artística.

No romance de Guimarães Rosa, não há símbolos do imaginário africano; a androginia é a da linguagem literária metaforizada por Diadorim, a Criança Divina, que, como o arco-íris, também remete a um dos arquétipos primordiais presentes em todas as culturas: o do mito da criação.

No romance de Luandino, Mimi, como Diadorim em *Grande sertão*, é a encarnação metafórica da androginia poética: reúne em si a ambivalência ancestral, o indiferenciado do mar, cujos marulhos despertam a memória e os búzios da imaginação, encharcando o texto, as personagens e o leitor não só da tradição africana, mas do prazer inerente ao fenômeno estético:

> Sentávamos- os nus e o mar. (...) E eu ouvia a palavra dele no ouvido, no peito, no coração. Eu disse: "Mar!" E ele riu e disse: "Mar!" (...) Ele levantou o búzio na mão e eu com ele abraçado: "Mar! Mar! Mar!". (id., p. 54)
> (...)
> Desforra é, o amor macho?
> Meu amigo, o Mimi, o único que eu digo "amigo" e **o meu coração vadia, com ele é que podíamos ir na inocência do paraíso**. (id., p. 55 – grifos nossos)

Repensando o pecado e a inocência, a vida e a morte, o amor e o ódio, o sexo e o ciúme, a religião e a própria justiça humana, Deus e o Diabo, João Vêncio discute, no plano do enunciado, várias formas de crime, mas é, no nível da enunciação, que assume a clandestinidade da palavra e torna marginal o seu discurso, na medida em que efetua uma ruptura com a norma linguística e, ideologicamente, questiona a sociedade, problematizando os valores éticos, religiosos e culturais com que a moral do ocidente perverteu e danificou a identidade angolana.

Efetuando constantes transgressões, a ficção de Luandino, ao indagar filosoficamente sobre questões profundas do ser humano, ultrapassa os limites do regional, colocando sua obra, também, sob o signo do universal e do existencial. Ao usar a metáfora do arco-íris, traz figurações mitológicas de divindades ligadas às raízes profundas do imaginário africano, ao mesmo tempo que aponta metaforicamente para o fluir cósmico da existência recriado pela elaboração de suas "belezices estéticas".

NOTAS

1 Texto, anteriormente intitulado "A androginia do poético em Luandino Vieira e Guimarães Rosa", publicado no *Boletim do Centro de Estudos Portugueses* – UFMG. Belo Horizonte, v. 14, n. 17, jan-jul 1994, p. 71-81.

2 VERGER, Pierre. *Lendas africanas dos orixás*. 3. ed. Salvador: Corrupio, 1992. p. 56.
3 ELIADE, Mircea. *O sagrado e o profano*. Lisboa: Livros do Brasil, s.d., p.31.
4 BACHELARD, Gaston. *O direito de sonhar*. 2. ed. São Paulo: Difel, 1986, p. 185.
5 ROSA, Guimarães. *Grande sertão: veredas*. 4. ed. Rio de Janeiro: José Olympio, 1965.
6 VIEIRA, Luandino. *João Vêncio: seus amores*. Lisboa: Edições 70, 1987.
7 NUNES, Benedito. "O Amor na obra de Guimarães Rosa". In: *Revista do Livro*. Ano VII, n. 26. Rio de Janeiro: Instituto Nacional do Livro; Ministério da Educação e Cultura, set. 1964, p. 57.
8 PADILHA, L. op. cit., 1995, p. 195.

Rioseco – memória de mar, memória de outras memórias...[1]

> Mar – destroços – vagas
> magia da memória
> elo e ruína – tempestades –
> mar - infinito
> presença e hiância – imensidão –
> água, útero e liberdade
> despojamento e purificação
> Mar – esse outro desconhecido,
> mistério, conhecimento
> cultura, teia, traço, olhar...[2]

Sendo a literatura uma instância crítica de reflexão sobre a história, reinventa, ficcionalmente, a realidade e, assim, problematiza questões existentes nas sociedades. Os estudos literários, hoje, atentos aos novos paradigmas das Ciências Humanas, procuram analisar as obras de ficção, utilizando-se de teorias que lhes permitam a interpretação do literário e do histórico, do fictício e do imaginário, tendo em vista a fronteira tênue que separa, hoje, esses conceitos.

Uma das tendências atuais da crítica literária é abordar os textos de acordo com a ótica da nova história cultural que trabalha com a captação das múltiplas representações discursivas presentes nas práticas sociais. A chamada "história das mentalidades", na concepção do historiador francês Roger Chartier, também assume essa perspectiva, efetuando a análise das categorias psicológicas que funcionam na produção dos discursos sociais. Essa teoria se preocupa em investigar as ideias, apreendidas por meio da circulação das palavras que as designam, situadas nos seus enraizamentos sociais, pensadas na sua carga afetiva e emocional, tanto quanto no seu conteúdo intelectual, tal como os mitos ou os complexos de valores, uma dessas forças coletivas pelas quais os homens vivem o seu tempo e, portanto, uma das componentes da "psique coletiva" da civilização.[3]

Tal abordagem histórica não se propõe explicar a realidade com base, apenas, em materiais socioeconômicos, mas dá ênfase à apreensão das representações culturais presentes nos comportamentos e nos relatos orais, delineando, por meio do desvendamento das armadilhas discursivas do próprio contar, o imaginário social.

Escolhemos para análise o romance *Rioseco*, do escritor angolano Manuel Rui, publicado em 1997, pois o texto, em uma perspectiva semelhante à de Chartier, adota também "a ótica das mentalidades", buscando apreender "as atitudes ante a vida e a morte, as crenças e os comportamentos religiosos, as relações familiares, os rituais, as linguagens"[4] existentes na sociedade angolana pós-colonial.

Antes de iniciarmos a análise do romance, necessária se faz uma reflexão sobre Angola. Uma Angola que a colonização portuguesa e a Conferência de Berlim, em 1884-1885, sempre trataram hegemonicamente, sem respeitar sua pluralidade étnica, linguística e cultural. Uma Angola, cujos próprios angolanos, em seus projetos nacionalistas, também idealizaram como nação homogênea, mas que, na realidade, não era. Uma Angola, cuja Revolução que a tornou independente ignorou suas fissuras e diversidades culturais, impondo a ideologia marxista como único parâmetro para o país monoliticamente imaginado. Uma Angola, na verdade, multifacetada, que a Independência não conseguiu unificar, acirrando, inclusive, desde os primeiros anos, os ódios e dissidências ancestrais. Retalhada, Angola tem hoje o rosto desfigurado pela guerra civil travada entre a UNITA e o MPLA. Esgarçado o corpo social, que denuncia, desde a colonização portuguesa, na segunda metade do século XIX, a existência de duas Angolas: a do litoral, assimilada, modernizada pela influência do colonizador, e a do interior, que conservou mais as tradições angolanas. Entretanto, essa divisão bipolar encobriu outras facetas de Angola, escondendo a pluralidade de seus costumes, línguas e religiões. Instaurando o caos, a guerra civil levou o país a uma miséria enorme e a um impasse ideológico, pois, com a derrubada do Muro de Berlim, nos anos 1990, Angola, sem rumo, teve de abdicar dos paradigmas marxistas ortodoxos que orientaram a Independência, sendo pressionada a aderir às políticas do Fundo Monetário Internacional - FMI.

A guerra, embora tenha sido um mal, porque mutilou e devastou o país recém-libertado, favoreceu, por outro lado, o desnudamento das dissidências, levando alguns escritores a repensarem a nação, como é o caso, por exemplo, de Manuel Rui, no romance *Rioseco*, um mosaico das heterogeneidades presentes no contexto pós-colonial de Angola.

> Quando descobrimos que há diversas culturas ao invés de apenas uma e consequentemente na hora em que reconhecemos o fim de um tipo de monopólio cultural, seja ele ilusório ou real, somos ameaçados com a destruição de nossa própria descoberta; subitamente torna-se possível que só existam outros, que nós próprios somos "um outro" entre outros. Tendo desaparecido todos os significados e todas as metas, torna-se possível vagar pelas civilizações como através de vestígios e ruínas.[5]

Com a consciência dessa diversidade, o escritor Manuel Rui constrói *Rioseco*, romance que opera com as ruínas da história angolana e os vestígios das tradições de várias etnias que acabam por desaguar no litoral do país. O cenário principal é uma ilha, cujo nome não é mencionado, mas sua descrição, do outro lado da Baía de Luanda, apresenta referências geográficas que fazem com que os leitores reconheçam o Mussulo.

A narrativa focaliza os efeitos da guerra civil angolana, no fim dos anos 1980 e início dos 90. Começa com o encontro de Noíto e Zacaria com Mateus, um pescador originário dali, que os leva para sua ilha. Esses personagens apontam, metaforicamente, para as duas faces de Angola: a rural e a litorânea. A primeira é representada por Noíto e Zacaria, casal do inerior que a guerra empurrara até Luanda, seres desterritorializados[6] a se sentirem "outros entre outros", estrangeiros e exilados no próprio país; a segunda, por Mateus, conhecedor das coisas do mar, vivendo, isolado, a pureza das tradições marítimas conservadas, ainda, no pequeno espaço insular que sempre habitou.

A ilha é o lugar transitório, próximo à cidade, mas que conserva a pureza do verde da vegetação e a cadência suave dos "marulhos oceânicos", embora tenha inscritos também em sua cartografia os efeitos da guerra como, por exemplo, os barcos de pneu com militares que faziam a ronda no canal e os antigos casarões de veraneio dos colonos ricos, abandonados após a Independência, e ocupados, no presente, pelos refugiados vindos do interior de Angola, como Noíto e Zacaria.

A narrativa de *Rioseco* se constrói no fluxo e refluxo das águas marítimas, no ritmo, portanto, de *"ibua"* e *"izala"*, ou seja, na cadência da maré cheia e da maré baixa que transformam a ilha em península e vice-versa. Noíto é a protagonista da história e, como Angola, se encontra cindida entre as tradições trazidas do interior e as novas formas de viver aprendidas no litoral. Quando chega a Luanda, após tantas fugas para se livrar das balas, se apresenta descaracterizada, com a identidade esmaecida, da qual são metáforas "os panos desbotados, vermelho, preto, amarelo, de sua trouxa" (RUI, 1997, p. 10), cujas cores empalidecidas são também, significativamente, as da bandeira angolana.

O mar, em *Rioseco*, apesar de trazer os ecos da guerra e as lembranças longínquas dos tempos coloniais – pois foi por ele que os portugueses ali chegaram –, funciona, na narrativa, como uma espécie de cinturão protetor, em cujas profundezas estão guardados os mistérios da kianda, a deusa das águas salgadas, símbolo da resistência cultural, porque representante da face angolana que não se deixou subjugar.

Rioseco se organiza em estrutura tríplice: três são as suas partes, três são as personagens principais, três são os seus espaços: o rio, o mar, a ilha. Três, simbolicamente, também pode ser lido como o número que representa a hibridação cultural presente na sociedade angolana pós-colonial.

O texto do romance se arma no compasso intervalado dos diálogos das várias personagens que contracenam com Noíto e Zacaria, cujas reminiscências do passado também se intercalam ao presente ficcional. A técnica narrativa se faz, portanto, dialogal, havendo também um narrador em terceira pessoa, cuja voz se entremeia às falas das personagens e, muitas vezes, se cola aos pensamentos destas por intermédio do recurso ao discurso indireto livre. É esse sujeito enunciador que vai tecendo o contraponto crítico e poético da narrativa, cuja trama efetua, de modo dialético, uma leitura crítica do contexto histórico do país, construindo, assim, uma escritura aguda, prenhe de lucidez ideológica e de ludicidade na seleção e combinação literária das palavras e sintagmas ricos em expressividade.

Ao lado da oralidade dominante na obra, há descrições que utilizam uma estratégia cinematográfica como, por exemplo, a apresentação de Noíto, Zacaria e Mateus no primeiro capítulo. A linguagem, aí, se apresenta pausada, focalizando cada detalhe, em câmera lenta. Inicialmente, há a descrição lírica e humanizada do mar, outro grande personagem da obra:

> (...) o mar abria boca-réstia de sono ainda em maré baixa a espreguiçar-se, sonolentamente, sob o sol sem nuvem. Esteira de dormir (...), um esse porém afofalhado imenso de se apresentar sem vaga, na areia da beira-praia, em desinteresse de pureza pisada de ilusão. (id., p. 9)

Depois, compondo a paisagem, são apresentadas, uma a uma, as personagens principais. A primeira parte do livro narra a ida de Noíto e Zacaria para a ilha, no "Boaçorte", barco de Mateus. É narrada também, minuciosamente, a adaptação do casal ao novo lugar. Zacaria é carpinteiro e logo passa a exercer seu ofício. Embora não goste muito dali – porque, como insiste, é "homem do mato e do rio" –, diz que nunca sairá da ilha, por motivo de não rever a guerra. Noíto, arguta e observadora, faz o reconhecimento do espaço e busca apreender as formas insulares de sobrevivência básica; cumpre, assim, com criatividade e inteligência, as tarefas de prover a casa.

No princípio, tudo parece se harmonizar para Noíto e seu marido, embora este quase se tenha sufocado com o desmoronamento da areia, quando furava uma cacimba. Outro incidente, a árvore cortada por Zacaria, traz um segundo prenúncio negativo à vida do casal:

> Quando o pássaro despertador ainda não tinha cantado sua voz meio-compassada de sonoro augúrio mau, mas já voando e pulando nos ramos da casuarina mortalmente ferida, o silêncio da noite foi atravessado por um barulho estranho e veloz.
>
> (id., p. 63)

A mulher, já idosa e avó, é, entretanto, a que tem mais sede de viver e, rapidamente, aprende os costumes locais e os mistérios do mar. Quem lhe ensina, primeiro, é o filho de Mateus, o menino Kwanza, cujo nome, metaforicamente, traz a imagem do principal rio de Angola. A troca de saberes se faz africanamente entre os dois: a mais-velha conta as tradições do interior ao miúdo, falando-lhe do sabor doce das águas fluviais, encantando-o com a narração de missossos e estórias da guerra; o mais-novo passa a Noíto a arte da pesca, a compreensão dos odores e do gosto salgado do mar. "Noíto e Kwanza criam, portanto, uma trança de sabedoria e, enquanto ela o inicia no mundo de 'lá', ele lhe ensina o mundo de 'cá', pelo que ambos se fortalecem com o saber partilhado."[7]

Como Kwanza, Noíto é símbolo da hibridação cultural existente em Angola. Os dois reúnem em si os signos do mar e do rio e, por isso, talvez sejam os que conseguem sobreviver, ao final do romance: "(...) Kwanza, sangue do avô dele que veio das bandas do rio. Rio misturado com mar é ele próprio. Que bonito!" (id., p. 89)

Noíto, a que ama o rio e o mar, é também metáfora dessa simbiose entre os valores culturais da costa e os do interior. Assim, é ela quem conjuga religiosidades e saberes diversos: reza a Deus e à kianda, traz os poderes de plantar a terra e leva o povo a acreditar que possui o dom de amarrar a chuva, aprende a pescar e continua a cozinhar à moda do mato, descobre os segredos do mar e cultua o cágado, símbolo do saber mais-velho dos *sekulos*[8] do interior da Lunda, onde a aldeia era construída sob a forma desse animal sagrado.

Falando várias línguas, Noíto é metáfora, ainda, do plurilinguismo angolano; é ela quem cogita sobre o direito do povo também à língua portuguesa: "Cada um na sua língua. E entendiam-se. Essa língua dos tugas, que não é só deles, é nossa, uniu-nos muito. Afinal, uma língua não é de ninguém! A língua é de quem aprendeu." (id., p. 11)

Rioseco é uma narrativa caudalosa, como os rios do interior dos quais Zacaria se faz representante. É um texto denso, com muitas referências. Faremos, apenas, rápidas alusões a algumas personagens que se relacionam com as três principais, objetivando mostrar como a obra delineia a paisagem político-social da crise vivenciada por Angola no início dos anos 1990.

A segunda parte do romance traz vários desequilíbrios. Inicia-se com a chegada de Fundanga, o antigo comandante Rasgado, que lutara no interior ao lado do primeiro marido de Noíto, e termina com a queda do bangalô dos novos ricos da Independência que passavam os fins de semana na ilha.

Fundanga era uma figura temida, pois, ao deixar as guerrilhas, se tornara um saqueador, embora também apresentasse um lado questionador que fazia criticamente a denúncia dos desmandos do poder. Noíto reabilita essa imagem dele perante os ilhéus, mas, ao final, descobre que a guerra lhe deformara o caráter, assim como também o fizera com muitos, como: o Cabo do Mar que controlava a ocupação das moradias da ilha, porém facilitava tudo, em troca de vantagens próprias; o português Pinto, cujo comércio feito de "*esquemas*" também o tornara poderoso; o Professor Dos Mais que não dava aulas e vivia a pedir dinheiro aos alunos; o Coronel Kanavale e os veranistas do bangalô vizinho que haviam enriquecido às custas da miséria e morte do povo, os militares que cobravam "gasosa"[9], entre outros. Toda essa galeria de personagens leva Noíto a concluir que, no presente, "havia mais cipaios que no antigamente" (id., p. 172). Ginga, a mulher e os amigos que vinham passar os fins de semana na ilha são os que fazem o contraponto irônico à Revolução; são o protótipo da emergente pequena elite formada no pós-independência; riem e criticam tudo, mas, no fundo, só querem se divertir e se aproveitam dos privilégios da situação.

A voz enunciadora, deixando que as diversas personagens se revelem por seus comportamentos e discursos, põe a nu a complexa rede de contradições ideológicas presentes no imaginário social angolano. O interessante é, conforme apontou Michel Laban em análise do romance, a maneira dialética como o texto problematiza as questões, captando sutilmente as novas mentalidades, sem cair em visões reducionistas e preconceituosas, posição também endossada por Inocência Mata quando reflete sobre as transformações sociais de Angola: "Mudam-se os tempos, mudam-se os modos de dizer o país e de dialogar com ele. Muda-se o contexto histórico, mudam-se os ideais e o modo de realizar e (consolidar) textualmente a Nação."[10]

"Nação, na verdade, imaginada"[11], porque engendrada idealmente segundo padrões europeus que não levaram em conta a pluralidade étnica e cultural de Angola. O texto de Manuel Rui em suas entrelinhas denuncia a crise atual por que passa o país, mas, embora chame a atenção para a deterioração do sistema, ainda crê em seres humanos como Noíto e Kwanza, cuja força e a pureza deixam em aberto possibilidades de mudanças.

Na terceira parte do romance, Noíto reencontra sua filha Bélita que traz à ilha várias inovações: monta uma lanchonete, costura para todos, ensina a ler e acaba amante de Mateus, de quem espera um filho. O barqueiro, entretanto, vítima do terrorismo, é preso e espancado, vindo a falecer. Zacaria também morre, esfaqueado por Fundanga e este, então, é amarrado em um barco para naufragar em alto mar. Concluímos que morreram as personagens representantes de um viver monolítico, que não souberam se adaptar às transformações sociais: Mateus, o homem puro do mar, cuja vida se resumia à pesca; Zacaria, o homem do interior, que, mesmo na ilha, vivia a memória dos rios de sua terra; Rasgado e Kanavale, antigos guerrilheiros, que continuaram a se pautar pelas práticas aprendidas na guerra. Mantiveram-se vivas as personagens que, de alguma forma, conseguiram conjugar as metafóricas águas do rio e as do mar: Noíto, que, embora do interior, também se apaixonou pelo litoral; Bélita, que, integrada aos novos tempos, carregava no ventre o fruto híbrido de seu sangue e o do pescador Mateus; e Kwanza, menino do mar, mas com nome de rio.

O romance termina com a imagem da chuva a transbordar um rio seco, cujas águas barrentas misturam-se às do oceano, metáfora "da emergência de uma nova era, resultado da simbiose que descrevemos"[12]. O mar traz para Noíto a imagem da kianda e a de Mateus, mas também a reminiscência do rio que representa Zacaria: "os rios é que chegam com sua água no mar. Água do mar sempre tem água do rio. O rio é que não tem água do mar." (id., p. 225)

As águas marítimas, em *Rioseco*, metaforizam, portanto, a memória maior: a que conjuga o passado e o presente, a memória do colonialismo e as contradições da Independência, as feridas da guerra e a força telúrica de regeneração, as tradições vindas pelas águas doces dos rios e as recordações salgadas dos tempos da conquista e da escravidão; a que reúne os ensinamentos dos mais velhos sobas do interior e as crenças ancestrais dos cultos feitos à kianda no litoral; a que propicia o convívio entre as línguas locais faladas à beira-rio e o idioma trazido pelas caravelas lusas. O mar, desse modo, se constitui como uma macrometáfora por onde circula a memória oral angolana, hoje não apenas produzida pelas línguas originárias, mas também recriada "subtilmente pela língua portuguesa".[13]

Em última instância, mar e rio, no texto de Manuel Rui, se encontram, mas tal encontro, na verdade, se dá nas margens do próprio discurso literário, cujo trabalho constante de artesania verbal nunca deixa secar o rio da linguagem, enfrentando os paradigmas, as teorias e os desafios permanentes de seu tempo.

Concluindo, percebemos que, em *Rioseco*, o mar se apresenta como depositário de heranças múltiplas: não só das culturas locais, mas ainda das oriundas do passado lusitano. Funciona como fronteira líquida, por onde chegou a língua portuguesa, hoje transformada, em Angola, pela imbricação com os idiomas nativos. A imagem do mar, vista no passado como veículo do exílio ou da imposição de saberes lusos, se refaz, erigindo-se como espelho de memórias várias. A ilha se apresenta como um lugar híbrido, à beira-mar, que, recolhendo tanto os fragmentos das tradições, como os sinais dispersos dos novos tempos, se impõe, apesar das mortes e dos sofrimentos, como um significativo espaço de resistência cultural.

Memória do mar, memória profunda – memória de outras memórias, lugar plural, onde as autênticas diferenças podem vir a aflorar.

NOTAS

1 Texto anteriormente intitulado "Memória do mar, memórias de outras memórias", publicado em *Interfaces*, Revista do Centro de Letras e Artes (CLA) da UFRJ, Ano V, n. 6. Rio de Janeiro: Ed. da Gráfica da UFRJ, dez. 1999, p. 81-89.

2 SANTOS, Edna Maria. *Mar: elos, rupturas entre o Oriente e o Ocidente*. Separata com o texto integral da comunicação apresentada no Congresso "Il Portogallo e I mari: um incontro tra culture". Org. Maria Luisa Cusati: Napoli, 15 a 17 dez. 1994. Napoli: Liguori Editore, 1998, p. 179.

3 CHARTIER, R., 1990, p. 43.

4 Id., p. 14.

5 RICOEUR, Paul. *História e verdade. Apud* SANTOS, Edna Maria dos. Op. cit., 1998, p. 179.

6 O termo é usado com o sentido de seres que perderam seus territórios. Não é empregado com a significação conceitual cunhada por Félix Guattari, em *Cartografias do desejo*. 4. ed. Petrópolis: Vozes, 1996.

7 PADILHA, Laura. "Em memória do rio (um esboço de dois romances angolanos)", conferência pronunciada no I Encontro Internacional sobre a Literatura Angolana: Luanda, 10 a 14 dez. 1997, sob o patrocínio da União dos Escritores Angolanos. Excerto publicado em *Lavra & Oficina*, Gazeta da União dos Escritores Angolanos, Série II, n. 1, jan.-fev. 1998, p. 7.

8 Palavra que, em uma das línguas angolanas, significa "mais velho".

9 Gíria do português de Angola que significa "propina".

10 MATA, Inocência. "A imagem da terra na literatura angolana – uma viagem ao rizoma da nação literária", conferência pronunciada no I Encontro Internacional sobre a Literatura Angolana: Luanda, 10 a 14 dez. 1997, sob o patrocínio da União dos Escritores Angolanos. Texto publicado em *Lavra & Oficina*, Gazeta da União dos Escritores Angolanos, Série II, n. 2, mar.-abr. 1998, p. 10.

11 ANDERSON, Benedict. *Nação e consciência nacional*. São Paulo: Ática, 1989, p. 67.

12 LABAN, Michel. "As muitas águas do *Rioseco*, de Manuel Rui", conferência pronunciada no I Encontro Internacional sobre a Literatura Angolana: Luanda, 10 a 14 dez. 1997, sob o patrocínio da União dos Escritores Angolanos. Excerto publicado em *Lavra & Oficina*, Gazeta da União dos Escritores Angolanos, Série II, n. 1, jan.-fev. 1998, p. 7.

13 RUI, Manuel. "Pensando o texto da memória". Texto publicado nos *Anais do 2º Congresso da ABRALIC*, 1990. Belo Horizonte: Ed. UFMG, 1991, p. 541.

Pepetela e o grito melancolérico da Kianda[1]

> (...) assistir à queda dos modelos, dos muros, dos dogmas e dos amanhãs que afinal não cantam. Sem no entanto perder a integridade. Sem mudar de campo. (...) Sem fugir. De olhos abertos. Por mais terrível que seja a melancolia.[2]

O desejo de Kianda, romance do escritor angolano Pepetela publicado em 1995, é uma caricatura alegórica de Angola, devastada pela guerra civil fratricida que se desencadeou após o resultado das eleições presidenciais realizadas em 1992. A ação romanesca se desenvolve no ano de 1994 e o cenário é a cidade de Luanda, cheia de mutilados, carros importados, enfim, prenhe de contradições:

> A rua tinha sido definitivamente fechada à circulação de veículos, por isso não se viam os carros dos novos ricos, últimos modelos de vidros fumados e ar-condicionado, para proteger os passageiros dos pedidos constantes de esmola por parte dos meninos de rua, dos mutilados de todas as guerras, dos velhos atirados para a rua pela nova mendicidade.[3]

O narrador, em terceira pessoa, por intermédio de intenso comprometimento político, consegue fazer uma profunda e crítica análise do contexto social. Seu olhar assume a melancolia de quem narra de um lugar "dialeticamente dilacerado"[4], ou seja, de quem adota a dissonância característica do "rebelde radical", aquele que, segundo o filósofo Walter Benjamin, expressa um sentimento de mal-estar em relação ao *status quo*, mostrando-se inadaptado ao presente e nostálgico das crenças e dos valores absolutos do passado.

O ponto de vista melancólico, "melancolérico", segundo a filosofia benjaminiana, pressupõe a indignação e a divergência de quem não concorda com a realidade social em que se encontra inscrito. Etimologicamente, "a palavra melancolia vem do grego, de *melanós* (negro) e *kholé* (bílis). Designava um estado patológico do fígado que produzia bílis escura e acarretava depressão, irritação."[5]

Para Walter Benjamin, a melancolia não se relaciona à depressão e ao luto como ocorre na teoria freudiana. De acordo com o pensamento do filósofo alemão, ela está intimamente ligada à alegoria, no que esta tem da faculdade de "dizer o que se encontra reprimido".[6]

A narrativa de *O desejo de Kianda* se tece, desde o início, melancolicamente, pois, das brechas textuais, emana um discurso revelador das incoerências existentes naquele contexto histórico de Angola.

O romance, concebido de acordo com a teoria de Lucien Goldman, em *Sociologia do romance*, se desenvolve como uma crônica social, dando ênfase à análise do contexto político angolano. Principia com dois episódios quase simultâneos: o casamento das personagens principais, Carmina C. C. e João Evangelista, e a queda inexplicável do primeiro prédio do largo do Kinaxixe. Fecha-se também, em círculo vicioso, com outro desabamento: o do edifício em que moravam os protagonistas. O texto de Pepetela instaura-se, dessa forma, como uma "verdadeira escrita do desastre"[7], o que implica uma interpretação alegórica, um agudo olhar de denúncia sobre a história do país. Sob a aparente ilogicidade das construções que se diluem, o texto alerta, figuradamente, para a dissolução do Estado-Nação em Angola. É sintomático que o primeiro prédio tenha caído, justamente, na hora exata em que os noivos partiram para o banquete financiado por verbas públicas desviadas de seus fins sociais:

> Carmina era membro destacado da Jota (...) Por estas razões a Jota investiu no casamento. Foram feitas requisições às empresas estatais (...) E a noiva ainda arranjou uma missão fictícia a Roma, paga evidentemente pelo Estado, para comprar o enxoval.[8]

A descrição da festa das bodas expõe a derrocada dos valores éticos; o narrador, através de pequenos comentários irônicos, põe a nu os mecanismos de corrupção presentes na realidade do país, mostrando como o dinheiro público passa a ser desviado por uma minoria que dele se aproveita indevidamente, enquanto a maioria do povo angolano se torna vítima da fome e da miséria.

A ruína é a imagem catalisadora do universo romanesco. Os constantes desmoronamentos pontuam o espaço textual, chamando a atenção para a perda dos valores éticos em Angola, para o vazio dos antigos sonhos e utopias. Narrador, personagens e leitor encontram-se, submergidos na iminência do movimento da história, condenados a refletir melancolicamente sobre problemas insolúveis; a "instância mais alta" não é mais competente para formular julgamentos claros, os valores absolutos estão morrendo.[9]

As núpcias dos protagonistas representam a aliança de ideologias antes inconciliáveis. João Evangelista, o noivo, de origem protestante, encena a figura do acomodado, que aceita passivamente tudo para não se indispor e não perder os privilégios:

> João Evangelista também aproveitava do carro, sobretudo quando ela tinha daquelas reuniões de três dias (...) Ele ficava com o carro todo o dia. O trabalho era chato e sem grandes perspectivas. E ninguém notava a sua ausência, como acontecia com quase todos os funcionários. Ia para o Morro dos Veados ou ainda mais longe, fazer uma praiada com música e leitura.[10]

Carmina, a noiva, ateia, de temperamento forte e combativo, mantém ligações com o governo, mas, embora tenha sido militante do Partido, como muitos companheiros, se beneficia, agora, do poder, esquecida dos princípios que engendraram a luta política da independência:

> – Vamos enriquecer (...). Quer dizer, o Governo legitimamente eleito não pode legalmente se armar (...) Mas há uma maneira de se resolver a questão. Certas empresas que não são do Governo dão o nome (...) Claro que a empresa que dá o nome ganha uma comissão, uma pequena percentagem porque é para um fim patriótico. Só que uma pequena percentagem num negócio de muitos milhões é muitas centenas de miles de dólares. (...) Fui contratada porque, bolas, já que há negócio, que seja para camaradas que sempre foram firmes, por que razão dar a outros?[11]

O desejo de Kianda alegoriza, através da "síndrome de Luanda", a perda da moral revolucionária em Angola; com a mudança do regime que ingressa na economia de mercado, o país soçobra sem identidade, fragmentado por conflitos políticos, étnicos, linguísticos, religiosos:

> Um milagre vinha mesmo a calhar para essa época de pouca crença, em que o governo se dizia marxista, embora muitos suspeitassem não passar de propaganda. A tese do milagre ganhou portanto num ápice adeptos incondicionais, especialmente concentrados nas igrejas de Luanda, quer nas tradicionais, europeias, americanas ou africanas, quer nas novas seitas electrónicas.[12]

O vazio das utopias é propício à proliferação não só das religiões, mas também à formação de um individualismo que visa à acumulação de bens, passando por cima dos antigos valores éticos defendidos pelo socialismo. Em entrevista sobre o livro é o próprio Pepetela quem faz o seguinte comentário: "O capitalismo instalou-se nas consciências e as pessoas contam consigo próprias e lutam pela vida passando por cima umas das outras, negociam, fazem esquemas. A única moral é ganhar dinheiro rápido."[13]

Consoante com o pensamento filosófico de Walter Benjamin que atribui ao capitalismo moderno essa destruição moral dos valores socializadores, o romance de Pepetela, adotando também uma perspectiva alegórica, consegue captar os deslizamentos de sentido presentes na sociedade angolana atual, onde, com a entrada do capitalismo transnacional, vemos, como alertou o velho Marx, "tudo que era sólido desmanchar no ar". Sujeitos, objetos e ideologias encontram-se abalados e tudo desaba em nuvens grossas de poeira, pois, conforme explica ainda a teoria do filósofo alemão anteriormente referido, a

> alegoria cava um túmulo tríplice: o do sujeito clássico que podia ainda afirmar uma identidade coerente de si mesmo, e que, agora, vacila e se desfaz; o dos objetos que não são mais os depositários da estabilidade, mas se decompõem em fragmentos; enfim, o processo mesmo de significação, pois o sentido surge da corrosão dos laços vivos e materiais entre as coisas, transformando os seres vivos em cadáveres ou em esqueletos, as coisas em escombros e os edifícios em ruínas.[14]

É essa morte do sujeito uno, coerente com um universo ideológico sólido, e a desintegração dos princípios sustentadores da revolução e da independência angolana que justificam a utilização adequada do processo alegórico nesse último romance de Pepetela. A "alegoria implica nostalgia das certezas desaparecidas"[15] e isso a narrativa de *O desejo de Kianda* alcança representar no âmago, através de uma caricatura "mal-humorada" da sociedade angolana. O narrador, usando o discurso indireto-livre, penetra a consciência vacilante de João Evangelista, devassando-lhe, pelo humor, a corrupta cumplicidade com a esposa:

> Valia a pena insistir? Carmina estava decidida e nem uma ponta de remorso se adivinhava na sua atitude. Se outros aproveitavam da situação, por que não eu, ainda por cima por uma causa justa? Acabaram as morais de convento, agora estamos na economia de mercado, existem três séculos de ética capitalista a demonstrar a legitimidade da coisa.[16]

Também não foi aleatória a escolha dos nomes das personagens centrais, os quais se encontram na esfera semântica das profecias. O discurso profético faz parte das sociedades de tradição oral, nas quais, se instaura, por intermédio da palavra mágico-religiosa de sacerdotes, curandeiros, feiticeiros, uma temporalidade abrangente que articula presente, passado e futuro. Nas profecias, o mítico se sobrepõe ao histórico, devassando alegoricamente as contradições sociais. Na África ancestral cabia aos velhos veicular palavras proféticas às gerações mais novas. No romance de Pepetela, há uma inversão; há o esvaziamento do sentido tradicional das profecias. Estas se encontram falhadas tanto no corpo social, como no corpo romanesco. Propositalmente, o narrador acentua a defasagem entre o comportamento das personagens e a simbologia que emana de seus nomes. João Evangelista encontra-se afastado das crenças religiosas praticadas pelo pai e pelo avô que o registraram assim, em homenagem à figura do profeta bíblico. Carmina – cuja onomástica pode levar a uma associação com as canções profanas *Carmina Burana*, cantos proféticos pagãos que existiam na Idade Média – encarna, no texto, a imagem dos marxistas ateus, cujos hinos ideológicos sustentadores da independência angolana caíram por terra. É ela a representante corrupta do antigo Partido que, perdendo a certeza das profecias revolucionárias, também entra no comércio de armas para manter o *status* social próprio. O epíteto com que o narrador a designa, "Carmina Cara de Cu", efetua a crítica mordaz ao desmoronamento dos ideais "cantalutistas" que animaram a Revolução. A personagem representa, pois, a própria profanação atual das profecias revolucionárias. O romance mostra que, hoje, em Angola, o social dilacerado não abre mais margens para as utopias socialistas. O povo angolano foi despido de tudo, até das moradias e das roupas, como bem ilustra, no texto, a alegoria dos desabrigados inteiramente nus no Largo do Kinaxixe.

Na narrativa, quase todas as personagens se apresentam como subjetividades problemáticas, prisioneiras da alienação resultante do vazio reinante tanto no espaço cultural, como no interior dos próprios sujeitos. João Evangelista é o exemplo do alienado no trabalho e no casamento, fugindo constantemente através do computador diante do qual fica horas a se distrair com um jogo que revive a queda do Império Romano. Aprisionado no imaginário eletrônico, em um país onde falta tudo, até energia elétrica, Evangelista "vive", na tela, a decadência de Roma, sem perceber a que o rodeia e desmantela seu próprio lar e seu próprio país. A modernidade do discurso de Pepetela reside justamente nessa ponta de ironia corrosiva a desvelar as contradições presentes. O jogo do computador funciona, pois, na narrativa, como um duplo irônico e alegórico das guerras que dilaceram Angola.

As únicas personagens que representam uma exceção a esse universo de degradante corrupção são o pai de João Evangelista, chamado "o mais velho Mateus", crítico das fraudes na vida política do país; o velho cego Kalumbo, morador no prédio de João, o único a dialogar com Cassandra; e esta, uma menina, cuja pureza e inocência faziam com que ouvisse e profetizasse o desejo de Kianda:

> Kianda se sentia abafar, com todo aquele peso em cima, não conseguia nadar, e finalmente se revoltou. E cantou, cantou, até que os prédios caíssem todos, um a um, devagarinho, esse era o desejo de Kianda. E foi isso que Cassandra contou a mais velho Kalumbo.[17]

Representantes da tradição africana, os velhos, por serem guardiães do saber ancestral, e a criança, por apresentar um olhar ainda não contaminado pelos vícios do presente social, são, na narrativa, valorizados, sendo os que oferecem ainda alguma resistência, embora fique claro no texto que não são ouvidas pela sociedade angolana em crise. Cassandra, cujo nome oriundo da mitologia grega também remete à ideia de profecia, é a única que decifra o vaticínio de Kianda. Mas, em vão, pois não lhe dão crédito e ela acaba, também, vítima do último desabamento: cai pelos ares e mergulha fundo, para sempre, na lagoa do Kinaxixe, indo ao encontro da deusa angolana das águas. A ruína dos prédios representa alegoricamente o próprio ruir da tradição oral, a interdição de qualquer tipo de discurso profético, o que assinala, no contexto atual de Angola, o caráter apocalíptico das utopias.

O interessante é a solução romanesca encontrada por Pepetela para expressar sua revolta e a sensação de perda que define a realidade de seu país, naquele momento histórico. Em contraponto ao discurso cético do narrador e à desesperança dos diálogos travados pelas personagens, emerge, em itálico, como prenúncio da ruína que se abate sobre Luanda, o canto mágico de Kianda, alegorizando a identidade perdida, a impossibilidade atual do retorno às origens.

Em Angola, o culto às *ianda* (plural de *Kianda*, divindade do mar) sempre existiu, secretamente, mesmo após a colonização, sendo uma prova de resistência do imaginário mítico africano. As *ianda* são entidades reguladoras de tudo que se relaciona ao oceano. Segundo Ruy Duarte de Carvalho, "cativam-se pelas pessoas, velam por elas e pelas águas"[18], manifestando-se, de acordo com as pesquisas feitas por esse antropólogo e poeta, de formas diferentes: a de lençóis de luz sob as águas, formando feixes de fitas coloridas; a de patos nadando; a de pombos sobrevoando as praias; a de crianças gêmeas brincando, entre muitas outras.

Kianda, embora deusa do mar, também está na terra. O imbondeiro é sua árvore predileta, assim como outras árvores, como a mafumeira que aparece no texto de Pepetela, e as regiões ricas em petróleo. Seu poder é ilimitado; só obedece ao deus criador. Ela rege as marés, as vagas, os peixes, a pesca. Gosta de ser lembrada, retribuída, homenageada. Se a esquecem, se enfurece e retém os peixes, tornando o mar bravio e ameaçador. É, segundo a tradição angolana, responsável pela escassez ou fartura dos alimentos vindos do mar. Quando enraivecida, lança seu grito, enviando doenças, fome e mortes. Por isso, pescadores lhe fazem oferendas, geralmente um banquete anual em praias afastadas da Ilha de Luanda. Esses cultos (os *kakulus*, do verbo *akula* [quimbundo] = crescer, visa ao aumento da produção de peixes) são fechados, dirigidos por velhos *Kimbandas* (feiticeiros) e praticados em locais desertos, próximos ao mar, em praias onde haja um imbondeiro ou uma mafumeira. Nesses cultos, é tocado o *mbendu*, instrumento musical de bambu que serve à invocação das *ianda*. Toalhas brancas são estendidas no chão com comidas, bebidas; há sacrifício de porcos, galinhas, cabritos. Os pescadores dançam e não pescam durante o *Kakulu*. Também guardam silêncio sobre o ritual praticado, condição para que Kianda se alegre e atenda os pedidos de fartura. É geralmente associada ao arquétipo da mãe d'água, "a fêmea maternal e, ao mesmo tempo, sensual para a qual convergem os desejos inconscientes do povo."[19]

De acordo com Virgílio Coelho, em estudo[20] sobre a sociedade luandense, em especial sobre as populações *Túmúndòngo* – que habitam as ilhas e o platô de Luanda – e os povos de língua quimbunda, a *Kyàndà* é um "gênio da natureza" criado por *Nzàmbì* (Deus) e se diferencia do mito da sereia, cujas origens se encontram na cultura ocidental de tradição greco-romana. Segundo o referido antropólogo, esses "seres fantásticos" não podem ser confundidos. O mito de *Kyàndà*, *Kítùtà* ou *Kíxímbì* pertence ao imaginário quimbundo e tem suas origens em épocas remotas, referentes às primeiras migrações dos povos *bantu* que vieram do leste do rio Kwàngu e chegaram à região do rio Lúkàlà, onde se fixaram e, para isso, fizeram pactos com os "gênios da natureza". A difusão da tradição oral desses povos se fez do interior para o litoral, à medida que foram ocupando diferentes territórios: primeiramente a região do Lúkàlà; posteriormente, a do rio Kwanza; finalmente, a da costa do Oceano Atlântico e a das ilhas situadas na orla marítima de Luanda.

No romance de Pepetela, Kianda é alegoricamente veiculada pelo discurso ficcional. O animismo africano invade a narrativa e o grito rebelde da deusa ressoa na dimensão mítica e literária. Luandino Vieira e Arnaldo Santos, escritores da vida real e conhecedores das tradições luandenses, são apropriados pelo texto de Pepetela e se tornam personagens que dialogam com João Evangelista. Representam o contraponto da resistência literária em diálogo fecundo com o imaginário mítico angolano, na defesa da identidade angolana em crise que o canto de Kianda alegoriza:

> Ouviu a estória um dia, ali mesmo numa esplanada do Kinaxixe, quando se sentou com o maior respeito à mesa onde se encontravam dois escritores, Luandino Vieira e Arnaldo Santos, grandes sabedores das coisas de Luanda. Como não podia deixar de ser, os kotas falavam da sua meninice kinaxixense, embora Luandino fosse do Maculusso, que de fato era ali ao lado. E foi ele mesmo que contou, lembras, Arnaldo, quando a mafumeira chorou sangue durante sete dias, não se sabe se de dor de ser cortada se de pesar por tirarem a lagoa à Kianda?[21]

A lagoa de Kianda, na tradição angolana, era chamada em quimbundo *"dizanga dia muenhu"*, cujo significado era "lagoa da vida", fonte de força criadora e reservatório dos mitos primordiais. No romance de Pepetela, ao invés de representar a fecundidade, a energia vital, a lagoa lodosa que se forma sob as ruínas dos edifícios caídos alegoriza a putrefação social, a morte e a asfixia do tecido mítico. É um dos sinais da "síndrome de Luanda" que revela o esgarçamento das utopias culturais e políticas na Angola atual e alerta para a perda dos elos com a ordem cósmica reguladora das tradições do imaginário popular.

Kianda, na narrativa de Pepetela, apresenta-se como uma alegoria irada que denuncia o vazio identitário e busca desesperadamente a preservação das raízes angolanas soterradas por contradições que sufocaram o tecido social e impediram a consolidação da nação angolana. O lado rebelde da deusa, posto em cena pelo ficcional, representa a poetização mitológica da realidade que se converte em fonte do animismo angolano, e se manifesta como uma forma de reação do imaginário angolano.

O final do romance, em aberto, com a imagem de Kianda, livre, fugindo para o alto mar, aponta, ambiguamente, para o esfacelamento das utopias, mas, entretanto, acena para uma trilha talvez possível: a do universo mítico-literário, espaço de reflexão crítica e denúncia das corrupções que afogam o país. A fuga de Kianda configura, assim, não só a impossibilidade dos antigos ideais socialistas, mas se constitui também como a alegoria de uma esperança desesperada de indignação, que, talvez, possa, reencontrando vozes poéticas, como, por exemplo, a de Ruy Duarte de Carvalho, acreditar ainda na resistência do discurso literário:

> Vou caminhar em frente até que atinja o mar. Não este mar que vejo à retarguada, donde nos vem a brisa laminar das tardes de Setembro (...) Eu vou seguir em frente e ultrapassar o paredão das serras, a cortina das águas que na distância acende a redobrada angústia de uma possível esperança. (Grávida brecha no vapor salgado, que permitisse o derramar das águas na raiz dos pastos, na porcelana vítrea das lagoas, na sede solta dos areais das dambas!...).
> Vou caminhar em frente e procurar o espelho de outras águas, como se fosse a última estação e eu nunca mais morresse ao pôr do Sol (...)[22]

Essa é uma leitura possível. O romance permite outras, porque termina abruptamente, deixando em suspenso o leitor, cuja perplexidade se encontra com a do narrador e a das personagens. Todos ficam com "cara de cu", como sugere o satírico epíteto usado, corrosivamente, pelo discurso enunciador para designar Carmina, a antiga militante comunista que se torna empresária da firma, ironicamente denominada, na narrativa, "*Import-Export* do Ultramar". De modo alegórico, a voz narradora evidencia as contradições. Carmina, por exemplo, que fora representante ferrenha do Partido, passa a defender o livre mercado e o próprio enriquecimento. A abreviatura de seu nome C. C. C. talvez possa ser lida como: "Comando de Caça ao Comunismo" ... – uma blague do narrador, cujo humor cético, denuncia a inversão dos antigos paradigmas. O clima do desfecho narrativo é o do desencanto reinante em Angola, inscrita em uma era de ambiguidade e deslizamento das antigas certezas.

NOTAS

1 Texto, originalmente intitulado "A alegoria da Kianda e o olhar melancolérico de Pepetela", publicado nas *Actas do 5º Congresso de Lusitanistas*. Org. T. F. Earle. Texto apresentado no 5º Congresso, realizado em Oxford, 1 a 8 set. 1996. Oxford; Coimbra: Ed. Universidade de Oxford; Universidade de Coimbra, 1998, p. 1437-1443.
2 ALEGRE, Manuel. In: *Jornal de Letras*. Lisboa, 29 mar. 1995, p. 19.
3 PEPETELA. *O desejo de Kianda*. Lisboa: Dom Quixote, 1995, p. 95.
4 KONDER, Leandro. *Walter Benjamin: o marxismo da melancolia*. Rio de Janeiro: Campus, 1988, p. 27
5 Id., p. 102.

6 KHOTE, Flávio. *A alegoria*. São Paulo: Ática, 1986, p. 7.
7 GAGNEBIN, Jeanne-Marie. *História e narração em Walter Benjamin*. São Paulo: Perspectiva; Campinas: Ed. Unicamp, 1994, p. 51.
8 PEPETELA, 1995, p. 12-13.
9 KONDER, L. op. cit., 1988, p. 27.
10 PEPETELA, 1995, p. 13.
11 Id., p. 57-58.
12 Id., p. 11.
13 PEPETELA. In: *Jornal de Letras*. n. 638. Lisboa: 29 mar. 1995, p. 15.
14 GAGNEBIN, J. op. cit., 1994, p. 46.
15 Id., p. 45.
16 PEPETELA, 1995, p. 59.
17 Id., p. 109.
18 CARVALHO, Ruy Duarte. *Ana a Manda: os filhos da rede*. Lisboa: Instituto de Investigação Científica Tropical, 1989, p. 284-285.
19 DURAND, Gilbert. *Les structures anthropologiques de l´imaginaire*. Paris; Bruxelles; Montréal: Bordas, 1969, p. 268: "la femelle à la fois maternelle et sensuelle vers laquelle convergent les désirs inconscients du peuple." (tradução nossa)
20 COELHO, Virgílio. "Imagens, símbolos e representações '*Quiandas, Quitutas, Sereias!*': Imaginários locais, identidades regionais e alteridades. Reflexões sobre o quotidiano urbano luandense na publicidade e no universo do marketing". In: *NGOLA*, Revista de Estudos Sociais (ASA). Luanda: 1 (1), jan.-dez. 1997, p. 127-191.
21 PEPETELA, 1995, p. 47.
22 CARVALHO, Ruy Duarte. *A decisão da idade*. Lisboa: Sá da Costa, 1976, p. 55.

Boaventura Cardoso: os alegóricos "maios" e "desmaios"[1]

Maio, mês de Maria, "um romance de choque de mentalidades" – assim o designou, no prefácio, o escritor Luandino Vieira, referindo-se tanto ao protagonista, João Segunda, que, com a família, deixara o campo para morar em Luanda, logo após a independência de Angola, como também às demais personagens, umas naturais da própria capital, e outras, originárias dos espaços rurais, cujos hábitos e discursos contrastavam com os costumes citadinos.

Nessa obra, o autor, Boaventura Cardoso, faz a ficção dialogar com a história. Sua abordagem apresenta uma ótica que se aproxima da nova história cultural, pois recria o contexto angolano pós-independente por intermédio da captação das múltiplas representações discursivas presentes nas práticas sociais. Em uma perspectiva semelhante à de Roger Chartier, historiador francês que opera com a "história das mentalidades", busca, em sua construção romanesca, apreender "as atitudes ante a vida e a morte, as crenças e os comportamentos religiosos, as relações familiares, os rituais, as linguagens"[2] existentes na sociedade angolana.

A história cultural, na concepção de Chartier, procura analisar as categorias psicológicas que funcionam na produção dos discursos sociais, assim como

> as ideias, apreendidas por meio da circulação das palavras que as designam, situadas nos seus enraizamentos sociais, pensadas na sua carga afetiva e emocional, tanto quanto no seu conteúdo intelectual, tal como os mitos ou os complexos de valores, uma dessas forças coletivas pelas quais os homens vivem o seu tempo e, portanto, uma das componentes da "psique coletiva" da civilização.[3]

Essa nova abordagem histórica não se preocupa em explicar a realidade com base, apenas, em materiais socioeconômicos, mas dá ênfase à apreensão das representações culturais presentes nos comportamentos e nos relatos orais, buscando analisar, por meio do desvendamento das armadilhas discursivas do próprio contar, o imaginário social.

No romance *Maio, mês de Maria*, o narrador opera, justamente, com os casos e os mujimbos, isto é, boatos que circulavam em Luanda e em Dala Kaxibo, no período pós-independência; reinventa, assim, a história e as práticas religiosas multiculturais existentes em Angola, tecendo, ficcionalmente, uma acurada análise das mentalidades:

> Na parte traseira do quintalão da igreja tinha imagem dela, Maria veneranda, aninchada numa gruta festivante de cores, trapos atados nos galhos das árvores respeitosamente vergados, velas luzentes brancas, lugentes pretas, sangue quente ainda, um prato de funge de peixe, uma galinha morta penada, peças de roupa, vestido de promessa noivante (...)[6]

> É ele! É ele! É ele o Satanás![5]

O sagrado católico e o animismo africano se unem num forte sincretismo religioso, em que o culto à Maria se mescla às oferendas aos deuses das tradicionais religiões angolanas, ou ainda à exorcização de Satanás, instado a sair do Templo[6], como costuma acontecer nos rituais da Igreja Universal, cujos adeptos vêm crescendo, ultimamente, na maioria dos países da África e da América Latina.

A enunciação romanesca, optando por uma pluritonalidade discursiva e por uma fusão do sublime e do grotesco, do profano e do sacro, do sério e do cômico, do letrado e do popular, efetua uma carnavalização[7] na narrativa: o padre, com a batina esvoaçante, é comparado ao Super-Homem[8]; na festa do casamento da filha de Segunda, uma briga é desencadeada e a madrinha do noivo, na precipitação da fuga, fica desnuda[9], deixando cair os panos com que se vestia, de acordo com as tradições rurais da região angolana da qual era originária.

Mas a ação carnavalizante não se faz somente pelas cenas cômicas e grotescas. Ocorre também no plano da linguagem, rica em neologismos ("obitava", "pazcalmoso", "vaidosava", "contiguava", "serenento", "dolentoso", "insoniaram" etc.) e em transgressões à norma do português ensinado pelo colonizador. A polifonia estilística adotada segue a entonação do português falado em Luanda e no interior, e também o ritmo das diferentes falas existentes em Angola, onde o plurilinguismo é uma das marcas multiculturais presentes na sociedade. A voz enunciadora alegoriza os discursos religiosos, tanto os advindos da "oratória alienante dos púlpitos", como os oriundos das crenças animistas, pois ambos, ao invés de conscientizarem o povo, o envolviam em um clima de esperança miraculosa, que o aprisionava em um círculo vicioso de medo e resignação. O texto do romance é prenhe de paronomásias e pleonasmos semânticos e morfossintáticos ("Fátima fatimando", "convicta convicção", "sentimento sentido", "dor dorida", "roda rodando", "se tropeçando-se", "não nada", "sua dela", "dele seu", "vento ventando", "adoecesse doente", "sua condição dele", "ri ridente", "vera verdade", etc.), cujo efeito discursivo repetitivo aponta para as estruturas de pensamento também redundantes, tanto no nível ideológico, como no religioso. Assinalam o fechamento das mentalidades angolanas, dependentes dos fanatismos místicos e/ou políticos, os quais se constituem como representações culturais que escamoteiam e, ambiguamente, também revelam o caos decorrente do clima de repressão e censura instalado, há anos, no país. As repetições têm, ainda, a função de avivar as lembranças do povo. Trazem as águas da memória, revolvendo o passado e o presente, para que a história e as manifestações culturais não sejam esquecidas.

A tecedura romanesca de *Maio, mês de Maria*, ao priorizar a fala, torna a narrativa dialógica, e esta, o tempo todo, é questionada por perguntas e dúvidas colocadas pelo narrador a um interlocutor-mudo. A opção por essa "dialética do signo linguístico"[10] faz da linguagem enunciadora um discurso vivo, afiado, capaz de penetrar nos mais recônditos meandros das manifestações culturais, desvendando em seus avessos as contradições ideológicas presentes na sociedade. Isso, porque, segundo Bakhtin, "a fala está indissoluvelmente ligada às condições da comunicação, que, por sua vez, refletem as estruturas sociais"[11].

Falas e memórias, vozes e sonhos, realidades e fantasmagorias se alternam na narrativa, cuja não linearidade mistura diversos planos temporais. Só após a leitura do último capítulo, é que o leitor percebe a estrutura em *flashback* do romance, descobrindo que o primeiro capítulo é o final da estória, ou seja, o momento em que João Segunda, doente, é guiado pelos filhos, Hortênsia e Horácio, e pelo fiel empregado, Samuel Lusala, à Igreja da Virgem de Fátima, onde, milagrosamente, alguns fiéis diziam escutar as vozes dos familiares desaparecidos. Esse primeiro capítulo se encerra com a convulsão de João Segunda que, após ouvir a voz do filho Hermínio também desaparecido, desmaia e, embora levado ao Hospital da Prenda, vem a falecer, no exato momento em que, misteriosamente, em sua casa, Tulumba, sua cabra de estimação, também estertorava. Esse animal, na narrativa, apresenta poderes sobrenaturais, funcionando como duplo de João Segunda. Lembra a "cabra vadia"[12], personagem do escritor brasileiro Nelson Rodrigues, com quem o texto de Boaventura Cardoso pode vir a dialogar, em uma leitura literária de perspectiva comparatista. Tulumba, possuindo dons premonitórios, anuncia, "com suas cabriolices mágicas"[13], a chegada do "furacão", alegoria das transformações políticas que a Independência iria provocar em Angola, tanto no espaço do campo, como no da capital.

O discurso elaborado do romance não apresenta apenas essa alegoria, mas muitas outras: a das águas, a dos cães, a da cabra Tulumba, a do mês de maio, a dos desmaios, além de um rico manancial de símbolos, muitos dos quais consoantes com as crenças locais como, por exemplo, o do pio do mocho, pressagiando a morte da esposa de João Segunda, a Zefa, que faleceu a caminho de Luanda, deixando inconsolável o marido.

Maio, mês de Maria é, em última instância, um romance de desarmonias e fracassos, refletindo, desse modo, o sentimento de perda que se generalizou em Angola, após tantos anos de guerra.

O falecimento da companheira e a saída de Dala Kaxibo assinalam o início da desintegração interior do protagonista João Segunda, processo esse que culmina com o desaparecimento do filho Hermínio e com a descoberta de que o genro era um informante a serviço dos opressores. A falta de identidade de Segunda, entretanto, registra-se desde os tempos em que morava no campo, embora disso ele não se apercebesse, pois, rico e respeitado, era considerado um "negro civilizado". A voz enunciadora é que, ao descrevê-lo de modo irônico e caricatural, com "os cabelos brilhantinados"[14], o revela como o típico colonizado de que traçam o retrato Albert Memmi[15] e Franz Fanon[16], quando analisam, entre os males provocados pelo processo de colonização, a inculcação do sentimento de inferioridade que faz os assimilados desejarem ser como os colonizadores, assumindo-lhes não só as máscaras exteriores, mas também os discursos e as formas de pensamento.

João Segunda é a caricatura do assimilado que vê a colônia como extensão da metrópole, acreditando e ensinando aos filhos que "Angola era Portugal"[17]. Assumindo uma identidade "decalcada", buscava símbolos que o representassem e lhe dessem a impressão de *status* semelhante ao dos brancos portugueses pelos quais se pautava:

> Que João Segunda ostentava com desmedida vaidade os cargos que detinha, em todas circunstâncias exibia os títulos. Tinha mandado imprimir toda essa variedade em cartões-de-visita de vários tamanhos para lhes distribuir nos amigos e nas ilustres individualidades. Às vezes ficava assim estava mirar nome dele escrito, impresso, gostosamente. Tinha largas

dezenas de lenços de bolso, camisas de cambraia encomendadas do Putu, gravatas de muitas cores, laços, tudo com o nome dele de João Segunda gravado. Nos copos e na loiça de Alcobaça e Vista Alegre, era o mesmo. Essa mania foi crescendo com ele ao longo dos anos e também assumindo outras formas. Segunda tinha carimbos vários com o nome dele e tinha até chancela que usava em documentos importantes. Em certas cerimônias assinava com uma caneta Parker dourada com JS gravado.[18]

Monogramas, carimbos, cartões personalizados – insígnias de uma nobreza e de um poder imaginados. Leitor de Eça e Camilo[19], João Segunda, antes da Independência, vivia no interior de Angola, mas tinha o imaginário povoado dos valores culturais ocidentais lusitanos que a escola lhe passara, apesar de só haver cursado até a quarta série. Orgulhava-se da caligrafia esmerada e das cartas redigidas segundo os modelos ditados pelos manuais instrutores do "bem escrever". Seduzido pelo mundo letrado, só, quando se encontrava entre pessoas das *"sanzalas"*, se lembrava das tradições orais e das línguas africanas aprendidas na infância. Embora negro, se comportava como um "branco de segunda". Daí, a onomástica irônica com a qual é designado pelo discurso enunciador que, com acuidade, lhe desenha o retrato grotesco do colonizado aculturado, cuja identidade fraturada participa de "dois reinos psíquicos e culturais"[20] em confronto:

> Quando estava com gente da sanzala se comunicava bem em kimbundo e umbumdo, com provérbios e anedotas chalaçantes, ou então **linguajava em pretoguês**, que se fazia entender. No meio dos brancos João Segunda que afinava os putu dele, **fia da mãe!, donos da língua se conseguiam de lhe imitar?** Sabia falar como os brancos de primeira e de segunda, bordava requebros nas falas do Minho, da Beira Alta, do Baixo Alentejo, do Algarve, **ele que só conhecia a Metrópole só no mapa. Então os brancos que lhe falavam assim você é só preto na pele, no coração você é branco como nós, e então ele se ria ridente vaidoso. Que esse mesmo João Segunda que conhecia com cada expressão que só donos da terra de lá que falavam! Podia ser?!**[21] (grifos nossos)

A voz enunciadora vai entremeando a descrição da personagem com perguntas e com reflexões: "(...) fia da mãe!, donos da língua se conseguiam de lhe imitar? (...) só donos da terra de lá que falavam! Podia ser?!" Tais intervenções chamam atenção para a conflituosa realidade pluricultural e multilinguística presente na sociedade angolana. Revela preconceitos raciais frequentemente manifestados no plano da linguagem ("linguajava em pretoguês", "preto só na pele; mas, branco de coração"), estereótipos oriundos do imaginário da colonização, segundo o qual o português falado pelos assimilados era pejorativamente considerado uma "língua deformada" ("língua de pretos")[22].

Maio, mês de Maria opera com diferentes códigos existentes no contexto angolano pós-75. Põe em cena esses diferentes registros, em situações de interação discursiva, evidenciando, desse modo, os atritos sociais entre o "português de Luanda" e o "português do campo", "o português dos escolarizados", como o de João Segunda, e "o português dos angolanos das regiões rurais", como o do fiel empregado, Samuel Lusala, e o dos familiares do Camarada Comandante, marido de Hortênsia. O romance torna-se, assim, "o espaço de confrontação de 'sotaques' sociais diferentemente orientados, onde diferentes consciências sociais lutam no terreno da linguagem"[23].

Captando os discursos de personagens representativas de vários estratos sociais do campo e da cidade, a enunciação romanesca analisa as discriminações e as diferenças que se afirmam mais em função da classe que da cor: "preto da casa / preto da *sanzala*"[24]. Registra, desse modo, em vários níveis, o choque entre diferentes discursos: o religioso, o ideológico, o popular, o letrado.

João Segunda é metonímia desse conflito de mentalidades que dilaceraram Angola. Primeiro, comporta-se como o assimilado que se dava bem com os portugueses, criticando a Independência; depois, se seduz pelo discurso do genro, o falso revolucionário, e se torna também fanático pela Revolução; ao final, após o desaparecimento de Hermínio, passa a criticar a repressão instalada no país e, não mais acreditando ser possível encontrar o filho, perde a própria razão, mergulhando num silêncio interior que metaforiza o vazio e o caos social.

Antes do sumiço de Hermínio, João Segunda se fizera presidente do Conselho de Moradores do prédio em que morava num dos bairros de Luanda. Esse conjunto habitacional, metonimicamente, representa Angola, no período pós-independência. Funciona, na narrativa, como um microcosmo social, que reflete os choques de costumes presentes na sociedade. Muitos moradores, vindos do campo, haviam trazido os hábitos rurais para os apartamentos, criando animais nas pequenas varandas, jogando lixo por toda parte. O próprio Segunda, que desejava criar condições de saneamento para a ascensão das classes médias urbanas[25], embora criticasse os esquemas, a corrupção, os elevadores parados por se encontrarem funcionando como verdadeiras lixeiras, desobedecia à proibição de ter bichos em casa e mantinha Tulumba na varandinha contígua a seu quarto.

É interessante como o romance se arma: planos da memória se entrecruzam, trazendo cenas do passado remoto e do passado recente do protagonista. Casos são lembrados e se encaixam ao fio narrativo principal: a estória de João Segunda, em Luanda. Costumes rurais são trazidos para a cidade, mas convivem conflituosamente com os novos hábitos. Exemplos disso são a festa de casamento de Hortênsia e o komba, isto é, o ritual de óbito de Zefa, realizados no terraço do prédio em Luanda, que terminaram de forma desastrosa e caricatural.

O narrador, como um contador de casos que dialoga com um interlocutor-mudo, traz elementos da oratura e das tradições para dentro do romance e vai pontuando o seu discurso com frases fáticas – "Estó tá dizer meu!"[26] –, cuja função, tendo em vista o absurdo da própria realidade vivenciada por Segunda em Luanda, é reafirmar a veracidade do contado.

A narração, desse modo, se torna dialógica, aproximando-se das formas orais dos mujimbos angolanos. A linguagem do romance é tecida com a apreensão dos ritmos de diversas falas de Angola. Assim, o óbito de Zefa é recordado através do choro ritmado do povo do interior, cujas exclamações e interjeições assinalam, no plano da linguagem, a exteriorização da dor. Também os cânticos da igreja, os sermões do padre, as imprecações e súplicas das beatas, os repiques dos sinos, os batuques do komba, os xinguilamentos e cultos aos antepassados, a retórica de Segunda, as palavras do Camarada Comandante e as da família deste marcam as pausas e as entonações múltiplas presentes nos vários discursos que se cruzam na narrativa, fazendo de *Maio, mês de Maria* um coro polifônico, cujas dissonâncias apontam para as contradições sociais e para os choques de mentalidades e culturas existentes no contexto da pós-independência.

A crise do autoritarismo implantado após 1975 é denunciada pelo romance. O clima de censura e repressão é revelado pela alegoria dos cães, cuja semelhança com a obra *A hora dos ruminantes*, do escritor brasileiro José J. Veiga, é notória, prestando-se a um interessante trabalho de literatura comparada, na medida em que os dois textos operam com o fantástico para assinalar o absurdo da opressão característica dos regimes totalitários.

No romance de Boaventura Cardoso, a evocação dos rituais e crenças africanos (como, por exemplo, as constantes aparições da falecida Zefa no apartamento em Luanda, onde Segunda conservara o seu lugar à mesa das refeições e mantivera intactas as suas roupas no armário), a presença do maravilhoso cristão e do clima "fantástico" (concretizado pelas alegorias dos cães e da misteriosa Tulumba que possuía poderes sobrenaturais) surgem como respostas multiculturais que tentam preencher as falhas e os vazios deixados pela perda das utopias revolucionárias. A morte de Tulumba, a cabra mágica, cuja simbologia é a da liberdade e a da energia vital, assinala os sentimentos de perda, fracasso e morte que dominam o contexto angolano, após a falência dos ideais e projetos socialistas.

Mas as grandes alegorias do romance são as do mês de maio e as dos desmaios que aparecem na narrativa. É elaborado esse trabalho que o escritor Boaventura Cardoso realiza com a linguagem, levando a ficção, o tempo todo, a dialogar, conotativamente, com a história.

Maio apresenta vários sentidos: é o mês da primavera, das flores, da energia cósmica da natureza a florir; é o mês de Maria, símbolo da pureza, do catolicismo que deixou marcas tão profundas no imaginário angolano; Maio é o nome da praça onde Agostinho Neto comunicou ao povo o fim da guerra colonial e a libertação de Angola; maio é também o mês em que ocorreu, em 1977, o episódio de Nito Alves, no qual muitos jovens desapareceram por questionarem o governo implantado logo após a independência. É clara a alusão do romance a esse fato histórico. A aparição da virgem de Fátima num céu vermelho, que se cobre de sangue sobre Segunda mordido pelos cães sanguinários[27], é bastante significativa, pois alegoriza, através da fusão dos planos ideológico e religioso, esse maio de 1977, revelando, ironicamente, a violência da sociedade angolana, cujos conflitos étnicos, sociais, religiosos, políticos, linguísticos, culturais são inúmeros.

Essa pluriconotativa representação do mês de maio é ampliada pelos diversos sentidos que assumem, na narrativa, os constantes desfalecimentos das beatas, na igreja[28], e dos fiéis, na procissão reunida na Praça de Maio[29], quando julgam ouvir as vozes dos parentes desaparecidos. Desmaios, etimologicamente, querem dizer: perda da cor, das forças, dos sentidos; perda, portanto, da energia vital, podendo também apresentar a significação de desânimo, desalento e desencanto.

No romance de Boaventura, os desmaios representam o desaparecimento da energia vital e das cores na sociedade angolana, em virtude do medo e da censura reinantes. Apresentam ainda uma africana conotação religiosa intimamente relacionada aos cultos aos antepassados, uma vez que esses desfalecimentos podem ser também interpretados como transes e *xinguilamentos*[30] através dos quais os espíritos dos mortos se comunicam com os vivos. Em última instância, os desmaios conotam também, politicamente, o desencanto e o desânimo do povo diante do descumprimento das promessas libertárias feitas durante o processo de luta pela independência de Angola.

O romance termina com uma solução mágica, milagrosa. O maravilhoso cristão, fundido às religiosidades africanas, invade a narrativa e os corações da população oprimida. No alvoroço da procissão, a santa do andor sobe ao céu e reaparecem os jovens desaparecidos, inclusive Hermínio, no exato momento em que João Segunda e Tulumba também deixavam o mundo dos vivos. O último capítulo encontra-se com o primeiro, quando Segunda, na igreja, também julgara ouvir a voz do filho, desfalecendo a seguir e sendo levado ao Hospital da Prenda, onde vem a falecer.

A presença de Hermínio, ao final, fica em aberto: teria ele mesmo voltado ou o romance narrara, o tempo todo, fragmentos da memória de João Segunda em seu delírio final? A ambivalência típica das narrativas fantásticas permanece, lançando a dúvida no leitor. Mas uma pista é deixada: a da alegoria das águas que atravessam todo o texto de *Maio, mês de Maria*. Águas, que se apresentam furtivas, calmas, afluentes, passadas, mansas, bravas, turvas, fecundantes, agitadas, oceânicas. Águas, que representam, pois, a existência, o tempo, a memória, a história e o próprio fluir da linguagem.

> As águas, massa indiferenciada, representando a infinidade dos possíveis, contêm todo o virtual, todo o informal, o germe dos germes, todas as promessas de desenvolvimento, mas também todas as ameaças de reabsorção. Mergulhar nas águas, para delas sair sem se dissolver totalmente, salvo por uma morte simbólica, é retornar às origens, carregar-se de novo num mesmo reservatório de energia e nele beber uma nova força.[31]

A simbologia aquática está, desse modo, associada não só à morte, mas também à vida e aos rituais de purificação. No texto do romance, as águas alegorizam a lavagem do sangue dos inocentes e a exorcização dos fantasmas da história de violências que mancham o imaginário angolano. Significam, portanto, o fluir da própria linguagem ficcional, repensando as contradições culturais e políticas, presentes na memória social do país.

NOTAS

1 Parte do texto, originalmente intitulado "Memória mítica e revolução nas literaturas africanas e latino-americanas", apresentado no *II Congresso Europeu de Americanistas*: Halle, Alemanha, 5 set. 1998, publicado no livro *Memória, representações e relações interculturais*. Org. Maria Tereza Toríbio B. Lemos e José Flávio Pessoa de Barros. Rio de Janeiro: Editora da UERJ, NUSEG/INTERCON, 1998, p. 57-68.

2 CHARTIER, Roger. *A história cultural: entre práticas e representações*. Rio de Janeiro: Bertrand Brasil S. A.; Lisboa: Difel, 1990. p. 14.

3 Id., p. 43.

4 CARDOSO, Boaventura. *Maio, mês de Maria*, 1997, p. 12.

5 Id., p. 14.
6 Id., p. 13.
7 Empregamos o termo na acepção de BAKHTIN, Mikhail. *Problemas da poética de Dostoiévski*. Rio de Janeiro: Forense, 1981. p. 108-109.
8 Id., p. 12.
9 Id., p. 55.
10 Conceito retirado de BAKHTIN, Mikhail. *Marxismo e filosofia da linguagem*. São Paulo: HUCITEC, 1979, p. 5.
11 Id., p. 4.
12 Personagem das crônicas do escritor brasileiro Nelson Rodrigues, publicadas no Jornal *O Globo* (Rio de Janeiro), nos anos 1960 e 1970.
13 CARDOSO, 1997, p. 19.
14 Id., p. 12. A descrição de João Segunda lembra muito a do protagonista do conto "Mulato de Sangue Azul", do livro *Regresso adiado* (Luanda: UEA, 1985), de Manuel Rui, onde a questão da descaracterização dos angolanos assimilados também é denunciada.
15 MEMMI, Albert. *Retrato do colonizado precedido do retrato do colonizador*. Rio de Janeiro: Paz e Terra, 1977.
16 FANON, Frantz. Em duas de suas obras: *Os condenados da terra*, 1968, e *Pele negra, máscaras brancas*, 1983.
17 CARDOSO, 1997, p. 44.
18 Id., p. 78.
19 Id., p. 44.
20 MEMMI, op. cit., 1977, p. 97.
21 CARDOSO, 1997, p. 43.
22 ZAHAR, Renate. *Colonialismo e alienação*. Lisboa: Ulmeiro, 1976, p. 93.
23 STAN, Robert. *Bakhtin: da teoria literária à cultura de massa*. São Paulo: Ática, 1992, p. 93.
24 CARDOSO, 1997, p. 16.
25 Cf. CARDOSO, 1997, p. 68.
26 Id., p. 47.
27 CARDOSO, 1997, p. 167.
28 Cf. CARDOSO, 1997, p.11; p. 13; p. 16.
29 Id., p. 229.
30 *Xinguilamentos* são tremores do corpo do médium para incorporar espíritos.
31 CHEVALIER e GHEERBRANT, 1988, p. 15.

Religiosidades e tradições angolanas na ficção e na pintura[1]

> Algumas histórias sustentam as três pedras da tradição e começam a ser repetidas sem cessar para que a memória possa sobreviver à guerra.[2]
>
> Ana Paula Tavares

Com base no romance *Mãe, materno mar*[3], do escritor Boaventura Cardoso, e obras plásticas dos pintores Jorge Gumbe, António Ole e Paulo Kapela, pretendemos discutir alguns dos significados que as religiões, os mitos e os sonhos assumem na literatura e na pintura de Angola do final dos anos 1980 e da década de 1990.

Iniciamos nossa análise por *Mãe, materno mar* que apresenta um polifônico quadro dos múltiplos costumes, ritos, mitos e religiosidades dispersos em diferentes regiões de Angola, por intermédio dos quais chama atenção para a miséria do povo e o atraso em que se encontra o país, decorrência dos longos períodos de guerras e da manipulação religiosa exercida por líderes de várias igrejas evangélicas, que ali proliferaram, principalmente a partir de 1980. O romance adverte para o fato de que essas "novas igrejas", surgidas, em sua maioria, após a Independência, a par de continuarem a expressar traços identitários da cultura angolana, se tornaram, em vários aspectos, conservadoras e corruptas, a serviço de oportunistas profetas.

Roger Caillois, em seu livro *O homem e o sagrado*[4], alerta para o prejuízo das guerras atuais, nas quais o sentido de jogo sagrado, geralmente, se desfaz, pois os embates, em grande parte, são motivados por fatores econômicos de ordem capitalista. Nesse contexto, a sacralidade, como a define Mircea Eliade[5], se fratura, havendo a dissolução da harmonia cósmica primordial. O sagrado, então, passa a se opor ao profano, mas não desaparece das sociedades, uma vez que os seres humanos, muitas vezes, a ele recorrem. Mesmo quando se dizem ateus, elegem doutrinas e crenças que acabam por sacralizar de outra maneira. As obras por nós analisadas abordam várias formas de o sagrado se manifestar na sociedade e nas artes angolanas contemporâneas.

Mãe, materno mar, por exemplo, reinventando traços característicos da oratura africana, se organiza como um grande *missosso*, cujas diversas camadas narrativas, formadas pelos fios cruzados e entrecruzados de várias estórias, se encaixam ao eixo principal condutor do enredo: o da viagem de um comboio que sai de Malange, com destino a Luanda. A narrativa se estrutura em torno do tema e das metáforas da viagem. Viagem de Manecas, o protagonista, que parte para a capital à procura de emprego, mas conserva ainda certos resquícios da infância mimada, não conseguindo libertar-se das amnióticas águas maternais. Viagem pelos mitos, ritos e religiosidades; pela memória, cultura e história de Angola. Viagem também pela própria escrita, em busca, cada vez mais, de uma linguagem, que, captando e recriando expressões, formas e maneiras angolanas de falar e pensar, possa, acrescida da lucidez política e da capacidade de elaboração poética do discurso enunciador, fazer uma profunda leitura crítica do país.

O romance se divide em partes significativamente intituladas "A Terra", "O Fogo" e "A Água", três dos quatro elementos primordiais, sem os quais, de acordo com as ancestrais cosmogonias africanas, é rompido o equilíbrio cósmico da natureza, essencial às manifestações da força vital. Intencionalmente, inexiste uma quarta parte intitulada "O Ar". Este, efetuando a ligação entre os demais elementos, aparece em toda a narrativa, sob várias formas e conotações. A mais recorrente dessas está vinculada aos sonhos e às recordações de Manecas, aos seus olhares encantados com a paisagem, com o azul dos céus, com as nuvens, com os voos dos pássaros, enfim, com "os bem-vindos ares", "esses secretos ares", "os atmosféricos ares", "os celestes ares", cuja simbologia remete, segundo Gaston Bachelard[6], à imaginação criadora, à liberdade de pensamento e à poeticidade da linguagem. O elemento aéreo também é considerado símbolo de espiritualização, significando o sopro divino, o Espírito Santo invocado pelos profetas e pastores, as "almas errantes", "o espírito do curandeiro materializado no pássaro branco". No entanto, no romance, nem sempre os ares são celestiais e poéticos. Por vezes, o narrador, assumindo a "aresta cortante da ironia"[7] e um tom galhofeiro, vai chamando atenção para a pesada e putrefata atmosfera (formada por "taciturnos, sorumbáticos, os maus vindouros ares", por "gases flatulentos", pelo "arroto da terra") que envolve a acidentada viagem do comboio, uma alegoria da história do país, vítima, principalmente nos últimos quinze anos, de guerrilhas internas e pressões econômicas externas.

A involução da intriga romanesca se dá com a primeira avaria do comboio, obrigado a parar em Cacuso. Das carruagens, metáfora alegórica dos extratos sociais angolanos, vão surgindo as personagens típicas, representantes dos ricos, da classe média, dos pobres e dos marginalizados. Nos compartimentos da primeira classe, estão os profetas, pastores, altos funcionários, homens de negócio, a noiva e a família; nos da segunda, Manecas, os do Partido, o homem do fato preto, os jogadores de futebol; já na terceira classe, inexistiam divisórias, viajando, misturados, operários, trabalhadores dos Caminhos de Ferro, vendedores ambulantes, kimbandas, prostitutas.

Carnavalizadoramente, o discurso enunciador vai relatando os conflitos ocasionados pelo atraso do comboio, a ansiedade dos passageiros, as muitas estórias que se cruzam então: as ocorridas e narradas durante a viagem; as da infância de Manecas, vindas através de sua memória; as cantadas e contadas por Ti-Lucas, o ceguinho que, sem lugar fixo, andava de classe em classe, entoando canções e recolhendo dinheiro.

As contendas dentro e fora do comboio evidenciam a banalização da violência, na medida em que, apesar delas e do atraso enorme da viagem, tudo ia acontecendo: se escreviam cartas, se vendiam mercadorias, se contavam estórias, se enterravam mortos, se praticavam cultos e rituais, se entoavam cânticos, se geravam filhos. Quando as brigas se exacerbavam, as lideranças religiosas vinham acalmar os ânimos. Mas, ao morrerem quatro homens, começaram as sérias dissensões entre as igrejas, pois a cada uma dessas pertencia um morto e os funerais exigiam rituais compatíveis com cada religião. A partir desse incidente, a voz narradora vai revelando a profusão de doutrinas e templos evangélicos surgidos em Angola: a Igreja de Jesus Cristo Negro, a Assembleia da Salvação, a Igreja do Profeta do Bonfim, a Igreja do Profeta Simon Ntangu António, entre outras, cuja raiz africana se evidencia por práticas também encontradas em ancestrais religiosidades de Angola. A perspectiva crítica do narrador alerta para o fato de esses profetas se valerem das crenças locais e do poder "mágico" da oralidade – traços característicos da visão africana de mundo – para conquistarem mais adeptos que lhes pagassem os "enriquecedores dízimos". Acusa o marxismo ortodoxo dos tempos do Partido Único, concebendo este, ironicamente, "como outra igreja que também catequizou muita gente".[8]

O pintor Paulo Kapela também reflete acerca do crescimento dessas igrejas evangélicas originárias do ex-Zaire. Sua condição de regressado desse país lhe faculta um conhecimento intrínseco que se desvela em sua obra. Em novembro de 2000, tivemos oportunidade de visitar, em

Luanda, a UNAP, União Nacional dos Artistas Plásticos, e aí pudemos apreciar uma exposição desse artista, composta de várias instalações que versavam sobre as religiosidades proféticas. A que nos despertou maior atenção foi uma montagem tridimensional, em vários planos ascensionais forrados de toalhas brancas e rendadas, como se fosse um altar. Nos primeiros patamares, estavam expostos vários volumes da bíblia sagrada em diversas línguas – português, francês, kikongo –, um livro sobre *O Protocolo de Lusaka*, um jarro com uma flor vermelha, um exemplar da Revista *Sentinela* com a frase "Por que as religiões pedem perdão?!" impressa na capa, alguns cartazes com legendas sobre profetas, colagens de reportagens de jornal sobre o Bispo Macedo. No plano mais alto da instalação, havia um retrato de Agostinho Neto e a sigla MPLA. A mensagem da obra é semelhante à contida no romance de Boaventura Cardoso, no que se refere à denúncia da proliferação dessas "novas igrejas", cujo fanatismo provocado no povo angolano se equipara ao dos tempos da Revolução e do Partido Único. A presença, na instalação, do folheto sobre o Acordo de Lusaka, ao lado das bíblias, sugere a ideia de paz propalada por essas religiões que prometem curas e milagres. Em diálogo, portanto, a literatura e as artes plásticas contemporâneas de Angola alertam para o surgimento desses "messianismos religiosos" que encontram terreno propício, devido ao vazio de sonhos e utopias existentes no país.

Mas a obra de Kapela não se resume a essas instalações. O pintor usa técnicas e estilos variados, como o cubismo, entre outros. Há telas suas pintadas a óleo, nas quais as cores e as figuras são bem angolanas, representando costumes e rituais locais, o que revela estar sua produção artística também direcionada para a valorização da tradição.

Essa é uma tendência das artes angolanas contemporâneas, nas quais, entretanto, a afirmação dos valores tradicionais não se apresenta de modo exótico, como ocorria nos tempos coloniais. Pelo contrário, se manifesta de variadas formas, de acordo com o estilo de cada artista, seja na pintura ou na literatura. No caso desta, para exemplificar, retomemos o romance de Boaventura Cardoso, *Mãe, materno mar*, no qual, com significação oposta à dos pastores, profetas e comunistas satirizados pelo discurso enunciador, há o ceguinho Ti-Lucas, personagem que simboliza a tradição, a sabedoria dos mais velhos. Cabe a ele – espécie de *griot*, no presente, porque aconselhava, contava casos e estórias orais, e de "ferreiro", no passado, pois, aprendera, como soldador mecânico dos Caminhos de Ferro de Luanda, os mistérios dessa profissão considerada sagrada nas tradições africanas – a resolução dos desentendimentos através dos antigos códigos culturais. É ele quem sabe recorrer ao mito dos gêmeos para fazer chover, invocar a kianda, entre outras práticas da tradição. Suas canções premonitórias entremeiam a narrativa e se afiguram como resistência aos barulhentos e apelativos cânticos bíblicos das igrejas eletrônicas que se valiam de modernos recursos da mídia para atrair fiéis.

No romance de Boaventura, o imaginário afro mescla-se ao das doutrinas evangélicas. Muitos são os exemplos de sincretismo, perceptíveis, por exemplo, na Igreja do Profeta do Bonfim, filho do Profeta Simão Mukongo – referência aos Simões, líderes do kimbanguismo e tocoísmo, duas das religiões de raiz africana muito cultuadas, atualmente, em Angola –, em que os rituais de cura misturavam cânticos bíblicos, batuques, velas, crucifixos, ex-votos, oferendas de animais e vinho. Abundam aspectos da chamada "etnofilosofia", entre os quais: divindades do imaginário africano, como o Deus do Fogo; Ximbi, espécie de sereia dos rios; provérbios da oralidade reelaborados pelo discurso do narrador, os quais vão pontuando as críticas deste e a aprendizagem de Manecas.

A viagem acidentada, cheia de paradas, dura quinze anos. Quando, ao final desse longo tempo, o comboio chega a Luanda, o Profeta não desce da carruagem, pois perdera o bastão. Só mais tarde o faz, saindo ileso, com a ajuda de um destacamento da polícia. Aos que, ansiosos, o aguardavam não se apresenta, se tornando, assim, uma alegoria do engodo e da frustração do povo. Os únicos que não se frustram totalmente são Ti-Lucas e Manecas, personagens que conservam uma certa pureza de sentimentos, além do cultivo das tradições, da profundidade da memória e da liberdade da imaginação. O romance termina em aberto, com o cego e o protagonista molhando os pés no mar. Manecas, realiza, assim, seu antigo desejo. A este, em meio ao desencanto, ao fanatismo religioso, à miséria e à deterioração social dominantes, restam, entretanto, os "celestes ares atmosféricos", símbolo da imaginação criadora, e "as maternais águas marítimas", que, reunindo em si os princípios cósmicos do feminino e do masculino, da vida e da morte, continuam a embalar os sonhos do protagonista, oferecendo-se como metáfora do indiferenciado primevo que, em sua liquidez, se abre tanto às origens, como ao infinito.

A presença do ar, da água, do fogo, da terra e de mitos da tradição angolana se faz observar também em diversas obras de António Ole e Jorge Gumbe, pintores representativos das artes plásticas contemporâneas de Angola. Os trabalhos desses artistas revelam uma preocupação crítica tanto em relação à realidade presente, quanto às religiosidades do imaginário ancestral africano. Há em suas pinturas os elementos primordiais da natureza retrabalhados segundo o estilo de cada um. Em Gumbe, os signos e símbolos da água são frequentes, trazendo o mar e as míticas figuras aquáticas, como, por exemplo, a kianda. Em António Ole, há o fogo e o ar, este metonimizado por recorrentes imagens de pássaros. Nas obras desses pintores, como na de Paulo Kapela e no romance de Boaventura Cardoso, os múltiplos traços da identidade angolana podem ser depreendidos, porém não se encontram fixos, nem acabados, mas, sim, em incessante procura das próprias raízes.

Nas telas de Jorge Gumbe, frequentes espirais[9] configuram um movimento permanente em direção às origens. Segundo José António de Oliveira, "um tecido espiralístico, quase convulsivo, agita todo o espaço pictórico"[10] das obras do pintor. O cinetismo, além de expressar a recusa do lugar comum da "angolanidade" representada exoticamente pela pintura anterior, revela um exercício de busca constante não só dos aspectos identitários de uma Angola multitultural, mas da própria linguagem plástica do artista. Na pintura de Gumbe, surgem multidões solitárias, cuja dispersão evidencia a perda dos elos originários. Ao mesmo tempo que essa dissolução é denunciada, se repete o tema do ventre materno, do ovo inicial, apontando para a urgência da recuperação das tradições. Assim, são convocados para o centro dessa pintura os elementos cósmicos: o sol, fonte de energia ígnea; o chão telúrico, as águas míticas de kianda; o metafórico ar da imaginação criadora em que se projetam em espiralado movimento as formas humanas. Como no romance de Boaventura Cardoso, há a presença da etnofilosofia, que, recriada, pode ser depreendida, por exemplo: em *Homenagem aos jingongos* (acrílico sobre tela), referência aos gêmeos míticos da tradição, espécie de andrógino primordial, símbolo da própria criação; em *Apoteose para a Kianda* (óleo sobre tela) e *Oferendas para Kianda* (acrílico sobre tela), homenagens à deusa angolana do mar, responsável pelo equilíbrio marítimo, pela fartura de peixes; em *A mística do imbondeiro* (acrílico sobre tela), alusão à árvore sagrada da Kianda; em *Um combate* (óleo sobre tela), onde aparecem as serpentes cósmicas, que constituem um totem fundacional da cultura angolana.

Como em *Mãe, materno mar*, nos quadros de Gumbe, é também obsessiva a ideia das maternais águas marítimas de Kianda, tudo reinventado em cores, movimentos e míticas imagens que trazem ressemantizada a tradição. De acordo com Adriano Mixinge, cada tela de Jorge Gumbe "é resultado de instâncias lineares cromáticas e cosmogônicas peneiradas pelo 'olho concêntrico' da maturidade e do estudo profundo"[11]. Ruy Duarte de Carvalho é outro crítico que ressalta "o vertiginoso movimento das imagens pintadas e projetadas no espaço abstraizante das telas de Jorge Gumbe"[12], como se as figuras estivessem a captar o movimento cósmico do universo. Vertigem e espirais assinalam a presença de uma espécie de barroquismo pictural nos quadros do artista, barroquismo esse que nada tem a ver com o barroco religioso europeu, mas que se aproxima do neobarroco assim designado e conceituado por Severo Sarduy:

> Barroco em sua ação de pesar, em sua queda, em sua linguagem afetada, às vezes estridente, multicor e caótica, que metaforiza a impugnação da entidade logocêntrica que até então nos estruturava em sua distância e autoridade; barroco que recusa toda instauração, que metaforiza a ordem discutida, o deus julgado, a lei transgredida. Barroco da Revolução.[13]

Esse neobarroquismo representa subversão, discordância em relação ao centro, ao *logus* absoluto, à razão imposta pela Europa aos continentes periféricos, como a América Latina e a África. Por essa razão, "sempre esteve relacionado à literatura e à cultura dos países saídos do colonialismo"[14]. Segundo Afonso Ávila[15], a dúvida existencial se expressa pela consciência da ludicidade, fundindo os contrários que labirinticamente se suplementam em espirais de gozo, libertando-se dos círculos redutores do racional. O jogo barroco se afirma como instrumento de rebeldia, em que a emoção predomina, rompendo com o equilíbrio clássico.

Também o estilo de Boaventura Cardoso, caracterizado por movimento vertiginoso, apresenta traços de um neobarroquismo verbal, assemelhando-se, nesse ponto, ao de Jorge Gumbe, cujo neofigurativismo alegórico, por vezes, se revela carnavalizador e grotesco, outro traço que aproxima sua linguagem pictórica da usada por Boaventura.

Outro importante pintor angolano contemporâneo, cuja obra também recupera aspectos representativos das raízes angolanas, é António Ole. "Uma luta tremenda se pode verificar nos estilos do pintor: o pós-realismo, a arte pop, o surrealismo. A argila, madeira, vídeos, ferro em suas instalações revelam o seu pendor para a escultura, a arquitetura"[16] e, portanto, para a interdisciplinaridade. Nos trabalhos do artista,

> (...) os elementos ativos da composição ora surpreendem porque a sua inequívoca atualidade zumbe no espaço de sedimentadas memórias, ora porque são amostras da codificação do passado instaladas num fundo que remete às mais recentes aquisições da via plástica. Daí que coexistem as máscaras de gás e as de noção de antepassado, (...)[17]

Os pássaros e o ar que, em *Mãe, materno mar*, remetem à busca dos sentidos poéticos da vida e à leveza da imaginação, na obra de António Ole, aparecem com significação semelhante: "Os pássaros têm a ver com minha sensibilidade: a liberdade."[18] – explica o próprio pintor.

A pesquisa estética de valores e traços identitários da cultura angolana é recorrente nas composições de Ole. Como Jorge Gumbe, o artista foge das estereotipadas formas de expressar aspectos da multifacetada identidade angolana. Busca os universais da arte, conjugando técnicas modernas e contemporâneas ao lúdico e lúcido exercício de recuperação das tradições que surgem ressemantizadas em sua obra.

> Consciente das lógicas e das retóricas fundamentais de seu tempo, deste tempo, Ole situa-se como transfigurador de ingredientes naturais-fósseis, mítico-bíblicos, humano-tecnológicos e narrativos-simbólicos. Mas, que belas essas transfigurações são, em primeiro lugar, não só uma interrogação e/ou reflexão a propósito da dinâmica expansiva da arte, senão e também uma forte incitação à interdisciplinaridade, já que nela o artista conjuga a fotografia, a escultura, a pintura, o vídeo e a arquitectura. O António Ole começa a transfigurar a partir do momento em que, na sua obra, mais além da mímesis foi-se munindo de referências históricas e culturais muito concretas e suscetíveis de serem localizadas no imaginário angolano e ecuménico para, também, eclipsar os sentidos e as formas originárias e reinstaurar, circunstancialmente, uma lógica em que intervenham a medida, a reflexão metódica, a sua paixão pela arquitectura e o seu pouco extrovertido sentido de humor.[19]

Boaventura Cardoso também se utiliza do humor, quando alegoricamente põe sob suspeita manifestações dos "novos ritos evangélicos", alertando para o perigo de fanatismos religiosos. No entanto, o humor se realiza diferentemente em Ole. Enquanto em Boaventura se manifesta de maneira lúdica e galhofeira, em algumas obras do pintor assume tons e formas que apontam para um sentido trágico da realidade do país.

Como em *Mãe, materno mar*, a presença dos elementos primordiais da natureza se faz notar na arte de António Ole, construída

> com elementos profundamente angolanos. As águas retratam o mar plácido da Ilha do Mussulo, as terras reconstituem os pigmentos e as areias púrpuras deste seu solo luandino, que o pintor, aliás, mistura, numa técnica à maneira surrealista, para criar superfícies de diferentes leituras. As aves, com forma quase gráfica, trazem consigo o vento e o trovão, enfrentam a serpente mítica. (...) As figuras humanas aparecem, na sua face mais inquietante e absurda, em poses rituais, ou ocultas em máscaras de feitiço.[20]

Concluindo, observamos, tanto em relação a António Ole, como a Boaventura Cardoso, Jorge Gumbe e Paulo Kapela, que suas obras, apreendendo, como matéria de criação, substratos culturais do passado em confronto com contradições do presente, tecem um multifacetado painel das mentalidades angolanas, evidenciando a convivência de práticas multiculturais, principalmente, no contexto social dos últimos quinze anos. Ressaltamos ainda, em relação a esses autores, o papel crítico e transgressor de suas artes, que, recriando poeticamente o real, efetuam uma denúncia dos problemas sociais, ao mesmo tempo que se oferecem como caminho de resistência à perda dos laços com as tradições ancestrais. Apresentam-se, portanto, a pintura e a literatura desses artistas como instâncias sustentadoras da cultura angolana, pois fazem, conforme advertem, em nossa epígrafe, as palavras de Ana Paula Tavares, com que a "memória possa sobreviver à guerra".

NOTAS

1 Texto, originalmente intitulado "A presença de religiões, mitos e sonhos em letras e telas angolanas", apresentado no *IV Encontro da Associação Portuguesa de Literatura Comparada* (APLC), Universidade de Évora, Portugal, 9 a 12 maio 2001, publicado nas *Actas* do respectivo Congresso.

2 TAVARES, Ana Paula. *O sangue da buganvília*. Praia: Instituto Cultural Português, 1998, p. 152.

3 CARDOSO, Boaventura. *Mãe materno mar*. Porto: Campo das Letras, 2001.

4 CAILLOIS, Roger. *O homem e o sagrado*. Lisboa: Edições 70, 1988.

5 ELIADE, Mircea. *O sagrado e o profano*. Lisboa: Livros do Brasil, s.d.

6 BACHELARD, G. *O ar e os sonhos*. São Paulo: Martins Fontes, 1990, p. 6.

7 HUTCHEON, Linda. *Teoria e política da ironia*. Belo Horizonte: Ed. da UFMG, 2000, p. 33.

8 CARDOSO, 2001, p. 68.

9 Cf. telas em espiral de Jorge Gumbe, p. 62 do artigo disponível em file:///C:/Users/Carmen/Downloads/Dialnet-AArteDaPoesiaEDaPintura-5616553%20(1).pdf. Acesso em: 29 mar. 2021.

10 OLIVEIRA, José António de. "A pintura recente de Jorge Gumbe". In: *Jorge Gumbe* (Catálogo da exposição montada por Tirso do Amaral). Luanda: Edições Asa; Secretaria de Estado da Cultura; UNAP, 1989, p. 8.

11 MIXINGE, Adriano. "Jorge Gumbe: A natureza como mãe". In: *Exposição Colectiva de Pintura: António Ole, Jorge Gumbe, Massongi Afonso* (Afó), *Van* (Catálogo). Luanda: Centro Cultural Português de Angola e Instituto Camões, 1999, p. 11.

12 CARVALHO, Ruy Duarte de. *Jorge Gumbe* (Catálogo da exposição montada por Tirso do Amaral). Luanda: Edições Asa; Secretaria de Estado da Cultura; UNAP, 1989, p. 6.

13 SARDUY, Severo. "O Barroco e o Neobarroco". In: MORENO, César Fernández. *América latina em sua literatura*. São Paulo: Perspectiva, 1979, p. 178.

14 VASCONCELOS, José Manuel de. Apresentação de Severo Sarduy. In: SARDUY, Severo. *Barroco*. Lisboa: Vega, 1989, p. 7.

15 ÁVILA, Afonso. *O lúdico e as projeções do mundo barroco*. São Paulo: Perspectiva, 1971. 317 p.

16 OLE, António. In: PEDRO, Francisco. "O corpo da pintura". *Jornal de Angola*. Ano 24. n. 7889. *Vida & Cultura*: Suplemento de Artes, Letras e Ideias do Jornal de Angola. Lisboa, 20 jun. 1999, p. II.

17 CARVALHO, Ruy Duarte. In: *António Ole: Retrospectiva 1967-1997* (Catálogo da Exposição). Luanda: Centro Cultural Português de Angola e Instituto Camões, 1997, p. 12.

18 PEDRO, Francisco. "O corpo da pintura". *Jornal de Angola*, Ano 24. n. 7889. *Vida & Cultura*: Suplemento de Artes, Letras e Ideias do Jornal de Angola. Lisboa, 20 jun. 1999, p. III.

19 MIXINGE, Adriano. "António Ole e a Travessia dos Anéis Etnocêntricos". *Jornal de Angola*, Ano 24, n. 7735. *Vida & Cultura*: Suplemento de Artes, Letras e Ideias do Jornal de Angola. Lisboa, 17 jan. 1999, p. III.

20 SOUSA, Conceição Barreira de. "O estado das coisas". In: *António Ole: Retrospectiva 1967-1997* (Catálogo da Exposição). Luanda: Centro Cultural Português de Angola e Instituto Camões, 1997, p. 22.

Entre crimes, detetives e mistérios... Pepetela e Mia Couto – riso, melancolia e o desvendamento da História pela Ficção[1]

> Toda narrativa policial apresenta um crime e alguém disposto a desvendá-lo, mas nem toda narrativa com tais elementos pode ser classificada como policial.[2]
>
> Sandra Reimão

O "falso policial" e o "humor cínico" dos romances históricos contemporâneos

Refletindo sobre a trajetória do romance histórico no Brasil e na América Hispânica, Vera Follain de Figueiredo, em seu livro *Da profecia ao labirinto*[3], registra três grandes modelos: o primeiro, que diz respeito à clássica narrativa histórica do século XIX – cujo paradigma é Walter Scott –, centrado na fé historicista e nos projetos românticos de consolidação do sentimento nacional; o segundo, que abarca os romances da descolonização, ou seja, os romances de resistência do século XX que subvertem, parodicamente, a ótica oficial da história, dando voz aos vencidos; e, por fim, o terceiro que se refere às narrativas históricas produzidas nos anos 1980, 1990 e 2000, nas quais a tensão própria dos romances de resistência desaparece, cedendo lugar a um humor cínico, cuja função é a de acenar ceticamente para a quase completa ausência de utopias e projetos sociais nos contextos históricos contemporâneos. Essa mais recente forma de romance histórico opera com a descrença, com o fato de saber impossível recuperar, hoje, objetivamente o passado. As próprias incertezas em relação ao presente levam a uma opção por diversos narradores, por várias versões, o que comprova a relatividade não só da ficção, mas também da História. Há um desconfiar permanente, mas os mistérios nunca se decifram por inteiro. Muitos dos novos romances históricos dos tempos atuais vestem a capa das narrativas policiais do século XIX, no entanto o fazem para a desconstrução do próprio subgênero:

> O retorno atual, por uma literatura que não se assume como direcionada unicamente para os interesses comerciais, a subgêneros de aceitação popular do século XIX – tanto ao romance histórico, como ao romance policial – faz parte do movimento mais amplo de progressivo abandono das atitudes reativas, de protesto, surgidas no século passado, mas acirradas com o modernismo, contra a reificação mercantil da obra de arte operada pelo capitalismo. Trata-se da reapropriação e do deslocamento histórico de antigas estruturas a serviço de uma situação qualitativamente diversa. Retomam-se, hoje, os subgêneros que ocuparam lugar privilegiado na hierarquia, segundo os princípios do sucesso comercial no século XIX. Subgêneros que tiveram raízes na crença no processo histórico e na possibilidade de se atingir a verdade última dos fatos e que tiveram seu tempo áureo antes do estabelecimento da fissura entre uma arte considerada culta e outra vista como produção mercenária.[4]

Os "falsos romances policiais" contemporâneos se afastam dos textos de suspense e enigma, à Sherlock Holmes. Efetuam uma carnavalização do gênero, que visa, com irônico humor, a assinalar a dispersão e a banalização de crimes e detetives em tempos neoliberais, onde, em muitos países, a corrupção é generalizada e instituída por poderes paralelos e, até mesmo, centrais.

Nas Literaturas Africanas de Língua Portuguesa, os romances históricos de resistência cumpriram, durante as lutas libertárias e nos primeiros anos do pós-independência, o importante papel de descolonização, repensando, com outro olhar, o passado colonial. Nas literaturas de Angola e Moçambique, por exemplo, são muitos os romances desse tipo, principalmente nas décadas de 1960, 1970 e princípio dos anos 1980, momento em que a afirmação dos nacionalismos se impunha e se fazia necessária em razão da necessidade de reconstrução nacional que a liberdade conquistada exigia. Nos anos 1990 e 2000, quando as utopias libertárias se enfraquecem e o neoliberalismo transnacional atinge as economias periféricas também de África, começa a haver, como acontece com a Literatura Brasileira e as Literaturas Hispano-Americanas contemporâneas, uma transformação nas propostas romanescas de diversos escritores. O viés do humor irônico e o "falso policial" – traços característicos dos romances históricos atuais – se fazem presentes também em recentes obras romanescas representativas das Literaturas Africanas de Língua Portuguesa publicadas em 2000 e 2001, dentre as quais elegemos para análise *Jaime Bunda: agente secreto*[5], do angolano Pepetela, e *O último voo do flamingo*[6], do moçambicano Mia Couto, já que, em ambos, além de mistérios, crimes e detetives, convivem, em tensão, o riso e a melancolia.

O Riso e a Melancolia – sob o signo da alegoria benjaminiana...

Tanto a narrativa de *Jaime Bunda*, como a de *O último voo do flamingo* se engendram melancolicamente, pois, das entrelinhas textuais, emanam discursos reveladores das incoerências sociais existentes nos contextos históricos de Moçambique pós-1992 e de Angola dos primórdios dos anos 2000 focalizados pelos referidos romances.

A melancolia, para Walter Benjamin, não se relaciona à depressão e ao luto, conforme postula a teoria freudiana. De acordo com o pensamento do filósofo alemão, está intimamente relacionada à alegoria, no que esta tem da faculdade "de dizer o outro reprimido"[7]. Os romances de Pepetela e Mia Couto aqui estudados, adotando esse olhar melancólico benjaminiano, realizam, respectivamente, alegóricas leituras das sociedades moçambicana e angolana nos tempos pós-coloniais de globalização econômica. Exprimem o sentimento de mal-estar dos quem se encontram inadaptados ao presente, nostálgicos das crenças e valores do passado. Mas essa nostalgia não se traduz como saudade romântica do outrora, e, sim, como dissonância e indignação. Nos dois romances, há uma polifonia narracional, um entrecruzamento de pontos de vista que se mostram melancólicos, ou melhor, *melancoléricos*, isto é, expressam a divergência própria dos rebeldes radicais, daqueles que não concordam com a realidade corrupta que os cerca. Em ambos os romances, essa melancolia vem envolta por um riso trágico, ou melhor, por um tom risível, cujos traços jocosos e grotescos desvelam o absurdo do próprio real histórico de Angola e Moçambique. É um riso fechado, travado, cortante. Seu caráter transgressor assinala o indizível, o não lugar, o sem-sentido que domina, em geral, as instâncias culturais de certas sociedades que se perderam de si próprias. Não são inocentes as risíveis imagens das nádegas volumosas do detive-protagonista *Jaime Bunda*, nem as do pênis "avulso e avultado" que se encontra decepado no meio de uma rua da vila de Tizangara, logo ao início da narrativa de *O último voo do flamingo*. Tais alegorias traçam uma caricatura cáustica e sarcástica dos problemas vivenciados por Angola e Moçambique entre o fim dos anos 90 e início dos 2000.

Jaime Bunda: "a pena da galhofa e a tinta da melancolia"...

Elegendo para protagonista do livro de trama aparentemente policial uma personagem *kitsch*, o romance *Jaime Bunda* estabelece, de início, com os leitores, um pacto carnavalizador de sátira à sociedade angolana. Jaime Bunda é um estagiário de Polícia a desempenhar o papel de agente secreto na elucidação de um crime que envolve uma menina de quatorze anos, encontrada morta, depois de estuprada, num recanto deserto da Ilha de Luanda. Elucidar o hediondo delito torna-se, contudo, mero pretexto da narrativa que acaba por revelar a existência de outros crimes maiores em Angola, só que estes não podem ser confessados publicamente. Jaime Bunda, desviando-se dos cânones tradicionais do gênero policial, realiza uma dessacralização do investigador clássico, comportando-se como um *James Bond* à angolana. A infalibilidade do detetive herói é transgredida e ridicularizada pelo contraste com a figura do agente secreto angolano, cujas atitudes caricatas levam-no a ser inserido na categoria de anti-herói: "O James Bond resolvia logo o assunto com um aparelho qualquer, mas ele era um James Bond subdesenvolvido (...)"[8]. Sob o signo da falência e do grotesco, desde a adolescência, o detetive angolano recebera o apelido desmerecedor – "Bundão" –, por ter fracassado como jogador de basquete, em virtude de o avantajado tamanho dos glúteos lhe roubar a leveza, impedindo-o de saltar conforme exigia o esporte que tentava praticar.

Segundo Todorov, em "Tipologia do romance policial"[9], a clássica narrativa de enigma oferece sempre duas histórias distintas: a do crime – concluída antes do começo da outra – e a do inquérito. Nesta, as personagens apenas observam e examinam as pistas e os indícios, não realizando ações. O relato da investigação geralmente fica a cargo de um amigo do detetive, como, por exemplo, o Dr. Watson que narra as aventuras do célebre Sherlock Holmes. Nesse tipo de narrativa, o raciocínio lógico é o fio condutor do enredo que se arma, com base em cenas progressivas de suspense, em direção à infalível descoberta, ao final, do criminoso.

Em *Jaime Bunda*, ao contrário do romance policial convencional, o que o leitor encontra o tempo todo é justamente a desmontagem irônica dos clichês característicos desse tipo de narrativa. Há duas estórias: a do crime e a do inquérito; porém, esta não é narrada por um amigo do detetive, e, sim, por uma polifonia discursiva que alterna as vozes de quatro narradores, todos falseadores e despistadores do assassinato inicial. A estória deste é apresentada no Prólogo por um pseudoautor, ou seja, um autor ficcional que comanda os quatro narradores e, ao mesmo tempo, se esconde e se revela, sendo marcado o seu discurso em itálico e entre colchetes, toda vez que faz uso da palavra. O primeiro narrador se mostra ingênuo e imprudente, logo sendo demitido pelo pseudoautor; o segundo, Malika, é quem escreve o relatório do crime, não o da morte da menina de quatorze anos, porém o da corrupção e contrabando disseminados em Angola, principalmente após o ingresso desse país na economia transnacional de "livre mercado"; o terceiro narrador é o mais ferino e mordaz, possuindo um humor cético e corrosivo como o de Machado de Assis; emite sarcásticas críticas, funcionando como um duplo do autor ficcional; o quarto narrador retoma a função do relatório e tenta unir tudo, no entanto, também não consegue deslindar nada. O grande enigma, no fundo, é o desvendamento pelo leitor da enunciação polifônica do romance que, operando com o fingimento escritural, sinaliza para o cinismo social, para a descrença no poder instituído em Angola, atingida também pelas leis do FMI e Banco Mundial. O pseudoautor aparece no Prólogo, no Epílogo e faz recorrentes intromissões aos discursos dos quatro narradores, atuando como um autor intruso, semelhante aos dos romances de Machado de Assis. Vejamos um exemplo, quando se refere ao Livro do Segundo Narrador, Malika, a bailarina libanesa, oprimida por Said, o árabe contraventor, aliado da misteriosa personagem denominada, o tempo todo, de "T":

> [*Esse relatório, com pequenos cortes e alguns arranjos, muitas vezes derivado da tradução, mas sobretudo para disfarçar o estilo de relatório, constituiu o Livro do Segundo Narrador, como os leitores certamente já repararam, se não andaram a saltar demasiadas páginas só para descobrir viciosamente como acaba a estória.*][10]

O interessante é que, em vez de fornecer pistas para a descoberta do criminoso da menina de quatorze anos, o pseudoautor vai despistando, criando entradas falsas para desconstruir o próprio subgênero parodiado. Ele mantém enigmática a figura tenebrosa do "T", o chefe do Bunker, e vai manipulando ou descartando, quando necessário, os vários narradores do romance. Exerce, desse modo, o papel de um superautor. Esse autor ficcional vai insinuando, em contraponto, nos bastidores, ou seja, nas malhas e lacunas dos discursos dos quatro narradores, que a argumentação e o relato desses não demonstram uma lógica pertinente às autênticas narrativas de enigma. Evidencia, com ironia, que o detetive Jaime Bunda, embora fizesse inferências e deduções, buscando rastros e pegadas do misterioso assassino visto na Ilha, num luxuoso carro preto, cada vez mais, se afastava da decifração do crime, pois os índices por ele levantados, ao invés de o levarem ao delito relatado no Prólogo, o arrastavam vertiginosamente para os meandros de uma rede complexa e ampla de contrabandos e corrupções que envolviam não só estrangeiros, como também personalidades importantes – e por isso mesmo intocáveis – do governo de seu país, onde a falsificação dos *kuanzas* – a desvalorizada moeda de Angola – era resultado da intensa política de dolarização da economia angolana, ocorrida principalmente nos anos 1990 e 2000.

Apesar de o livro *Jaime Bunda*, em virtude de apresentar um detetive frágil, grotesco e falível, se aproximar mais dos romances policiais americanos ou da "série negra", também falseia esse tipo de narrativa, denunciando o aspecto *kitsch* dessa literatura de crimes e investigações. Se os frequentes jogos intertextuais com célebres protagonistas e passagens de conhecidas estórias policiais têm o objetivo de perfilar o romance de enigma ou o de "série *noire*" em relação a outras narrativas do gênero, em Pepetela essa metalinguagem tem uma função dessacralizadora e paródica. Pode ser lida como cáustica crítica à indústria cultural norte-americana que costuma jogar seu lixo nos países periféricos. Pode também ser interpretada como uma pungente alegoria da situação de Angola, violada e violentada – como a menina do crime narrado no Prólogo – por poderes ocultos, "silenciados, pudicamente, sob sete véus"...

A par do riso trágico e do tom grotesco de Jaime Bunda, esse romance de Pepetela termina em aberto e de modo muito sério, deixando no ar, ambiguamente, ao lado de um travo de dor, uma predisposição sonhadora e utópica. Machadianamente, a pena de Pepetela segue os caminhos da galhofa, e, simultaneamente, se cobre com a indignação das tintas de uma melancolia benjaminiana que expressa a cólera dos justos. O pseudoautor, embora sabedor do desencanto contemporâneo que envolve Angola no início dos anos 2000, retoma a palavra no Epílogo, para lembrar – mesmo que colocando sob irônica suspeita a presença dos sonhadores e ingênuos como Gégé, mano mais novo de Jaime Bunda, – que continuam a correr, de peito aberto, para ajudar a reformar o mundo, acreditando no poder de transformação das utopias.

Entre o risível e o trágico – o voo mitopoético do flamingo...

Também o romance *O último voo do flamingo*, do escritor Mia Couto, apresenta um viés utópico, a par da imagem apocalíptica do abismo em que, alegoricamente, ao final da narrativa, afunda Moçambique, e do tom trágico-melancólico emanado das misteriosas explosões dos capacetes azuis – como eram chamados os soldados da ONU –, que tinham vindo trabalhar, no pós-guerra, na desminagem do país, logo em seguida à assinatura do acordo de paz em 1992. O romance é uma fingida narrativa policial, pois começa e termina de modo fantástico, o que é incompatível com as clássicas estórias de enigma, nas quais devem predominar a lógica e a razão. A cena inicial insere o leitor, de chofre, numa trama narrativa que se tece entre o risível e o insólito, entre a dor e a perplexidade de ver fragmentos de corpos humanos indo pelos ares como, por exemplo, um pênis decepado que acabou criando a maior polêmica, porque ninguém sabia a quem pertencia, tendo sido chamada, então, Ana Deusqueira, a prostituta da cidade, para tentar identificá-lo. O riso que se instala é desconcertante, pois chama atenção, ironicamente, para o ridículo da situação, emitindo uma crítica mordaz à sociedade moçambicana, cujo poder corrupto e falido das autoridades é alegorizado pela imagem do falo amputado. É um riso incômodo que perpassa o melancólico desenho caricato das personagens típicas, entre as quais: Estêvão Jonas, o Administrador, cujas práticas desonestas o levaram ao enriquecimento ilícito; e sua esposa Ermelinda, a "administratriz", que gostava de exibir "mais anéis que Saturno" e fazer "tilintar os ouros, multiplicados em vistosos colares."

As explosões em Tizangara – vila imaginária, que funciona como metonímia de Moçambique – tornam-se apenas pretexto da investigação para a qual foi nomeado o soldado italiano Massimo Risi. O grande enigma a ser elucidado não são essas mortes misteriosas, mas a própria cultura moçambicana, vítima de tantas destruições e ruínas, do desprezo pelas tradições, cujo esgarçamento foi resultado tanto do colonialismo, como das guerrilhas pós-independência que não respeitaram os saberes e religiosidades do povo. Interessante notar que quem narra a história não é um amigo do investigador, conforme costuma ocorrer em romances policiais, porém um narrador-tradutor, que procura levar o estrangeiro a entender "as coisas da terra", tentando estabelecer uma ponte (como se isso fosse possível...) entre as tradições orais e a escrita. O tradutor acumula, na narração propriamente dita, as funções de narrador e personagem e, no Prefácio, assumindo uma temporalidade posterior à da estória narrada, desempenha o papel de pseudoautor e, adotando a primeira pessoa, confessa logo à saída:

> Fui eu que transcrevi, em português visível, as falas que daqui se seguem. Hoje são vozes que escuto senão no sangue, como se a sua lembrança me surgisse não da memória, mas do fundo do corpo. (...) Mas o que se passou só pode ser contado por palavras que ainda não nasceram. Agora, vos conto tudo por ordem da minha única vontade. É que preciso livrar-me destas minhas lembranças como o assassino se livra do corpo da vítima.[11]

O tradutor, ao invés de facilitar as investigações do italiano Massimo Risi, já que havia sido incumbido de lhe traduzir o imaginário local, acaba – por ser isso impossível – comportando-se como um criminoso que desejava desvencilhar-se, o mais rapidamente, das marcas do crime. E este, no fundo – como o leitor descobrirá ao término da leitura –, é a imensa destruição das tradições de Moçambique por alguns dos próprios governantes moçambicanos que, após a Independência, terminaram por abrir mão dos princípios éticos e ideológicos dos tempos revolucionários, ingressando no neoliberalismo econômico e vendendo o país ao estrangeiro. Essa é a grande crítica que subjaz à narrativa, introjetando no discurso enunciador um gosto melancólico profundamente benjaminiano. Este, entretanto, na denúncia social empreendida pelo jogo dialógico entre enunciado e enunciação, se hibridiza com os aspectos risível e satírico da linguagem, dessacralizando, assim, a moral viciada e viciosa daquela sociedade. Mas, os requintes de engendramento ficcional de Mia Couto não param aí. Mesclando as fronteiras dos gêneros, realiza uma prosa que respira poesia, indo do trágico ao satírico, do épico ao dramático e ao lírico.

Em *O último voo do flamingo*, o tradutor tenta ensinar Risi a pisar o chão moçambicano, recuperando tradições, mitos, lendas esquecidos em razão dos longos anos de colonialismo e guerra. Através das lembranças que guardou da mãe, do pai Sulpício, o tradutor tenta reencontrar a identidade dilacerada por tantas opressões e imposições feitas pelos colonizadores que silenciaram sua cultura. Por meio do convívio com o feiticeiro Zeca Andorinho e com Temporina, a moça-velha, tenta passar ao investigador italiano as crenças e a visão africana de mundo, segundo as quais os antepassados continuam, após a morte, interferindo no mundo dos vivos. Risi declara que não consegue entender isso. Talvez, o abismo, onde se dilui o país, no desfecho do romance, represente, alegoricamente, esse fosso enorme existente entre a cultura africana e a estrangeira, entre a oratura e a escrita, entre as tradições moçambicanas e a modernidade ocidental. Não é a língua que Massimo Risi não compreende, mas os modos de sentir, ver e pensar daquela gente. A hiância entre dois mundos diversos permanece, assim como também fica sem explicação a causa das explosões. Os depoimentos e falas das personagens representativas da cultura moçambicana, ao invés de esclarecerem o investigador, o confundem ainda mais. O tradutor vai despistando e embaralhando o investigador, de modo que a narrativa se revela antipolicial, principalmente quando o onírico surpreende o epílogo romanesco, com a imagem de Moçambique perdendo o chão, imergindo numa imensa cratera. Na última página do romance, à margem do precipício, o tradutor e Massimo Risi transformam a folha, onde escreviam, em uma gaivota de papel que atiram sobre o despenhadeiro. Tal imagem representa, alegoricamente, o voo mágico da poesia, trazendo também a lembrança da lenda contada pela mãe do tradutor que explicava serem os flamingos cor-de-rosa os pássaros da esperança, pois eram eles que empurravam o sol para o outro lado do mundo, anunciando, sempre, a cada manhã, o nascer dos dias. Com esse remate mitopoético, o romance de Mia Couto termina de modo lírico, deixando entreaberta a possibilidade de poderem surgir, para Moçambique, novas utopias.

Concluindo

Muito mais haveria a dizer sobre os dois romances analisados. Contudo, paramos por aqui, ressaltando, apenas, que, embora tanto *Jaime Bunda*, como *O último voo do flamingo* operem com o riso irônico e com a melancolia benjaminiana, trilham direções um pouco diversas. Enquanto Pepetela usa uma linguagem mais cáustica, cujos procedimentos têm algo do ceticismo e da ironia empregados por Machado de Assis, Mia Couto, num estilo, em alguns aspectos, semelhante ao de Guimarães Rosa, faz o risível e o trágico contracenarem com um intenso lirismo fundado na artesania poética da linguagem. Observamos, em suma, que as duas obras estudadas, sob a capa de um falso policial ou de um policial às avessas, além da crítica irônica e contundente empreendida em relação à história atual de Angola e Moçambique, apresentam desenlaces em aberto, que apontam para alegóricas imagens utópicas, insinuando, nas entrelinhas textuais, que nem tudo está definitivamente perdido.

NOTAS

1 Comunicação apresentada na UFF, em 7 nov. 2002, no Seminário "Riso e Melancolia", publicada nas Atas do referido evento.
2 REIMÃO, Sandra L. *O que é romance policial*. São Paulo: Brasiliense, 1983, p. 8.
3 FIGUEIREDO, Vera Follain de. *Da profecia ao labirinto: imagens da história na ficção latino-americana contemporânea*. Rio de Janeiro: Imago e EDUERJ, 1994.
4 _____. "O romance histórico contemporâneo na América Latina". Disponível em: http://members.tripod.com/~lfilipe/Vera.html. Acesso em: 23 mar. 2000.
5 PEPETELA. *Jaime Bunda, agente secreto*. Lisboa: Dom Quixote, 2001.
6 COUTO, Mia. *O último voo do flamingo*. Lisboa: Caminho, 2000.
7 KOTHE, Flávio. *A alegoria*. São Paulo: Ática, 1986, p. 7.
8 PEPETELA. *Jaime Bunda*, 2001, p. 120.
9 TODOROV, Tzvetan. "Tipologia do romance Policial". In: _____. *As estruturas narrativas*. 2. ed. São Paulo: Editora Perspectiva, 1970, p. 94-97.
10 PEPETELA. *Jaime Bunda*, 2001, p. 274. [grifo nosso]
11 COUTO, Mia. *O último voo do flamingo*, 2000, p. 11.

Paulina Chiziane e o tear crítico de sua ficção[1]

> Se queres conhecer a liberdade,
> Segue o rasto das andorinhas.[2]
>
> Paulina Chiziane

O arquétipo da tecelã é recursivo em diversas culturas e, em geral, é representado na literatura e nas artes, especialmente nos contos tradicionais e mitos, por figuras femininas de mulheres, deusas, moiras – senhoras do destino – e, na África, por ananse, a aranha, cujo tecer remete à fiação do tempo, da vida e do universo. Segundo Mircea Eliade, o ofício de tecer, ao repetir a cosmogonia, é sempre um ato de criação.

> Tecido, fio, tear, instrumentos que servem para fiar ou tecer (fuso, roca) são todos eles símbolos do destino. (...) a aranha tecendo sua teia é a imagem das forças que tecem nossos destinos. (...) Tecer é criar novas formas. Tecer não significa somente predestinar (...), mas também criar, fazer sair da sua própria substância, exatamente como faz a aranha, que tira de si própria a sua teia.[3]

Paulina Chiziane, de modo semelhante à aranha, retira de suas vivências a seiva viva de suas estórias, a teia de sua escrita. Em diversas entrevistas, declara ser a substância de seu narrar oriunda, muitas vezes, de casos do cotidiano, de crenças e tradições de Moçambique, sua terra natal. Várias de suas narrativas se inspiram em relatos colhidos da boca de mulheres do povo moçambicano.

A escritora, nascida em 4 de junho de 1955, é originária de Manjacaze, aldeia localizada na província de Gaza, ao sul de Moçambique, onde as línguas africanas faladas são Chope e Ronga. Embora pertencente a uma família protestante, estudou em um colégio de uma missão católica, sendo obrigada a aprender o Português. Com seis anos mudou-se para Lourenço Marques, indo viver nos subúrbios da cidade. Ingressou na Universidade Eduardo Mondlane, na área de Linguística, contudo não concluiu o curso. Quando jovem, atuou como militante da Frente de Libertação de Moçambique (FRELIMO), tendo-se afastado da política em 1984, ao começar a escrever contos que publicou em jornais moçambicanos.

Com *Balada do amor ao vento*, seu primeiro livro editado em 1990 pela AEMO[4], Paulina se torna a primeira mulher romancista em Moçambique. Entretanto, ela não se reconhece assim e, em diversas entrevistas, questiona: "Dizem que sou romancista e que fui a primeira mulher moçambicana a escrever um romance (...), mas eu afirmo: sou contadora de estórias, estórias grandes e pequenas. Inspiro-me nos contos à volta da fogueira, minha primeira escola de arte".[5]

Conquanto não se assuma romancista, Paulina Chiziane funda, em Moçambique, um novo tipo de romance, cuja dicção se realiza no feminino, denunciando opressões e preconceitos sofridos por mulheres de espaços urbanos e rurais em diferentes épocas da história moçambicana. Tradição, modernidade, História, costumes, mulher, poligamia, amor, sexo, religiões, mediunidade, animismo, rituais, curandeiros, cristianismo, padres, bíblia, guerra, colonialismo, pós-independência, escravos são temáticas e personagens recorrentes na obra da autora, composta, até o momento, por oito romances, um livro de contos *As andorinhas* (2008) e um livro de poemas *O canto dos escravos* (2017), editado no Brasil pela editora Nandyala com o título *O canto dos escravizados* (2018).

A escrita corajosa de Paulina, plena de ousadia ao discutir temas até então tratados como tabus, também sedutora em sua forma oralizada e oralizante de narrar, vem despertando o interesse de um público leitor bastante significativo, dentro e fora de Moçambique, tanto que já são inúmeros os artigos, ensaios, capítulos de livros, dissertações de Mestrado e teses de Doutorado sobre os romances e contos da escritora, cujo reconhecimento é crescente em vários países. Seu prestígio é ainda referendado por condecorações recebidas: Prêmio José Craverinha (Moçambique, 2003), pelo romance *Niketche*; Prêmio Nobel da Paz (2005), pela trajetória de luta por igualdade social e de gênero; *One Thousand Peace Women* (2005), indicada uma das "Mil Mulheres pela Paz".

Exímia tecelã de estórias que repensam crenças, hábitos, costumes, ensinamentos das tradições moçambicanas locais, Paulina também é ardilosa e intrépida na arte de destecer a História oficial, lançando olhares críticos em relação a incongruências e situações conflituosas do passado e do presente do país. Seus romances focalizam épocas diversas da história moçambicana.

Balada de amor ao vento se passa no período colonial, em uma sociedade africana patriarcal de Gaza, ao sul de Moçambique. A protagonista Sarnau conduz a narrativa em primeira pessoa, contando a própria história, permeada de sofrimento, humilhação, mas também de rebeldia e transgressão. O enredo romanesco parte do amor entre Sarnau e Mwando, contudo, apesar da paixão que os atrai, há o impedimento de se casarem, uma vez a protagonista, criada de acordo com as tradições de sua origem bantu, não ser aceita pela família do rapaz por não ser cristã. O choque cultural cria uma barreira intransponível. Os dois se relacionam sexualmente, a moça engravida, no entanto Mwando, que estudava, em colégio católico, para se tornar padre, a abandona. Sarnau, decepcionada, aceita, então, desposar o príncipe Nguila, porém não o ama. Infeliz no casamento e indignada por ver o marido polígamo bater na esposa mais nova, resolve abdicar do *status* de princesa e parte com os filhos para a Mafalala, bairro pobre do subúrbio da capital Lourenço Marques, hoje, Maputo, onde enfrenta dificuldades para garantir o próprio sustento.

Sarnau, destemida, questiona não só o colonialismo que impôs a religião católica e silenciou, em grande parte, as culturas locais, mas também alguns costumes tradicionais do sul de Moçambique que mantinham uma forma patriarcal de viver que oprimia as mulheres.

> Mwando também é cristão, mas abandonou-me com uma criança no ventre. Ser cristão é uma coisa, mas a perversão e o afastamento dos deveres paternais porque se é cristão é coisa que ainda não entendo bem. A poligamia tem todos os males, lá isso é verdade, as mulheres disputam pela posse do homem, matam-se, enfeitiçam-se, não chegam a conhecer o prazer do amor, mas tem uma coisa maravilhosa: não há filhos bastardos nem crianças sozinhas na rua. Todos têm um nome, um lar, uma família.[6]

A protagonista demonstra audácia, não se dobrando aos ditames da tradição bantu, nem aos valores morais da Igreja católica. Critica e não aceita a poligamia, denunciando a subalternização da mulher, tanto das etnias poligâmicas do sul de Moçambique, como da sociedade monogâmica imposta pelos colonizadores portugueses: "com a poligamia, com a monogamia ou mesmo solitária, a vida da mulher é sempre dura."[7] Sarnau sofre e enfrenta a miséria para se tornar dona de si mesma. Trabalha como

125

vendeira e se prostitui para juntar dinheiro e poder devolver ao príncipe Nguila o valor do *lobolo*, ou seja, o preço do dote pago por ele à sua família para a desposar.

As mulheres que protagonizam os romances de Paulina são, em geral, guerreiras. Embora criadas segundo a tradição bantu – cujos rituais de iniciação preparam as meninas para o casamento, ensinando-lhes não só a obediência aos maridos a quem devem satisfazer sexualmente, mas ainda o cuidado com os filhos, a cozinha, as plantações –, essas personagens transgridem a opressão infligida a elas.

Ventos do apocalipse narra a história da aldeia de Mananga, tendo como temas a seca, a fome, os horrores da guerra pós-independência que dilacerou Moçambique, trazendo também lembranças de lutas travadas em outros tempos. O título do romance evoca a simbologia bíblica dos Cavaleiros do Apocalipse, anunciando catástrofes, destruições, mortes que se espalham aos quatro ventos.

> (...) Meu Deus! Há um cadáver a apodrecer e tem a cabeça decepada. Cinco passos adiante a cabeça está tombada de olhos abertos. Uma criança de nove ou doze meses segura-a forte com os frágeis dedinhos, vira-a e revira-a nervosamente soltando guinchos de fúria. Parece que brinca com ela, mas não, não brinca. Tenta desesperadamente despertar a mãe para a vida.[8]

A prosa poética de Paulina Chiziane assume ora contornos trágicos e dramáticos, ora intenso lirismo, ora certa ironia, sendo essa mistura discursiva característica do estilo da autora, cuja escrita oralizada é conduzida, em geral, por narradores contadores de estórias que recorrem a adivinhas, crenças, provérbios das tradições moçambicanas.

> A fórmula de abertura do ritual da contação, "karingana wa karingana", constitui um recurso metalinguístico que visa a acentuar as inserções de micronarrativas na estrutura do romance. As estórias se abrem, pois, com a explicitação dos exemplos que devem ser considerados. A do marido cruel condena a ambição e o desamor, o dito "mata, que amanhã faremos outro" atualiza a experiência em tempos de guerra e "A ambição da Massupai" recupera dados presentes nas duas histórias, numa prática típica da narrativa oral. A repetição tem, nos contos orais, uma função importante para memorização (...). Colocados como abertura do que vai ser contado por um narrador-griot que tudo sabe dos acontecimentos passados, os mitos garantem a veracidade do que será contado.[9]

A trama romanesca se desenvolve pela técnica do contraponto[10], entrecruzando micronarrativas que recuperam e entrelaçam mitos, memórias, cenas de guerra, a estória de Minosse e Sianga, a loucura de Ermelinda. Ritos, costumes são lembrados e alguns criticados, como o *lobolo*. Em *Ventos do apocalipse*, é descrito o ritual do *mbelele*, dança de mulheres nuas, cuja sedução visa a invocar a chuva para fertilizar a terra. A guerra e a seca destruíram tudo. Minosse, oprimida, se torna uma morta-viva; no entanto, ao final, recupera a lucidez e, revelando um forte lado maternal, toma a seus cuidados um menino órfão que encontra abandonado. "Os desgostos fizeram dela uma pessoa morta. Ela é um fantasma. Os fantasmas não têm corpo e nem sentem peso. Ela caminha leve e livre mesmo sem saber para onde vai"[11]. Como a maioria das protagonistas de Paulina, os leitores depreendem que ela ruma em busca de liberdade.

O sétimo juramento (2000), segundo Inocência Mata,[12] não apresenta o tom lírico dos dois primeiros romances de Paulina, porém, como estes, continua na clave de denúncia à condição subalterna das mulheres. Neste terceiro livro, as personagens principais são urbanas, vivendo entre valores da modernidade capitalista e tradições africanas. O protagonista David, por exemplo, para afirmar seu *status* econômico, recorre à feitiçaria. *O sétimo juramento*[13] aborda religiosidades moçambicanas que o colonialismo tentou apagar, mas não conseguiu inteiramente, pois, mesmo praticando o cristianismo, as personagens assimiladas não deixam de consultar *nyangas*, isto é, os curandeiros das tradições ancestrais. Criticamente, a escritora desvela esse mundo espiritual africano discriminado pelo colonialismo cristão e pela FRELIMO[14]. Nos romances, *Por quem vibram os tambores do além?* (2013), *Ngoma Yethu: o curandeiro e o Novo Testamento* (2015) e *Na mão de Deus* (2016), Paulina, em coautoria com médiuns, aprofunda essa questão da espiritualidade, mostrando como as religiosidades africanas foram demonizadas pelo cristianismo e consideradas manifestações de obscurantismo pelo governo moçambicano que assumiu o poder logo após a independência.

Com os romances *Niketche: uma história de poligamia* (2002) e *O alegre canto da perdiz* (2008), Paulina reafirma sua perspectiva feminina de escrita, não só denunciando dramas e costumes vivenciados por grande parte das mulheres moçambicanas, mas também concedendo voz a algumas das protagonistas, cujas ações e discursos conseguem inverter relações de submissão a que estavam, há tempos, condicionadas por obrigação e hábito.

O alegre canto da perdiz se inicia com a protagonista Maria das Dores despida a banhar-se no rio Licungo, após anos de buscas por seus filhos. Chamada "a louca do rio", é apedrejada por a julgarem portadora de azar.

A esposa do régulo, contudo, consegue serenar os ânimos, dizendo que aquela mulher "trazia uma boa nova escrita do avesso".[15]

Delfina, a mãe de Maria das Dores, é o protótipo da assimilada que renega os costumes de seu povo e se casa com José dos Montes, exigindo que ele se tornasse um sipaio, ou seja, um soldado a serviço do colonialismo. Casa-se depois com um branco, discriminando os próprios filhos negros, enquanto tratava com regalia os filhos mulatos, frutos de sua união com o português Soares. Quando Maria das Dores cresce, Delfina a vende ao curandeiro Simba como mercadoria. A moça, entretanto, foge, perdendo-se dos filhos que não desiste de procurar. Prefere a loucura a ser dominada por Simba. Ao fim do romance, duas figuras femininas se revelam transgressoras: Maria das Dores e a esposa do régulo, cujas estórias do matriarcado vão subvertendo tanto os poderes patriarcais impostos pela colonização como os existentes nas tradições locais.

Niketche: uma história de poligamia, cuja primeira edição em Moçambique ocorreu em 2002, traça uma profunda cartografia feminina de Moçambique a partir de cinco mulheres: Rami, esposa há vinte anos de Tony, alto comissário da polícia, e quatro amantes dele, cada uma originária de uma região moçambicana. A protagonista Rami, pertencente à classe média, vive com a família na capital Maputo. Uma pedra atirada no vidro de um carro por seu filho mais novo em frente à sua casa dá início à narrativa. É como se a pedra também houvesse atingido Rami, fazendo com que desse conta das ausências constantes do marido. Ela passa, então, a investigar e descobre que o esposo a traía, praticando a poligamia:

> O coração do meu Tony é uma constelação de cinco pontos. Um pentágono. Eu, Rami, sou a primeira dama, a rainha mãe. Depois vem a Julieta, a enganada, ocupando o posto de segunda dama. Segue-se a Luísa, a desejada, no lugar de terceira dama. A Saly, a apetecida, é a quarta. Finalmente a Mauá Sualé, a amada, a caçulinha, recém-adquirida. O nosso lar é um polígono de seis pontos. É polígamo. Um hexágono amoroso.[16]

Ao entrar em contato com suas rivais – Julieta, Luísa, Saly e Mauá –, Rami passa a conhecer a diversidade de costumes, crenças, línguas, rituais e tradições das regiões de seu país, constatando que as mulheres moçambicanas, tanto as das áreas rurais do norte, centro ou sul, como as assimiladas das cidades, eram oprimidas e subalternizadas por sistemas familiares patriarcais.

Percebendo que muitos dos dramas de suas rivais eram semelhantes aos dela, Rami se solidariza com elas para, juntas, vencerem Tony. Por intermédio dessa união, Rami nota que, embora fossem muitas as diferenças culturais, étnicas, sociais entre ela e essas mulheres, todas tinham uma vida solitária, atravessada pela memória de guerras, misérias e mortes. Todas eram prisioneiras de uma conflituosa tensão entre modernidade e tradição. O enredo ficcionaliza realidades sociais que se chocam entre valores ancestrais africanos e heranças culturais trazidas pelos colonizadores portugueses brancos e pelos árabes, indianos que também dominaram a costa oriental moçambicana. Rami questiona, assim, tanto a opressão derivada da imposição católica, como a dos haréns de origem oriental, como também a das tradições bantu:

> Navego numa viagem ao tempo. Haréns com duas mil esposas. Régulos com quarenta mulheres. Esposas prometidas antes do nascimento. Contratos sociais. Alianças. Prostíbulos. Casamentos de conveniência. Venda das filhas para aumentar a fortuna dos pais e pagar dívidas de jogo. Escravatura sexual. Casamentos aos doze anos. Corro a memória para o princípio dos princípios. No paraíso dos bantu, Deus criou um Adão. Várias Evas e um harém. Quem escreveu a bíblia omitiu alguns factos sobre a gênese da poligamia. Os bantu deviam reescrever sua Bíblia.[17]

Consciente da relação mercadológica que subjuga as mulheres moçambicanas compradas pelos *lobolos*, Rami critica não só essa prática de dotes, mas também a *kutchinga*, rito tradicional que consiste em "inaugurar a viúva na nova vida, oito dias depois da fatalidade. Kutchinga é carimbo, marca de propriedade. Mulher é *lobolada* com dinheiro e gado. É propriedade"[18]. É um rito de purificação em que a viúva é *tchingada*, ou seja, possuída sexualmente por um parente do marido falecido.

Repensando ritos e rituais, questionando o lugar do feminino, rebelando-se contra a hegemonia masculina, Rami e as quatro mulheres de Tony se impõem e se libertam. "Lu, a desejada, partiu para os braços de outro (...). Ju, a enganada, está loucamente apaixonada por um velho português cheio de dinheiro. A Saly, a apetecida, enfeitiçou o padre italiano que até deixou a batina só por amor a ela. A Mauá, a amada, ama outro alguém»[19]. Rami, a rainha, está grávida, mas o filho não é do Tony. Este termina derrotado por suas cinco mulheres que, reinventando o *niketche*, dança ritual de iniciação sexual feminina das províncias Zambézia e Nampula, ao norte de Moçambique, celebram a vida:

> Niketche, a dança do sol e da lua, dança do vento e da chuva, dança da criação. Uma dança que mexe, que aquece. Que imobiliza o corpo e faz a alma voar. As raparigas aparecem de tangas e missangas. Movem o

corpo com arte saudando o despertar de todas as primaveras. Ao primeiro toque do tambor, cada um sorri, celebrando o mistério da vida ao sabor do niketche.[20]

Em toda a obra de Paulina, há ênfase no feminino. Muitas de suas protagonistas – Sarnau, Rami, das Dores – subvertem o domínio masculino e, como andorinhas, não se deixam aprisionar, voando à procura de liberdade. Por sua vez, a autora, prodigiosa tecelã na arte de trançar os fios de sua escrita, consegue prender os leitores pelo encanto das estórias narradas ao modo e ao ritmo da oralidade.

NOTAS

1   Texto publicado na *Revista da Academia Mineira de Letras*. Belo Horizonte, 2021.
2   Provérbio chope usado por Paulina Chiziane como epígrafe de seu livro de contos *As andorinhas*. Maputo: Índico Editores, 2008, p. 9.
3   CHEVALIER e GHEERBRANT, 1988, p. 872.
4   Associação dos Escritores Moçambicanos, com sede em Maputo, capital moçambicana.
5   CHIZIANE, Paulina. Depoimento da autora na orelha posterior de seu romance *Niketche*. Lisboa: Caminho, 2004.
6   CHIZIANE, Paulina. *Balada do amor ao vento*. Lisboa: Caminho, 2003, p. 137.
7   Id., ibid.
8   CHIZIANE, Paulina. *Ventos do apocalipse*. Lisboa: Caminho, 1999, p. 169.
9   FONSECA, 2003, p. 304.
10 Id., p. 305.
11 CHIZIANE, 1999, p. 155.
12 MATA, Inocência. "*O sétimo juramento* de Paulina Chiziane – Uma alegoria sobre o preço do poder". *Scripta*, v. 4, n. 8, p. 187-191, 1. sem. 2001, p. 188.
13 CHIZIANE, Paulina. *O sétimo juramento*. Lisboa: Caminho, 2000.
14 Frente Libertadora de Moçambique.
15 CHIZIANE, Paulina. *O alegre canto da perdiz*. Lisboa: Caminho, 2008, p. 20.
16 CHIZIANE, Paulina. *Niketche: uma história de poligamia*. Lisboa: Caminho, 2004, p. 58.
17 Id., p. 39-40.
18 Id., p. 212.
19 Id., p. 332.
20 Id., p. 160.

A memória como "Lugar de Escrita" em dois romances angolanos contemporâneos[1]

> O fluxo da memória, ao jorrar, vem todo margeado por pontos onde a significação da vida se concentrou... onde as experiências, os afetos imanizaram os lugares, onde irão gravitar as lembranças...[2]
>
> Adauto Novaes

Ultimamente, a história tem dado à memória uma grande relevância, demonstrando como os atos rememorativos se relacionam com o fazer histórico. A literatura, por sua vez, também vem priorizando as relações entre escrita, memória e esquecimento. O romance angolano contemporâneo, por exemplo, assim como o moçambicano e outros, tem trabalhado com escritas de memórias, sejam essas reinvenções de narrativas orais individuais e/ou de registros da memória social coletiva.

O historiador Paul Ricouer[3] declara que a memória se relaciona dialeticamente com a história; retomando reflexões de Halbwachs, reafirma o pensamento desse teórico: "a memória não é um fenômeno estritamente individual, mas sim coletivo, pois o ponto de vista muda de acordo com o lugar ocupado pelo indivíduo na sociedade"[4]. De acordo com essa concepção, memória individual e coletiva se interpenetram e se enriquecem pelo passado histórico. Nos últimos tempos, ocorre uma transformação nos modos de revisitar o passado e "a tendência mais acentuada na historiografia contemporânea mais recente é a das compensações pelo trabalho de rememorização, traduzida pela ressubjetivação e poetização do passado"[5]. A reinvenção dessas memórias coletivas e individuais admite uma pluralidade de releituras possíveis do outrora, que deixam vir à tona "os escombros, as ruínas e os processos de desintegração, tornando-se ela mesma [a memória] um testemunho do passado"[6]. Entendidas como fontes históricas, as lembranças trazem não só fatos objetivos, mas também emoções, o que leva à compreensão de que não há uma versão única da história. As memórias são múltiplas e formam um painel que se altera, segundo a perspectiva de quem recorda. As escritas da memória, mesmo as centradas em registros factuais da história, operam com narrativas, com representações, construindo variantes subjetivas do passado.

Atualmente, quando se completam 46 anos da independência de Angola, observamos que alguns dos romances angolanos contemporâneos se constituem como escritas de memórias que revisitam e colocam em questão os meandros da história do país, ao mesmo tempo que repensam aspectos culturais da sociedade angolana. Para evidenciar tais procedimentos, analisaremos, aqui, *Noites de vigília*, de Boaventura Cardoso[7], e *Travessia por imagens*, de Manuel Rui[8].

Noites de vigília se inicia com uma epígrafe de *Hamlet*, de Shakespeare, sobre o "desconcerto do tempo", metáfora que, por analogia, também alude ao desconcerto da Revolução angolana, cujos ideais libertários, em grande parte, se enfraqueceram, após a independência. A narrativa principia com o reencontro dos protagonistas, Quinito e Saiundo, velhos amigos que viveram, nos tempos coloniais, parte da juventude no musseque Rangel e que, através das suas memórias, vão recordando as lutas empreendidas para a construção de uma Angola independente. Os dois homens eram veteranos dos movimentos de libertação de Angola e da guerra civil, Quinito (do MPLA) e Saiundo (da UNITA), ambos mutilados: um de uma perna; o outro, de um braço. Reencontram-se, nos primeiros anos da década de 2000, após 27 anos da independência, no mercado Roque Santeiro, local bastante emblemático de Luanda. A dupla representa os milhares de mutilados que necessitam lutar por uma vida mais digna. Os dois propõem a fundação de uma Associação dos Mutilados de Guerra. Uma parte da ação romanesca desenvolve-se tendo como foco as reuniões dos amputados para a criação dessa agremiação; a outra é constituída pelas memórias das guerras vividas pelos protagonistas e por outras personagens a quem o narrador-enunciador, em terceira pessoa, vai também cedendo voz. As certezas herdadas de uma visão histórica positivista são relativizadas, no romance de Boaventura Cardoso, por intermédio de um multifoco narracional, cujos enfoques diferenciados cruzam trágicas lembranças dos tempos coloniais com cenas do presente e do passado mais recente de Angola. Assim, a história de Angola vai sendo repensada: a assimilação; a guerrilha; os movimentos de rebeldia nos musseques em 1974 e 1975; a saída dos brancos de Angola por ocasião da independência; o ódio ao colonialismo e a derrubada de estátuas; o maio de 1977; a corrupção; o dinheiro lavado; a ação de gangues atuais nos musseques, o comércio de drogas e armas.

Os dois amigos contam, emocionados, um ao outro o que enfrentaram, no longo período em que estiveram afastados. Rememoram o pós-independência, em 1976; depois, relembram o período da guerra civil. Sucedem-se, em seus testemunhos, recordações fragmentadas de episódios ora da guerra de libertação, ora da guerra civil (ambas reavaliadas de duas perspectivas – a do MPLA e a da UNITA). Tais relatos são perpassados por traços de coloquialidade; as vozes das personagens e a do narrador em terceira pessoa se justapõem sem indicações gráficas de discurso direto; os assuntos seguem-se, por associação de ideias, mesclando tempos e acontecimentos diversos: o pós-independência, o colonialismo, os anos 2000. Diversas vezes, Quinito se surpreende com antigos companheiros guerrilheiros que se tornaram empresários ou pastores de igrejas evangélicas.

É Quinito quem começa a discorrer acerca das matanças e roubos ocorridos nos musseques de Luanda, na antecena da independência. Em seu discurso, ele revela o ódio e a revolta que foram crescendo ali contra os "tugas", isto é, os portugueses que residiam em Angola, e contra os "assimilados", cujos comportamentos, na maioria das vezes, reafirmavam a ideologia colonialista. Séculos de dependência e periferia tornaram tão intrínseca a dominação, que muitos angolanos colonizados desejavam ser como os colonizadores lusitanos.

Noites de vigília se constrói como uma contra-história das guerras angolanas. Entrecruzando uma série de testemunhos ficcionais e depoimentos – de Quinito, Saiundo, Tita, Dipanda, Felito, Gato Bravo e outras personagens –, vai desvelando sentidos ocultos, dessacralizando discursos oficiais, colocando em xeque o cânone colonial, contrapondo as divergências ideológicas entre os cânones revolucionários do MPLA e da UNITA. A memória, em vigilante revisitação do outrora, perpassa pelas chagas abertas da guerra, cujas cenas de pânico e medo ainda não se apagaram e fazem escorrer sangue das lembranças de Quinito e Saiundo, personagens que funcionam como duplos invertidos: o primeiro é metaforizado pelo rio a fluir no "sentido do regresso ao princípio"[9]; o segundo, pela contracorrente, pela "contramaré"[10]. Os discursos dessas personagens são relatos ficcionalizados de traumas antigos e recentes.

A arte traumática visa exorcizar fantasmas e o faz, muitas vezes, pela alegorização do horror que deve ser expurgado.

Segundo diversos dicionários da língua portuguesa, vigília, do latim *vigilia*, pode assumir vários significados: guarda; vigilância; denúncia; contestação; espera; permanência; cuidado; atenção; cautela; preocupação; inquietação; resguardo; preservação. Todos esses sentidos estão, de certo modo, presentes na polissêmica metáfora do título do romance de Boaventura Cardoso.

Ironizando cânones, tanto coloniais, como revolucionários, que não respeitaram as tradições ancestrais em Angola, o discurso romanesco, no capítulo "Aquele Chão Sofrido", traz a imagem de uma "esteira voadora"[11] sobre a qual voa o kimbanda do Uíge a quem foram consultar para a compreensão das vozes misteriosas ouvidas no Panteão construído em memória dos heróis nacionais. É com imensa beleza poética que são descritos os poderes do kimbanda, em sua inusitada viagem pelos ares, sentado no tapete mágico. Algumas tradições angolanas, aqui, já se apresentam mescladas ao maravilhoso árabe, aos anjos católicos, aos minotauros da mitologia grega, evidenciando hibridismos culturais em Angola, hoje.

A artesania da linguagem realizada por Boaventura Cardoso mantém semelhanças com a perpetrada por Guimarães Rosa, como, por exemplo, no que diz respeito à criação de neologismos, às reinvenções léxicas e sintáticas que revigoram o discurso, imprimindo intenso lirismo à tragicidade das lembranças narradas. Entre as rememorações das guerras, perpassam também pela narrativa muitas estórias, lendas, provérbios das tradições angolanas. Ao mesmo tempo, Boaventura Cardoso, neste livro, trabalha com modernas estratégias romanescas. Efetua a mesclagem de gêneros, como ocorre, por exemplo, no meio da narração, com o poema declamado por Chavito, cuja sensibilidade poética é tanta, que enlouquece e passeia pelos destroços das guerras[12].

Dipanda, filho de Quinito, é quem está escrevendo a história do pai; ele faz anotações num caderno, consulta jornais para conferir a veracidade dos relatos paternos e também dos que ouve da boca de Saiundo e de sua mãe, Tita. Ele é um narrador da escrita, enquanto Quinito e Saiundo são representantes da narratividade oral. Em alguns momentos do romance, o autor ficcional, o narrador e o narratário se confrontam num jogo labiríntico de revelação e encobrimento dos enigmas da complexa trama ficcional. Dipanda redige um romance que, como o que estamos lendo, também se intitula *Noites de vigília*. Portanto, há um romance dentro do outro; é uma construção em abismo.

Na literatura da catástrofe, do trauma, é preciso narrar, pois, em geral, "não contar / perpetua a tirania do que passou"[13]. Contudo, como expor, sem trair o que de fato ocorreu? Essa é uma das angústias constantes nos relatos testemunhais, conforme observa Márcio Seligmann, estudioso do assunto:

> A distância do tempo acaba pondo em xeque as certezas da memória, precárias como são. (...) Como fazer do leitor uma testemunha do evento? E para quem narra: como se tornar, narrando, uma testemunha autêntica do acontecido e uma testemunha autêntica de si? [14]

Noites de vigília problematiza, ficcionalmente, tais questões, na medida em que os narradores do romance, o tempo todo, trocam de lugar: ora são os que contam, ora são os que ouvem. Assim, ora desempenham a função de narradores, ora de narratários.

Quinito ora é narrador, ora é narratário; Saiundo alterna com ele essas funções. Desse modo, ambos narram versões bem diferentes da história. Dipanda anota o que diz um e outro; assim, vai tecendo sua escritura romanesca, adotando, também, por vezes, o papel de narratário. Outro que desempenha, ao final, a função de ouvinte ideal é Felito, filho de Dipanda e neto de Quinito; desde os 8 anos, ouvia, com orgulho, os relatos do avô e sonhava escrever a história dele. Quinito teoriza sobre história, esquecimento, memória, chamando atenção para o caráter seletivo desta. Questiona, por conseguinte, as visões históricas canônicas que celebram, apenas, os monumentos dos vencedores.

São de grande importância as figuras dos vários narradores e a do narratário ideal utilizadas por Boaventura Cardoso, pois é, por intermédio desse polifônico jogo narracional, que o romance se tece por diversos pontos de vista, demonstrando serem múltiplas as versões da história.

Já o romance *Travessia por imagem*, de Manuel Rui, configura-se como uma busca de desvendamento da existência humana, esta revelada como jogo de imagens, como representação, como teatralização dramática de memórias e esquecimentos, de lugares – o espaço familiar da casa, o de Luanda – e de não lugares, zonas de trânsito, entre os quais: o bar de Dom Escobar, em Havana; a sauna dos amores com Sueli; o hotel Adelita e o de Matanzas, em Cuba.

A metáfora do jogo se realiza de várias maneiras no romance. Há o jogo literário tecido entre o tempo de escolha do livro que ganharia o prêmio "Casa de Las Américas" e o processo de construção do romance *Geometria do silêncio*, da autoria do escritor angolano Zito, protagonista de *Travessia por imagem*. Há o jogo dos espaços de transumâncias, representados pelos hotéis Adelita e Matanzas, pelo bar de Dom Escobar, pela casa de show Tropicana, pela piscina, pela sauna – todos locais de passagem. Há, também, o jogo da relação entre memória e história, que se arma por intermédio de diversas fotografias, cuja ordenação, feita pelo protagonista e por outras personagens, vai construindo e desvelando a própria narração do romance que está sendo redigido a várias mãos. Há, ainda, o jogo político por meio do qual críticas sociais vão sendo efetuadas, com ironia e sarcasmo.

Todos esses jogos são permeados por relações de intimidades, por intermédio das quais as personagens vão-se revelando em meio a fugacidades, a imagens dispersas, mas, também, rearrumadas como num álbum de fotografias de família. Uma personagem importante é o fotógrafo Oscar. Este teoriza sobre fotografia, mostrando que cada foto vai além das imagens fixadas, descortinando sentimentos e palpitações do passado, memórias e estórias esquecidas que pulsam sob a imagem, em meio às sombras da memória.

A arte da fotografia é capaz de lançar luzes em zonas sombrias do pensamento e das lembranças. Etimologicamente, a palavra fotografia vem do grego: "*fós*" = luz e "*grafia*" = escrita. Fotografar é, pois, uma escrita luminosa, que expõe imagens sob a forma de *flashes* que apreendem instantâneos, como se congelassem, em pequenas eternidades, fragmentos do tempo.

Não só Oscar vai fazendo reflexões acerca do ato de fotografar. Outras personagens também o fazem. O protagonista Zito, escritor angolano, reflete o tempo todo, descobrindo, na fotografia, nas imagens, o cerne da ficcionalidade. Suas considerações sobre os bastidores do próprio procedimento escritural permitem concluir que *Geometria do silêncio* e *Travessia por imagem* se entrecruzam e se espelham, constituindo-se como escritas labirínticas e abissais que podem ser denominadas de "metarromances", isto é, romances metaficcionais, pois discutem suas engenharias internas.

Travessia por imagem se passa no final dos anos 1980 e início da década de 1990, época de Gobarchev, isto é, da abertura política e econômica da então União Soviética para o capitalismo. O romance divide-se em sete partes. A primeira transcorre em Cuba, onde vários jurados de diferentes países estão, hospedados no Hotel Adelita, em Havana, deslocando-se para outro hotel, em Matanzas, para a leitura e a análise dos livros concorrentes ao renomado prêmio literário. Quando se encontram no Hotel Adelita, não deixam de comparecer ao bar em que trabalha o sedutor Dom Escobar, sempre a comandar os tragos dos hóspedes e frequentadores daquele espaço. O drinquista trabalha ali desde a época de Fulgêncio Batista, quando Cuba era satélite dos Estados Unidos. Viveu o período da americanização; mesmo depois da revolução cubana, não deixou o bar.

A segunda parte do romance transcorre em Luanda. A esposa, Rocelana, e a sogra, Vitória, são muito importantes para Zito que, no fundo, é bastante apegado à família e às tradições de sua terra. O escritor é também político, ocupando posições junto ao Estado angolano. Com fina ironia – acentuada pelo refrão "Ah! Ah! Ah!" que permeia, de quando em vez, a narrativa –, *Travessia por imagem* se constrói, fazendo críticas aos sistemas políticos, tanto ao capitalismo, como ao socialismo que, muitas vezes, se esqueceu, em Angola, de seus princípios ideológicos de lutar pela igualdade social. Tais questionamentos vão sendo efetuados, no decorrer da narrativa, pelo narrador, por Zito, por Dona Vitória e por outras personagens. A "Cidade dos Leões" do mexicano Pablo, fotografada por Oscar, pode ser lida como uma alegoria satírica da decadência do socialismo em um mundo que passa a priorizar, cada vez mais, o capital e o consumo.

Como pequenos *flashes* fotográficos, Zito vai trazendo à sua lembrança fragmentos do que vivera em Havana e Matanzas. Entremeadas a essas memórias, vão sendo colocados em questão alguns aspectos problemáticos da sociedade angolana pós-1980 e da história de Angola. Por exemplo: "a guerra não acaba ou temos que acabar com a guerra para ela não se intrometer nos nossos sonhos"[15]. Reflexões desse tipo são efetuadas pelo narrador e por várias personagens: Zito, Vitória, Katia, Edna, Rocelana; mas, quase sempre, são intercaladas por comentários satíricos, irônicos, que vão tecendo provocações e gozações, como se fossem estigas, tão ao gosto do modo de ser angolano. Estigas são brincadeiras comuns em Angola, em que um tenta gozar o outro e vice-versa, iniciando-se, geralmente, por uma afronta, um desafio. Pode vencer o estigado ou o estigador, dependendo da capacidade inventiva e a velocidade de argumentação de cada um. Nas estigas, tudo que é dito só existe na linguagem, na imaginação, no imaginário do que diz(em) e responde(m) o(s) estigador(es) e o(s) estigado(s). O riso, como elemento crítico, é fator preponderante nesse tipo de brincadeira.

Em *Travessia por imagem*, cruzam-se diversas estigas: entre Zito e Vitória, entre Zito e a mulher, entre Zito e a filha Kátia, entre a avó e a neta; entre Vitória e Rocelana, entre Zito e Oscar, entre muitas outras personagens. Por intermédio dos diálogos tecidos pelas estigas, há críticas aos tráficos de influências, às cunhas, ao machismo, aos preconceitos existentes tanto na direita, como na esquerda revolucionária que acaba esta, também, mesmo após a independência, usufruindo de mordomias, conhecimentos e favores, contribuindo, desse modo, contraditoriamente, para o aumento da pobreza em Angola.

Citando versos de Agostinho Neto – "as minhas mãos colocaram pedras nos alicerces do mundo"[16] –, é feita uma ironia aos discursos dos tempos atuais, das redes sociais dos nets e blogues, que, em geral, se esquecem do passado. Há uma denúncia aos sistemas educacionais que levam os miúdos a só prestarem atenção ao hoje, deixando de lado as tradições, o antigamente. Sarcasticamente, as estigas vão fazendo, com riso jocoso e corrosivo, sérias acusações ao mundo atual, em que todos, seguindo os modelos econômicos do capitalismo neoliberal, querem ser "gestores" – sempre e em tudo –, primando por *"hacer la gestion.* Ah! Ah! Ah!"...

Dona Vitória, baluarte da família e da tradição, vai, aos poucos, tomando a cena maior do romance, hipnotizando e magnetizando todos. Pelo seu poder de oratura e rapidez de inteligência, vai encantando Zito, a neta advogada, a filha, o neto médico, certos embaixadores em Angola e em Cuba, enfim, os que a rodeavam: "unia todos, a África e a América"[17]. Vitória seduzia, com sua voz e suas estórias[18], aqueles com quem convivia, principalmente, o genro escritor. Ela não escrevia, só falava, porém era, também, capaz de imaginar estórias a partir das fotografias que Zito trouxera de Cuba. Vitória, metonimicamente, representa as mais-velhas da tradição angolana que se encontram, atualmente, em extinção nas grandes cidades de Angola. Ela é mulher sábia, de fala certa, que pontua momentos importantes do romance, fazendo também questionamentos, muitos dos quais reafirmam os de Zito. Diz ela, numa passagem:

> (...) Olha deviam-me ter perguntado antes de terem feito, mas eu não me dava mal com o comunismo se não fosse o abuso de responsáveis com três mulheres, carros, casas e cheios de dinheiro a viajarem de um lado para o outro e ainda outras coisas não digo, mas é isso mesmo, sem abuso é muito melhor que o colonialismo, (...)[19]

Também Rocelana, ao receber a filha Kátia que retornava dos estudos na Bulgária, faz uma forte crítica à valorização da aparência e do consumo: "é a doença dos angolanos. Mania das grandezas, a comerem pão com jinguba para pouparem dinheiro e comprarem água de colônia"[20].

Da terceira à sétima e última parte, o romance, na maioria das vezes, prioriza o espaço de Luanda, com exceção da quarta parte que transcorre em Cuba, quando Dona Vitória viaja com o neto para tratar da saúde, e da sétima que focaliza a Tia Flora, em Luanda; Vitória e o neto Vlademiro, novamente em Havana; Kátia, o marido e Rocelana, no Texas, nos Estados Unidos; Zito, a lançar seu livro, em Lisboa e, depois, em Gijón, nas Astúrias, convidado a abrir um congresso literário. *Travessia por imagem* narra a estória de Zito, de sua família, da construção do romance *Geometria do silêncio* que ele está escrevendo. Expondo a carpintaria do mesmo, ele vai investigando e revelando determinadas tendências atuais do romance em Angola, que, ao mesmo tempo, se vale de procedimentos modernos e de componentes da tradição oral. *Travessia por imagem* se constitui, assim, como uma viagem da (e na) língua, como uma travessia escritural. Da p. 302 à p. 304, é inserido um fragmento de ensaio, feito de pura poesia, que defende a mestiçagem cultural, a noção de transidentidade, formada esta pelo diálogo de línguas, palavras, culturas que formam correntes de escritas e afetos.

A estrutura romanesca – de *Travessia por imagem* e de *Geometria do silêncio* – é polifônica, uma vez que tanto os conhecimentos veiculados, como a teoria sobre o narrar são tecidos com a participação da família de Zito: a sogra, a mulher, os filhos, a secretária Edna, etc., além dos *flashes* dos amigos. O romance de Manuel Rui capta imagens, numa série de *flashes*, cuja intenção é apreender a velocidade do fluxo mental e da expressão oral, a fugacidade da vida, a luta da memória para impedir esquecimentos.

As linguagens das avós, das mais-velhas, sempre estiveram, na tradição angolana, envoltas em cumplicidades e saberes. Zito tem consciência da importância disso. Por tal razão, tenta ser, como escritor, o duplo de Dona Vitória. Ele procura fixar, em sua escrita, conhecimentos da tradição, colhidos das estórias orais contadas pela sogra. Assim, seu romance, procurando definir o lugar, ou melhor, o "entrelugar"[21] do romance angolano, acaba por se situar na encruzilhada da fala e da escrita, da tradição e da modernidade, da realidade e da fantasia. É, em grande parte, por intermédio de tais relações, que, nas últimas partes do romance, a descoberta da vida se faz pela revelação da morte. O jogo entre esta e a vida tem íntima ligação com fotografia, pois esta apresenta, entre seus principais objetivos, o de congelar breves instantâneos, tentando vencer a morte e o esquecimento.

Observamos, no romance de Manuel Rui, uma ânsia de não esquecer; daí, as repetições, o ir e vir de lembranças e pensamentos esgarçados, a intencional falta de vírgulas e pontos da narração que, num jato contínuo, visa a acompanhar o fluxo da memória das personagens e de Zito. Concluímos, por conseguinte, que tanto a construção romanesca de *Geometria do silêncio*, como a de *Travessia por imagem* se fazem por intermédio de memórias partilhadas, por meio da constituição de relatos-imagens, em que cada texto chama e suscita outros textos.

Manuel Rui e Boaventura Cardoso, mais uma vez, inovam, construindo romances, que, o tempo todo, surpreendem o leitor. Ao longo da narrativa, literatura, história, imaginação, ironia se mesclam e se tornam estratégias de narrar não só memórias, mas os meandros do outrora, assim como o incomensurável da vida..., da guerra, da morte... e do tempo.

NOTAS

1. Este texto foi publicado na *Via Atlântica*, n. 27, revista do Departamento de Letras Clássicas e Vernáculas da FFLCH da USP. São Paulo: Depto. de Letras Clássicas e Vernáculas-USP, 2015, p. 4-56.
2. NOVAES, Adauto (org.). De olhos vendados. In: _____. *O olhar*. São Paulo: Companhia das Letras, 1988, p. 112.
3. RICOUER, Paul. *La mémoire, l'historie, l'oubli*. Paris: Seuil, 2000.
4. HALBWACHS, Maurice. *A memória coletiva*. Trad. Laurent Leon Schaffter. São Paulo: Vértice, 1990, p. 55.
5. DIEHL, Astor Antônio. Introdução. In: DIEHL, Astor Antônio. *Cultura historiográfica: memória, identidade e representação*. Bauru: EDUSC, 2002, p. 111.
6. Id., p. 15.
7. CARDOSO, Boaventura. *Noites de vigília*. São Paulo: Terceira Margem, 2012, 160 p.
8. RUI, Manuel. *Travessia por imagem*. Luanda: Editorial Kilombelombe, 2011, 316 p.
9. CARDOSO, 2012, p. 223.
10. Id., ibid.
11. Id., p. 154.
12. Id., p. 182-183.
13. SELIGMANN, Márcio e NESTROVSKI, Arthur (org.). *Catástrofe e representação: ensaios*. São Paulo: Escuta, 2000, p. 9.
14. Id., ibid.
15. RUI, 2011, p. 95.
16. Id., p. 285-286.
17. Id., p. 210.
18. Id., p. 170.
19. Id., p. 96.
20. Id., p. 157.
21. Entrelugar, conceito cunhado, pela primeira vez em 1978 pelo crítico literário brasileiro Silviano Santiago em *Uma literatura nos trópicos*, 1978; usado também, depois, por Homi Bhabha, em *O local da cultura*, 1998, para definir sociedades oriundas de diversas mestiçagens culturais.

Fraturas e tensões: o repensar crítico da nação moçambicana. História, mito e ficção em *As duas sombras do rio*[1]

> [...] não vejo a literatura como complemento do discurso histórico ("dizer pela ficção aquilo que a história não seria capaz de dizer"), longe disso! Pelo contrário, procurei a literatura como quem procura não a complementaridade, mas o contraste. A história está sujeita ao paradigma da verdade, procura ser objectiva, ao passo que a literatura está mais próxima da imaginação e da intuição. [...] Na literatura a imaginação tem mais espaço [...][2]
>
> João Paulo Borges Coelho

Em perspectivas semelhantes ao que diz João Paulo Borges Coelho acerca da literatura, estudiosos de sua obra, entre os quais Fátima Mendonça e Nazir Can, observam que a ficção deste autor vai muito além do meramente factual, pois demonstra uma preocupação não com os fatos em si, mas com a dimensão humana da história e com a imaginação criadora, cujas manifestações encontram maior espaço no campo literário.

Principalmente, a partir dos anos 1990, a ficção moçambicana apresenta como uma das suas tendências mais recorrentes a reescrita da história, repensando, criticamente, o conceito de nação, de modo a ultrapassar as antigas concepções românticas veiculadas pelo nacionalismo libertário. São vários os escritores trabalhando nesse sentido, entre os quais destacamos Ungulani Ba Ka Khosa, Paulina Chiziane, Mia Couto e João Paulo Borges Coelho.

Iniciamos a nossa reflexão com dois trechos de uma entrevista de Mia Couto, na qual o escritor faz um balanço crítico do processo de formação da nação moçambicana:

> [...] depois da Independência houve vários percursos de natureza política muito diversa [...] Nós nascemos numa revolução que pretendia erguer uma sociedade radicalmente nova [...] E era uma sociedade socialista [...] isso era muito curioso, era como se o futuro de Moçambique fosse forjado, principalmente, por uma via política e não tanto por via cultural [...]. Mas, houve esse primeiro momento de construção do socialismo, de repente tudo ficou posto em causa, nós tivemos uma guerra que nos fez..., digamos assim, voltar à estaca zero, de repente estávamos [...] pior que estar no zero, é que nós não sabíamos onde estávamos, de repente ficámos perdidos e, quando nos reencontrámos, de repente, estávamos em outro caminho, em outra senda, que era a senda do capitalismo [...]³

Quando lhe perguntaram se Moçambique conseguira forjar uma identidade nacional, Mia Couto respondeu:

> Sim e não. [...] Este caminho, claro, não começou em 25 de junho de 1975, já começou antes, [...] o material do passado foi forjado e é importante, agora, para construir um futuro. [...] A ideia de que havia nações plurais, de que havia uma diversidade cultural é importante e é preciso retomar, de alguma maneira, mas, por outro lado, é preciso fazer esquecer, por exemplo, os heróis que são sempre uma espécie de mitos fundadores da nação; esses heróis, no nosso caso, são heróis muito regionalizados, são heróis que nunca personificaram essa ideia de construtores de uma nação, estava longe deles essa ideia de fazer Moçambique... Então, é preciso esquecer isso e [...] retrabalhar o passado de modo que esse seja o primeiro chão a partir do qual nós criamos um sentimento de sermos nação. Está aqui uma obra muito complicada que é, assim, uma obra de apagamento e uma obra de ressurgimento daquilo que são reescritas desse passado, dos mitos que nos interessam manter.⁴

João Paulo Borges Coelho é um dos escritores moçambicanos que opera com essa dicção de reescrever, por intermédio da ficção, a história de Moçambique, revisitando, de modo crítico, mitos importantes nas culturas locais. Muitas de suas obras se passam no período pós-1975, porém, diversas vezes, a enunciação dos romances efetua uma mesclagem de temporalidades históricas de diferentes épocas.

Além do tempo, o espaço é, pelo escritor, muito trabalhado. Conforme observa Rita Chaves, "em *As duas sombras do rio*, o espaço é construído também como linguagem"[5]. Assim, a geografia do Zambeze se faz cenário e metáfora da história. A narrativa acumula o tempo mítico-religioso e o tempo histórico, sendo este plural, na medida em que o narrador repensa o passado colonial, embora o palco central seja a região do Zumbo focalizada principalmente no pós-independência, marcada não só por dolorosa guerra civil, mas também por euforias e decepções com a FRELIMO, descontentamentos com uma majoritária administração das elites urbanas do sul do país, em detrimento das populações rurais do Norte.

João Paulo Borges Coelho, historiador e escritor, estreou-se em 2003, com o romance *As duas sombras do rio*. Em 2004, publicou *As visitas do Dr. Valdez*, obra que, no ano seguinte, recebeu o Prêmio José Craveirinha, promovido pela Associação de Escritores Moçambicanos. Além desses livros, escreveu: *Índicos Indícios* I e II (ambos em 2005), *Crónica da Rua 513.2* (2006), *Campo de Trânsito* (2007), *Hynyambaan* (2008). Em 2009, foi o vencedor do Prêmio Leya com o romance inédito *O Olho de Herzog*, publicado no ano seguinte; em 2011, é lançado em Lisboa, pela Editora Caminho, um novo título: *Cidade dos Espelhos*. Publicou ainda *Rainhas da noite* (2013), *Água - uma novela rural* (2016) e *Ponta Gea* (2017).

Borges Coelho é também professor e pesquisador de História Contemporânea na Universidade Eduardo Mondlane e Professor Visitante do Centro de Estudos Sociais (CES), da Universidade de Coimbra. Nasceu no Porto, porém foi cedo para Moçambique, uma vez que sua mãe e avós eram da ilha do Ibo. Cresceu e viveu até os 18 anos em cidades moçambicanas, principalmente na Beira. Moçambique é, por conseguinte, "onde se sente em casa," como declara em diversas entrevistas. Em uma dessas entrevistas, por exemplo, dada ao *Jornal Notícias*, da Beira, em 15 de agosto de 2006, o próprio escritor diz: "A identidade não é uma caixa fechada, nem os seus elementos são estáticos, é uma coisa dinâmica e viva"[6]. Depreendemos que o conceito de identidade, para o escritor, guarda relação com a diversidade e com o autoconhecimento. Ao mesmo tempo que diz respeito à individualidade de cada ser, é, também, uma construção coletiva histórico-social.

Em seus livros de contos sobre os indícios relativos ao oceano Índico, espaço do aporte de colonizadores árabes, indianos e portugueses – e de etnias africanas, encruzilhada de comércios, memórias, desejos, histórias, João Paulo Borges Coelho repensa aspectos sociais, culturais, históricos e antropológicos do Moçambique-continente e do Moçambique-insular, a partir da metáfora do "pano encantado"[7], espécie de fiação literário-histórica, por meio da qual outras tantas imagens metafóricas servem de linha para costurar este complexo tecido identitário formador de Moçambique. O arquipélago das Quirimbas, com a ilha azul do Ibo, é decantado e cantado por meio da memória do que foram, um dia, as suas ilhas: entrepostos comerciais, depósito de escravos, mas, originalmente, lugares paradisíacos de beleza, de prazer e da arte do *m'siro*, pasta branca que as mulheres da etnia macua ali usavam para amaciar a pele do rosto.

As metáforas do mar, do rio, da ponte percorrem muitos dos contos e romances do autor. As águas marítimas do Setentrião, as águas mansas da baía do Meridião, as águas caudalosas do Zambeze são testemunhas do desejo e da inquietação do continente e, ao mesmo tempo, da vontade de isolamento e solidão de sua dimensão insular.

A ponte simboliza uma possibilidade de ligação entre a ilha e a terra, entre o imaginário e a construção do real histórico. Funciona, metaforicamente, como um fio que pode cruzar memórias, histórias e novos enredos. Lembra "um cordão umbilical que para nós, vendo apenas aquilo que conseguimos ver, é uma ponte estreita, metálica, quase infinita"[8].

Essa imagem do fio é ambígua; remete tanto ao que pode ligar, como às fronteiras que dividem o norte e o sul do país. Assemelha-se à linha do rio Zambeze, cortando, quase ao meio, a nação moçambicana.

A história de Moçambique é o pano de fundo de quase todos os romances de João Paulo, alguns dos quais transcorrem em épocas posteriores à independência; contudo, o passado colonial é também reavaliado, visto que a enunciação romanesca se vale de um hibridismo temporal que superpõe tempos históricos diferentes. Segundo Sheila Khan,

> O *locus* de invenção dos romances de JPBC se reflete no acto de esculpir a realidade histórica de um país com suas águas subterrâneas, com as vidas e trajectórias daqueles indivíduos que deixaram sombras, ecos, transições, humanamente, escritas na paisagem dos ciclos colonial e pós-colonial de Moçambique.[9]

O discurso romanesco de *As duas sombras do rio* evidencia um corpo moçambicano cindido entre velhas tradições e novas racionalidades, entre sul e norte. Procura romper com as dicotomias, negociando identidades em meio a fronteiras tênues e esgarçadas. A ficção de João Paulo Borges Coelho se utiliza de alegorias e metáforas para refletir acerca da relação espaço-temporal, do imaginário cultural e do universo mítico-religioso que permeiam a sociedade moçambicana, a saber: a água (rio e chuva), a casa (terra e nação), o fogo (sexualidade e guerra) e a sombra (o inconsciente e o espírito).

No romance em questão, a água, significada pelo rio Zambeze, é a linha que demarca os territórios do norte e do sul do país, o passado e o presente, as tradições e a modernidade. Leónidas Ntsato, personagem principal da estória, sintomaticamente, é quem fica entre o rio Zambeze e a tríade Zâmbia, Zimbábue e Moçambique, espaços onde terra e água são representadas pela barragem de Cahora Bassa.

Em sua almadia, a pescar, Leónidas vivia cruzando o rio. A narrativa principia, justamente, quando ele é encontrado, desacordado, de face na areia, na ilha de Cacessemo, no meio do Zambeze. Nesse espaço intermediário, de olhos postos na terra, mergulha em perturbações, estranhezas, perplexidades, que alegorizam as tensões provocadas pela carência ao redor. Pescadores sem peixes, águas represadas, populações com fome, a miséria causada pela guerra. Histórias de divisões entre a memória e o presente, entre deuses e homens, entre os próprios homens. A enunciação romanesca evidencia

> [...] como nas águas do Zambeze são tecidas redes de significados, cujos filamentos brotam do quotidiano que, dia a dia, nutre a história. O rio se oferece como um reservatório para a memória, espelhando a história de Moçambique. Aí, não só as sombras das margens se cruzam, mas também o céu e a terra parecem se tocar.[10]

Separando o mundo da cobra, feminino, milenar, cheio de sabedorias e matrizes primordiais, e o mundo do leão, do fogo, do poder, da modernidade do sul, estava o majestoso Zambeze, cujas águas cavavam um fosso. Esses dois mundos, frente às contradições e guerras, no presente, não se encontram nem se complementam; ao contrário, se opõem, evidenciando fraturas profundas no corpo social: "O rio é a fronteira entre os dois poderes que lutam dentro dele, do personagem principal. É ali que começa um e acaba o outro, ali acaba o norte e começa o sul"[11].

O cotidiano da guerra e a construção da represa de Cahora Bassa colocam as personagens – e não só Leónidas Ntsato – em uma situação de conflito, tensão e deslocamento. As metáforas da água e do fogo passam, então, a denotar desequilíbrio e instauram uma desarmonia na região, dividindo "as duas sombras do rio". Sombras que se tornam uma polissêmica metáfora, simbolizando não só as margens do rio, mas o inconsciente histórico e mítico, remetendo ao mundo dos espíritos que fazem parte das crenças locais baseadas nos cultos aos antepassados.

Além das metáforas da água, do fogo e das sombras, a da casa, tendo o significado de nação, com suas tradições e racionalidades, está também presente neste romance, em que o choque ideológico e religioso entre tradicionalistas e materialistas é muitas vezes evidente. A enunciação romanesca vai apontando, de modo crítico, para essas questões como, por exemplo, quando Sigaúke, o administrador, se encontra dividido entre mitos e religiosidades das tradições moçambicanas originárias e o materialismo imposto pelo governo da primeira fase da Independência: "Na escola de administradores me ensinaram que era preciso acabar com os obscurantistas, fazendo valer o materialismo e a lei"[12]. No entanto, são as duas personagens que lidam com espíritos que se conjugam para ajudar a curar a "aparente loucura" do pescador Leónidas: Harkiriwa, uma refugiada rural, ligada à terra, que vem do norte, e Gomanhundo, o curandeiro da cidade, cujo espírito é o de um frade dominicano português do início do século XIX. Essa fusão de um curandeiro africano incorporando o espírito de um frade europeu é bem sintomática do hibridismo religioso decorrente da mesclagem das religiões africanas ancestrais com as crenças impostas pelos colonizadores.

A cisão constatada não foi apenas causada pelas guerras, pois, desde o colonialismo, o norte e o sul de Moçambique já se encontravam cindidos. A guerra civil apenas aumentou essa fissura. A unidade interna, durante a luta anticolonial, já se revelava fraturada entre as ações da FRELIMO e da RENAMO, o que, internamente, também refletia as dicotomias externas do contexto mundial da Guerra Fria, incentivada por polarizações extremadas entre capitalismo e socialismo. Criticamente, a enunciação romanesca vai problematizando e desfazendo tais binarismos redutores.

De modo semelhante à almadia do pescador Leónidas, a metáfora da "casa-país" está à deriva, à procura da própria identidade. Conforme observa Rita Chaves, "o conceito de identidade é ainda muito frágil em Moçambique"[13].

O romance de João Paulo Borges Coelho evidencia como natureza e cultura se digladiam: "carneiros hidráulicos inauditos, que iam contra a natureza, trazendo a água para cima quando é certo que a natureza só a faz descer"[14]. Uma rede de micro-histórias e personagens procura preservar memórias e religiosidades, buscando a multifacetada identidade, em meio a esfacelamentos políticos, culturais, sociais.

Além do pescador Leónidas Ntsato, contracenam, no espaço romanesco, personagens típicas como: o administrador Singaúke; a enfermeira Inês; a refugiada rural Harkiriwa; o curandeiro urbano Gomanhundo; o superintendente Million, responsável pelo Parque Nacional do Baixo Zambeze; a congolesa Mama Mère, a maior comerciante de Feira, também metida em contrabandos de marfim e diamantes; o caçador Zé Mantia; Meia-Chuva, o combatente padrão; os padres, fortes como touros, que se aceitavam com jovens mulheres e, com seus cânticos, maravilhavam os filhos da terra:

> Nas suas batinas castanhas, eram os padres fortes como touros. Findo o período de reflexão, atiravam-se então às jovens mulheres das redondezas com uma voracidade redobrada pela contenção que, quando às claras, a si próprios impunham, na maior parte do tempo. E essas raparigas cedidas pelas aldeias, que já não pertenciam ao seu mundo velho e ainda procuravam achar um lugar certo no mundo novo, submetiam-se na crença de que eram estes jogos parte do ritual que ainda estavam a aprender.[15]

Usando a terceira pessoa, o narrador vai narrando histórias, mitos, comentando fatos históricos, com uma focalização interventiva que se manifesta não só por reflexões e explicações, mas por descrições belíssimas e detalhadas, ou esclarecimentos e comentários irônicos entre parênteses, conforme aparece no exemplo a seguir:

> Mas hoje é um dia especial. Leónidas Ntsato decidiu-se a mudar a situação. Resolutamente, atravessou a praça em direcção ao edifício (só os desvairados podem avançar assim, como se tivessem um objectivo amadurecido, embora o escolham de entre outros objectivos de forma aparentemente arbitrária). Hesitou ainda no primeiro degrau, mas foi pouca coisa.[16]

A narração se tece por meio de um ponto de vista onisciente que, em algumas ocasiões, por intermédio do discurso indireto livre, perde parte da distância do narrar heterodiegético, se acumpliciando aos dramas das personagens que encenam os horrores vivenciados pela gente daquela província moçambicana, durante a guerra civil. Segundo Rita Chaves, "o narrador tem uma postura que tempera a autoridade da terceira pessoa com a inquietação de quem se vê incapaz de penetrar completamente os universos das personagens"[17]. Esse narrador entremeia no seu discurso micro-histórias, nas quais estão presentes diálogos de personagens que denunciam situações de violência e os estragos provocados como, por exemplo, a descaracterização de mitos tradicionais, entre outros:

> Passada aquela pantanosa barreira que garante a completa solidão (quem ousaria segui-lo através daquela visão do inferno, através daquele cemitério de gente antiga disfarçado de canavial?) Ntsato entra agora numa pequena ilha de rasteiros capins verdes que o sol formou, porque a inexistência de arvoredo permitiu que ele até ali baixasse os seus raios e secasse as abundantes lamas (o lugar onde estariam as canas dos que partiram e ali se tivessem finado como os outros).[18]

– E que vejo eu na minha terra? – prossegue o *Kanyemba* pela boca de Joaquina. – Vejo machambas de onde mal sai comida, vejo elefantes que mal procriam (nunca se viu tão poucos elefantes nesta terra como agora), mulheres com os seios secos e mirrados de onde não pinga mais o leite, almadias furadas junto à margem do rio, celeiros vazios. [...][19]

Em trechos como esses citados, paisagens devastadas são descritas e denunciadas; e mitos, como o do espírito do grande leão *Kanyemba*, são revisitados. As descrições entremeiam o narrar e são muito expressivas. João Paulo Borges Coelho é exímio na arte de narrar, mas também na de descrever.

O romance *As duas sombras do rio* cumpre um papel de resistência à perda das tradições moçambicanas, provocada pelos conflitos bélicos e pela construção da represa de Cahora Bassá, que trouxe modernidade ao Zambeze. Em diversas passagens, o narrador assume uma linguagem metafórica, questionando, por exemplo, a ação da Igreja Católica no processo de colonização, demonstrando, ironicamente, como esta se tornou a casa de um único Deus e de uma só religião – a dos invasores –, tendo abafado muitos cultos e religiões dos povos de Moçambique:

Cânticos doces, complexos que baixavam suavemente para logo subirem agudos como aquela água que desafiava a natureza. Belas como os cânticos eram as casas, sobretudo a Casa, imponente na sua altura, a gruta perfeita onde os cânticos ganham a dimensão mágica das conversas com Deus. A Casa que revelava um cuidado extremo e uma imaginação desvairada no seu detalhe, onde os diabos esculpidos eram cobras e leões, apesar de tudo, já bichos daquela terra.[20]

Outra metáfora, a da carne, entendida como sexualidade pervertida e reprimida, encontra-se presente nos muitos corpos sem autonomia, sem liberdade que povoam a narrativa. São corpos mutilados e silenciados, tiranicamente subjugados e torturados. As suas vidas foram destruídas; suas possibilidades de sonho, interrompidas, tanto por invasores externos, como por hordas internas que, masoquistamente, se comprazem com a violência, num erotismo macabro. Sobreviver: eis a questão, em meio aos medos e crueldades decorrentes de uma guerra fratricida que gerou inúmeras perplexidades.

O narrador, buscando alternativas para vencer o desencanto provocado por tais contextos de brutalidade, afirma: "não há um só destino, há sempre um destino atrás do outro, todos os dias, sucedendo-se ou correndo como água do rio, e a sucessão de todos os destinos principais e paralelos é a história"[21]. Essa definição de história o narrador, ao longo do romance, vai desconstruindo, na medida em que vai sempre contrapondo diferentes versões históricas, o que leva a múltiplos pontos de vista e à certeza de que os destinos se cruzam transversalmente, se interpenetrando em descontinuidades e rupturas.

Aproxima-se do olhar da Nova História o enfoque histórico que se depreende no romance *As duas sombras do rio*, uma vez que opera com mitos, subjetividades, memórias e relatos esgarçados, revisitações do passado a partir de silêncios, lacunas e fragmentos que resistiram aos séculos, condensados em bolsões do imaginário histórico-cultural. Muitas dessas sobrevivências se encontram em configurações míticas que atravessaram tempos e aldeias, inspirando profecias. Um exemplo presente no romance em questão é o antigo mito do grande leão, cujo espírito se incorpora em algumas personagens, alertando para sérios problemas existentes no Moçambique pós-independência:

> *Kanyemba*, o grande leão, tinha algumas coisas a dizer através da sacerdotisa Joaquina M'boa – mataram a terra e todas as coisas. Matam-se agora uns aos outros. E quando há este ódio entre vizinhos, quando as aldeias se inimizam desta maneira, quando a família se acaba, é porque se aproxima o vazio e o fim.[22]

Encontram-se ameaçados tanto o fogo sagrado – que configura o universo ígneo do mítico leão –, como a água primordial da memória – que constitui o mundo feminino da cobra ancestral –, metaforizada pelo rio que corta o país, percorrendo-o, dividindo-o, mas também o unindo e o ligando. Avaliando os percalços e entraves do presente, continua o narrador:

> O mal era dos tempos e da dificuldade em tomar uma direção. Antigamente, as coisas eram certas e claras, estava tudo arrumado nos seus lugares. Sabíamos de onde vínhamos e isso ajudava-nos a ir percebendo para onde íamos. Os passos eram certos, embora só aos deuses coubesse adivinhar quando vinha a chuva.[23]

Depreende-se que uma história de Moçambique independente se encontra, pulsante, em meio à guerra civil, nas margens e sombras do rio Zambeze que corre para o mar. Uma história que acumula vários tempos, indo das atrocidades do contexto das lutas entre partidos, após a independência, às da época da escravidão e do tráfico negreiro:

> O Zambeze é uma larga e majestosa fita de prata que separa a terra do céu. Uma grande cobra que vem de Angola e corre para o mar. Da boca dessa cobra gerações e gerações de antepassados se despediram desta vida e penetraram nas brumas do além amarrados uns aos outros.[24]
>
> Vieram homens brancos do outro lado do mar, contra o fluxo descendente e avassalador, e treparam por ali acima a enviar a carga humana para a foz e dali para este outro lado do mar.[25]

Distantes uma da outra, as duas sombras do rio – projeto impossível de reunião até à organização da paz, em outubro de 1992, com o fim da guerra civil – continuam ainda hoje afastadas, alegorizando novas perplexidades e a necessidade de muitas negociações para que o complexo processo de reconstrução identitária de Moçambique possa fluir em sua diversidade.

O narrador de *As duas sombras do rio* apresenta, por vezes, um discurso interventivo, que vai comentando a história ficcionalizada, fazendo a mediação entre os acontecimentos político-sociais e a representação literária dos mesmos. Mas, no final do romance, abandona inteiramente as interferências, optando por manter abertos os vãos e desvãos de interpretar o que a memória traz do passado e o que a história deixa para ser invenção:

> É afinal tão simples a história deste rio. Tão simples e, todavia, levou séculos a desenrolar-se, pois os deuses gostam de contá-la devagar. Devagar, também, Leónidas Ntsato mergulhou nele, nessa noite, ficando nós sem saber se procurava chegar a Cacessemo para alongar a sua perplexidade nessa fronteira, se lhe bastava perder-se nas águas para ganhar a tranquilidade e a indiferença dos afogados.[26]

O inesperado desfecho do romance prolonga a perplexidade do narrador, estendendo-a ao leitor: Leónidas se atirara ao Zambeze e morrera afogado?! Ou mergulhara para buscar uma "terceira margem" na ilha de Cacessemo?! "Enlouquecera" ou fora possuído pelos espíritos do leão e da jiboia, mitos moçambicanos ancestrais, opostos e inconciliáveis?!

Entrelaçam-se, no espaço ficcional de *As duas sombras do rio*, as dimensões histórica, literária e mítica. A focalização romanesca deixa de ser interventiva; não conseguindo o narrador explicar mais – como, por vezes, fazia –, racionalmente, o acontecido. A dimensão animista invade a ficção e esta se vale do mítico para alegorizar, criticamente, a história.

De acordo com o imaginário mítico de determinadas etnias moçambicanas, aqueles que "morrem mal" se tornam espíritos vingativos que voltam para ajustar contas. Há animais míticos, como o grande leão, o *mambo mphondolo*, que pode encarnar em um vivente, expressando, por possessão deste, seu descontentamento com desequilíbrios sociais, culturais, climáticos ocorridos em aldeias e espaços da região. "Os indivíduos possuídos começam, de súbito, a sentir sintomas estranhos, dizendo coisas que ninguém entende, acabando por se lançar em direção ao local onde viveu o dono do espírito"[27]. Em Leónidas Ntsato há um conflito, pois ele incorpora ao mesmo tempo os espíritos do leão e da cobra. Como Leónidas (o leão), ele, alegoricamente, expressa o estranhamento e a perplexidade diante de tantas mortes e atrocidades. Como Ntsato (a jiboia mítica), se insurge contra os "carneiros hidráulicos" que verticalizaram o curso das águas, criando a represa de Cahora Bassa. Talvez o mergulho do pescador tenha sido uma forma metafórica de evidenciar a necessidade de Moçambique recuperar o equilíbrio cósmico, representado por *ntsato*, a jiboia ancestral, protetora das regiões atravessadas pelo rio Zambeze.

A "loucura" de Leónidas pode ser interpretada como uma grande recusa alegórica, como manifestação "a contrapelo"[28] da história oficial que, desde o passado colonial até a sangrenta guerra civil, afogara mitos e episódios históricos do território do Zumbo e das margens do Zambeze. Elegendo a "terceira margem do rio"[29], a personagem dá primazia aos sentidos poéticos da existência, em categórico repúdio à violência e à opressão vivenciadas por aquela região moçambicana, metonímia de todo o país.

A ficção de Borges Coelho repensa a história e mitos moçambicanos, indo além destes, pois opera com profundos conteúdos humanos. Essa estratégia romanesca utilizada pelo autor obriga-nos, segundo Fátima Mendonça, "a ler estas narrativas por aquilo que são, i. e., ficção literária, orientadas pela complexidade das relações que entretecem com os vários níveis da actividade humana"[30]. Por intermédio de suas personagens e de seus enredos, discute "o que é e não é verdade", demonstrando como são tênues as fronteiras entre a ficção e o real histórico. Desse modo, enfatiza a complexidade dos relatos condutores da memória coletiva, dos discursos que efetuam a construção histórica, das narrativas que compõem as diversas elaborações ficcionais, chegando à conclusão de que existem e se entrelaçam muitas estórias e histórias. Conforme o próprio autor, no pórtico de *Meridião*, "o tempo é linha frágil e [...] fortes são os contextos que nos prendem"[31].

Os "índicos indícios," na obra toda de Borges Coelho – e não só em seus livros de contos, cujo título é este –, metaforizam a procura da identidade plural moçambicana, esgarçada pelas imposições dos colonizadores tanto quanto por fraturas internas entre as etnias do norte e do sul como tão bem percebemos pela leitura do romance *As duas sombras do rio*. Os indícios do Índico na obra do escritor são paradoxais, porque resultam de entrelaçamentos culturais diversos, de hibridações várias. Denotam, ao mesmo tempo, peso, leveza, transparência e opacidade. Apontam para estradas multiculturais, multiétnicas, para águas naturais, marinhas, fluviais – as do Zambeze, principalmente –, águas de guerras, linhas finas e tênues entre lembranças de heróis e traidores. Tudo isso, enfim, redesenha a complexa geografia e a intricada história de uma nação chamada Moçambique.

NOTAS

1 Texto publicado no livro: KHAN, Sheila; SOUSA, Sandra; SIMAS-ALMEIDA, Leonor; GOULD, Isabel Ferreira; CAN, Nazir Ahmed. *Visitas a João Paulo Borges Coelho. Leituras, diálogos e futuros.* 1. ed. Lisboa: Colibri, 2017. v. 1, p. 75-88. ISBN: 9789896896638.

2 Entrevista feita por Carmen Tindó Secco ao escritor moçambicano João Paulo Borges Coelho, publicada na Revista *Metamorfoses*, n. 10. Rio de Janeiro: Cátedra Jorge de Sena para Estudos Literários Luso-Afro-Brasileiros; Lisboa: Caminho, nov. 2009. ISSN: 0875-019X; ISBN 972-21 1565-0, p. 167-178.

3 COUTO, Mia. Entrevista, 2009. Disponível em: https://docs.google.com/Doc?-docid=0AbOaMJaKtaZGhtanhraG5fMWM0dnEyM2Nt&hl=en Acesso em: 25 ago. 2010.

4 Id., ibid.

5 CHAVES, Rita. "Notas sobre a Ficção e a História em João Paulo Borges Coelho". In: RIBEIRO, Margarida Calafate e MENESES, Paula (org.). *Moçambique: das palavras escritas*. Porto: Afrontamento, 2008, p. 188-189.

6 COELHO. Entrevista no blog Macua, 2006. Disponível em: http://www.macua.blogs.com/.../todos/.../joao_paulo_borges_coelho_entrevista.doc Acesso em: 16 dez. 2009.

7 COELHO, João Paulo Borges. *Índicos Indícios I: Setentrião*. Lisboa: Caminho, 2005a, p. 11.

8 _____. *Índicos Indícios II: Meridião*. Lisboa: Caminho, 2005b, p. 44.

9 KHAN, Sheila. "Narrativas, rostos e manifestações do pós-colonialismo moçambicano nos romances de João Paulo Borges Coelho". *Gragoatá*, revista do Instituto de Letras da UFF, n. 24, 2008, p. 133-134.

10 CRUZ, Alice. "Entre a evidência e a verdade: nos interstícios da experiência e da memória com *As duas sombras do rio*, de João Paulo Borges Coelho". In: RIBEIRO, Margarida Calafate, e MENESES, Paula (org.). *Moçambique: das palavras escritas*. Porto: Afrontamento, 2008, p. 199-214.

11 COELHO, João Paulo Borges. *As duas sombras do rio*. Lisboa: Caminho, 2003, p. 38.

12 Id., p. 47.
13 CHAVES, 2008, p. 190.
14 COELHO, 2003, p. 88.
15 Id., ibid.
16 Id., ibid.
17 CHAVES, 2008, p. 190.
18 COELHO, 2003, p. 42.
19 Id., p. 149.
20 Id., p. 89.
21 Id., p. 100.
22 Id., p. 151.
23 Id., p. 223.
24 Id., p. 258.
25 Id., p. 259.
26 Id., p. 260.
27 OLIVEIRA Carlos Ramos de. (s.d.). Disponível em: http://www.macua.org/livros/tauara1.html. Acesso: em 29 abr. 2011.
28 BENJAMIN, Walter, 1984, p. 225.
29 ROSA, Guimarães, 1994, p. 409.
30 MENDONÇA, Fátima. "Hibridismo ou estratégias narrativas? Modelos de herói na ficção narrativa de Ngugi wa T'hiongo, Alex La Guma e João Paulo Borges Coelho". *Via Atlântica*, Revista da Pós-Graduação em Estudos Comparados de Literaturas de Língua Portuguesa da Faculdade de Filosofia, Ciências e Letras da Universidade de São Paulo, n. 16, 2009, p. 150.
31 COELHO, 2005b, p. 10.

Os outros pés da História: uma leitura de *Choriro*, de Ba Ka Khosa, e de *O outro pé da sereia*, de Mia Couto[1]

> (...) sulcavam as águas do rio Zambeze, transportando escravos e marfim, missangas e panos, dor e alegria. Eram braços, vozes, cantos, choros, era o rio, era o Zambeze da fortuna e da desgraça, abrindo-se por milhas e milhas de extensão.[2]
>
> Ungulani Ba Ka Khosa

> Empreendo aqui a imaginária viagem do nosso rio maior, da nascente à foz. Sigo de rio, sou Zambeze. Por quase três mil quilômetros vou zambezeando (como dizem os versos de Gulamo Khan) até desaguar no mar. Olhando o rio me vejo, eu mesmo fluindo, em travessia do tempo. Essa viagem é sempre sem retorno? A poesia me dá um barco, mais um remo que é o sonho. E eu aprendo a navegar ao invés da corrente. Como se dentro do rio um outro rio fluísse em contratempo...[3]
>
> Mia Couto

Uma das recorrentes tendências das Literaturas Africanas contemporâneas tanto em Angola, como em Moçambique, é o diálogo entre Literatura e História. Contudo, tais nações carecem, ainda, da publicação de uma "grande história" própria, redigida por angolanos e moçambicanos. Por intermédio da ficção, muitos dos atuais escritores desses países procuram reescrever suas respectivas nações, efetuando uma revisão crítica do outrora, da história narrada pelos colonizadores, de modo a serem ouvidas vozes que foram abafadas durante séculos.

Com base no livro *Littératures francophones et théorie postcoloniale*, de Jean-Marc Moura, Ana Mafalda Leite detecta, na ficção angolana e moçambicana pós-colonial, uma práxis de revisitação do passado, enfatizando a importante dicção que a Literatura assume nesse processo de reescrita da História:

> (...) O frequente uso de uma *cronografia* mítico-histórica pretende prolongar o registo da Memória dos tempos antigos, e este caminho retrospectivo, mais do que resultante de uma percepção nostálgica, é uma forma de confronto com o passado histórico, muitas vezes crítico e problemático. A narrativa histórica (...) transforma a História numa metáfora, em que a construção da temporalidade enunciativa se revela fundamental.[4]

É justamente esse caráter metafórico da História que desejamos investigar como se delineia em *Choriro*[5], de Ba Ka Khosa, e em *O outro pé da sereia*[6], de Mia Couto. Os dois romances reavaliam o passado, buscando iluminá-lo, como diria Walter Benjamin, em suas "centelhas de perigo"[7]. Não é por acaso que duas metáforas – a "da estrela" e a "das tochas", ambas, semanticamente, relacionadas à luz – alegorizam, em cada uma das respectivas obras, as concepções histórias que lhes atravessam as narrativas.

O outro pé da sereia principia com Madzero Zero e a esposa Mwadia procurando o adivinho Lázaro Vivo com o propósito de obterem autorização para penetrarem na floresta. O casal quer sepultar a estrela que caíra do céu e escolhe como local a beira do rio, onde são encontrados uma imagem de Nossa Senhora, um esqueleto e um baú com documentos antigos. A estrela, enterrada nesse lugar, metaforicamente, representa uma chama a alumiar os fios de uma história subterrânea que precisa vir à tona para que outros sentidos possam ser elucidados.

Em *Choriro*, na antecena romanesca, há uma nota explicativa do autor ficcional, que adverte ser o livro um retrato identitário do vale do Zambeze, ou seja, a história da região no período mercantil, que se desenvolveu por quatro séculos, desde os finais do século XVI. À partida, o romance se institui como uma narrativa histórica que mescla personagens e enredos fictícios com dados, instituições e personalidades da realidade social como, por exemplo, historiadores, exploradores, missionários. O ato de desvendamento da história está associado à ideia de "iluminação do edifício social"[8], às "tochas"[9] que clareiam o entendimento de certos episódios históricos. A par dessa semântica luminosa, o autor também urde sua narrativa com o tecido sombrio e nebuloso de sonhos e angústias, confessando seu intento: "captar a alma de um tempo, a voz que não se grudou aos discursos dos saberes"[10].

Choriro é uma "narrativa histórica ficcionada"[11] pela qual são desocultados e reconfigurados, criticamente, determinados acontecimentos ocorridos no período colonial, no vale do Zambeze, entre o século XVI e o XIX. Também *O outro pé da sereia*, de Mia Couto, ficcionaliza episódios da história moçambicana; alterna dois planos temporais: um que transcorre em 2002, e outro, de cariz histórico, que se passa em 1560, portanto, no século XVI, relatando a viagem de Goa para Moçambique do jesuíta português D. Gonçalo da Silveira que trazia uma imagem de Nossa Senhora benta pelo papa para sua introdução na corte do Império de Monomotapa, às margens do rio Zambeze. Observamos que ambos os romances trabalham com uma releitura da história. Não uma história positivista, porém uma história-invenção, que procura tornar visíveis os conteúdos recalcados. Uma história que se volta para as trilhas da arte, se oferecendo como resistência a um mundo dominado pelo poder colonial que se alimentou, em grande parte, da economia mercantil, escravocrata e de práticas discriminatórias, autoritárias.

O historiador Ki-Zerbo, ao discorrer acerca de seus conceitos de história, também destaca o componente inventivo; segundo ele,

> a história anda sobre dois pés: o da liberdade e o da necessidade. Se considerarmos a história na sua duração e na sua totalidade, compreenderemos que há, simultaneamente, continuidade e ruptura. Há períodos em que as invenções se atropelam: são as fases da liberdade criativa. E há momentos em que, porque as contradições não foram resolvidas, as rupturas se impõem: são as fases da necessidade. Na minha compreensão, os dois aspectos estão ligados. A liberdade representa a capacidade do ser humano para inventar, para se projetar para diante, rumo a novas opções, adições, descobertas. E a necessidade representa as estruturas sociais, econômicas e culturais que, pouco a pouco, vão se instalando, por vezes de forma subterrânea, até se imporem, desembocando à luz do dia numa configuração nova. (...) Assim, não podemos separar os dois pés da história – a história-necessidade e a história-invenção (...). Como a história tem esse pé de liberdade, que antecipa o sentido do processo, existe sempre uma grande porta aberta para o futuro.[12]

Essa metáfora dos pés da história é fundamental para entendermos a constituição das nações angolana ou moçambicana. No caso de Moçambique, Mia Couto, ao representar a santa sem um dos pés, foi muito perspicaz, pois conseguiu alegorizar entraves, desencontros e sincretismos ocasionados pelo colonialismo, cujo enfoque histórico priorizou, na maioria das vezes, o "pé-necessidade", em detrimento do "pé-invenção".

Como Ki-Zerbo argumenta, os pés da história não podem estar separados. Toda vez que a liberdade é cancelada, há um desequilíbrio e as rupturas se impõem. A história não pode ser compreendida maniqueistamente. Aliás, é exatamente para isso que os dois romances em questão, ao fim e ao cabo, alertam, demonstrando que a história de Moçambique é multifacetada, feita de hibridismos, misturas, mestiçagens[13]: "A viagem contracorrente fizeram-na portugueses, árabes, indonésios, persas. O rio costurou povos exóticos, **mestiçou culturas**, desarrumou fronteiras (sendo ele mesmo fronteira)".[14]

Tanto *O outro pé da sereia* quanto *Choriro* repensam o passado e a geografia do Zambeze, revelando como essa região esteve sempre aberta a interesses econômicos de portugueses, goeses, canarins[15] e outros, devido ao tráfico do ouro, do marfim e dos escravos, do século XVI ao XIX.

O romance *Choriro* se tece, no presente enunciativo, como um grande choriro, uma vez que transcorre no espaço de tempo entre o anúncio da morte de Luís António Gregódio – chefe branco, que se africanizara e se tornara senhor das terras ao norte do rio Zambeze, rei dos achicundas, denominado mambo Nhabezi por esses guerreiros que o respeitavam e lhe reconheciam a liderança – e a cerimônia de seu enterro.

O choriro, para as etnias achicundas e ansengas do vale do Zambeze, significa o choro pela morte do rei, o ritual de luto que se estende por três dias e três noites, intervalo de tempo em que a ordem é suspensa, o povo dança, canta, bebe, conta estórias reais e imaginárias relacionadas ao suserano morto.

O narrar, em *Choriro*, se erige por várias temporalidades, ritmos e vocalidades. Inicia-se com os batuques e chocalhos que participam o falecimento de Nhabezi. A seguir, há um corte temporal: Chicuacha – o cronista andarilho, missionário branco que largara a batina e se amigara com uma negra –, relembra o momento em que entrara no quarto do mambo Nhabezi já moribundo e o diálogo que travara com ele, de quem fora confidente. A descrição do aposento, metonimicamente, remete a uma África profunda e imaginada, às caçadas de elefantes e ao comércio do marfim, quando Gregódio chegara ao Zambeze como explorador. Outro salto temporal ocorre logo depois da enumeração das armas e objetos africanos dependurados ao lado da cama de Nhabezi: do presente do choriro somos, então, transportados à vila de Tete, em Moçambique, nos anos 40 e 50 do século XIX.

A enunciação romanesca, superpondo e fazendo contracenarem tempos diversos, vai reescrevendo a história não pela ótica dos colonizadores, mas por meio de um olhar crítico e problematizador. Assim é que são feitas denúncias à escravidão praticada pelas senhoras prazeiras, denominadas

Donas, muitas das quais viviam da "comercialização de mulheres virgens, especialmente treinadas a engrossarem os haréns dos senhores de terras e eventuais caçadores e comerciantes"[16].

Os Prazos, segundo o historiador José Capela, foram instituídos em Moçambique a partir de 1530 e consistiram no aforamento ou concessão de terras mediante uma renda anual durante duas ou três vidas (gerações), com a obrigação do foreiro nelas viver e ter sempre meios para a guerra. Ao fim dos três anos, a terra retornava à coroa portuguesa, podendo a família do prazeiro manter a posse da terra por novo prazo de três vidas, desde que a sucessão se fizesse através de uma filha mais velha ou neta que viesse a desposar um português nascido em Portugal.

Nhabezi estivera em Sena e Tete, quando se aventurara como caçador pelo interior das florestas africanas. Vivera o ciclo do marfim e convivera com os guerreiros achicundas, escravos livres, que eram o "sustentáculo das entidades prazeiras no trato mercantil"[17]. Nos oitocentos, com os prazos já em ruínas, se tornara chefe de um Estado a norte do Zambeze, assimilando costumes, crenças dos povos locais, de modo a ser aclamado rei pelos achicundas, em virtude de se ter aculturado e de lhes ter traçado "as fronteiras identitárias em terras ansengas"[18].

Assim, *Choriro* reinterpreta a história moçambicana e demonstra como esta deve ser relativizada, uma vez que miscigenações e mesclagens geraram comportamentos ideológicos complexos e problemáticos, conforme foi o caso de muitos mestiços – como Kanyemba, entre outros – que foram tão ou mais opressores que os colonizadores portugueses, enquanto alguns brancos nascidos em Portugal, como Nhabezi e Chicuacha, introjetaram modos de vida genuinamente africanos. Gregódio incorporou não só costumes, porém crenças e mitos da região, a ponto de os achicundas acreditarem que sua alma entraria no mundo dos espíritos mpondoro, divindades protetoras desses povos do vale do Zambeze.

Tendo como cenário a região do Zumbo, as cidades de Sena e Tete, o romance *Choriro* repensa, criticamente, o sistema dos prazos da coroa, já em decadência no século XIX, demonstrando como estes, anteriormente, nos séculos XVI e XXVII, foram responsáveis pela intensa miscigenação étnica e cultural ocorrida na bacia do Zambeze. Apreendendo cheiros, sabores, sons, memórias, a enunciação romanesca cruza temporalidades e geografias, efetuando uma antropologia cultural do cotidiano colonial da Zambézia, nos séculos XVI a XIX.

Além dos paladares, os odores da terra vão sendo mesclados: o cheiro de manga podre e da goiaba madura trazendo heranças orientais e os frangipanis brancos tomados como "cheiros senhoriais"[19]. O romance, caleidoscopicamente, vai religando os cacos de uma história híbrida, em que se enlaçam sensações, etnias, diálogos, provérbios, culturas, crenças. Labirinticamente, a narrativa se arma, alternado as memórias de amigos, guerreiros, chefes religiosos, assessores e parentes de Gregódio.

Recordando a sabedoria dos velhos, os tessaculos da tradição, Chicuacha, em seus registros escritos, transcreve versos de cantos achicundas: *"Disparei contra o elefante/ Ei-lo na margem do rio/ Disparei contra ele, aí vêm os abutres/ Disparei contra o homem, ei-lo ali/ Disparei contra ele/ Ei-lo na margem do rio/ Destrocei o mundo/ Aí vêm os abutres".*[20] Com essa alegórica profecia dos abutres, *Choriro* termina, antecipando o futuro de destruições e guerras por que iria passar Moçambique, no século XX, quando, com a construção da barragem de Cahora Bassa e a implementação das cartilhas unificadoras das lutas libertárias, teve, ainda mais, esmaecidos os "mapas da memória" de seu passado mítico e histórico, formado, entre outras, por tradições ancestrais achicundas.

Também *O outro pé da sereia*, de Mia Couto, faz alusão a esses lendários e intrépidos guerreiros achicundas (denominados, igualmente, *chikundas*) que foram caçadores de elefantes e transitaram pelo Zambeze a serviço das Donas dos Prazos e começaram a ser esquecidos, quando a modernidade se impôs à região com a edificação de Cahora Bassa e quando se intensificaram as guerras, antes e depois da Independência.

Como *Choriro*, *O outro pé da sereia* assinala as multiculturalidades existentes no decorrer da história de Moçambique; reconfigura, por intermédio de uma problematizadora escrita labiríntica e abissal, itinerários históricos do presente e do outrora moçambicano. De modo semelhante ao romance *Terra sonâmbula*, se vale da técnica "narrativa do encaixe"[21], fazendo espelharem-se duas estórias: a do casal Mwadia e Madzero e a dos Padres Gonçalo da Silveira e Manuel Antunes, que, respectivamente, transcorrem em 2002 e em 1560, conforme referimos no início deste artigo. Alternando capítulos que ora focalizam o século XXI, ora o século XVI, a enunciação romanesca faz dialogarem dois planos temporais: o do século XVI que aborda episódios da evangelização jesuítica ocorrida no reino de Monomotapa e o do século XXI que narra a viagem interior e exterior de Mwadia, cujo objetivo principal era transportar a santa sem um pé, encontrada à beira do rio, para Vila Longe, localidade onde nascera e passara grande parte de sua vida. A estrela achada por Madzero Zero – a que também já aludimos – é a metáfora iluminadora da busca da história, pois, significativamente, ao ser enterrada na margem do rio, faz com que essas personagens descubram uma caixa com manuscritos antigos, com quatrocentos anos de existência, que ali também estavam escondidos.

Questionando o presente e trançando-o com fragmentos do outrora, por meio de diferentes vozes das memórias – testemunhos, cartas, reminiscências –, a escritura ficcional de *O outro pé da sereia*, por intermédio de criativas "inventa-ações", vai fazendo a reescrita crítica do passado de Moçambique. A ruptura com abordagens históricas maniqueístas tão caras ao europocentrismo orienta a dicção romanesca, cujos pontos de vista evidenciam como são plurais, relativos e híbridos os sentidos da história moçambicana. Se Madzero e Justiniano tinham, como antepassados, os chikundas da região do Zambeze que serviram aos esclavagistas, Mwadia e a mãe dela, Constança, descendiam dos malungos, negros rebeldes que lutaram contra os senhores do Zumbo. No entanto, a par dessas diferenças ancestrais, suas vidas pessoais e familiares estavam misturadas, assim como a santa católica que, já sem o pé, era vista pelo escravo Nimi Nsundi como kianda, ou seja, como divindade africana das águas.

A Santa, fixada ao pé do embondeiro, junto ao rio, com o lenço da avó esclavagista e o rapé da outra avó escrava de Mwadia, funciona como alegoria dessa mesclagem étnica, religiosa, cultural e histórica que perpassa a sociedade moçambicana, principalmente a região do Zambeze, conforme também demonstra o romance *Choriro*, de Ungulani Ba Ka Khosa.

Essa interculturalidade, reaproximando tradição e modernidade, revolucionários e opressores, escravos e senhores, evidencia que nem sempre esses pares se encontram em oposição, pois, por vezes, há colonizados que, assimilados, se comportam como colonizadores, e há revolucionários que, ao invés de lutarem pela liberdade, perseguem os que professam ideias ou crenças diferentes das suas. Assim é que, por exemplo, Lázaro Vivo, o curandeiro, é ironizado pela voz narradora que lhe traça um retrato sarcástico e crítico: por suas práticas religiosas, fora acusado, na época da Revolução marxista; hoje, contudo, gostava do consumo, portando telemóvel e roupas modernas.

Em *O outro pé da sereia*, a travessia romanesca entre o passado e o presente moçambicanos é entremeada, por vezes, por comunicados urgentes que alertam para as espionagens de estrangeiros, cujo personagem mais representativo é o americano Benjamin Southman, historiador que ambiciona pesquisar a história da escravatura em Moçambique. Ficamos sem saber quem envia tais mensagens. Seria o barbeiro Arcanjo Mistura?! O real e o ficcional se confundem, deixando ambivalente se o americano morreu ou não, se fugiu para o Zimbábue, se foi preso ou se apenas queria, ali, buscar sua origem afro-americana, o que, aliás, é, finamente, ironizado pela voz narradora. O curandeiro Lázaro afirma que o americano fugira para o Zimbábue e fora capturado pela polícia de fronteira. O narrador faz críticas irônicas a estrangeiros pertencentes a ONGs, a Fundações, que dizem terem ido "salvar a África" ou estudar a escravidão, quando, na verdade, se dirigiram ao continente africano para realizarem projetos de enriquecimento pessoal.

Mwadia, a personagem principal de *O outro pé da sereia*, é a entrelaçadora desses tempos, pois, por meio de manuscritos e compêndios que lia, vai recompondo estilhaços da memória e da história moçambicana. Mwadia gostava de ler. E são, justamente, os livros que lhe permitem a tecedura de uma "história-invenção": sobre o mundo, sobre Moçambique, sobre ela mesma.

A onomástica em Mia Couto é sempre significativa. Sintomaticamente, Mwadia quer dizer canoa; e é ela quem empreende a viagem pelos livros. Enquanto D. Gonçalo viajou de Goa para Moçambique, indo até o reino de Monomopata, ela faz uma travessia "a contrapelo" da história, por meio de barcos-documentos. Quando retorna de Vila Longe para Antigamente, após ter enterrado a Santa ao pé do embondeiro, na margem do rio Zambeze, junto com a caixa dos manuscritos do século XVI do jesuíta D. Gonçalo, Mwadia não é mais a mesma.

O romance de Mia Couto demonstra como a história de Moçambique, através dos séculos, se mestiçou. A alegoria da Virgem[22] antes de pele clara, sombreada pelo guarda-sol, que deixa de ser a santa dos brancos e se torna mulata, evidencia, simbolicamente, este processo de mesclagens culturais ocorridas ao longo da história de Moçambique.

O outro pé da sereia, de Mia Couto, reafirma, entre outras coisas, assim como também o romance *Choriro*, de Ba Ka Khosa, a importância da relação História e Literatura, a valorização das memórias, dos documentos escritos para a produção de uma "história-liberdade", capaz de apontar e fabricar sonhos para o futuro.

Ao buscarem os "outros pés da história", tanto o romance de Mia Couto como o de Ungulani Ba Ka Khosa reativam memórias, revisitando culpas e esquecimentos, não maniqueistamente, mas procurando olvidar vitimizações e heroizações unilaterais, frequentes nos discursos históricos que sempre opuseram vencidos e vencedores.

Tanto *Choriro*, quanto *O outro pé da sereia* demonstram, ao fim e ao cabo, que a história moçambicana apresenta multifacetadas versões. Ao reescreverem Moçambique, efetuam uma travessia imaginária pelo Zambeze, metáfora de um fluir a contratempo da história, por onde navegam múltiplos tempos, vozes e identidades.

NOTAS

1. Texto publicado no livro *Nação e narrativa pós-colonial I. Angola e Moçambique. Ensaios*. Org. LEITE, Ana Mafalda; Hilary Owen; Rita Chaves; Livia Apa. Lisboa: Colibri, 2013, p. 91-106. (capítulo de livro)
2. KHOSA, Ungulani Ba Ka. *Choriro*. Maputo: Alcance, 2009, p. 19.
3. COUTO, Mia. *Pensageiro frequente*. 2. ed. Lisboa: Caminho, 2010, p. 45.
4. LEITE, Ana Mafalda. Cenografias pós-coloniais nas literaturas africanas. In: MEDEIROS, Paulo de (org.). *Postcolonial theory and lusophone literatures*. Utrecht: Portuguese Studies Center; U. Utrecht, 2007, p. 100-101.
5. KHOSA, 2009.
6. COUTO, Mia. *O outro pé da sereia*. São Paulo: Companhia das Letras, 2006.
7. BENJAMIN, 1986, p. 224.
8. KHOSA, 2009, p. 7.
9. Id., ibid.
10. Id., ibid.
11. ROCHA, Aurélio. Posfácio. In: KHOSA, 2009, p. 149.
12. KI-ZERBO, Joseph. *Para quando a África?* Rio de Janeiro: Pallas, 2006, p. 17.
13. Sobre mestiçagem na obra de Mia Couto, há, entre outras, a tese de Celina Martins, editada em 2006, e a dissertação de Luana Costa, publicada em 2010, ambas referidas em nossa bibliografia.
14. COUTO, Mia, 2010, p. 48. [grifo nosso]
15. Goeses que se consideravam portugueses; eram chamados também de "judeus asiáticos", pois faziam o comércio de panos, quinquilharias pelo sertão africano.
16. KHOSA, 2009, p. 16.
17. Id., p. 27.
18. Id., p. 134.
19. Id., p. 29.
20. Id., p. 137. [itálicos do autor]
21. TODOROV, Tzvetan. Os homens-narrativas. In: *As estruturas narrativas*. Trad. Leyla Perrone-Moisés. 2. ed. São Paulo: Perspectiva, 1970, p. 123-127.
22. COUTO, 2006, p. 329.

II. A MAGIA DO CANTO
DISPERSAS INCURSÕES PELA POESIA

Os homens magros como eu
Não pedem para nascer
Nem para cantar.
Mas nascem e cantam
(...)
Mas homens somos
E com o mesmíssimo encanto magnífico
Dos filhos que geramos
Aqui estamos
na vontade viril
de viver o canto que sabemos[1]
   (José Craveirinha)

   (...) o meu trabalho sobre a tradição oral tem sido sobretudo, tal como eu o sinto e assumo, um exercício de modernidade, precisamente, que encontra nas estruturas profundas, reveladas por essa expressão, a via para actualizar, tornar acto, uma atitude tão antiga quanto o próprio tempo do homem – atitude poética – no exacto momento da escrita, no aqui, no agora, hoje mesmo.[2]
   (Ruy Duarte de Carvalho)

Inflama a pedra
de polir o canto

junto ao vento
de polir o fogo

junto às sombras
de polir o leite

junto ao tempo
de polir o silêncio[3]
(...)
   (David Mestre)

---

1 CRAVEIRINHA, José. "Cântico do pássaro azul em Sharpeville". *Karingana ua karingana*. Lisboa: Edições 70, 1982, p. 78-79.

2 CARVALHO, Ruy Duarte. *A câmara, a escrita e a coisa dita... Fitas, textos e palestras*. Luanda: Instituto Nacional do Livro e do Disco - INALD, 1997, p. 107.

3 MESTRE, David. "Voz off". In: _____. *Subscrito a giz: 60 poemas escolhidos (1972-1994)*. Lisboa: Imprensa Nacional – Casa da Moeda, 1996, p. 71.

A vertigem da criação[1]

> A língua que eu quero é essa que perde a função e se torna carícia. O que me apronta é o simples gosto da palavra, o mesmo que a asa sente aquando o vôo. Meu desejo é desalinhar a linguagem, colocando nela as quantas dimensões da vida. E quantas são? Se a vida tem, é idimensões?[2]
>
> Mia Couto

Essa atitude de Mia Couto face à língua, constantemente recriada pelo jogo poético da linguagem, retoma, em alguns aspectos, o erotismo verbal proposto pela poesia de Virgílio de Lemos produzida nos anos 1950 e 1960, em Moçambique. Representativa do "barroquismo estético" que, segundo o próprio Virgílio, perpassa a literatura moçambicana, desde o final dos anos 1950, tal postura ante o verbo criador traduz a rebeldia em relação às normas linguísticas impostas pelo domínio luso, libertando, desse modo, a língua do jugo da razão colonial que marcou a política assimilacionista empreendida pelos portugueses em África.

Antes de explorarmos essa vertente do "barroco estético" na obra virgiliana, faz-se necessário conhecer um pouco da história pessoal do poeta e o lugar que ele ocupa no quadro geral da poesia moçambicana.

Originário da Ilha de Ibo, situada no arquipélago coralino das Quirimbas, na costa norte moçambicana, Virgílio nasceu cercado de oceano. Sua ilha natal, conhecida pela beleza e elegância das mulheres de origem macua e pelo trabalho dos artesãos da prata, erige-se como o centro cósmico em torno do qual se movimenta o imaginário do poeta. Filho de portugueses, familiares de funcionários da coroa, "ultramarinos" que viajaram no triângulo Lisboa, Rio e Goa, alguns dos quais se fixaram em Moçambique, Virgílio de Lemos carrega, além da herança lusitana do sangue, longínquos traços da cultura oriental. Esse legado do Oriente é ainda bastante vivo na cartografia de Ibo, ilha que foi habitada, antes dos portugueses, por árabes, e que procurou preservar as tradições mouras, já mescladas às africanas, tendo sido um dos últimos locais de resistência macua e swahili à colonização lusitana.

Os primeiros poemas de Virgílio, datados de 1944 a 1948, já assinalavam sua sedução pelo gozo da palavra e pelo mergulho órfico nas profundezas da própria poesia:

> Memória, magia e corpo
> a palavra é a cidade
> onde te revelas e
> se revela a aventura,
> mergulho no ilimitado (...)[3]

Em 1952, junto com Reinaldo Ferreira, Augusto Santos Abranches e outros, Virgílio de Lemos fundou a Revista *Msaho*[4], cuja proposta poética estabeleceu um corte em relação aos cânones portugueses que regiam os paradigmas literários até então vigentes em Moçambique. Virgílio foi um dos grandes defensores da criação de uma genuína *poiesis* moçambicana, antropofágica e descentrada em relação ao fazer literário imposto pela colonização. Propunha e praticava uma poesia rebelde, cujas imagens, o ritmo, e o vocabulário revelavam os diversos saberes culturais presentes no múltiplo tecido social moçambicano. Mesmo nessa época, a poesia de Virgílio nunca se cingiu apenas às cores locais, bebendo sempre de ânsia universal, a dialogar intertextualmente com obras de poetas e intelectuais das vanguardas europeia e brasileira, da América Latina e do Movimento da Negritude, como comprovam os versos do poema "Inefável Luz do Eterno":

> Aqui nasci
> filho de uma filosofia,
> receptáculo de mil
> bocas em busca do irreal
> fascinante
> a voz dos antigos Vedas
> apela à destruição
> do que é transitório
> e aponta para o amanhã.

> A inspiração solar de Tchaka
> e Maguiguana, o corpo
> da matéria em Rimbaud
> Antero e Rilke
> na respiração cósmica
> da inefável luz
> do eterno[5]

Mesclando nomes de heróis africanos a vozes da poesia universalmente conhecidas, opera com uma intertextualidade barroca que persegue a liberdade para eternizar o ato poético.

Nascido em 1929, sob o signo do surrealismo de André Breton, Virgílio, adotando a proposição da escrita automática, das palavras em liberdade, deu vazão ao inconsciente, ao emocional, à procura de uma poesia autenticamente moçambicana. Os procedimentos dessacralizadores de seus versos instauram uma antropofagia do instituído e do simbólico oficialmente consagrado até então no panorama das letras em Moçambique. Rompe, dessa forma, com a Lei e com a Ordem paternas, ou seja, com a figura patriarcal da colonização:

> Quando eu nasci a vinte e nove, espanto meu
> Breton inquiria sobre o Amor no mundo.
> A minha mãe pedi que lhe mandasse recado
> que ele não perdesse tempo com desencantos,
> que fizesse amor sem gramáticas nem sutras.
> (...)
>
> Quando eu nasci em vinte e nove, grito de revolta
> a meio do mar, eu vela eu balão iboisado saudei o mundo
> o dadaísmo Kafka Dostoiévski Tchekov Camões e Eça,
> Assis, Graciliano e Pau-Brasil de Andrade.
> (...)
>
> Quando eu nasci surpresa rebentei a Bolsa a minha mãe
> olhos azuis e loura que tangava e sabia nadar
> e o craque fez valsar Chicago Londres Frankfurt (...)[6]

Vindo à luz em plena eclosão das vanguardas, do dadaísmo, do futurismo, entre os dois manifestos do surrealismo e as duas guerras mundiais, justo no ano do *crack* na Bolsa de New York que fez o "inferno de Wall Street", o sujeito-lírico da poesia virgiliana assume a velocidade e as inovações de seu tempo. Mas, a par dessa propensão à renovação, cria uma "antropofagia delirante" que também efetua uma revisão crítica do passado e recria a língua portuguesa:

> Mas qual o poeta que não tem,
> incestuosa
> uma relação com a língua
> qual a língua que não devora
> o poeta?[7]

A poética de *Msaho*, embora tenha saído apenas um único número da revista, conseguiu veicular a necessidade da ruptura estética, operando com uma linguagem poética alegórica e erótica de reconquista das próprias raízes culturais. Incorporou o riso, o jogo e a ironia, numa atitude de devoração crítica dos preconceitos introjetados pela colonização:

> Comboio a andar, salto para o wagon
> de cores, palavras e sons
> onde faço entrar Dada que lá não
> está – o trá-lá-lá
> do rés-do-chão
> da língua,
> murmúrios e rugidos
> do silêncio, mãe
> da melancolia, noite do que é
> em nosso espírito, vertigem (...)[8]

Irreverente e vertiginosa, a poesia de Virgílio denunciou a opressão contra as etnias negras de Moçambique, combateu também a repressão colonial e sonhou com a fraternidade entre brancos e escravos:

> (...) Ah! tantos desconhecidos mortos
> os que nasceram mais tarde
> não hão-de gritar humilhados
> bayete-bayete-bayete
> à kapulana vermelha e verde
> se subsistirem no tempo
> kapulanas de várias cores. (...)[9]

Esse poema ficou famoso na história da poesia moçambicana, pois levou Virgílio a responder processo por crime de desrespeito à bandeira portuguesa. Defendido por Carlos Adrião, o poeta acabou sendo absolvido, já que o advogado convenceu as autoridades de que chamar a bandeira de capulana verde e vermelha era uma forma de consideração, tendo em vista que, na tradição moçambicana, só usavam capulanas as *mamanas*, ou seja, as senhoras de grande respeitabilidade.

Entre 1954 e 1961, Virgílio participou da resistência moçambicana, tendo colaborado em *O Brado Africano, Tribuna, Notícias* e *A Voz de Moçambique*, um jornal de esquerda da época. Datam desse período os poemas do ciclo do "*Tempo agreste*", assinados por Duarte Galvão, um dos seus heterônimos, aquele cuja face mais se mostrou preocupada com as questões sociais, com os preconceitos étnicos, com a miséria e com as injustiças. Em 1960, esses poemas foram publicados numa antologia intitulada *Poemas do tempo presente*, obra apreendida pela PIDE, órgão de censura do regime ditatorial português. Entre 1961 e 1962, Virgílio de Lemos ficou quatorze meses preso, acusado pela PIDE de subversão que visava à Independência de Moçambique. Julgado por Tribunal Militar, ao ser libertado, resolveu, em finais de 1963, devido ao irrespirável clima de repressão política, deixar o território moçambicano, indo viver na França.

Alguns críticos dividem a obra de Virgílio em dois grandes momentos: o do lirismo reivindicativo de busca das matrizes moçambicanas da poesia e o do lirismo cosmopolita, do desenraizamento, da expressão sintética, incisiva, construída por intermédio de metáforas inesperadas e surreais. Na verdade, esses momentos não são tão estanques, pois a obra de Virgílio se organiza por ciclos e subciclos que se movimentam em espiralados pontos e contrapontos, fluxos e refluxos, cantos e contracantos, numa estrutura barroca, mas não a do barroco europeu que se move em antíteses e raciocínios conceptistas povoados de símbolos emblemáticos da ideologia cristã. Como o próprio Virgílio afirma em alguns ensaios seus, "a vertente de seu barroquismo, como o de toda a literatura moçambicana pós-50, é puramente estético e ideológico"[10], pois consiste na sedução do abismo e da irreverência de imagens e linguagem. Do barroco europeu, adota, apenas, a vertigem, o labirinto, os espelhamentos, porém esses recursos são orientados, em sua poética, para uma antropofagia cultural e literária que visa à subversão dos cânones coloniais da poesia que era praticada, antes, em Moçambique. Nesse sentido, esse conceito de "barroco estético" de que Virgílio se vale para definir o seu estilo e o da literatura moçambicana pós-50 se aproxima do "barroco latino-americano", ou seja, do "neobarroco", assim designado por Severo Sarduy[11].

Esse barroquismo se afirma como instrumento de rebeldia, em que a emoção predomina, rompendo com o equilíbrio clássico. O excesso e o exagero, a abundância e o desperdício caracterizam sua linguagem labiríntica, cuja extroversão busca o sem limites, o prazer, o erotismo.

Segundo Walter Benjamin[12], o barroco é a alegoria do desengano. É espelho deformado. Através do estilhaçamento semântico e fônico, faz o riso contracenar com a melancolia e com o vazio. É preciso ler o alegórico que se expressa pela ludicidade da linguagem.

No ciclo do mar e das ilhas, a poesia de Virgílio se plasma claramente relacionada à procura vertiginosa das origens. O erotismo é jogo, perda, desperdício e gozo em relação ao objeto perdido. A "ilha, resumo metafísico do mundo", segundo palavras do próprio Virgílio, é o que é buscado, embora o importante seja a viagem. Ibo, espaço matricial, se torna o lugar da meditação e do reencontro com as paisagens africanas, assim como outras ilhas, cheias de luz e cor, de raios solares incandescentes. Da errância, emergem a memória do azul, os sons do swahili, do oriente africano, as imagens de peixes e pássaros, de íbis cruzando os horizontes, que lembram ao eu-lírico os quadros de Klee, Miró e Kandinsky. A intertextualidade da poesia virgiliana não se restringe, apenas, à literatura; é mais ampla, estabelecendo diálogos e correspondências também com a pintura moderna. "*Virgílio pinta com palavras*"[13]. Plástica e visual, sua poética brinca barrocamente com a sedução das cores, dos sons, com a forma das rochas e corais, com o brilho do sol, com os reflexos na água do mar, lugar do movimento, do labirinto, da vertigem, da dispersão. Mobilidade sonora e visual, espelho fragmentado à procura do indizível:

> Ser ilha, sem limites
> vertigem, vibração
> voo da memória
> na subversão de si
> mesma, (...)[14]

O lirismo de Virgílio nunca seguiu uma única via. A produção do heterônimo Duarte Galvão representa uma dicção mais comprometida com o social, mas, mesmo ao denunciar as agrestes arbitrariedades, não esquece o labor estético ensinado por *Msaho* (1952), cuja proposta abriu a poética moçambicana a uma constante transformação linguística, tecida de metáforas eróticas que fizeram do corpo do poema o lugar do cio e do transe verbal. O poeta desconstrói, desse modo, os paradigmas coloniais, relendo moçambicanamente alguns emblemas literários lusitanos como, por exemplo, o do episódio da "ilha dos amores" cantada em *Os Lusíadas* por Camões. Mergulhando nos profundos mares do inconsciente ancestral, o sujeito-lírico elege Ibo como a ilha de seus amores, pois foi nela que aprendeu a silabar os primeiros sons em português e, depois, ouviu também palavras em swahili e em macua, devido ao plurilinguismo ali existente:

> Nos teus bicos, teus lábios, teus brincos
> se insularizam meus dedos, meus gritos,
> sóis que penetram teu desejo, teus muros,
> tua fome de incendiados ventres e mares.
> (...)
> E na estatuária swahili de teu cio de ouro,
> súbita e singular, és tu e não outra qualquer,
> quem por mim viaja, língua de fogos silabares, (...)[15]

Identificada ao mar e à ilha, a língua portuguesa, na obra de Virgílio de Lemos, se converte em moçambicana e, simultaneamente, cosmopolita viagem, abrindo-se, sem limites, aos ventos da imaginação e do erotismo verbal.

O "barroco estético" da poesia virgiliana, ao mesmo tempo que faz o eu-lírico se sentir atraído pela sedução do abismo e pelo vazio da morte, o faz também reagir, voltando-se, rebelde, para Eros e para a vida. A íbis primeva que habita o coração do poeta alça voo para os distantes caminhos do infinito e dos sonhos. Busca os azuis insulares da memória do mar das Quirimbas e mergulha na cosmicidade de antigas paixões. O corpo e a voz do poema se transformam em figurações do desejo, em busca do autêntico "*eroticus mozambicanus*" (termo grafado por LEMOS, Virgílio de, 1997, p. 124) perdido nas dobras do tempo e nas marítimas recordações do outrora.

Embora haja na obra de Virgílio de Lemos uma tensão permanente entre a vida e a morte, entre o ser e o nada, esses pares não se opõem de forma maniqueísta. Barrocamente, são reagenciados pelo constante erotismo da linguagem virgiliana que, o tempo todo, se retorce em movimentos espiralados, buscando preencher não só os vazios textuais, mas também os da própria existência. Metapoeticamente, a lírica virgiliana se dobra sobre ela mesma e o oceano da índica infância, enlaçado ao corpo da poesia, se oferece como possibilidade de infinitas travessias, como espaço aberto ao poeta que, sempre ao encalço de formas estéticas inaugurais, se torna um ser errante, cúmplice da beleza e da arte.

NOTAS

1 Texto anteriormente intitulado "O mar, a ilha, a língua: a vertigem da criação na poesia de Virgílio de Lemos", apresentado no VI Congresso da Associação Internacional de Lusitanistas, em 1999, na UFRJ, Rio de Janeiro, publicado no site da União dos Escritores Angolanos - UEA. Disponível em: https://www.ueangola.com/criticas-e-ensaios/item/254-o-mar-a-ilha-a-l%C3%ADngua-a-vertigem-da-cria%-C3%A7%C3%A3o-na-poesia-de-virg%C3%ADlio-de-lemos. Acesso: 20/02/2021.

2 COUTO, Mia. "Perguntas à Língua Portuguesa". In: ANGIUS, Fernanda e ANGIUS, Matteo. *O desanoitecer da palavra*. Praia; Mindelo: Embaixada de Portugal; Centro Cultural Português, 1998, p. 62.

3 LEMOS, Virgílio de. Poema escrito em 1946 e assinado pelo heterônimo Duarte Galvão. Incluído no seu livro *Negra azul*. Maputo: Centro Cultural Português; Instituto Camões, 1999, p. 55.

4 *Msaho* significa canto, poesia, na língua Chope, falada por uma etnia moçambicana do sul.

5 LEMOS, Virgílio de. Poema escrito em 1953 e assinado pelo heterônimo Duarte Galvão. In: *Negra azul*, 1999, p. 54.

6 _____. Poema escrito em 1951 e assinado pelo heterônimo Duarte Galvão. In: *Negra azul*, 1999, p. 42-45.

7 _____. Poema escrito em 1962 e assinado pelo heterônimo Duarte Galvão. In: *Negra azul*, 1999, p. 49.

8 _____. Poema escrito em 1963 em Lourenço Marques. In: *Eroticus moçambicanus*, 1999, p. 111-112. [Virgílio de Lemos grafa "moçambicanus", no título de sua antologia publicada no Rio de Janeiro, 1999.]

9 _____. Poema escrito em 1954 e assinado pelo heterônimo Duarte Galvão. In: *Negra azul*, 1999, p. 55.

10 LEMOS, Virgílio de. "O Barroco estético ou 7 enunciados e 4 variantes". In: _____ *Eroticus mozambicanus. Congresso Internacional Panorama "As novas literaturas africanas de língua portuguesa"*. Lisboa: GT do Ministério da Educação para a Comemoração dos Descobrimentos Portugueses, 1997, p. 124-150. [Virgílio de Lemos grafa "mozambicanus" nas Atas do referido Congresso.]

11 SARDUY, Severo. "O Barroco e o Neobarroco". In: MORENO, César Fernández. *América latina em sua literatura*. São Paulo: Perspectiva, 1979, p. 161-178.

12 BENJAMIN, Walter. *Origem do drama trágico alemão*. Trad. João Barrento. Lisboa: Assirio & Alvim, 2004, p. 180.

13 ANGIUS, Fernanda. Posfácio. In: LEMOS, Virgílio. *Eroticus moçambicanus*, 1999, p. 137-138.

14 LEMOS, Virgílio de. "Mar de movimento". In: *Eroticus moçambicanus*, 1999, p. 71.

15 _____. "Língua de fogos silabares", poema escrito em 1959. Incluído na antologia *Eroticus moçambicanus*, 1999, p. 70.

Canto e poesia a uma só voz[1]

A cotovia desperta o que há de mais puro em nós.[2]
Lucien Wolff

Poeta "bissexto", como ele próprio se designa na abertura do livro *Monódia*, Fernando Couto apresenta uma produção poética intervalada, com colaboração dispersa em jornais e revistas, entre os quais: *Paralelo 20*, "Suplemento Moçambique 58/59" do *Notícias*, a *Voz de Moçambique* e outros. Figura ainda em *Poetas de Moçambique* (1962) e tem publicados os seguintes livros de poesia: *Poemas junto à fronteira* (Beira, 1959), *Jangada do inconformismo* (Beira, 1962), *O amor diurno* (Beira, 1962), *Feições para um retrato* (Beira, 1973), *Monódia* (Maputo, 1987), *Os olhos deslumbrados* (Maputo, 2001), *Rumor de água – Antologia poética de Fernando Couto* (2007) e *Vivências moçambicanas* (2008). À semelhança dos anos que possuem mais um dia para contrabalançarem a incomensurabilidade entre os períodos de rotação e translação da Terra, o caráter bissexto da produção literária de Fernando Couto também compensa, por sua qualidade estética, os anos de intervalo em que sua poesia fica a se engendrar e a se depurar em silêncio.

Monódia (Maputo, 1996), quinto livro publicado do poeta, reúne poemas escritos quase todos em Moçambique, entre 1965 e 1988. Caracteriza-se por um lirismo introspectivo e monologal, que transforma cada poema em um canto interior, por intermédio do qual o eu-lírico traduz suas emoções, angústias, enfim, toda sua subjetividade. Uma melodia suave perpassa seus versos, cujo tom e o ritmo apresentam a pureza do canto da cotovia, ave eleita pelo poeta para metaforizar sua própria poesia. O simbolismo cósmico, geralmente atribuído a esse pássaro, traz para os versos a musicalidade da natureza e a leveza alada dos que sabem alçar voo pelo universo poético. É um canto que, se afastando da recorrência a discursos políticos engajados e da referência explícita a realidades históricas particularizadas, eleva sua voz a territórios invisíveis e ontológicos, preocupado em indagar sobre o mistério da vida e da morte, sobre os tênues limites da existência humana.

Poeta da beleza estética, da fugacidade, Fernando Couto capta cada instante, cada silêncio, eternizando-os na palpitação de sua *poiesis*, cuja respiração volátil e a dicção harmoniosa desvelam a doçura com que, a exemplo da mensagem de Senghor escolhida para epígrafe do livro, constrói sua lírica pelo viés do existencial e do humano.

No poema "Manifesto", que funciona metalinguisticamente como arte poética da sua poesia, o eu-lírico, embora aceite que a literatura possa servir à denúncia da fome e à luta social, recusa-se a transformar seus versos em meras espingardas de combate ideológico. Para ele, o discurso poético é, antes de tudo, trabalho artístico com a linguagem. Por isso, declara: "Poesia, (...) / quero-te só cotovia/ íntima voz de meu sangue."[3]

Por ter trilhado caminhos líricos existenciais, a poesia de Fernando Couto, como a de outros poetas dos anos 50 e 60 em Moçambique, entre eles Glória de Sant'Anna, Virgílio de Lemos e outros mais, não tiveram, durante os anos de guerra colonial, a ressonância merecida, em virtude de a militância poética ter-se instituído como cânone literário de uma época de exaltação de utopias libertárias.

> O trabalho poético é às vezes acusado de ignorar ou suspender a práxis. Na verdade, é uma suspensão momentânea e, bem pesadas as coisas, uma suspensão aparente. Projetando na consciência do leitor imagens do mundo e do homem muito mais vivas e reais do que as forjadas pelas ideologias, o poema acende o desejo de uma outra existência, mais livre e mais bela (...), pela qual vale a pena lutar.[4]

Em tempos desumanos, de brutalidade e jugo totalitário, poetas, como Fernando Couto, Glória de Sant'Anna, Reinaldo Ferreira e outros mais, ultrapassaram, entretanto, os ângulos redutores e limitados da poesia panfletária, não tomando partido direto e radical em relação às questões políticas, ainda que tenham feito críticas às arbitrariedades da censura e do poder. Entretanto, ressaltando a importância do ser humano, também chamaram atenção para a asfixia que sufocava a sociedade moçambicana nos anos de colonialismo e guerra:

> Pedregoso o chão da pátria
> apenas o tamanho de um brado.
> Asfixiava-nos o abraço das serras
> horizonte de granito urze e lobos:
> ampla e aberta apenas a porta do mar.[5]

"Horizonte de azul de espaço e água"[6], o mar se faz metáfora da liberdade inexistente. À procura desta, o lirismo de Fernando Couto se afirma como um canto interior que nunca se subjugou a grilhões, nem a palavras-de-ordem guerrilheiras. Mergulhando na cosmicidade da natureza, faz sua poesia voar livre pelos interstícios da imaginação criadora.

Esse tipo de lirismo, durante os tempos de luta armada, foi por alguns grupos sectários considerado reacionário, sendo por isso marginalizado e pouco divulgado. Hoje, entretanto, após as conquistas poéticas dos anos 80 em Moçambique que se opuseram à poesia engajada e propuseram a retomada do lirismo existencial, a exaltação do amor, dos sentimentos individuais, não pode mais ser encarado dessa forma, levando-se em conta a atual compreensão de que:

> a saudade de tempos que parecem mais humanos nunca é reacionária. (...) Reacionária é a justificação do mal em qualquer tempo. Reacionário é o olhar cúmplice da opressão. Mas o que move os sentimentos e aquece o gesto ritual é, sempre, um valor: a comunhão com a natureza, com os homens, (...) com a totalidade.[7]

A poesia de Fernando Couto assume-se como gesto e canto de um ritual lírico de interiorização do ser. Incorporando a imagem da cotovia como metáfora de seu lirismo, o poeta, como Senghor, faz também de seus versos uma "ponte de doçura entre a vida e a morte"[8], tendo em vista as relações invisíveis entre o terrestre e o celeste geralmente associadas à simbologia dessa ave. "A cotovia é pássaro cor de infinito. Diríamos também cor da ascensão."[9]

Ao analisar poetas da literatura universal que também fizeram da cotovia um emblema poético, o filósofo Gaston Bachelard conclui que essa ave apresenta, quase sempre, um poder de transcendência. No espaço lírico, ela costuma emanar uma energia etérea, acompanhada de uma onda de alegria que expressa a parte vibrante do ser, sua emoção diante do enigma da criação cósmica. "Síntese pura do ser e do devir, de um vôo e de um canto, a cotovia é a representação do indiferenciado poético".[10]

E esse indiferenciado é condição da poesia pura, ou seja, daquela que, segundo Bachelard, não se deixa restringir apenas ao descritivo e ao circunstancial, transcendendo as leis da representação e absorvendo, ao mesmo tempo, sujeito e objeto. De acordo com o referido filósofo, ao ouvir a cotovia, a imaginação se dinamiza e se transforma em melodia ascendente, "transportando para o céu – conforme palavras de Michelet – as alegrias da terra."[11]

O lirismo de Fernando Couto opera com signos cósmicos: águas, mares, rios, fogos, chamas, terras, montanhas, savanas, ventos, ares, pássaros, sendo estes, metaforizados pelo galo e pela cotovia, que se fazem, principalmente, expressão de seu "irreprimível canto".[12]

Mia Couto, filho de Fernando Couto, em prefácio ao livro *Poemas da ciência de voar e da engenharia de ser ave*, de Eduardo White, diz que esse poeta escreve em aves. Seu pai também o faz, seduzido, como confessa em um poema, pelo "fascínio das asas"[13]. Aliás, é interessante observar as afinidades entre a poesia de Fernando Couto e a de Eduardo White. Ambos apresentam uma poética aquática e aérea, cujo pulsar existencial reflete acerca dos invisíveis fios que fazem e desfazem a dialética entre vida e morte. O jovem White, poeta surgido nos anos 1980, retoma, em muitos aspectos, o viés lírico da poesia moçambicana de que são representantes poetas anteriores como Glória de Sant'Anna, Virgílio de Lemos, Fernando Couto.

Esboçada essa ponte que une o atual lirismo moçambicano ao praticado nos anos 50, 60 e 70, delineia-se o lugar poético de Fernando Couto, cuja poesia sempre se fez e continua a se fazer dentro dessa vertente lírica que, mesmo nos anos de guerra, nunca se ausentou totalmente da literatura produzida em Moçambique.

Por ter nascido em Rio Tinto, no Porto, em 16-04-1924, e por ser sua poesia de cunho predominantemente universal, versando sobre temas existenciais, a poesia de Fernando do Couto, durante certo tempo, não foi considerada por alguns críticos como pertencente ao autêntico patrimônio literário moçambicano, apesar de grande parte de seus poemas ter sido produzida em Moçambique. Consideramos esse critério bastante discutível, pois apenas leva em consideração a pátria de nascimento do autor, ignorando os pactos afetivos de identificação tecidos durante sua vivência, desde 1953, em terras moçambicanas.

Em algumas composições poéticas de Fernando Couto, estão presentes a mágoa e a saudade do país longínquo, as lembranças das noites de inverno vividas na infância. O sujeito lírico, sentindo-se estrangeiro e desterritorializado na terra de exílio, recolhe-se à sua interioridade, à procura de elos emotivos capazes de equilibrarem sua subjetividade cindida entre duas pátrias. É pela contemplação do mar, mas um mar lírico e feminino que lhe traz as imagens de Eros e a descoberta do exercício da poesia introspectiva, que consegue ultrapassar o desenraizamento provocado pela distância em relação à terra natal. À medida que se contempla existencialmente no espelho das marítimas águas vai-se encontrando e, naturalmente, começa a incluir em seus versos paisagens moçambicanas: o Rio Zambese, as savanas, os mangais, o mar da Beira, as garças, os coqueiros alados, a Praia do Savane. As cartografias geográficas, culturais e humanas de Moçambique vão, assim, aos poucos, integrando o imaginário literário do poeta. Afirmando-se por um *ethos* ontológico, a poética de Fernando do Couto, com sensibilidade e delicadeza de sentimentos, embora não trate explicitamente de temas sociais, critica a guerra, quando exalta as belezas do parque nacional de Gorongosa antes da destruição sofrida. Também, ao regressar à Beira, lugar em que o poeta viveu tantos anos e encontrou asilo quando se radicou em Moçambique, sofre por ver a face da cidade desfigurada, não a reconhecendo, nem se reconhecendo mais nela. Como Ulisses, entre regressos e partidas, e como Penélope, a trançar e destrançar uma teia de infortúnios, solidões e exílios, o sujeito poético encontra na própria alma e no mistério da natureza a pátria de sua poesia:

> Em ti a escondes e acalentas,
> e revives reinventando-a:
> um aroma, um rumor, um olhar
> e ei-la à tua frente, viva, fulgurante,
> halo de ternura, magoado sorriso,
> saudade em rosto e corpo inteiro.
>
> E, assim, nenhum país te é estranho,
> emigrante da alma fazendo pátria.[14]

Declarando "irmandade a tudo o que palpita"[15], a voz lírica se extasia diante do mistério da vida, apesar de ter sempre presente a consciência da efemeridade do existir, ou seja, da implacabilidade da "aranha da morte"[16]. Essa lucidez, entretanto, não se cobre de amargor e peso. Há, ao contrário, uma leveza que empurra o sujeito poético para o alto, pois a certeza das perdas faz renascer a esperança de novas descobertas. A percepção dos sentidos cósmicos da vida faz o poeta compreender que o ciclo vital é uma cadeia constante em que o fazer e o desfazer, o extinguir e o renovar se alternam infinitamente. A clareza disso encharca de ternura a *poiesis* de Fernando Couto, na qual, a par das dores, sofrimentos e ausências, fica sempre uma mensagem de incentivo a novas buscas existenciais. Através de emoções variadas frente ao gozo da vida, à inexorabilidade da morte, à solidão do exílio, ao delírio do beijo, ao encanto pelos pássaros, à liberdade que lhe desperta a imagem do gato, "animal perfeito, feito de carícia e garras"[17], a voz lírica vai, a cada momento, redescobrindo a ternura do belo que envolve o ato criador, sintetizado no seguinte verso: "a mão de Deus moldando a curva do seio/ e a mão humana traçando a curva da ogiva"[18].

No lirismo de Fernando Couto, a beleza da natureza, os elementos cósmicos se transformam, portanto, em signos privilegiados de um erotismo primordial, em permanente tensão com Tânatos. A cotovia, símbolo de pureza e alegria, se faz profunda flecha no coração do humano. O mar feminino, lugar de Eros e da imaginação, se plasma como magma de fertilização dos sonhos. A sedução do azul marinho leva o eu-lírico a buscar, na "fímbria das ondas"[19], metáfora do limiar fugaz da existência, a emoção e a perplexidade absolutas diante do mistério da criação.

NOTAS

1 Texto apresentado na mesa-redonda "Literaturas Africanas de Língua Portuguesa: Tradição e Ruptura", no XI Congresso da Associação de Estudos da Linguagem - ASSEL - RIO, Rio de Janeiro, 1999. Posteriormente, publicado no livro em homenagem a Fernando Leite Couto, intitulado *Fernando Leite Couto: uma voz cheia de vozes*. Maputo: Fundação Fernando Leite Couto - FFLC, 2015, p. 81-86.

2 WOLFF, Lucien. In: BACHELARD, Gaston. *O ar e os sonhos*. São Paulo: Martins Fontes, 1990, p. 89.

3 COUTO, Fernando. *Monódia*. Maputo: AMOLP, 1996, p. 37.

4 BOSI, Alfredo. *O ser e o tempo da poesia*. São Paulo: Cultrix, 1983, p. 192.

5 COUTO, F., 1996, p. 20.

6 Id., p. 20.

7 BOSI, A., 1983, p. 153.

8 SENGHOR, L. Epígrafe. In: COUTO, F., 1996, p. 7.

9 BACHELARD, Gaston. *O ar e os sonhos*. São Paulo: Martins Fontes, 1990, p. 84.

10 Id., p. 85.

11 MICHELET. In: BACHELARD, 1990, p. 87.

12 COUTO, F., 1996, p. 59.

13 Id., p. 28.

14 Id., p. 49.

15 Id., p. 36.

16 Id., p. 57.

17 Id., p. 55.

18 Id., p. 67.

19 Id., p. 30.

Uma poética de mar e silêncio...[1]

> O silêncio funda um outro discurso, que não o comum; entretanto, é linguagem de grande teor significativo.[2]
>
> George Steiner

Mar, silêncio e solidão atravessam a obra poética de Glória de Sant'Anna, cuja linguagem flui numa liquidez profunda, articulada por uma semântica aquática e abissal, que busca apreender os mistérios da alma humana.

Por ter nascido em Lisboa e por ser sua poesia de cunho predominantemente universal, versando sobre temas existenciais, a poesia de Glória de Sant'Anna, durante algum tempo, não foi considerada como pertencente ao patrimônio literário moçambicano, embora grande parte de seus poemas tenha sido produzida durante os vinte e três anos vividos por ela em Moçambique. Consideramos esse critério bastante discutível, pois apenas leva em consideração a pátria de nascimento da autora, ignorando os pactos afetivos de identificação tecidos durante sua longa vivência em terras africanas.

Em 1951, recém-casada, Glória mudou-se para Nampula, cidade moçambicana onde viveu até 1953, ocasião em que se transferiu para Porto Amélia, hoje Pemba, outra cidade do litoral moçambicano. Seus primeiros livros foram publicados nessa época: *Distância* (1951) e *Música ausente* (1954). Nessas obras, é clara a "desterritorialização" do sujeito poético, cuja face, "sobre o azul vogando"[3] se revela perdida, refletindo a imagem da própria identidade fraturada que não se reconhecia ainda nas paisagens africanas. Com o "coração inteiro/ no fundo do oceano"[4], o eu-poético tem consciência de seu "naufrágio interior". Mergulha, então, nas marítimas águas do exílio, e, através de uma linguagem poética reflexiva, procura alguns pontos de ancoragem com as fronteiras diluídas da pátria distante.

Nos dois primeiros livros de Glória, domina uma semântica de vaguidão. As reminiscências da voz lírica se encontram esmaecidas, sem nenhum referencial, a não ser o "oceano de prata" que se esvai em longínquos horizontes e se configura, ainda, como um território vazio de memórias, conforme denunciam os versos do poema "Música Ausente": "Na minha lembrança batem águas de vidro / de um mar sem sentido".[5]

Nas composições poéticas dessa fase, amargura, degredo e solidão aprisionam o sujeito lírico, que, sem uma fisionomia definida, se fecha em sua interioridade, à procura de elos emotivos capazes de equilibrarem sua subjetividade cindida entre duas pátrias. É, pela contemplação do mar de Pemba e pelo exercício da poesia, que consegue alento para ultrapassar o desenraizamento provocado pela saída da terra natal para viver em terras alheias.

À medida que se contempla existencialmente no espelho das marítimas águas, o sujeito poético vai-se encontrando e, naturalmente, começa a incluir em seus versos novas paisagens e pessoas. Do âmago das palavras emanam, então, emoções fraternas em relação ao povo moçambicano: "Que importa seres meu irmão noutro país?"[6] – indaga-se o sujeito lírico, com o coração já se abrindo aos novos horizontes.

Cartografias geográficas, culturais e humanas de Moçambique vão, aos poucos, integrando o imaginário literário da poesia de Glória de Sant'Anna, que, lentamente, passa a captar os ritmos e batuques africanos (Poema "Batuque")[7], como também as danças das negras à beira-mar:

Negrinha faceira,
dentro da água cálida,
quem olhará
tua graça?

Ou quem verá teu riso
esparso
entre uma onda translúcida
e um sargaço?

(...)
Os teus pés estão sobre os búzios claros
e vazios,
e há música e sol
em teus ouvidos.

Mas quem passa, deixando pegadas na areia,
não olha para ti, negrinha faceira.[8]

Afirmando-se por um *ethos* existencial e humano, a poética de Glória, com imensa sensibilidade e delicadeza de sentimentos, também critica os preconceitos raciais presentes em Moçambique; só que o faz de forma suave, velada e sutil.

Contemporâneos da chamada "poesia da moçambicanidade", seus poemas de *Música ausente* (1954) e do *Livro de água* (publicado em 1961, mas com poemas escritos na década de 50), embora não se utilizem do estilo veemente com que, por exemplo, Noémia de Sousa e José Craveirinha celebraram, nos anos 1950, os valores autenticamente moçambicanos, também cantam as belezas africanas:

> (Do fundo do tempo a negra se curva
> sobre a inquieta água
> e sobre seu cesto redondo
> de palha entrançada.
> Por dentro da tarde a negra se curva
> no horizonte fechado,
> o seu gesto é ancestral
> e cansado).[9]

Laureada com o prêmio Camilo Pessanha, em 1961, por seu *Livro de água*, Glória de Sant'Anna tornou-se reconhecida literariamente. Continuou a escrever nos anos 60 e 70, e sua obra se manteve fiel à linha existencial por que optou desde o início de sua trajetória poética. Embora acompanhasse as mudanças sociais por que passava a sociedade moçambicana, a poesia de Glória, nos anos de guerra – a que ela chamou de "tempos agrestes" –, não enveredou pelo *ethos* militante e revolucionário que dominou o panorama literário de Moçambique nesse período. Apesar de muitos de seus poemas terem denunciado os malefícios dessa época de lutas e violências, sua poética fez a opção pelo silêncio e pela metáfora, alinhando-se, por isso, ao lado dos poetas da Revista *Caliban*, como Rui Knopfli, Sebastião Alba, entre outros, que, para driblarem a censura e repressão, enveredaram por caminhos poéticos universalistas e existenciais, sem, contudo, deixarem de problematizar as questões sociais.

Glória de Sant'Anna, em muitos de seus poemas escritos de 1964-1974, criticou o sem sentido da guerra que, para ela, "igualou os soldados revolucionários e os cipaios"[10]. Comoveu-se com as mortes, chorou com a chuva sobre o rosto do cadáver do negrinho estirado no chão[11], acumpliciando-se com as mães negras que perderam seus filhos nas lutas. E, como mulher, se identificou às negras, celebrando o sentimento universal da maternidade:

Olho-te: és negra.
Olhas-me: sou branca.
Mas sorrimos as duas
na tarde que se adianta.

Tu sabes e eu sei:
o que ergue altivamente o meu vestido
e o que soergue a tua capulana,
é a mesma carga humana.

Quando soar a hora
determinada, crua, dolorosa
de conceder ao mundo o mistério da vida,

seremos tão iguais, tão verdadeiras,
tão míseras, tão fortes,
E tão perto da morte..."[12]

    Nos poemas em que Glória denuncia a urgência de sangue exigida pela guerra, o mar se faz ausente. A voz lírica se tece da angústia de um silêncio diferente, porque forjado por medos e atrocidades. Um silêncio de ciprestes, esquifes e espadas cegas. Um silêncio de anulação da arte e da vida.
    No poema Sexto do livro *Cancioneiro incompleto (temas da guerra em Moçambique, 1961-1971)*, de Glória de Sant'Anna, o sujeito poético condena a violência que destruiu os macondes, cujas esculturas celebra:

(...)
(cada figura crescia de suas mãos negras
como se brotasse da sua própria fina pele
solta para a claridade e portadora
de igual agreste impulso
e em seu rosto
e em suas pupilas alagadas
era o mesmo secreto tempo de amar)

Hoje o pesado e oculto pau preto
jaz dentro da ausência
pleno de irreconhecíveis figuras
que perpassam iguais às da nossa memória(...)[13]

Por entre sons de canhões e agrestes perplexidades diante da morte de pessoas inocentes, a poesia de Glória capta também a suavidade do mar, o canto dos negros e os tantãs dos tambores moçambicanos[14]. Por entre os silêncios de lucidez crítica, seus versos assumem a consciência do fazer estético e, em meio às lacunas da denúncia explícita da opressão, teoriza sobre sua própria arte poética:

> Um poema é sempre
> uma qualquer angústia que transborda.
>
> (E eu posso cantá-lo de amor
> posso cantá-lo de ódio
> posso cantá-lo de roda...)
>
> Um poema é sempre
> como um rebento novo que se desdobra.
>
> (E eu posso cantá-lo ao sol
> posso cantá-lo de água
> posso cantá-lo de sombra...)
> Um poema é sempre
> como uma lágrima que se solta.
> (E eu posso cantá-lo como quiser:
> há sempre uma palavra que me esconda...)[15]

Metalinguagem, sensibilidade e silêncio levam a voz lírica a profundas reflexões sobre a sua textualidade poética que, "de grito a canto", se reconhece mar, vento, som, melodia. O oceano traz as correntes submersas da memória. Mudanças atmosféricas marcam o ritmo introspectivo das lembranças e das catarses históricas. Alterações cromáticas, luminosas e sonoras trazem o vento para dentro dos poemas como símbolo da transformação do eu-lírico, o qual busca, agora, apreender a expressão de belezas e angústias indizíveis:

> de sangue salgado se vestem
> estas minhas palavras
> e é sangue e sal o que escrevo
> e mágoa[16]

Mar, tecido de mortos e vivos, magma da memória ultrajada, cuja liquidez salgada purifica as lembranças e as palavras. Mar, reservatório de mágoas e sangues acumulados que só se fazem expurgados pelas águas da própria poesia. Mar, mergulho abissal na interioridade mítica universal e reencontro com as raízes profundas de identidades submersas: "Porque sempre o mar: / é isso /– os mortos, as algas, as marés, os vivos".[17]

A poética de Glória de Sant'Anna, como a poesia de Rimbaud, de Hölderlin, de Cecília Meireles, mergulha no silêncio e na musicalidade da linguagem, no "mar absoluto" da própria poesia. Captando a melodia cósmica das palavras, apreende a emoção do inexprimível, os sentidos profundos do existir humano universal:

> Eu naveguei pelo interior de um longo rio humano
> de tempos diversos onde também há sangue vegetal,
> buscando o que acabei por encontrar – a imensa
> angústia que se reparte.
>
> Sobre isso escrevo.
>
> Mas cuidado: a música da palavra é um casulo de
> seda. Só dobando-os com olhos atentos se chega
> à verdade – à solidão ansiosa e disponível.
>
> No entanto, que cada um faça a sua leitura.[18]

É uma poesia que faz opção pelo silêncio. Um silêncio, cujo significado "fala" mais que o de poemas explicitamente engajados com o real histórico, pois é tramado pela densidade de emoções e sentimentos despertados por situações várias: de beleza, de ternura, de ódio, de dor, de medo, de angústia, de saudade.

Quando a autora, em 1974, teve de regressar a Portugal, o retorno à pátria se converteu para ela num segundo exílio. Arrancada do mar de Pemba de que se alimentara por longo tempo, a poetisa ficou vários anos sem conseguir escrever, agora, num silêncio concreto, sem palavras. Ao recuperar a linguagem, mergulhou de novo no mar, em cujas águas, transformadas em canto, passaram a ressoar memórias, por intermédio das quais a voz lírica se reconheceu livre e inteira:

> eis-me solta de todas as amarras
> da canga a que forcei o pensamento
> de novo imersa nessa pura água
> em que me identifico e apresento[19]

Mar e silêncio, na obra de Glória, passam a conotar depuração. Depuração de sentimentos e emoções que não se traduzem em linguagem comum, mas que se revelam na expressão indizível das metamorfoses da própria poesia:

> A essência das coisas é senti-las
> tão densas e tão claras,
> que não possam conter-se por completo
> nas palavras.
>
> A essência das coisas é nutri-las
> tão de alegria e mágoa,
> que o silêncio se ajuste à sua forma
> sem mais nada.[20]

Mar, música e silêncio fluem na sacralidade poética instaurada pelo discurso de Glória de Sant'Anna, para quem a literatura, acima de ideologias, de partidos, de nacionalidades, de etnias ou de gêneros, assume um compromisso maior com os valores humanos e estéticos da arte e da própria criação poética.

NOTAS

1 Texto anteriormente intitulado "Glória de Sant'anna: uma poética de mar e silêncio", publicado como capítulo de: REIS, Lívia de Freitas; VIANNA, Lúcia Helena; e PORTO, Maria Bernadette (org.) *Mulher e literatura: trabalhos do VII Seminário Nacional*. Niterói: EDUFF, 1999, p. 406-412.

2 STEINER, George. *Linguagem e silêncio: ensaios sobre a crise da palavra*. São Paulo: Companhia das Letras, 1988, p. 73.

3 SANT'ANNA, Glória de. *Amaranto: poesias 1951-1983*. Lisboa: Imprensa Nacional - Casa da Moeda, 1988, p. 47.

4 Id., p. 35.
5 Id., p. 53.
6 Id., p. 56.
7 Id., p. 63.
8 Id., p. 62.
9 Id., p. 63.
10 Id., p. 164; p. 176.
11 Id., p. 99; p. 100.

12 Id., p. 119.
13 Id., p. 167; p. 168.
14 Id., p. 201.
15 Id., p. 97.
16 Id., p. 229.
17 Id., p. 202.
18 Id., poema da quarta capa do livro.
19 Id., p. 289.
20 Id., p. 126.

Sonhos e clamores...[1]

A violência social na África e no Brasil é imensa. Novas formas de opressão surgiram com a economia transnacional, que, cada vez mais, vem oprimindo os países do antigo chamado "Terceiro Mundo". A dilaceração da memória e a perda da identidade sociocultural geraram uma maior fragmentação da História, provocando um vazio de utopias. A miséria vem alienando a maioria silenciosa, ou seja, a população pobre que vive esmagada em bairros marginais.

O avanço tecnológico chegou para as elites e o povo continua na precariedade, lutando para não morrer de fome. Meninos de rua evidenciam a falta de perspectivas futuras para esses países, onde a guerra, o tráfico de drogas e armas enriquecem alguns poucos, enquanto a maioria torna--se, cada vez mais, miserável. Um clima de distopia e desencanto provoca o desânimo coletivo, quase não mais havendo lideranças a clamarem contra as corrupções e desigualdades.

Diante desse quadro, necessário é não esquecer que uma das funções da arte é a de alerta e reflexão crítica do social. Estabelecendo, então, um diálogo entre poemas do brasileiro João Cabral de Melo Neto e a do angolano Arlindo Barbeitos, nossa intenção é enfatizar que a poesia é um espaço privilegiado por meio do qual podem ser veiculados valores existenciais, éticos e mais humanos para as sociedades.

João Cabral, em linguagem descarnada, fez o registro das diferenças sociais existentes entre as classes abastadas e as camadas pobres do Nordeste brasileiro. Confissão, ao avesso, o recordar na poesia cabralina se tece pelo gume da miséria, chamando a atenção para as condições subumanas de vida de muitos nordestinos. A lama em sua poesia é metáfora da degradação da sociedade. A secura dos seus versos reflete a magreza de seres perpassados pela fome. Poesia contida, aguda, apresenta a marca da denúncia. Sob a rebeldia de seus poemas, lê-se a "lição do menos", aprendida pela observação da miséria social. Os versos descarnados agridem o leitor, como a realidade agreste também fere os habitantes das regiões da seca. As carências da paisagem social são desveladas através de uma linguagem poética que traduz as perdas e os desfalques sofridos:

> Somos muitos Severinos
> iguais em tudo na vida;
> na mesma cabeça grande
> que a custo é que se equilibra,
> no mesmo ventre crescido
> sobre as mesmas pernas finas,
> e iguais também porque o sangue
> que usamos tem pouca tinta.
> E se somos Severinos
> iguais em tudo na vida,
> morremos de morte igual,
> mesma morte severina:
> que é a morte de que se morre
> de fome um pouco por dia.[2]

Severino é metonímia do homem anônimo do Nordeste brasileiro que morre cedo, vítima da seca, da miséria, do descaso das autoridades. Vida e morte, no poema, se igualam, "severinas". Este adjetivo expressa a escassez e a inópia em que vivem os habitantes da região, ou seja, a ausência das mínimas condições de vida que lhes são oferecidas. Em linguagem seca, cortante, o fio dos versos aguça a consciência do leitor. É uma poesia que opera com a falta, com a negatividade, que investe no poder de politização da palavra poética. Esta é lançada como canto solidário aos despossuídos, visando ao despertar coletivo da sociedade:

> Um galo sozinho não tece uma manhã:
> ele precisará sempre de outros galos.
> De um que apanhe esse grito que ele
> e o lance a outro; de um outro galo
> que apanhe o grito que um galo antes
> e o lance a outro; e de outros galos
> que com muitos outros galos se cruzem
> os fios de sol de seus gritos de galo,
> para que a manhã, desde uma teia tênue,
> se vá tecendo, entre todos os galos.[3]

A manhã metaforiza a liberdade, os sonhos de igualdade para todos. O canto dos galos remete para o acordar das consciências. A poesia, assim, se arma como teia, cujo "tênue tecido" envolve aqueles que lutam pelo exercício da justiça social.

A poesia do angolano Arlindo Barbeitos se assemelha, em alguns aspectos, a de João Cabral, pois também opera com a negatividade e com a contensão verbal. A linguagem descarnada vai desbastando a retórica. Os poemas expressam, pelo esgarçamento semântico e sonoro dos versos, o dilaceramento de Angola, país mutilado pela miséria e pela guerra. A poética de Barbeitos se tece entre a ameaça dos "aviões mortíferos", metaforizados em "pássaros canibais", e os "fiapos de sonhos" que ainda resistiam nos espaços intervalares da sangrenta realidade angolana, pressionada pelos conflitos entre a UNITA e o MPLA, pelos interesses das potências estrangeiras que também disputavam as áreas do petróleo e dos diamantes.

A política mundial era ambígua em relação ao contexto de Angola; todos proclamavam a urgência da paz, mas, contraditoriamente, vendiam armas. O Brasil e outras nações forneceram armamentos ao governo angolano, enquanto, por outro lado, a África do Sul, o Zaire, a Arábia e outros países abasteceram, durante muito tempo, a UNITA.

A poesia de Arlindo Barbeitos desvela uma triste consciência de orfandade em relação a Angola, país, onde, as "metonímicas muletas" dos versos do referido poeta expressavam a mutilação e o consequente impedimento do ato de sonhar no contexto angolano degradado por tantos anos de guerra:

>a sul do sonho
>a norte da esperança
>a minha pátria
>é um órfão
>baloiçando de muletas
>ao tambor das bombas
>a sul do sonho
>a norte da esperança[4]

Há nesse poema a descrença, o sentimento de inutilidade frente às utopias revolucionárias, antes tão decantadas pela Revolução. Analisando-se o primeiro livro de Arlindo Barbeitos, *Angola, angolê, angolema*, nota-se que, na ocasião das lutas pela libertação, a guerra era considerada como caminho para a independência. Na introdução à referida obra, são palavras textuais do próprio Barbeitos: "A reação à ação colonizadora que eu melhor conheci, que eu mais senti, foi a guerra, resposta ao colonialismo."[5]

Na primeira fase da poesia de Arlindo Barbeitos, a guerra é ainda concebida como esperança de paz. Como esta não se concretizou, porque as guerrilhas entre o MPLA e a UNITA vieram a mutilar ainda mais o corpo de Angola, Barbeitos passa a buscar a rota dos sonhos. Estes, entretanto, na poesia do autor, nada têm de fantasia; são a expressão das carências, das faltas, mas cumprem também a tarefa de preencher os vazios da História, apreendendo os fiapos esgarçados das tradições.

Barbeitos, ao lado de Ruy Duarte de Carvalho e de David Mestre, é uma das vozes poéticas representativas da poesia angolana dos anos 1970, cujas conquistas foram: o aprofundamento da metapoesia, da reflexão sobre o processo estético e a criação de um projeto de resgate da língua literária, aproveitada em suas virtudes intrínsecas e universais, embora não estivesse totalmente ausente um comprometimento ético com as marcas linguísticas locais, as quais caracterizaram a poesia dos anos 1950 e 1960.

Arlindo Barbeitos apresenta uma poesia original, marcada por intensa renovação da linguagem e por um olhar bastante crítico em relação ao contexto social de seu país. A concisão de seus poemas revela traços do orientalismo da poesia japonesa dos *hai-kais*. Suas metáforas dissonantes se aproximam, em certos aspectos, do surrealismo de Paul Celan. Barbeitos encontra-se entre os poetas que, nos anos 70, "trazem à poesia angolana o cosmopolitismo e a influência de novas correntes literárias"[6].

A par da modernidade que introduz em seus versos, Arlindo Barbeitos, entretanto, não esquece as tradições, buscando, no imaginário cultural africano, canções, provérbios, adivinhas, que retrabalha em seus versos. Embora, corrosivamente, suas imagens poéticas transgridam o universo do esperado, efetuando rupturas constantes em relação aos lugares comuns, há em seus versos repetições, contribuições de antigas cantigas africanas e do lirismo medieval de que também era conhecedor. Por tal razão, Ana Mafalda Leite diz que a poesia do autor é "refrânica, buscando a memória oral"[7].

Principalmente a partir do livro *Nzoji*, título que, em quimbundo, significa sonhos, o eu-lírico procura, pelo trabalho rememorativo, as raízes africanas, os esconderijos do passado, que ainda persistem, sob as ruínas da violência que dilacerou o corpo de Angola. É um projeto de reconstrução que visa a recuperar o tempo roubado pelo colonialismo e pelas guerras.

> Refazer o cosmos, inaugurar um novo ritmo de esperança na terra e no país, narrar o conto exemplar que traz consigo a origem da fertilidade: "a nuvem produziu um elefante/ o elefante pariu um coelho/ das orelhas do coelho saíram montanhas/ as montanhas tornaram-se tetas de uma cadela prenha/ das tetas da cadela caiu a chuva." (Nzoji, p. 23)[8]

Há em Barbeitos o gosto pelos contrastes. Conjuga a tradição com a modernidade. Tudo é poético e antipoético, lírico e antilírico, havendo uma recusa da ilusão, mas a busca do rosto primordial, onde se encontram as faces perdidas das identidades angolanas esgarçadas por tantas opressões. Destruindo os nexos habituais de leitura, o sujeito poético pretende desacomodar o receptor de seus versos, conscientizando-o da surreal realidade angolana, onde, em meio a bombas, fome, dor, miséria, ainda persistem fragmentos das tradições e ritos primevos. Embora se tenha tornado difícil cantar o amor, a beleza, a serenidade, há fiapos de sonhos que resistem e, estes, muitas vezes, se oferecem como instâncias de um despertar político.

A poesia de Barbeitos se afasta da exortação da Revolução, mas continua uma poesia de luta, uma vez que faz a denúncia das contradições sociais, no pós-independência de Angola e, indiretamente, clama pela justiça:

> Por plagas de pesadelo
> o dongo de luz
> baloiçando em cataratas de pavor
> leva-nos a nós passageiros parados à margem
> em sua carreira de sombra
> por plagas de pesadelo[9]

Esse poema, do livro *Fiapos de sonho*, assinala, ainda, o medo da guerra, a decepção frente às promessas revolucionárias não cumpridas. O eu-poético se nutre de dispersos fios de remotos sonhos, e, com consciência, revolve feridas antigas, alertando para o perigo de outras formas de repressão. Estas, metaforizadas em "aranhas" e "morcegos", sinalizam novos enredamentos e teias ameaçadoras da imaginação e da liberdade:

> Janelas
> que
> aranhas
> em hesitantes labirintos
> vão enredando
> abrem-se para morcegos
> Girassóis
> em eclipse
> vergam-se[10]

A alegoria dos "girassóis vergando-se" remete para o contexto sociopolítico de Angola, em 1992, apontando para a iminência de uma nova guerra que, como sabemos, hoje, não aceitou o resultado das eleições presidenciais. O olhar crítico do sujeito-lírico evidencia o fracasso do processo revolucionário, mostrando como este foi sempre perseguido pela agressividade estrangeira e pelo agravamento da situação interna, abalada por constantes saques, desordens e violências.

A poética de Arlindo Barbeitos e a de João Cabral evidenciam como as desigualdades e as discriminações, tanto em Angola, como no Brasil, acabam por beneficiar as elites privilegiadas, segregando as classes populares em favelas e *musseques* insalubres. Por intermédio de versos contidos, agudos, clamam, de forma contundente, contra as injustiças. A lâmina da palavra poética corta a pele da linguagem, esgarça os fiapos de sonho da realidade cruel. Devassando a fome e a miséria, faz sangrar as consciências, deixando, na perplexidade do silêncio, a certeza de que são urgentes as transformações sociais.

Em *Na leveza do luar crescente*, publicado em 1998, a poesia de Barbeitos continua na linha noturna e melancólica do livro anterior. Os sonhos se fazem pesadelos e os versos, visuais e pictóricos, expressam imagens alegóricas de um tempo de desencanto e crise das certezas. O sujeito lírico, entretanto, com antenas de filósofo, capta a importância da leveza e, de modo semelhante a Ítalo Calvino, em *Seis propostas para o próximo milênio*, a associa ao luar crescente, metáfora da própria poesia, cuja luz se opõe ao universo solar das guerras e explosões:

    na profundeza do esconderijo
              protegido
    sonha
    O botão com uma primavera tardia
    A medo
    Ainda vacilante ele desabrocha
    e
    Logo a borboleta distante
              o pressente[11]

É um discurso poético contundente e lírico, no qual a secura se cola à pele da linguagem, num tempo amargo e vazio, onde aos sonhos só restam a saudade e a própria poesia:

    secas
    as palavras despegam-se
    das coias e da gente
    como pele de cobra
    em tempo de muda

> esvoaçando ao de leve
> elas se amontoam
> nos escombros
> que
> a saudade arruma
>
> gélida e atónita
> paira pelos corredores
> do vazio
> a solidão dos homens[12]

A poesia de Barbeitos põe em cena contrastantes imagens apreendidas de uma realidade de dor e morte, luz e sombra, beleza e horror:

> distraída na verdura
> a garça branca
> repousa sobre uma pata só
>
> apodrecido na morte
> o soldado preto
> nem pernas tem[13]

A leveza da garça torna ainda mais chocante a mutilação do soldado morto e, para conseguir sobreviver à crueldade desse contexto de guerra, a poética de Arlindo busca um tempo longínquo "para além das cinzas destes dias"[14]. Por entre ruínas, pesadelos, fedor de cadáveres putrefatos, o sujeito poético procura outras paisagens, feitas de esperança e poesia. Nesse aspecto, lembra o final de *Morte e vida Severina*, de João Cabral de Melo Neto, poema em que, a par da miséria e do sofrimento, existe a promessa frágil de "um caderno ainda em branco", "de uma vida, mesmo severina", exprimindo a força do que principia. Embora a poética de João Cabral apresente um substantivismo concreto e a de Arlindo Barbeitos, um substantivismo mais surreal, ambas alcançam uma alta condensação ética e estética. Cabral transforma o gume de seus versos em lâmina; Barbeitos converte os sonhos ruins e os pesadelos do real em matéria da própria poesia:

> (...)
> pelo
> abismo dos dias
> ou

a ciência
de as recolher todas
na palma da mão
que
instante
estende à esmola
de uma esperança
que
a violência
do acaso e do hábito
afoga
e
desperta
em
fugazes eternidades
de um momento
como este
de
poesia[15]

NOTAS

1   Texto ainda não publicado, apresentado no IX Congresso de La FIEALC, em Halle, na Alemanha, em 1998.
2   MELO NETO, João Cabral. "Morte e Vida Severina". In: _____ *Poesias completas*. 2. ed. Rio de Janeiro: José Olympio; Sabiá, 1975, p. 73.
3   Id., p. 204.
4   BARBEITOS, Arlindo. *Fiapos de sonho*. Lisboa: Vega, 1992, p. 46.
5   _____. *Angola, angolê, angolema*. Prefácio. Lisboa: Sá da Costa, 1977, p. 12.
6   SOARES, Francisco. *Notícia da literatura angolana*. Lisboa: Imprensa Nacional - Casa da Moeda, 2001, p. 230.
7   LEITE, Ana Mafalda. *Oralidades & escritas nas literaturas africanas*. Lisboa: Colibri, 1998, p. 121.
8   Id., p. 123.
9   BARBEITOS, 1992, p. 35.
10 Id., p. 40.
11 BARBEITOS, Arlindo. *Na leveza do luar crescente*. Lisboa: Caminho, 1998, p. 14.

12 Id., p. 28.
13 Id., p. 36.
14 Id., p. 37.
15 BARBEITOS, Arlindo. *Na leveza do luar crescente*. Lisboa: Caminho, 1998, p. 43-44.

E agora, Rui?!... – um passeio pelo irreverente e transgressor lirismo knoplifiano[1]

> Quando nasci, um anjo torto
> desses que vivem na sombra
> disse: Vai, Carlos! ser *gauche* na vida.[2]
> Carlos Drummond de Andrade

Como Carlos Drummond de Andrade, o poeta Rui Knopfli também se alinha à esquerda da vida, tendo inativo e entorpecido o lado destro do corpo: "Algo em mim está morto. / O lado direito inerte, ausente/ de mim está alheio./Do lado esquerdo/ o fito/ como se a um outro /olhasse"[3].

Colocando-se como "anjo caído", na tradição dos "poetas malditos" – François Villon, Baudelaire, Verlaine, Rimbaud, Lautréamont, entre outros –, cuja rebeldia e transgressão criaram insurrectas e iconoclastas poéticas de vanguarda, Rui Knopfli se posicionou, sempre, à margem em relação aos meios literários de Moçambique, sua terra natal, tendo produzido uma poesia *gauche*, sombria, melancólica, "inconformista, intimista e estetizante"[4].

Muitos críticos e estudiosos já registraram, na obra de Rui Knopfli, esse viés dionisíaco; no entanto, uma forte dissimulação por parte do sujeito lírico o torna um ser enrustido, mergulhado na solidão e na melancolia, a "disfarçar", confessadamente, a vocação cáustica, irônica e luxuriante de sua poesia que, o tempo todo, faz contracenarem, em tensão, diversos universos culturais: o europeu e o africano; o ocidental e o oriental.

HEREDITARIEDADE

Por trazer os olhos, a risca do cabelo e a gravata,
onde os demais o usam habitualmente,
não se descortina logo em mim o anjo caído,
o anjo só traído por certa fixidez
quase imperceptível do olhar, o anjo
que, em mim, perigosamente se dissimula.
Esse que faz de mim um descendente
em linha sinuosa de François Villon
poeta maldito, ladrão e assassino,
nosso santo padroeiro; do Bocage
de olhar parado e face lombrosiana,
do divino marquês, de todas as taras suserano,
do Shakespeare, pederasta e agiota,
de Charles Baudelaire, corruptor e perverso
e pulha, do Voltaire etilizado,
do Pessoa idem e do Laranjeira
suicidado. (...)[5]

Sob o véu demoníaco de corrupção e perversão, o sujeito poético knopfliano abraça a condição trágica de viver, perigosamente, sua existência de cidadão e poeta. Desce aos infernos líricos, declarando-se, literariamente, herdeiro dos «decaídos», por quem, paradoxalmente, finge descaso e repulsa, quando, no fundo, nutre grande afeto. São essas as ímpias e recorrentes afecções da poesia de Knopfli. Na linhagem de poetas que adotaram a queda como trajetória, experimentando variados afetos e potências imagéticas, o eu lírico se reconhece um ser de fronteiras múltiplas, desenraizado, que oscila entre fortes heranças culturais europeias recebidas de suas inúmeras leituras e o legado africano de memórias pessoais e coletivas acumulado durante os muitos anos vividos em Moçambique.

No poema "Hereditariedade", o sujeito poético apresenta um jogo de espelhos, em termos de identidade, que acaba por tornar a mesma identidade enigmática e quase indecifrável; surge a voz de um sujeito que se insere, em termos de ascendência, entre aqueles que elege, membros da mesma família, dos "anjos caídos" da cultura europeia: François Villon, Bocage, Charles Baudelaire, Pessoa, Laranjeira, entre outras figuras relevantes da literatura. Há aqui certa identificação com uma postura de "queda", como forma de representar-se um dos "anjos caídos" nesse espaço desagregador dos colonizadores, entretanto, há uma desvinculação por parte desse sujeito deste lugar que o faz ir em busca da sua condição não europeia.[6]

Atormentado por esse paradoxal dilema de se considerar europeu e, ao mesmo tempo, também africano, "Knopfli se instalou no centro do trágico, expondo, em seus poemas, uma lucidez corrosiva e torturada"[7]. Por muitos rotulado como "apátrida", "poeta de pátria nenhuma", Rui Knopfli, na verdade, embora tenha revelado, num verso de seu livro *O escriba acocorado*, que "pátria é só a língua em que me digo"[8], se reconhece, em entrevista a Michel Laban, como "um poeta de cá e de lá"[9], ou seja, como "um poeta da língua portuguesa". Ana Mafalda Leite também chama atenção para essa ambivalência, devedora de um multifacetado espólio "intertextual do ocidente e de um enraizamento obtuso no telurismo local"[10].

São muitos os afetos que se entrecruzam na poesia de Knopfli: há um evidente pendor por vozes consagradas da poesia ocidental, entre as quais as de Luís de Camões, Sá de Miranda, Bocage, Fernando Pessoa, Jorge de Sena, Shakespeare, Elliot, Eluard e outros. Há, também, uma clara intertextualidade com poetas brasileiros: Bandeira, Cabral, Drummond. As paisagens que afetam o sujeito lírico em Johannesburg são, "ironicamente", parisienses: se não vive em Paris, Johannesburg cumpre o papel cultural que a capital francesa teria para ele. Mas, quando contempla as paisagens africanas vivenciadas em Moçambique, suas emoções são mais intensas e admite que essas lhe dizem muito mais à alma do que as europeias:

NATURALIDADE

Europeu, me dizem.
Eivam-me de literatura e doutrina
europeias
e europeu me chamam.

Não sei se o que escrevo tem a raíz de algum
pensamento europeu.
É provável... Não, é certo,
mas africano sou.
Pulsa-me o coração ao ritmo dolente
desta luz e deste quebranto.
Trago no sangue uma amplidão
de coordenadas geográficas e mar Índico.
Rosas não me dizem nada,

caso-me mais à agrura das micaias
e ao silêncio longo e roxo das tardes
com gritos de aves estranhas.

Chamais-me europeu? Pronto, calo-me.
Mas dentro de mim há savanas de aridez
e planuras sem fim
com rios langues e sinuosos,
uma fita de fumo vertical,
um negro e uma viola estalando.[11]

Consoante Manoel de Souza e Silva, em seu livro *Do alheio ao próprio*, "Knopfli constitui-se como uma espécie de emblema da ambiguidade. E [esta], afinal, parece ser o traço intelectual dentro dos processos de colonização. E a poesia de Knopfli capta, [em] (...) silenciosa agonia, a constituição da ambiguidade, também agônica de sua superação"[12]. O referido crítico refuta as opiniões de alguns estudiosos que viam, na ambivalência de Knopfli, uma atitude apenas ocidentalizada e colonial; demonstra que, ao contrário, essa ambiguidade vai sendo superada, à medida em que o poeta dá vazão, no poema, às memórias dos sentimentos da infância, da juventude, expressando sua preferência pelas paisagens africanas – "savanas, micaias, rios langues, um negro e uma viola estalando". Observamos que o poeta se encontra dividido, o que faz despontar sua identidade fraturada; todavia, em várias imagens, é notório que pende, afetivamente, para "a amplidão das coordenadas geográficas e mar Índico que traz no sangue". Essa profusão de coordenadas expressa sua plural visão de mundo já nessa época.

Rui Knopfli publica seu primeiro livro em 1959. Nesse período, Moçambique vivia uma exacerbada repressão por parte do império salazarista português. Os ânimos se exaltavam e o território moçambicano se preparava para uma luta contra o colonialismo. A literatura produzida nesse momento procurava afirmar uma identidade africana que desejava transgredir e ultrapassar paradigmas literários ocidentais trazidos e impostos pelos colonizadores. Conflitos se acumulavam: os políticos, prenunciadores da guerra de libertação que se iniciaria em 1964; os étnicos e culturais, que contrapunham, de um lado, o peso do legado europeu e, de outro, as tradições dos negros moçambicanos, muitas delas silenciadas e/ou dilaceradas pelos anos de dura ação colonial. É nesse contexto intervalar que emerge, literariamente, Rui Knopfli, cujo discurso poético, diversas vezes, ostentou posições claras contra a opressão colonialista, mas que também não aceitou o reducionismo panfletário de causas externas à sua poesia, optando por um exílio voluntário em março de 1975, pouco antes da independência moçambicana.

> Esse distanciamento do discurso vigente fez com que o definissem como um sujeito desvinculado da sua pátria e lhe deram o *status* de poeta sem lugar. Sob este conflito é que Knopfli produz sua obra poética que não deixa de ser crítica e que pretende ir além das fronteiras da marcha pela libertação, para além do discurso da descolonização e da obviedade pautada sobre dois polos opostos (dominados/dominantes).[13]

De acordo com Roberto Said, no posfácio à *Antologia poética* de Rui Knopfli, publicada pela Editora da UFMG, em 2010, as trilhas poéticas percorridas por Rui, decorridas em quatro décadas,

> apesar de correr[em] paralela[s] à transformação histórica de seu país, presenciando a luta pela libertação, bem como a guerra civil e a restauração democrática, jamais se alinharam à hermenêutica ou ao *ethos* revolucionários, os quais, pautados pelo binarismo ideológico, conformaram os horizontes de expectativas culturais em sua nação. (...) sua obra (...) desafiou, desde a primeira cartada, o discurso literário estatuído na ambiência épica de formação e independência nacional.[14]

Por conseguinte, a poética de Knopfli não apresenta uma estatura épica; caracteriza-se, sim, por uma dimensão trágica, dramática e melancólica; o poeta exibe um olhar oblíquo e corrosivo em relação à realidade que o cerca. Sentindo-se estranho na própria terra, percebe-se exilado dentro de Moçambique; isolado no âmbito do contexto literário moçambicano de sua época, cria sua própria *poiesis*, cujas marcas fundamentais são o atrito, a irreverência e a subversão, "não alinhando", em hipótese alguma, com ideias fáceis e ideologias fechadas e maniqueístas:

> Cago na juventude e na contestação
> e também me cago em Jean-Luc Godard.
> Minha alma é um gabinete secreto
> e murado à prova de som
> e de Mao-Tsé-Tung. Pelas paredes
> nem uma só gravura de Lichtenstein
> ou Warhol. Nas prateleiras
> entre livros bafientos e descoloridos
> não encontrareis decerto os nomes

de Marcuse e Cohn-Bendit. Nebulosos
volumes de qualquer filósofo
maldito, vários poetas graves
e solenes, recrutados entre chineses
do período T'ang, isabelinos,
arcaicos, renascentistas, protonotários
– esses abundam. De pop apenas
o saltar da rolha na garrafa
de verdasco. Porque eu teimo,
recuso e não alinho. Sou só.
Não parcialmente, mas rigorosamente
só, anomalia desértica em plena leiva.
Não entro na forma, não acerto o passo,
não submeto a dureza agreste do que escrevo
ao sabor da maioria. Prefiro as minorias.
De alguns. De poucos. De um só se necessário
for. Tenho esperança porém; um dia
compreendereis o significado profundo da minha
originalidade: *I am really the Underground*.[15]

Nesse poema, Rui Knopfli expressa sua vertente *gauche*, *underground*, marginal, demonstrando o amargor cáustico e a ironia que permearão sua obra. Eugénio Lisboa, no artigo "A Voz Ciciada", registra essa amargura e "a crueza irônica" com que o sujeito lírico knopfliano, em seus primeiros livros, vai desenhando o ambiente sombrio e crepuscular que prenuncia a guerra iminente em Moçambique, metaforizada pelas imagens do "céu de chumbo" e das "baionetas caladas". Lisboa chama atenção também para o cerebralismo da poesia de Knopfli, para sua predileção por um discurso descarnado, "mais junto ao osso", na linhagem de João Cabral de Melo Neto e Graciliano[16]. Embora dê a impressão de ser, apenas, um poeta iconoclasta e demolidor, geralmente com críticas afiadas e contundentes nos lábios e versos, Knopfli sempre se mostrou muito preocupado não só com éticos valores humanos, mas também com a construção bem pensada e a qualidade estética de seus poemas e livros. Em entrevista dada a Michel Laban, confessa que reescreveu, em algumas ocasiões, dezoito, vinte vezes, cada verso, o que revela seu enorme rigor com a elaboração de seu discurso: "A minha poesia (...) não é tão má como seria, se não fosse, virtualmente, um crítico, porque só ponho cá fora aquilo que limei, limpei, até não poder mais"[17].

Em constante labor poético, o sujeito lírico, como um "escriba acocorado", se dobra sobre "a pedra dura do tempo" e sobre a superfície movediça da própria linguagem. Sua oficina de escrita revisita a memória do passado e repensa as contradições do presente. A tensa vigília de seus versos e a geometria curvilínea de seu lirismo hirto buscam os avessos de sua tecelagem poética, por meio da intertextualidade, da metapoesia e da ironia.

A intertextualidade em Knopfli é bem evidente, conforme muitos já registraram. São muitos os afetos do e no texto knopfliano. O próprio sujeito lírico enumera diversos nomes de poetas que o marcaram: Camões, Sá de Miranda, Shakespeare, Fernando Pessoa, Elliot, Eluard, Jorge de Sena, Manuel Bandeira, Drummond, João Cabral de Melo Neto e muitos outros. Se Knopfli se declara afetado por essas vozes poéticas em que bebeu, sua *poiesis*, por sua vez, também afetou uma série de poetas de gerações mais jovens em Moçambique: "São seus herdeiros: Jorge Viegas pelo motivo da melancolia; Patraquim, pelo cerebralismo, pelo hermetismo e pelo verbo descarnado; Heliodoro Baptista, pelo erotismo. Há ainda: Nélson Saúte que se assume poeticamente knopfliano, Filimone Meigos, Eduardo White, Guitta Júnior"[18].

A face metapoética de Knopfli também é recorrente. O poeta, em muitos de seus poemas, teoriza sobre sua própria tecedura literária. Os exemplos são muitos, contudo, aqui, foi eleita "Ars poética 66" para ilustrar tal vertente:

>Os meus versos nem sempre são
>aquilo que parecem e nunca
>dizem o que parece estarem a dizer.
>Nestas coisas de poesia,
>desde a pontada do lado esquerdo
>ao tenente russo que passeia
>no azul, mirando as nuvens
>do avesso, o mínimo detalhe
>pode ter uma importância máxima.
>(...)
>
>Descreve, por vezes, o verso,
>uma linha sinuosa
>operada com mil cautelas
>por entre a desordem ordeira
>dos corpos dispostos assimetricamente,
>olhando e vendo o verso coisas
>que os olhos ignoram e não olham.

> Situações há em que não é possível
> a comoção;
> resulta o verso hermético e frio e rarefeito
> (como nos é possível comover-nos
> ante o nervosismo do jovem oficial
> esmagando a ponta do cigarro
> na brancura da calota craniana?
> Ou quando as árvores frutificam,
> nos mais altos e verdes ramos,
> inúteis sexos sangrentos?).
> (...)
> Realmente pouco importa
> que para lá do polígono,
> da malha apertada das palavras
> e do meu perfil
> agudo de pássaro curioso
> haja paisagens só perceptíveis aos olhos
> de quem quiser olhar-me bem nos olhos
> que só são duros por pudor da ternura.[19]

  Continuando na clave da metapoesia, o poema anteriormente mencionado desvenda os bastidores poéticos de sua própria confecção, as intenções íntimas do eu lírico que desvela sentimentos e emoções, por sob a dureza de versos frios e herméticos, advertindo que nem sempre seus versos dizem o que parecem dizer. Ao final, admite a ternura, escondida sob a aparência pudica de olhos enganosamente duros.

  Diante de tais confissões, não podemos nos esquecer de que o sujeito poético knopfliano é um dissimulador, um "anjo traidor", que, na perspectiva pessoana, é um fingidor: "Finge tão completamente//Que chega a fingir que é dor/A dor que deveras sente"[20]. A intertextualidade com Fernando Pessoa – já muito assinalada por estudiosos da obra knopfliana – é clara e reiterada, conforme comprova outro poema de Knopfli, intitulado "O poeta é um fingidor":

> Entreteço palavras
> na malha áspera destes versos
> e a tessitura triste que faço
> mais esmorece no azul baço
> do papel. Entristeço então
> a alma numa renda miúda

e apertada de ponto incerto
e complicado. Estabeleço assim
dois mundos convergentes:
A textura entristecida dos versos
e a tristeza entretecida da alma.
E logo esqueço onde tudo isto
teve começo:
Se de entristecer palavras,
se de entretecer sentimentos,
se de constranger a alma,
se de contristar palavras:
se me contristei constrangendo,
se me constrangi contristando.

Sei que me contristo entretecendo
E me entreteço de tristeza[21]

A partir de jogos de palavras fonicamente parecidas, o sujeito lírico tece e entretece, metapoeticamente, o poema, traduzindo sua tristeza, seu constrangimento. Entristecer e contristar são palavras sinônimas, o que vem reafirmar, duplamente, sua amargura e dor que se fundem e confundem com as do poeta, confessadamente, um fingidor: "a textura entristecida dos versos/ e a tristeza entretecida da alma". Estruturas quiasmáticas, opositivas e antitéticas expressam, assim, o atrito entre dois mundos pelos quais o poeta transita: o da realidade e o da ficção.

Além da metapoesia, da intertextualidade e do fingimento, a ironia é outro procedimento bastante utilizado por Rui Knopfli, também já apontado por diferentes críticos de sua poesia. O poema "Contrição", transcrito a seguir, é exemplar dessa dicção irônica que atravessa a obra de Rui.

CONTRIÇÃO

Meus versos já têm o seu detractor sistemático:
uma misoginia desocupada entretém os ócios
compridos, meticulosamente debruçada sobre
a letra indecisa de meus versos.
Em vigília atenta cruza o périplo das noites
de olhos perdidos na brancura manchada do papel,
progredindo com infalível pontaria
na pista das palavras e seus modelos.
Aqui se detecta Manuel Bandeira e além

Carlos Drummond de Andrade também
brasileiro. Esta palavra vida
foi roubada a Manuel da Fonseca
(ou foi o russo Vladimir Maiacovsky
quem a gritou primeiro?). Esta,
cardo, é Torga indubitável, e
se Deus Omnipresente se pressente,
num verso só que seja, é um Deus
em segunda trindade, colhido no Régio
dos anos trinta. Se me permito uma blague,
provável é que a tenha decalcado em O'Neill
(Alexandre), ou até num Brecht
mais longínquo. Aquele repicar de sinos
pelo Natal é de novo Bandeira (Porque não/
Augusto Gil, António Nobre, João
de Deus?). Estão-me interditas,
como certos ritmos, certas palavras. Assim,
não devo dizer flor nem fruto,
tão-pouco utilizar este ou aquele nome próprio,
e ainda certas formas da linguagem comum,
desde o adeus português (surrealista)
ao obrigatório bom dia! (neo-realista).
Escrevendo-os quantos poetas sem o saber,
mo interditavam apenas a mim; a mim, perplexo
e interrogativo, perguntando-me, desolado:
– E agora, José?, isto é, – E agora, Rui?
Felizmente, é pouco lido o detractor de meus versos,
senão saberia que também furto em Vinícius,
Eliot, Robert Lowell, Wilfred Owen
(...)
Que subtraio de Alberto de Lacerda
e pilho em Herberto Hélder e que
– quando lá chego e sempre que posso –
Furto ao velho Camões. Que, em suma,
roubando aos ricos para dar a este pobre,
sou o Robin Hood dos Parnasos e das Pasárgadas[22]
(...)

Na linha da dissimulação, se constrói o poema. O eu lírico continua um fingidor, revelando um discurso acentuadamente irônico. A ironia implica simulação, pois se define como um recurso arguto de dizer uma coisa por outra, aguçando ou disfarçando o dito e o não dito. Portanto, a ironia se configura como uma atitude mental, que traduz perspicácia, malícia e agilidade de raciocínio. Consoante Linda Hutcheon, "a ironia não é um simples tropo literário, porém um modo de elaboração textual, em que o discurso sai da esfera do verdadeiro e do falso e entra no reino do ditoso e do desditoso[23]". É, em razão disso, que "a ironia enseja 'inferências, não só de significado, mas de atitude e julgamento'"[24], na medida em que produz efeitos consequentes sobre sentimentos e pensamentos dos leitores ou dos ouvintes.

No caso do poema "Contrição", sobre o qual muitos estudiosos da poesia de Knopfli já se debruçaram, se trava, à partida, um pacto irônico. Segundo alguns críticos já assinalaram, um ato de contrição envolve arrependimento, compunção, remorso; no entanto, no poema não há nenhum pesar por parte do eu lírico. Ao contrário, ele elege o lugar do pecado, ou seja, o do "delito das palavras", como analisou Roberto Said no posfácio à *Antologia poética* (2010), organizada por Eugénio Lisboa. Confessadamente – numa atitude que, hoje, poderia ser rotulada de "pós-moderna" –, o sujeito poético assume a pilhagem consciente que faz de versos alheios, pertencentes a variados poetas: Manuel Bandeira, Carlos Drummond de Andrade, Vladimir Maiacovsky, Manuel da Fonseca, Miguel Torga, José Régio, Alexandre O'Neill, Brecht, Augusto Gil, António Nobre, João de Deus, Vinícius de Moraes, Eliot, Robert Lowell, Wilfred Owen, Alberto de Lacerda, Camões, Herberto Hélder. Do modernismo brasileiro também recolheu "temas e motivos alicerçados no quotidiano e no coloquial, a língua jovialmente reinventada, a subtileza da ironia"[25]. "Roubando aos ricos para dar aos pobres", se institui como "o Robin Hood dos Parnasos e das Pasárgadas", ironia bem construída que lhe faz desmoronar a máscara de "ladrão, de poeta maldito" e maledicente, revelando-lhe a face de "protetor dos fracos e oprimidos".

"Contrição" se inicia com o sujeito lírico declarando que "seus versos já têm seu detractor sistemático". Duas vozes parecem dialogar no poema: a do poeta e a do detractor. Este traz, em sua designação semântica, o significado de difamador; contudo, quem vai maculando a imagem do poeta, apontando, aqui e ali, a presença de versos roubados a outros poetas, é o próprio sujeito lírico que, ao final, é absolvido e inocentado, pois, na tecedura do poema, o local do "roubo, do pecado, do delito" das palavras se transforma no lugar da intertextualidade e dos afetos inseridos no texto pelo poeta. Este, literariamente, é o detractor dos outros e de si mesmo. Mas, como ele próprio se declara, é um "detractor amoroso", que esconde a ternura, sob a capa da ironia e da dureza dos olhos e dos versos. "– E agora, José?, isto é, – E agora, Rui?" Descobrimos, assim, que a difamação feita pelo poeta-detractor tem para ele carga positiva, uma vez que "roubar o que há de bom para dar aos pobres torna-se um ato louvável". "E agora, Rui?" O disfarce caiu, a ironia findou, a dissimulação acabou. "E agora, Rui?" "E agora, leitor?"

NOTAS

1 Texto a ser publicado em 2021, na revista *Cadernos Literários* do Programa de Pós-Graduação em Letras – Mestrado e Doutorado em História da Literatura e do Núcleo de Pesquisas Literárias do Instituto de Letras e Artes (ILA), da Universidade Federal do Rio Grande (UFRG).

2 ANDRADE, Carlos Drummond de Andrade (1930). *Poesia e prosa: organizada pelo autor.* 6. ed. Rio de Janeiro: Nova Aguilar, 1988, p. 4.

3 KNOPFLI, Rui. *Antologia poética.* Eugénio Lisboa (org.). Belo Horizonte: Ed. UFMG, 2010, p. 56.

4 NOA, Francisco. *Literatura moçambicana: memória e conflito. Itinerário poético de Rui Knopfli.* Maputo: Universidade Eduardo Mondlane; Livraria Universitária, 1997, p. 13.

5 KNOPFLI, 2010, p. 95. [grifos nossos]

6 CONTE, Daniel; NASSR, Paula. "Knopfli, um poeta na esquina do mundo!". *Nonada.* Letras em Revista. Ano 15, n. 19. Porto Alegre, 2012, p. 194.

7 NOA, Francisco. *A escrita infinita.* Maputo: Universidade Eduardo Mondlane; Livraria Universitária, 1998, p. 79.

8 KNOPFLI, 2010, p. 140.

9 _____. In: LABAN, Michel. *Moçambique. Encontro com escritores.* Porto: Fundação Engenheiro António de Almeida, 1998, vol. II, p. 534.

10 LEITE, Ana Mafalda. "Poesia moçambicana, ecletismo de tendências". In: *Poesia sempre*: Angola e Moçambique, Revista da Biblioteca Nacional, v. 13, n. 23. Rio de Janeiro, 2006, p. 140.

11 KNOPFLI, 2010, p. 17.

12 SILVA, Manoel de Souza e. *Do alheio ao próprio: a poesia em Moçambique.* São Paulo; Goiânia: Edusp; EdUFG, 1996, p. 103.

13 CONTE e NASSR, 2012, p. 187-188.

14 SAID, Roberto. "O delito da palavra" (posfácio). In: KNOPFLI, 2010, p. 191.

15 KNOPFLI, 2010, p. 101.

16 LISBOA, Eugénio. "A voz ciciada. Ensaio de leitura da poesia de Rui Knopfli". In: AA.VV. *Poesia de Moçambique I*. Lourenço Marques: Minerva Central, s.d., p. 58.
17 KNOPFLI. In: LABAN, 1998, p. 452.
18 NOA, 1997, p. 83.
19 KNOPFLI, 2010, p. 92-94.
20 PESSOA, Fernando. *Obra poética*. Rio de Janeiro: Editora José Aguilar, 1972, p. 513.
21 KNOPFLI, 2010, p. 87.
22 _____, 2010, p. 83-85.
23 HUTCHEON, Linda. *Teoria e política da ironia*. Trad. Péricles Eugênio da Silva Ramos. Belo Horizonte: Ed. UFMG, 2000, p. 32.
24 Id., p. 66.
25 NOA, 1997, p. 43.

Indeléveis ruminações da memória[1]

Como beber dessa bebida amarga
Tragar a dor, engolir a labuta
Mesmo calada a boca, resta o peito
(...)
Pai, afasta de mim esse cálice
Pai, afasta de mim esse cálice
Pai, afasta de mim esse cálice
De vinho tinto de sangue

    Chico Buarque e Gilberto Gil[2]

Seu olhar parado é pleno
de coisas que passam
(...)
e ressuscitam
no tempo duplo
da exumação

    Carlos Drummond de Andrade[3]

    Sangue e amargor, voz e silêncio, amor e guerra, ritos e tradições, vida e morte, tempo e exumação – alguns dos vetores alegóricos que perpassam pelos poemas de *Dizes-me coisas amargas como os frutos* (Lisboa: Caminho, 2001, poemas), terceiro livro de poesia da escritora angolana Paula Tavares, quarto título de sua obra constituída por: *Ritos de passagem* (Luanda: União dos Escritores Angolanos,1985, poemas), *O sangue da buganvília* (Praia: Centro Cultural Português; Embaixada de Portugal, 1998, crônicas), *O lago da lua* (Lisboa: Caminho,1999, poemas), *Ex-votos* (Lisboa: Caminho, 2003, poemas), *A cabeça de Salomé* (Lisboa: Caminho, 2004, crônicas), *Os olhos do homem que chorava no rio* (Lisboa: Caminho, 2005, romance em parceria com Jorge Marmelo), *Manual para amantes desesperados* (Lisboa: Caminho, 2007, poemas), *Contos de vampiros* (Porto: Porto Editora, 2009, contos, em antologia), *Como veias finas na terra* (Lisboa: Caminho, 2010, poemas), *Amargos como os frutos* (Rio de Janeiro: Pallas, 2011, poesia reunida), *Verbetes para um dicionário afetivo* (Lisboa: Caminho, 2016, em antologia), *Um rio preso nas mãos* (São Paulo: Kapulana, 2019, crônicas).

"Dizes-me coisas amargas como os frutos", epígrafe do primeiro poema que dá título ao livro, é um provérbio do repertório das tradições dos *kwanyamas*, etnia do sul de Angola que habita uma zona vizinha à Huíla, província localizada no sudoeste angolano, região dos povos *mwilas*, onde nasceu, em 1952, na cidade do Lubango, Ana Paula Tavares, cuja descendência mescla as origens portuguesas da mãe e as *kwanyamas* advindas de sua avó paterna. Criada desde os nove meses de idade pela madrinha que, embora vivesse em Angola, cultuava em casa hábitos e costumes trazidos de Portugal, Paula foi conhecer mais profundamente as tradições de sua terra por intermédio de leituras e de projetos de investigação histórica e arqueológica em que trabalhou tanto na capital angolana, como em várias cidades do interior de Angola. Apesar de haver recebido uma educação portuguesa e só ter deixado o lar da madrinha para casar, pôde, durante a infância e a adolescência, observar, a uma certa distância, o universo das etnias locais à sua volta, mundo este que também ficou registrado nos desvãos de sua memória.

A poesia angolana, em geral, se tece pelo diálogo entre a oratura africana e as heranças deixadas pelos portugueses. No caso da *poiesis* de Paula Tavares, predominam elementos do imaginário cultural do sul de Angola, recriados por uma linguagem estética de intensa elaboração e condensação poética que opera com as formas fixas da tradição oral, entre as quais: os provérbios, as frases curtas, as metafóricas lições morais. Ao enveredar pelos caminhos literários, Paula optou por trabalhar com essas fórmulas da oralidade, reatualizando-as, em seus poemas caracterizados pela economia e síntese verbal. Reinventa, desse modo, provérbios *kwanyamas* e ensinamentos da tradição dos povos da Huíla, efetuando um ritual de reencenação das vozes dos antigos *griots* que se valiam da narratividade oral como meio de organizar o caos, legando às novas gerações os mitos fundacionais de suas culturas. Seguindo o exemplo desses mais-velhos, a poesia de Paula Tavares se faz também guardiã da palavra e da memória ancestrais, embora estas sejam estética e criticamente sempre recriadas. O lirismo de Paula se engendra, pois, como uma rede múltipla que conjuga signos da modernidade e da tradição. Um dos eixos que permeia sua trajetória poética é a consciente opção por romper o silêncio que, em grande parte, envolve as mulheres angolanas, em particular as originárias das etnias do sul de Angola, onde a pastorícia e a agricultura definem o modo de vida, os ritos, os contratos, enfim, os costumes e a história desses povos. Desde o primeiro livro, *Ritos de passagem*, o eu-lírico assume a rebeldia do grito e denuncia práticas autoritárias oriundas tanto dos valores morais lusitanos herdados, como dos preceitos ditados pela tradição angolana. Em relação a esta, por exemplo, critica o alambamento, que prescrevia a troca das noivas por bois ou cereais. Insurge-se também contra outros costumes cerceadores da liberdade feminina como o uso da tábua corretora que obrigava, nessa etnia, as meninas e moças a uma postura ereta, perfeita:

> Cresce comigo o boi com que me vão trocar
> Amarraram-me já às costas a tábua de Eylekessa
> Filha de Tembo
> organiza o milho.
> Trago nas pernas as pulseiras pesadas
> Dos dias que passaram...
> Sou do clã do boi[4]

Declarando-se desse clã de pastores, reconhece que sua identidade se acha intimamente vinculada aos signos do gado e aos sabores, fragrâncias, tatos característicos dessas terras do sudoeste angolano. O odor do couro de boi se desprende dos três livros de poesia de Paula. A partir de *O lago da lua*, esse cheiro aparece associado sempre às sandálias do amado falecido e passa a impregnar suas entranhas de poeta e de mulher, marcando "com o seu perfume as fronteiras do seu quarto"[5] e os sentidos profundos de seus versos. Essa presença bovina é tão forte, que, em *Dizes-me coisas amargas como os frutos*, o sujeito poético, em meio ao caos em que se encontra, invoca o "boi verdadeiro"[6] e a "vaca fêmea"[7] como figuras-tutelares que o poderão guiar pelos meandros da poesia, fazendo despertar, novamente, a inspiração estética, adormecida pelos sofrimentos coletivos, causados pelas guerras desencadeadas em Angola nos últimos vinte anos, e pela dor individual provocada pela ausência definitiva do amado. Assim, na antecena do primeiro conjunto de poemas do livro, clama por esse boi mítico, cuja simbologia polissêmica aponta para a calma, a doçura, a força pacífica, a bondade, a capacidade de trabalho e de renovação necessárias ao seu país destruído por tanta fome, tanta miséria, tanto sangue derramado:

> Boi, boi,
> Boi verdadeiro,
> guia minha voz
> entre o som e o silêncio[8]

Boi, "boitempo", "boi da paciência", metáfora das ruminações da memória. Alegórica imagem de uma história de silêncios, de sons que se perderam através dos séculos, pelos planaltos da Huíla e pela areia do deserto vizinho. Ligado também aos ritos da lavoura sagrada, da fecundação da terra, o boi é um dos animais sacrificiais oferecidos aos deuses do panteão religioso dos povos pastores, sendo considerado intercessor entre os vivos e os antepassados. O culto a esses é uma prática comum aos povos bantu de Angola, os quais sempre acreditaram no poder advindo dos mortos, em termos de aconselhamento e de circulação da força vital.

Para enfrentar a catástrofe pessoal e social, o sujeito lírico de *Dizes-me coisas amargas como os frutos* realiza, literariamente, uma espécie de "cerimônia do adeus", dando a esta não a conotação funérea que a morte tem para o Ocidente, mas, sim, a significação angolana dos rituais de óbito tradicionais, através dos quais empreende uma catarse da amargura, da "escarificação das lágrimas" e das feridas gravadas na própria pele, para que vida e morte voltem a se entrelaçar em ciclos míticos de eterno retorno, conforme a cosmovisão africana da existência.

Dizes-me coisas amargas como os frutos pode ser lido, portanto, como um rito poético de exumação: do corpo do amado, do corpo de Angola, do corpo da própria poesia da autora, que, desde *O lago da lua*, começa a "trocar de pele"[9] e se abrir em carne viva a novas metamorfoses.

O poeta brasileiro Carlos Drummond de Andrade, em seu livro *Boitempo II*, onde também tece uma poesia da memória, atribui a esta a faculdade de ressuscitar o passado morto e por isso fala de "um tempo duplo da exumação". É necessário, entretanto, atentar para o fato de que a palavra "exumar", geralmente associada, no Ocidente, à semântica fúnebre de "desenterrar ossos e cadáveres", apresenta também o significado de "tirar do esquecimento". E é justamente com base nessa última acepção que a poesia de *Dizes-me coisas amargas como os frutos* pode ser interpretada como um "duplo ato de exumação": no nível do enunciado, desenterra da memória as perdas sofridas pelo eu-lírico, porta-voz metonímico das dores do povo e das mulheres de Angola; no nível da enunciação, realiza uma procura arqueológica dos mitos, das formas fixas da oratura, dos ritos e costumes característicos de etnias do sudoeste angolano, reinscrevendo-os, de modo crítico, no corpo e no ritmo da própria linguagem poética que, embora busque recuperar as origens culturais, se revela moderna e transgressora.

Dizes-me coisas amargas como os frutos não é só um diálogo com a memória do vivido e das tradições, mas também uma evocação intertextual permanente com os livros anteriores da autora. O olhar parado do eu-lírico que procede ao movimento de "dupla exumação" das lembranças, no último livro, se assemelha ao "cine-olho",[10] da "vaca que fotografa a morte e paralisa a eternidade"[11] em *Ritos de passagem*. A distância temporal desfoca as coisas observadas e, como num *zoom* cinematográfico, fragmentos e ruínas do passado ganham uma dimensão de proximidade, sendo revistos à luz de um presente, cuja transparência deixa entrever camadas antigas da história inscritas nas crostas da memória. A escavação desta desloca o sujeito poético às matrizes étnicas primevas de sua terra, fazendo-o recuar a um tempo "vatwa, /um tempo /sem tempo, / antes da guerra, / das colheitas / e das cerimônias"[12]. A referência aos *vatwas*, ancestrais dos povos de pastores que hoje habitam o sudoeste angolano, alegoriza esse outrora mítico e fundacional que a poesia de Paula Tavares busca apreender através das constantes ruminações do tempo e da linguagem.

Desde *O sangue da buganvília* (1998), os textos de Paula apontam para as "fissuras do sonho"[13] que fragmentaram a sociedade angolana, envolvendo-a num clima de desencanto. Segundo Laura Padilha,

> as crônicas desse livro falam da pátria adiada, dos projetos falidos. Se em *Ritos de passagem*, havia um sujeito em rito que procurava o seu lugar, em *O sangue da buganvília*, o sujeito está em crise, em distopia, sem lugar. Restam-lhe apenas as **palavras-grito** que buscam, apesar de tudo, semear a consciência, a **resistência da buganvília**.[14]

Um profundo amargor assinala a produção literária de Paula Tavares dos anos 1990, estabelecendo, desse modo, uma diferença entre os seus três últimos livros e o primeiro. Este, publicado em 1985, ainda guarda a utopia das transformações sociais que as lutas pela Independência provocaram nas mentalidades do país, as descobertas do Amor e do prazer da mulher que queria sentir os cheiros e sabores do sexo e dos frutos da terra, a rebeldia feminina de transgredir as tradições e a linguagem. Nessa primeira obra, havia o sonho da "abóbora-menina"; o corpo pintado de "tacula"[15]; o tato macio e o paladar acre-doce do maboque, da manga, do mirangolo. Havia o cinto a não ser posto; o círculo e o cercado a serem ultrapassados. Em *O lago da lua* e em *Dizes-me coisas amargas como os frutos*, escritos, respectivamente, quatorze e dezesseis anos depois, há "um tempo de espera para lá do cercado"[16]. O presente, prenhe de sangue e morte, envolve, num "compasso de espera"[17], o eu-lírico, cuja voz, entretanto, resiste, ainda, por intermédio da poesia que, apesar da dor, não esquece a "ciência de voar, a engenharia de ser ave"[18]: "Aquela mulher que rasga a noite / com seu canto de espera/ não canta/ Abre a boca/ **e solta os pássaros** / que lhe povoam a garganta"[19].

Cabe observar que, embora em *Ritos de passagem* haja uma rebeldia maior do sujeito lírico que se redescobre e se afirma, transgredindo padrões e linguagens, a arquitetura desse livro é muito mais elaborada, condensada e fechada do que a das obras seguintes, onde o discurso poético se torna mais solto, amadurecido pelos sofrimentos e pelo mergulho no âmago de seu próprio fazer que busca incessantemente novos caminhos estéticos.

A dor e a amargura são, pois, os divisores de água das duas fases da trajetória poética de Paula Tavares. Há, entretanto, fios condutores de sua *poiesis*, a qual opera com certas invariantes: o trabalho com a voz e a recuperação da memória ancestral através da reinvenção estética de mitos, provérbios; "o descascamento das palavras que trocam de pele, como frutos, num procedimento escritural que lembra a técnica usada por Clarice Lispector"[20], num constante desbastamento do verbo criador; a síntese e a condensação metafórica e metonímica que fundam também, à semelhança da linguagem estética usada pelos poetas João Cabral de Melo Neto (brasileiro) e Arlindo Barbeitos (angolano), uma "poética do menos"[21].

Se em *Ritos de passagem*, há no sujeito estético o gozo do mirangolo "que corta os lábios/ com sabor ácido/ da vida"[22], o gosto doce do mamão que se apresenta metaforizado pela imagem da "frágil vagina semeada"[23], o tato macio da tez recoberta do pigmento encarnado da *tacula*, nos demais livros, a pele das palavras é arrancada, o "mirangolo passa a escorrer um sangue"[24] rubro e o rito de passagem da poesia se converte em uma cerimônia amarga de cópula com a própria dor: "Atravesso o espelho/ circuncido-me por dentro/ e deixo que este caco/ me sangre docemente// Entre dia e espera/ a história deste tempo/ em carne viva."[25]. Essa experiência de reavaliação dos sofrimentos não tem, entretanto, nada de masoquista. Ao contrário, fortalece o eu-lírico, dando-lhe uma compreensão mais humana da sociedade e de seus semelhantes, através do enfrentamento não só de sua dimensão existencial, ontológica, mas da análise crítica do contexto político de Angola. Também a preocupação em ressignificar o passado, outra constante da poética de Paula, não apresenta nenhum traço de saudosismo ou nostalgia. O outrora é repensado em seus cacos e ruínas, segundo uma perspectiva benjaminiana[26] da história que opera com as vozes dos vencidos, cujas tradições foram olvidadas por séculos de colonização opressora e por anos de guerras dilaceradoras do território angolano.

Principalmente a partir de *O lago da lua*, publicado em 1999, a poesia de Paula Tavares reflete sobre a crise e o desencanto que se abateram sobre o corpo social de seu país. O eu-lírico, então, passa a expor o corpo ferido, a pele pintada não mais de *tacula*, mas de "cicatrizes"[27], a voz transformada em "grito [que se] espeta faca/ na garganta da noite"[28]. Alcança, assim, uma contundência que lembra a de João Cabral de Melo Neto: a da "faca só lâmina", penetrando os subterrâneos da linguagem e da história: "As mãos criam na água/ uma pele nova// panos brancos/ uma panela a ferver/ mais faca a cortar// Uma dor fina/ a marcar os intervalos de tempo/ vinte cabaças de leite/ que o vento trabalha manteiga/ a lua pousada na pedra de afiar"[29].

Na pedra em que se converteu o coração para resistir à "fina dor" que lhe atravessa o peito, o sujeito poético "afia a palavra" e esta, apesar de cortante, não perde o toque lunar, nem o paladar da infância nutrida por sabores de leite e manteiga. Há uma delicadeza e doçura extremas na linguagem poética de Paula que busca "*o mel dos dias claros*" e a vida simbolizada pelo "lago branco da lua onde depõe suas últimas reservas de sonho"[30]. Reservatório da memória e espelho metafórico de sua própria *poiesis*, esse lago se institui como local sagrado de ritualização do verbo criador. Ao evocar as tradições ancestrais, "a máscara de *Mwana Pwo*"[31], usada nos rituais de puberdade dos povos *lunda-txókwe*[32], a voz lírica se mostra consciente da dupla trajetória de seu rito poético, declarando ser necessário a este "atravessar o espelho em dois sentidos"[33]: o do presente e o do outrora, o do plano existencial e o do histórico-social, o do enunciado feito letra no poema e o da enunciação que reencena poeticamente camadas antigas da memória individual e mítica.

De acordo com o ensaísta brasileiro Alfredo Bosi, a "resposta ao ingrato presente é, na poesia mítica, a ressacralização da memória mais profunda da comunidade"[34] que trabalha, então, "a linguagem da infância recalcada, a metáfora do desejo, o texto do Inconsciente, a grafia do sonho"[35].

Seguindo o itinerário dos avessos, o lirismo de Paula Tavares mergulha na sacralidade do lago primevo, depositário das heranças culturais dos povos de sua terra natal. Volta à adolescência, às águas onde lavou seu primeiro sangue. Este, entretanto, em *Dizes-me coisas amargas como os frutos*, não é mais só "um sangue de mulher", mas o de muitos angolanos que perderam entes queridos ou a própria vida em decorrência da fome e da guerra. O sujeito poético contempla, então, "a superfície do lago/ silêncio e lágrimas pesam-lhe as margens// Uma mulher quieta/ enche as mãos de sangue/ cortando o azul/ da superfície de vidro."[36]

A voz lírica feminina, neste último livro de Paula, tenta reconfigurar a memória das origens, o trabalho das mais velhas oleiras a quem cabia a modelagem, em terracota, das panelas onde inscreviam provérbios que deveriam ser transmitidos às gerações descendentes: "Onde está a panela do provérbio, mãe/ a de três pernas/ a asa partida/ que me deste antes das chuvas grandes/ no dia do noivado"[37]. Nesses versos, são evidentes o vazio e a perda das antigas referências comunitárias. O eu-poético capta o sem sentido e o caos dos novos tempos de barbárie, chamando atenção para o fato de que a "oleira continua a colocar os olhos no barro"[38] sem perceber a morte do "amado e do elefante"[39], sem notar a desarmonia instalada à sua volta. Todavia, a poesia, possuindo atentas antenas,

> resiste ao contínuo ´harmonioso´ pelo descontínuo gritante; resiste ao descontínuo gritante pelo contínuo harmonioso. Resiste aferrando-se à memória viva do passado; e resiste imaginando uma nova ordem que se recorta no horizonte (...)[40].

Esse caminho de resistência é, justamente, o trilhado pela *poiesis* de Paula Tavares, particularmente nos livros *O lago da lua* e *Dizes-me coisas amargas como os frutos*. Ferida de amor, a voz poética enunciadora oferece seu próprio corpo e sua angústia no "altar sagrado"[41] em que se converte o seu lirismo. Este, sob o signo de Mnemósine, alegoria mitológica da memória dos afetos, empreende o inventário crítico do passado pessoal e mítico. Efetua, assim, a catarse das lembranças mortas, procedimento de que se vale para ressignificar o passado e o próprio presente:

CAOS
CACTUS
CACOS
mãos feridas d'espinhos
pousadas pássaros
no meu rosto.[42]

Sintomaticamente grafadas em caixa alta, essas três palavras-versos se apresentam como alegorias-chave de *Dizes-me coisas amargas como os frutos*. Os CACOS remetem à fragmentação interior do sujeito poético e às fraturas da história angolana. O CACTUS representa não só a mágoa plasmada em espinhos, mas uma forma de resistir e sobreviver aos desertos e às intempéries. O CAOS se faz expressão da crise e da catástrofe individual e social, apresentando-se também como zona informe aberta a transformações e novas descobertas.

Para enfrentar e reordenar o caos, para continuar a saltar os cercados da própria linguagem, para reconfigurar a cosmicidade "perdida" – a da palavra e a da história –, o sujeito poético de *Dizes-me coisas amargas como os frutos*, na primeira parte do livro, rumina o tempo e a memória; em seguida, passa, no pórtico do segundo conjunto de poemas da obra, a uma invocação bastante significativa:

> Vaca fêmea, guia bem amada dos rebanhos
> A que não salta, não corre
> Avança lenta e firme,
> Lambe as minhas feridas
> E o coração.[43]

Símbolo da Grande Mãe, da fêmea misteriosa, a vaca, em quase todas as mitologias, é uma alegoria do leite primordial, do princípio feminino por excelência, da terra nutriz. "Patrona da montanha dos mortos"[44], a qual tangencia as fronteiras entre o céu e a terra, este animal sacralizado por povos pastores representa, geralmente, a fertilidade, a lua cheia, a esperança de sobrevivência e renovação. Ancestral da vida, suas tetas úberes metonimizam a libido, a energia vital, a força cósmica da palavra. Ao convocar como guia essa "vaca fêmea" para "lamber-lhe as feridas e o coração"[45], a voz lírica de *Dizes-me coisas amargas como os frutos* firma um pacto com a vida, buscando, no calor da língua – na do animal e na que se faz matéria vertente de sua poesia – um bafo quente de resistência.

A partir da compreensão dessa alegoria da "vaca", o amargo que atravessa os poemas de Paula Tavares ganha, para os leitores de sua poesia, nova conotação. Adquire os sentidos simbólicos do "fel produzido pelo fígado"[46], o qual, em várias mitologias, remete também à coragem, à cólera, à indignação, sendo um elemento gerador da memória e das virtudes guerreiras, as quais, aliás, são um traço característico das etnias do sudoeste angolano, conforme explica o antropólogo e poeta Ruy Duarte de Carvalho ("um *camba* de Paula Tavares" – como bem lembrou Rita Chaves[47]):

> os pastores de animais de grande porte, e esse é o caso de grande parte dos pastores de África que mais de perto nos podem interessar, são de uma maneira geral, embora em maior ou menor grau, também povos mais ou menos guerreiros ou que preservam traços culturais, logo comportamentais, de uma vocação e de uma capacidade guerreiras.[48]

Tal vocação subjaz aos poemas de *Dizes-me coisas amargas como os frutos*. Invocando *Kalunga*[49], divindade da morte, o sujeito poético busca fazer a exorcização desta, clamando pela sorte que, nas crenças ancestrais dos povos pastores do sudoeste angolano, diz respeito ao "boi do fogo"[50]. Por isso, este é devorado[51], num rito sacrificial de esperança por tempos melhores. Conquanto se mostre consciente de as hienas ainda continuarem a uivar e a agourar guerras e sangue, de a mãe ter vindo sozinha com os seios murchos e secos de leite, de o amado não mais poder regressar com suas sandálias de couro, a voz lírica procede à exumação de suas tristezas e, através do lento exercício da memória, consegue transformar o gosto amargo da vida no fruto acre-doce de uma indelével poesia, que sangra e arde, mas se mantém acesa e intrépida, iluminando o luto e o presente saturado de espera...

NOTAS

1. Texto anteriormente publicado no Jornal *O Angolense*, Suplemento Cultura. Luanda, 14 a 21 jul. 2001, p. 16-18 e 22 a 29 jul. 2001, p. 16-18.
2. HOLLANDA, Francisco Buarque de e GIL, Gilberto. Fragmento da letra da música "Cálice". LP *Álibi*. Gravado por Maria Bethânia. São Paulo: Philips; Polygram Discos Ltda., 1978.
3. ANDRADE, Carlos Drummond. *Boitempo II*. Rio de Janeiro: Record, 1987, p. 13.
4. TAVARES, Paula. *Ritos de passagem*. Luanda, 1985, p. 27.
5. _____. *O lago da lua*. Lisboa: Caminho, 1999, p. 19.
6. _____. *Dizes-me coisas amargas como os frutos*. Lisboa: Caminho, 2001, p. 7.
7. Id., p. 29.
8. Id., p. 7.
9. TAVARES, 1999, p. 15.
10. _____, 1985, p. 23.
11. Id., ibid.
12. TAVARES, 2001, p. 10.
13. _____, 1998, p. 49.
14. PADILHA, Laura. *Palestra sobre Paula Tavares*. Rio de Janeiro: Faculdade de Letras - UFRJ, 5 out. 2000. [grifos nossos]
15. TAVARES, 1985, p. 30.
16. _____, 2001, p. 23.
17. Alusão ao livro de LOPES, Carlos. *Compasso de espera*. Porto: Afrontamento, 1997.
18. Alusão a WHITE, Eduardo. *Poemas da ciência de voar e da engenharia de ser ave*. Lisboa: Caminho, 1992.
19. TAVARES, 1999, p. 17. [grifos nossos]
20. PADILHA, Laura. *Palestra sobre Paula Tavares*. Rio de Janeiro: Fac. de Letras - UFRJ, 5 out. 2000.
21. Alusão ao livro de SECCHIN, Antonio Carlos. *João Cabral: a poesia do menos*. São Paulo: Duas Cidades; Brasília: Instituto Nacional do Livro, Fundação Pró-Memória, 1985.

22 TAVARES, 1985, p. 12.
23 Id., p. 16.
24 TAVARES, 1999, p. 23.
25 Id., p. 24.
26 BENJAMIN, Walter. *Magia e técnica, arte e política*. São Paulo: Brasiliense, 1984.
27 TAVARES, 1999, p. 33.
28 Id., ibid.
29 Id., p. 15.
30 Id., p. 18.
31 Id., p. 25.
32 Optamos aqui pela grafia usada por RIBAS, Óscar. *Dicionário de regionalismos angolanos*. Matosinhos: Contemporânea, s.d., p. 151.
33 TAVARES, 1999, p. 25.
34 BOSI, Alfredo. *O ser e o tempo da poesia*. São Paulo: Cultrix, 1983, p. 150.
35 Id., ibid.
36 TAVARES, 2001, p. 20.
37 Id., p. 23.
38 Id., p. 38.
39 Id., ibid.
40 BOSI, 1983, p. 148.
41 cf. TAVARES, 1999, p. 12.
42 TAVARES, 2001, p. 21.
43 _____, 2001, p. 29.
44 CHEVALIER, J. e GHEERBRANT, A. *Dicionário de símbolos*. Rio de Janeiro: José Olympio, 1988, p. 926-927.
45 TAVARES, 2001, p. 29.
46 CHEVALIER, J. e GHEERBRANT, 1988, p. 427.
47 CHAVES, Rita. Resenha de *O lago da lua*. In: *Metamorfoses*, revista da Cátedra Jorge de Sena para estudos literários luso-afro-brasileiros. Lisboa; Rio de Janeiro: Cosmos; Faculdade de Letras - UFRJ, 2000, p. 273. *Camba*, em quimbundo, significa amigo.
48 CARVALHO, Ruy Duarte de. *Vou lá visitar pastores*. Lisboa: Cotovia, 1999, p. 26-27.
49 TAVARES, 2001, p. 34.
50 CARVALHO, 1999, p. 368. Segundo Ruy Duarte de Carvalho, "o Fogo de cada família é formado pelo altar e também diz respeito à sorte".
51 Cf. TAVARES, 2001, p. 34.

A haste e a ostra: uma poética da catástrofe e do sonho...[1]

sucedem-se as palavras
e as vozes permanecem
ausentes e vividas
no desenho da catástrofe.[2]
          João Maimona

lá
do outro lado deste céu
sonhos são pássaros
buscando poiso nas nuvens
lá do outro lado desta
terra
pesadelos são homens
buscando poiso em ruínas
céu e terra
pássaros e homens
nuvens e ruínas
são poalhas de um
tempo
do outro lado deste tempo.[3]
          Arlindo Barbeitos

    A poesia angolana dos anos 1980 e 1990 se inscreve no desenho da catástrofe, alertando, alegoricamente, para o perigo da perda do sentido humano da existência e da amnésia das tradições coletivas em Angola. A euforia da liberdade, interceptada pela irrupção da luta civil desencadeada após a Independência, deu lugar a um cenário de incertezas e distopias.
    Segundo o crítico literário Luís Kandjimbo, os poetas dessa geração nasceram entre 1955 e 1965 e, "na obra de todos eles, os temas mencionados emergem de uma profunda experiência geracional avassaladora e catastrófica, em que pesa a revolução, a guerra, a intolerância política."[4]
    O novo lirismo, reagindo a esse desencanto dominante no contexto social do país, abandona a utopia do nós coletivo e o engajamento revo-

lucionário da poesia de combate. Funda uma *poiesis* que dá vazão ao amor e às emoções individuais, assumindo um viés existencial e uma dicção universalista. Sob o signo de Eros, os poetas buscam exorcizar a morte e a dor. Operando uma revolução no âmago da linguagem, levam às últimas consequências a metaconsciência poética já praticada, desde os anos 1970, por alguns poetas de Angola.

Por intermédio do traço crítico, da escavação do passado mítico, do mergulho nos subterrâneos do sonho, do recurso à ironia e à denúncia da injustiça e da corrupção, a poesia angolana dos anos 1980 e 1990 encontra estratégias de resistência, fazendo com que a palavra poética ganhe novo fôlego. Ao suspender a prática cantalutista, lança na consciência dos leitores imagens do mundo mais humanas do que as tecidas pelas ideologias, desencadeando o desejo por uma vida mais autêntica e livre, pela qual vale a pena lutar.

Em Angola, são representativos dessa nova postura poetas como João Maimona, José Luís Mendonça, Paula Tavares, João Melo, Frederico Ningi, Lopito Feijóo, Fernando Kafukeno, entre outros. Também em Moçambique, poetas como Luís Carlos Patraquim, Mia Couto, Eduardo White, Nélson Saúte vêm comprovar com seus versos que os momentos sofridos e a recusa indignada do presente também podem gerar poesia, numa tentativa de recomposição existencial do universo social mutilado pela violência.

Trabalhando os desejos recalcados, o texto do inconsciente, a grafia dos sonhos, esse novo lirismo procura restaurar os sentidos profundos da existência que os tempos difíceis de guerra renegaram e tornaram desumanos.

É dentro dessa vertente lírica que se insere a poesia de Fernando Kafukeno, uma das vozes poéticas significativas dos anos 1990 em Angola. Herdeira de conquistas anteriores, como a do trabalho de intensificação linguística e estética que caracterizou, por exemplo, nos anos 1970, a poesia de Ruy Duarte de Carvalho, de Arlindo Barbeitos, de Manuel Rui, de David Mestre, entre outros, a *poiesis* de Fernando Kafukeno exacerba o exercício do aproveitamento das potencialidades intrínsecas da língua, primando, entretanto, por uma economia capaz de desbastar o verbo poético de excessos. E é justamente essa concisão e a contundência visual das imagens que singularizam o estilo desse poeta, fazendo-o portador de uma dicção literária própria e inovadora. A elaboração sintética e a picturalidade dos seus versos, assim como a presença frequente de metáforas surreais, são traços diferenciadores de sua poética, cujo hermetismo e o efeito de estranhamento provocam rupturas em relação às tradicionais expectativas de leitura. Nesse aspecto, o lirismo de Fernando Kafukeno se aproxima do de

João Maimona pela presença do onirismo e do cerebralismo poético, aos quais Inocência Mata já fez referência em acurada análise:

> Evasões imaginárias, viagens oníricas, errância e deriva ou citação de espaços não limitados são componentes dessa prática de subversão que pretende engendrar uma catarse dos lugares-comuns poéticos, dos signos panfletários (...). *As abelhas do dia* é uma obra paradigmática do malabarismo imagético e do ludismo das formas. Atente-se, por exemplo, na apresentação gráfica dos poemas, na ausência de maiúsculas, na aparente indisciplina discursiva, em suma, na caotização do discurso que, se pode ser lida como sedução do experimentalismo formal, pode também refletir uma teia de associações espontâneas próprias de um certo (semi)automatismo da escrita.
>
> Mas por vezes a poesia de João Maimona é muito contemplativa porque encena não apenas o desejo (de libertação, de harmonização, de amor, do erótico-sensual) – desejo onde se esmaga a necessidade – mas também se insinua a sua irrealização. É uma configuração complexa a que Maimona tenta desenhar: se a felicidade, a harmonia não residem já só na libertação colonial ou na satisfação social, mas ainda e também na realização individual numa sociedade plena, o poeta opta por uma hábil análise do real desejado verbalizada numa teia de imagens sensoriais (o Desejo é, aliás, um dos ideogramas pilares da poesia de João Maimona)[5]

Também na poética de Fernando Kafukeno encontramos essa depuração da linguagem, esse acento metafórico original que resulta de um experimentalismo construtivista e de uma combinação inusitada de sintagmas, cujo efeito é a desautomatização da escritura poética. Outro traço comum é o erotismo sensorial que faz da poesia a palavra do desejo, o lugar da reflexão e da afetividade.

A *poiesis* kafukeniana traz o lastro de múltiplos modernismos deste século, sendo construída por uma plasticidade sinestésica que encontra na rítmica dissonante de versos curtos e incisivos o veículo de uma expressão aguda, capaz de apreender o vértice do poético, ou seja, o cerne das questões, o ápice das imagens, através de "alegorias [que] despertam os objetos."[6]

Revelado como poeta em 1991, no "Safra Nova", seção literária de "Vida & Cultura" do *Jornal de Angola*, coordenado pelo escritor Ricardo Manuel, Fernando Kafukeno surge na cena literária angolana como uma voz diferente, "como produto bem conseguido, no dizer de Norberto Costa, da Brigada Jovem de Literatura, da qual foi um dos membros fundadores."[7]

Adotando em sua poesia alguns procedimentos semelhantes ao do fazer poético da geração dos 1980, entre os quais, a utilização do ritmo pluriforme, a fragmentação, a metaforização alegórica, a denúncia do presente, a perplexidade diante do vazio moral, a busca do erotismo e dos sonhos individuais, Fernando Kafukeno, entretanto, alcança um estilo próprio que o coloca como um poeta singular dos anos 1990. E essa singularidade se efetiva pela condensação metafórica e pelas metamorfoses gráficas de sua linguagem poética, na qual texto, som e desenho se acumpliciam, numa permanente busca de corporização plástica e sonora da palavra, do verso e da estrofe.

Desde o seu primeiro livro, *Boneca do Bê-Ó*, publicado em 1993, esse ludismo construtivista e essa plasticidade se fazem notar. Sob a égide do erotismo, o sujeito lírico empreende um mergulho órfico nos abismos da poesia. Em estreita correspondência com o surrealismo plástico de Salvador Dalí e, principalmente, nessa primeira obra, com a pintura de Van, de quem, justamente, uma das telas ilustra a capa do livro, os poemas de *Boneca do Bê-Ó* invocam o lugar do feminino, a figura erotizante da mulher, o cenário das musas. No referido livro, o concretismo verbal do poema "Ave Sexo" representa a verticalização dessa poética que procura, segundo palavras de Adriano Mixinge, "a retórica do verso/ avesso."[8] A invocação às musas, bonecas do Bê-Ó, traz inspiração ao sujeito poético, ávido de uma sexualidade que fora censurada durante os longos tempos de luta e militância. O bairro do Bê-Ó é reduto dessa sensualidade que foi represada e reprimida. Por isso, é o palco dessa poesia, cujo corpo se confunde com os das musas com quem dialoga o eu-lírico dos poemas. A fricção erótica dos versos, tecidos por uma semântica sensual de beijos, seios, sexo e coxas, configura o enigma poético como o espaço do cio verbal. O mar, fonte de Eros, se erige como o local sucedâneo da mulher e do prazer do texto, sendo a imagem da "brisa marinha" a impulsionadora de um fazer literário que se constrói ao sabor de fragmentos de um discurso amoroso voltado para os sonhos e para os elementos cósmicos da natureza: o ar e a água, simbolizados pelo vento, pelas nuvens e pelas espumas oceânicas.

Um dos poemas mais significativos do livro *Boneca do Bê-Ó* intitula-se "Página". Nele, as metáforas do mar, da mulher e do abismo se cruzam no mistério da poesia, enigma maior feito de palavras e silêncios. Do corpo do poema, metonimizado pelo sintagma vocabular "página", se desvenda a teia invisível do poético, cujo erotismo sobrevive às guerras, levando o eu-lírico a tecer sonhos e redes, indagando-se existencialmente sobre a importância do Amor:

amar? tecer a teia da rede no mar
(da areia
amar? sonhar a teia desenhada de peixes nas
(nuvens da rede
amar? redes para coser o mar e a chuva no
(saco da lua
amar? suspiros sem teias[9]

No livro ...*na máscara do litoral* (1997), segunda obra publicada de Fernando Kafukeno, a linguagem poética se hermetiza ainda mais através de construções oníricas que buscam desafivelar de vez a libido recalcada sob a crosta que aprisiona o sujeito poético, metaforizado, no poema, pela imagem dos "crustáceos de tartaruga"[10]. Como observa Adriano Mixinge, há nesse livro, "uma ousadia de estilo que evoca coitos surrealistas que o diferenciam estilisticamente de *Boneca do Bê-Ó*."[11] Concordando com a opinião do referido crítico, notamos que neste segundo livro o experimentalismo construtivista da obra anterior ultrapassa o ludismo gráfico, condensando-se a linguagem em metáforas surreais mais arrojadas.

A tessitura poética de ...*na máscara do litoral*, cuja ilustração da capa, significativamente, se inspira na tapeçaria "a bailarina", de Marcela Costa, se constrói como um tecido alegórico, de imagens esbatidas e dissonantes.

Na vigília de Eros e do Amor, a poética de Fernando Kafukeno se assume, então, hieroglífica, buscando, sob a máscara das palavras e as feridas da guerra que endureceram o litoral do país, uma cartografia de sonhos e carinhos, cujos propósitos são os de afastar a "dança da morte, a festa do fígado"[12] e devolver ao humano o desejo das nuvens, o gosto do pólen, a brisa do mar, o voo das aves, a liberdade da imaginação.

Os projetos utópicos da Independência se dissolvem na imagem dos ritos de sabão, lucidamente desconstruídos por uma escrita poética que opera com colagens, com sugestões fragmentárias, como, por exemplo, no caso do poema com alusiva dedicatória a Ti-Neto. O repensar da história se faz de forma leve e aguda, alegorizando, através da imagem do "papagaio de papel", o sonho protagonizado por Agostinho Neto que se esgarçou no tempo.

Há nesse segundo livro de Kafukeno um aprimoramento da elaboração imagética que se caracteriza pelo jogo do inusitado e que visa a acordar as sensibilidades bloqueadas. O poeta transfigura, sinestesicamente, elementos cósmicos da própria natureza: o corpo do oceano, o chilreio dos pássaros, as asas do vento e das gaivotas. Em suma, o que pretende é reinstaurar a esperança, reencontrar, sob a crosta do litoral, as múltiplas faces de Angola.

Essa é também uma proposta de *sobre o grafite da cera*, terceiro livro de Fernando Kafukeno, cujos poemas finais, entretanto, apontam para a desesperança e a catástrofe que de novo se abatem sobre o chão do país. Nessa obra, o aperfeiçoamento das técnicas e dos recursos poéticos utilizados revelam uma maturação ainda maior do estilo do autor, no qual a picturalidade e a concisão se acentuam pelo traçado cada vez mais alegórico da linguagem.

O livro sobre o grafite da cera é formado por cinco blocos de poemas. O inicial, subintitulado "areia do sol", é numerado por zero, remetendo ao vazio expresso pelo cenário árido da paisagem feita de areia e sol, onde o "munhungo da máscara" encobre e prostitui os sentidos que se encontram cerrados, conforme revelam as surreais imagens contidas nos sintagmas: "surdos lábios nas pálpebras", "cego o infinito", "surdo o ocaso". Nesse primeiro conjunto de poemas, o sujeito-lírico, imerso em penumbra, assume uma visão crepuscular. Estilhaçadas imagens da guerra são captadas pela escritura poética que alegoriza a violência representada pelas rajadas da *kalashinikov*; pela presença dos "homens-tigre na noite de sangue"; pelo "xucululo" das máscaras de ódio e rancor tatuadas nas faces do país e do tempo; pelas "muletas e próteses em camuflado de esmolas dormindo na palavra". Emoções e sentimentos encontram-se amortecidos, em dormência. O sujeito poético tem dificuldade de se construir no claro. Por isso, a poesia ainda transita nos "blindados da memória". Há, entretanto, em meio a essas cenas hostis, nesgas de resistência feitas de lembranças difusas de costumes e tradições orais: da infância mateba, povoada de fábulas e lendas, a se proteger das estórias do papão e da sanga-cobra; do mito de *Kalunga* a *ximbicar* no abismo infinito do oceano e da morte; do pregão da varina a vender peixes; do gosto da *ngonguenha* a despertar os paladares da terra; dos sons da *puíta* animando os mochos-homens no carnavalesco bailado do *Kabokomeu* luandense... Recordações fugazes, retalhos esgarçados da cartografia periférica da cidade metonimizada pelos bairros Kassaquel, Katambôr e Xicala, o último, nos arredores da Ilha de Luanda... Fragmentos visuais incompletos, esboçados no esfumado da memória, evocações instantâneas de estórias de fundação, evanescentes imagens de um onirismo telúrico a vislumbrar "cores do arco-íris que escapam entre a cauda do pássaro". O sujeito poético tenta fugir à opressão, buscando a liberdade alegorizada pelo alvorecer, pelas aves, pelas gazelas, por uma viagem "feita a vento e maresia". Há um adentrar-se nos signos cósmicos, nos elementos primordiais da natureza: o mar, a terra, o ar, a água da chuva. O eu-lírico procura as origens, o princípio, a alva e o alfa. Tenta inscrever na cera de sua escritura os sentidos poéticos que a guerra obliterou. Por entre os fios partidos e as rupturas da história, vai reescrevendo Angola, refazendo a escrita e os sonhos, embora em meio a "uma aurora ainda minguada".

O segundo bloco de poemas de "sobre o grafite da cera", subintitulado "a catedral do aro", revela o eu-poético ainda aprisionado a uma paisagem de opressão. Imagens oníricas, como a da "fome que invade a barriga das andorinhas", a dos "gatos voadores" e a dos "pães descalços em calções rotos de charco", alegorizam a miséria e a "dor prefixa" de uma sociedade que sucumbe sob a ameaça constante de bombas e baionetas.

O terceiro bloco de poemas, *"sobre o grafite da cera"*, cujo subtítulo coincide, significativamente, com o título do livro, representa a resistência do poeta, que vai hasteando sonhos, ao mesmo tempo que vai vincando a lousa da escrita com a haste áspera e aguda do grafite de sua própria poesia. Por meio desta, busca reinventar a história do país com "a seiva da terra", com "o ardor do sol" iluminando árvores sagradas como os "jimbondos", com "o voo azul dos pássaros", com "o coágulo rubro nos lençóis", com "o canto à capela", com "a luz prateada da manhã", com "o olhar dos peixes na aurora", com o imaginário mítico da Ilha do Cabo – símbolos que se abrem à redescoberta do Amor, única forma possível de marcar a diferença, ou seja, as emoções individuais, desvendando, assim, o enigma e os sentidos profundos da "ostra laje" em que se convertera sua escrita poética, hermetizada pelos traumas cotidianos da guerra. Nesse bloco de poemas, o eu-lírico consegue içar seus sentimentos em cantos que buscam eternizar a beleza estética, plasticizada por sensoriais metáforas como a do "roçar da areia da espuma", a do "acariciar a pele despida da mulher-anjo", a do "inflar o balão azul" da saudade, em memória ao poeta David Mestre, carinhosamente lembrado no poema "man[o] deivid". Dessa forma, a voz lírica, soltando afetividades recônditas, prepara a atmosfera emotiva do próximo grupo de poemas que, sugestivamente, recebe o subtítulo de "amor, meu amor".

Esse quarto conjunto de poemas do livro se circunscreve nos domínios de Eros. Nele, a linguagem poética se suaviza, fluindo através de um lirismo claro, de mais fácil entendimento. O sujeito lírico saúda o amor e convoca o fogo, único dos elementos primordiais da natureza que até então não tinha aparecido. As chamas deste, entretanto, não queimam. Apenas aquecem a alma do poeta e se apresentam transfiguradas poeticamente na leveza de um sorriso, na promessa de um alvorecer, cuja aragem faz Luanda "baloiçar numa manhã de melodias e rosas de porcelana". O poema vem pelo ar, pela brisa e absorve inteiramente o poeta, agora livre para amar, imaginar.

O quinto e último bloco de poemas, subintitulado "notícias por descobrir", recoloca, entretanto, o sujeito-lírico na esfera de Tânatos. A alegoria de "crianças vendendo nos passeios da noite o pejo de uma revolução sem rebuçados" denuncia o retorno da guerra civil, despida das utopias do passado. A impossibilidade dos sonhos, nesse contexto, se casa com o desespero. O poeta tem a consciência de que seu país é "um barco em viagem sob a peste da luz", dominado, outra vez, por uma cruel realidade feita de destruição e dor. O eu-lírico retoma, então, o hermetismo, a "linguagem-ostra", caracterizadora de seu onirismo anterior, expressão, agora, dos pesadelos do real novamente ameaçado por próteses e muletas, pela aspe do suplício, pela figura do "barbudo e aterrador petróleo de vidro".

No dorso do poema, se inscreve, de novo, o desenho da catástrofe e, no grafite da escrita, nas hastes do poético, a voz lírica de Fernando Kafukeno permanece a denunciar a ruína dos sonhos, fazendo sua poesia ecoar como profundo grito de alerta.

NOTAS

1 Texto anteriormente publicado como Prefácio ao livro de KAFUKENO, Fernando. *sobre o grafite da cera*. Luanda: Editorial Kilombelombe, 2000.

2 MAIMONA, João. *As abelhas do dia*. Luanda: UEA, 1990, p. 39.

3 BARBEITOS, Arlindo. *Na leveza do luar crescente*. Lisboa: Caminho, 1998, p. 39.

4 KANDJIMBO, Luís. "Breve panorâmica das recentes tendências da poesia angolana". *Austral*, Revista de Bordo da TAAG, n. 22, 1997, p. 27.

5 MATA, Inocência. "A poesia de João Maimona: o canto ao Homem Total ou a catarse dos lugares-comuns". *Revista da Faculdade de Letras*, n. 15, 5. Série. Lisboa: Universidade de Lisboa, 1993, p. 186-187.

6 MARIA, Pombal. "Quatro poetas dos anos 90: nova geração de autores não teme comparações". In: *Correio da Semana*. Ano 4, n. 30, 23-30, Luanda, jul. 1995, p. 10-11. *Apud* MIXINGE, Adriano. Prefácio ao livro *...na máscara do litoral*, de Fernando Kafukeno. Luanda: Delegação Provincial de Luanda da Cultura, 1997, p. 16.

7 MIXINGE, Adriano. Prefácio ao livro *...na máscara do litoral*, de Fernando Kafukeno. Luanda: Delegação Provincial de Luanda da Cultura, 1997, p. 12-13.

8 Id., p. 15.

9 KAFUKENO, Fernando. *Boneca do Bê-Ó*. Luanda: Edição do Autor, 1993, p. 10.

10 KAFUKENO, Fernando. *...na máscara do litoral*. Luanda: Delegação Provincial de Luanda da Cultura, 1997, p. 29.

11 MIXINGE. In: KAFUKENO, 1997, p. 14.

12 KAFUKENO, 1997, p. 28.

Os pequenos botões e o desesperado desabrochar de uma jovem poesia...[1]

Entre a estrada e a catástrofe
entre a sombra e o naufrágio
as abelhas descobrem a espuma
azul e solitária.

(...)

E das lágrimas da garganta sem universo
Vejo os crepúsculos que se diluem em penumbra
E dos dias tristes, das noites que murmuram
Dores e suspiros rampantes
Apenas sobressaíram corpos envoltos em gritos

Doces gritos que escorrem pela estrada.

João Maimona[2]

Entre catástrofe e desespero, gritos e suspiros, lágrimas e sombras, também desabrocham *Os pequenos botões sonham com o mel*, de Carla Queiroz, jovem poeta angolana, vencedora do Prêmio António Jacinto/ 2001. Assumindo uma dicção lírica semelhante, em alguns aspectos, à de João Maimona, Fernando Kafukeno, Paula Tavares, entre outras vozes representativas da poética angolana contemporânea, o poemário de Carla trilha o "caminho doloroso" da denúncia dos sofrimentos de Angola e declara uma descrença em relação às questões sociais do país. Mas, ao mesmo tempo que não se escusa de dizer "coisas amargas como os frutos", se coloca, como Paula Tavares em sua *poiesis*, sob "os auspícios da lua e da poesia"[3], sonhando com o mel das palavras, com a metalinguagem das abelhas, às quais João Maimona recorre para metaforizar o ofício poético de descobrir e inventar o "azul da espuma solitária".

Reafirmando várias tendências da lírica angolana dos anos 1990, *Os pequenos botões* se inserem no âmago do desespero, revelando um desencanto e uma incerteza frente ao presente e aos destinos futuros de Angola. Etimologicamente, o vocábulo desespero significa o estado de quem já não espera, de quem perdeu as esperanças. Entretanto, o sujeito lírico dos poemas de Carla Queiroz faz do "desespero um projeto", dos próprios "pés e suspiros" caminhos de sua determinada "pretensão". Reside aí a originalidade dessa *poiesis* que, contraditoriamente, a par da desesperança que a dilacera e mobiliza, ainda consegue sonhar, acreditando na própria proposta literária engendrada. Talvez, por isso, em entrevista a Mateus Valódia, no jornal *O Angolense*, de 24 de novembro de 2001, a autora tenha declarado que seu lirismo foi poderosamente marcado pelo de Agostinho Neto, António Jacinto, Alda Lara, poetas que abraçaram com vigor os ideais de seu tempo, construindo poemas mensageiros das utopias dessa época. Embora o projeto poético de Carla Queiroz se afaste radicalmente do desses mais-velhos que lutaram pela dignidade do homem africano e imaginaram uma Angola e uma África totalmente livres, há no desespero dos versos do poemário da autora uma indignação profunda, uma decidida vontade de acusar o sem-sentido da realidade de guerra, fome e doença de seu país.

A voz lírica de *Os pequenos botões sonham com o mel*, ao declarar: "Perdi a certeza e a vontade de largar"[4], se mostra distanciada da semântica da "esperança" e das "certezas", conforme estas foram concebidas pela poética libertária de Agostinho Neto, Alda Lara e outros poetas de então. Subverte a espera em desengano, pois já não aguarda um Messias. Transforma as velhas crenças em dúvidas; os *slogans* e sonhos de independência, ouvidos durante a infância, em gemidos de desalento e decepção; o nós, tão empregado pela antiga geração de poetas, num eu que sofre o tempo todo, mas brada, com veemência, lucidez e poesia, sua angústia, reivindicando uma significação mais humana e poética para sua existência e a de seus semelhantes. Nesse ponto, também guarda alguma ressonância em relação à poesia de Agostinho Neto, só que despe inteiramente o humanismo pregado por Neto do caráter coletivo e utópico dos anos 1950 e 1960, preocupando-se com a defesa da subjetividade de cada cidadão e com a acusação do degradante estado em que vive o seu povo. Conforme bem sintetizou Adriano Mixinge, no excelente prefácio ao livro de Carla Queiroz, a *poiesis* da autora "traz ao de cima o único e verdadeiro problema filosófico de todos os tempos: o homem".

Em *Os pequenos botões sonham com o mel*, o tema do regresso, tão caro à poesia de Alda Lara e à de Agostinho Neto, também se encontra subvertido. A volta à terra não mais se manifesta recoberta de um telurismo celebratório; é, ao contrário, perpassada por um atroz realismo focalizador das paisagens incineradas da nação, envoltas em odores putrefatos de morte e abandono, corroídas pela urina e pela violência das constantes guerrilhas, as quais espalham enfermidades, miséria e frustrações tanto no plano social e político, como no cultural e existencial:

> Beijei
> Os lábios da flor
> Onde encontrei a apologia da vida ultrajada
> e por isso enfermiça
>
> Enunciei
> Os pretextos dos meus temores
> Temidos e gemidos
> Anunciando o retorno ao mato
> e a condição de minhocas carcomidas pelo mijo[5]

A voz lírica, associando-se metaforicamente, desde a epígrafe, às minhocas, se assume como "bicho da terra", anunciando sua presença rastejante, sua condição sub-humana de verme, que funciona como metonímia da vida atualmente levada pela maioria dos habitantes de seu país. A poética de Carla Queiroz empreende, desse modo, uma dessacralização dos sentidos utópicos de pátria e regresso, este não mais se afigurando como telúrica quimera, porém como resoluto e lúcido projeto de retorno crítico ao solo ultrajado.

Polissemicamente, a alegórica imagem das minhocas significa também adubo e fertilização para o chão angolano que, no decorrer da história, sofreu inúmeras formas de opressão, tornando-se pútrido e árido. Assim, nas entrelinhas do poemário de Carla, podem ser depreendidas, entre outras, as seguintes mensagens: é preciso exorcizar o cheiro acre de Angola, "carcomida" pelo ácido "mijo" dos tempos... É preciso erotizar o solo apodrecido de sangue e cadáveres, penetrando até o âmago do que restou invulnerável nas camadas mais profundas. É preciso imitar o percurso das minhocas, em sua tarefa de arejar e adubar a terra e a pátria corrompidas por tantas guerras, cobiças, arrogâncias e desmandos.

O canto de Carla se assemelha mais a um pranto, não tendo o tom laudatório e o ritmo caudaloso da poética dos anos heroicos caracterizada por versos de grande retórica. É forjado num compasso sincopado – o do arfar de seus suspiros crispados pela dúvida e angustiados pelo talvez identitário que circunscreve em indefinição o universo angolano dos últimos anos da década de 1990, vítima de moléstias as mais variadas e de completa ausência de perspectivas.

Os semas mais recorrentes no poemário de Carla são "desespero" e "suspiros". Estes, segundo as acepções dicionarizadas, tanto remetem, polissemicamente, à "respiração entrecortada produzida por desgostos" e aos "sons melancólicos denotadores de imensa tristeza", como ao "ar, à vida, à ânsia, aos desejos ardentes" e a um "merengue de açúcar feito no forno", cujo sabor é doce como mel. Constata-se, desse modo, que a linguagem poética da autora se tece de contraditórias emoções: ao mesmo tempo que exprime sua desesperança em relação ao social, não perde os sonhos e os planos em relação ao próprio fazer poético. Os sujeitos líricos dos poemas de Carla têm a consciência de que operam com a "inglória", com a "errância", com os signos vadios do quotidiano angolano de fome, com a embriaguez de pássaros cujos voos se encontram impedidos pela violência. Por essa lucidez, a escritura poética de *Os pequenos botões* se erige sob o signo do esgarçamento que dilacerou Angola:

> Tentei descobrir
> O trajecto do sonho **serigrafado** nas minhas mãos
> (...)
> E **anunciei o meu lugar no estupro**[6]
> (...)
>
> Eu,
> **Que habito na poesia insossa**
> **No grito da corda que arrebenta**[7]
> (...)

Com clareza de que o único lugar possível para sua *poiesis* é o da ruptura, Carla trama sua lírica com o esgar da dor e com os fiapos do que sobrou. Entretanto, apesar de admitir insossos os seus versos, aspira ao sabor do mel no trajeto que inventa para seus poemas. Estes, metaforizados pela imagem do "sonho serigrafado", se imprimem, num processo semelhante ao da arte da serigrafia, com letras e tintas que vazam pelos claros de máscaras impostas por uma absurda história de sofrimentos imputados ao povo angolano. A escrita de Carla Queiroz reinventa, assim, não só as lacunas do contexto histórico de seu país, mas principalmente os interstícios textuais de uma poesia tecida de brechas e vazios, que, conhecedora da própria metalinguagem, opta pela desobediência formal e pela dissonância dos versos, ciente "da vírgula que oprime o texto/, (...) da víbora que espreme a razão"[8]. Os versos de Carla são curtos e entrecortados como seus suspiros, contundentes e redundantes para acentuar o tom grave da própria revolta: "insultei o insulto"[9]. Valem-se também de jogos paranomásticos: "sombras"/ "sobras"[10] para ressaltar as carências do presente; de ferino escárnio para denunciar as corrupções em Angola:

>Crucificaram a verdade
>Enganaram os enganados governos sacrilegiados (vírgula)
>e
>endinheirados (ponto)
>Fanatizaram os crentes,
>Os (des)baptizados
>E (des) protegidos pela
>Fatalidade obscura do lixo[11]

Recriando crítica e ironicamente o uso da pontuação e da gramática, invertendo *slogans*, ultrapassando o engajamento de poéticas que apenas "faziam o elogio do martelo"[12], a *poiesis* de Carla Queiroz se constrói "sobre a credibilidade perdida dos homens e dos textos"[13]. Embora sabedora da "perda do cachimbo" e dos sonhos, ainda "deseja erguer-se no vôo da andorinha"[14], pássaro anunciador da primavera, símbolo de renovação e florescimento. O lirismo de Carla opera com motivos oníricos, mas estes se acham dissociados dos ideais utópicos, ou seja, da "sagrada esperança" cantada por Agostinho Neto, pois o sujeito lírico tem consciência de que:

>Algo morreu
>Morreu a flor e a coisa sagrada
>Morreu a razão[15]

Os sonhos, em *Os pequenos botões sonham com o mel*, germinam como "botões desprezados", instaurando-se, na linha fundada pelas "Brigadas Jovens de Poesia", sob o desenho da catástrofe e do desassossego que caracterizam, por exemplo, as poéticas de João Maimona, Fernando Kafukeno, entre outros. É interessante notar que o lirismo de Carla Queiroz dialoga com essa atual geração de poetas, contudo traz impressos na sua memória lírica o som e o "suor do imbondeiro", "o esperma viril da poesia do cágado"[16], "a lembrança daquela festa/ o encontro dos amigos que aplaudiam os guerrilheiros"[17]. Assim, confessa com profunda sinceridade o emaranhado de contradições que permeiam sua *poiesis*:

> Confesso
> No fundo, no fim
> Que **vivo no texto cônscio e sábio do herói**
> Na tagarelice das **vísceras da minha desilusão**[18]

Conforme afirmação de Adriano Mixinge no Prefácio ao poemário de Carla Queiroz, os vinte e nove poemas escritos em versos livres patenteiam uma grande maturidade poética: "Ousada e miúda. Terna e visceral. Aguda e simples. Precoce e feroz". Com esses oito substantivos, Adriano consegue definir a poesia da autora, chamando a atenção do leitor para "a consternação e a raiva" que se alternam na voz lírica dos poemas, cuja "inconformidade com a letargia e a mediocridade" contemporâneas do país é gritante.

Nascido no "ventre desencantado da serpente"[19], o sujeito lírico de *Os pequenos botões* tem ciência de que só "o grito uníssono da fome dos anjos"[20], e "o grito dos pássaros vadios"[21] podem estremecer "a pequena dúvida/ Que inspira a poesia/ A mulher e o desejo"[22], acordando, assim, "o poema que renasce do (seu)sonho"[23]. Percebe-se a voz de mulher assumindo eroticamente seus versos e seu tempo. Os botões, uma das metáforas nucleares do livro, desabrocham em polissêmicos sentidos: podem ser lidos como embriões de flores a nascerem; como pequenos objetos usados para abotoar roupas – talvez a própria blusa da autora, conforme esta deixa supor na já referida entrevista ao Jornal *O Angolense* –; como peças para ligar aparelhos, luzes, computadores; como os próprios mamilos dos seios, significando o recuperar do próprio erotismo feminino. Além de todos esses significados, o *Dicionário Novo Aurélio*[24] registra que botão é, nos estudos caligráficos, "o espessamento ovalado da extremidade da haste de certas letras". Todas essas significações remetem metaforicamente ao poemário; as últimas expressam, respectivamente, a sensualidade verbal que a poesia de Carla busca restaurar, bem como a própria metalinguagem de sua *poiesis* que se centra num labor estético capaz de avivar cada botão da caligrafia de seus versos. Sonho e desejo viajam, assim, pelos meandros da escrita, recobrindo a realidade insólita e absurda, com a eroticidade de botões de seio, botões de uma jovem poesia que teima em germinar:

> Viajo insistentemente
> Sobre o meu seio
> Pretendo encontrar

O sentido das minhas marchas
O valor
Do meu seio.[25]

Outra metáfora tutelar do poemário é o mel, cuja significação simbólica o coloca dentro da mesma esfera semântica do erotismo que perpassa pela poesia de Carla. De acordo com Jean Chevalier, no seu *Dicionário de Símbolos*, esse alimento

> é iniciático; como o leite é a primeira fonte de energia. Ambos correm em cascatas em todas as terras prometidas. Símbolo de doçura, erotismo, sedução, vida, fertilidade e fecundação, é comparado ao esperma do oceano. Representa também sabedoria, purificação, conhecimento e proteção. Realiza a abolição da dor, fundando a felicidade dos homens e da sociedade. Além disso, purifica as falhas da língua e desperta o dom da poesia. É concebido também como resultado de um processo de elaboração do Self, enquanto conseqüência última do trabalho interior sobre o si próprio. [26]

Perseguindo "pingos e respingos de chuva", metáfora cósmica da fertilidade africana ancestral, e o inebriante sabor do hidromel, símbolo de vida e imortalidade, a *poiesis* de Carla Queiroz tenta sobreviver à "traquicardia" dos tempos angolanos de fel. Os botões de sua lírica sonham também com o mar, não o negreiro que dividiu os homens, conforme Agostinho Neto denunciou em versos, mas o mar infinito, fonte do Eros primordial e do *Self*. Sonhando com o mal, seus poemas o transformam em mel, "doce desejo/ que maltrata a espera/ (...) pura verdade da intempérie"[27]... Adoçando o desespero, instigam a dúvida e acabam por inspirar e erguer o voo dessa nova poesia.

NOTAS

1 Texto publicado no Jornal *O Angolense*, Suplemento Cultura, Ano V, n. 169; n. 170, Luanda, de 9 a 16 fev. 2002, p. 16; e 23 fev. a 2 mar. 2002, p. 25; 26.

2 MAIMONA, João. *Trajectória obliterada*. 2. ed. Luanda: INIC, 2001, p. 29.

3 QUEIROZ, 2001, p. 26.

4 Id., p. 21.

5 Id., p. 19.

6 Id., p. 25 [grifos nossos]

7   Id., ibid. [grifos nossos]
8   Id., p. 47.
9   Id., ibid.
10 Id., p. 36.
11 Id., p. 39.
12 Id., p. 36.
13 Id., ibid.
14 Id., p. 31.
15 Id., p. 45.
16 Id., p. 33.
17 Id., p. 21.
18 Id., p. 40 [grifos nossos]
19 Id., ibid.
20 Id., p. 22.
21 Id., p. 32.
22 Id., p. 41.
23 Id., p. 22.
24 FERREIRA, Aurélio Buarque de Holanda. *Novo Aurélio século XXI*: o dicionário da língua portuguesa. Rio de Janeiro: Nova Fronteira, 1999, p. 324.
25 Id., p. 42.
26 CHEVALIER e GHEERBRANT,1988, p. 603-605.
27 QUEIROZ, 2001, p. 49.

Quando as "sagradas certezas" desmancham no ar... (ressonâncias da poética de Agostinho Neto na poesia angolana contemporânea)[1]

> (...) saber cantar é por vezes mais difícil do que saber chorar, porque o futuro, quando se transforma em presente, não oferece a cada um o seu sonho.
>
> Agostinho Neto[2]

> A palavra é um pacto com o tempo. Mesmo que seja um tempo fissurado entre realidade e sonho (...)
>
> Paula Tavares[3]

Há, hoje, em geral, por parte de alguns segmentos das jovens gerações de estudiosos da Literatura, uma certa tendência de minorizar (ou até mesmo negar) as obras poéticas, que, a par da qualidade de sua linguagem estética, apresentam forte comprometimento ético e político-ideológico. Esquecem-se, porém, tais estudiosos de que os "momentos sofridos e insofridos da práxis também são capazes de gerar poesia. Desde os profetas bíblicos até Maiakovski, Brecht e Neruda, a recusa irada do presente, com vistas ao futuro, tem criado textos de inquietante força poética"[4]. Esquecem-se, ainda, de que cada poeta estabelece "um pacto com o seu tempo" e de que, somente contextualizadas histórica e socialmente, as obras literárias podem ser melhor compreendidas e analisadas. Octavio

Paz, no ensaio intitulado "A consagração do instante", alerta para essa questão, lembrando:

> Como toda criação humana, o poema é um produto histórico, filho de um tempo e de um lugar; mas também é algo que transcende o histórico e se situa em um tempo anterior a toda história, no princípio do princípio. Antes da história, mas não fora dela. Antes, por ser realidade arquetípica, impossível de datar, começo absoluto, tempo total e autossuficiente. Dentro da história – e ainda mais: história – porque só vive encarnado, reengendrando-se, repetindo-se no instante de comunhão poética. (...) o poema é histórico de duas maneiras: a primeira, como produto social; a segunda, como criação que transcende o histórico mas que, para ser efetivamente, necessita encarnar-se de novo na história e repetir-se entre os homens.[5]

É intenção de nossa leitura evidenciar, justamente, que tanto a poesia de Agostinho Neto, como a das gerações mais novas da Literatura Angolana, embora sejam filhas de tempos historicamente distintos, se articulam, mesmo que em direções diversas, em função de certos temas que se reatualizam e se reelaboram poeticamente, refletindo sobre as mudanças políticas e sociais ocorridas no contexto angolano da pós-Independência.

Retomando nossas epígrafes, observamos que não só Paula Tavares tem clareza dos pactos que condicionam as metamorfoses dos sonhos e da poesia através dos tempos. Também Agostinho Neto era já sabedor de que cada período histórico fabrica seus próprios sonhos e utopias. E é com essa consciência que pretendemos reler tanto sua poesia – ressaltando o importante papel que cumpriu em sua época –, como a ressonância de sua *poiesis* em poetas mais jovens, cujas produções se revelam, em certos aspectos, herdeiras de algumas conquistas poéticas de sua geração, apesar de se terem singularizado, ao longo dos anos, por inovadoras transformações estéticas e por um olhar crítico, denunciador da cisão existente entre os projetos dos tempos da Independência e os que passaram a reger Angola, principalmente a partir dos meados e fins dos anos 80 do século XX.

Ainda o canto... Ainda o sonho da almejada liberdade...

Cantor da esperança, sonhador da liberdade, Agostinho Neto não apenas lutou pela libertação de seu país, mas também pela criação de uma poesia genuinamente angolana. Uma poesia que, segundo Jorge Macedo, se configurou sempre a partir de uma tripla dimensão humanista, na medida em que nunca abordou "o drama angolano, descontextualizado do espaço da África e do lugar desta no mundo."[6]

Em consonância com o amplo cenário político-social de esquerda das décadas de 1950 e 1960 que envolvia poetas e intelectuais da Europa, da América, da África e da Ásia, a *poiesis* de Neto se gerou, intertextualmente, em diálogo com vozes poéticas guerrilheiras desses continentes, cujas propostas filosóficas, políticas e literárias tinham como objetivos centrais a contestação do colonialismo, da exploração do trabalho humano e do racismo.

Inscrita nesse fértil período de "germinação de utopias revolucionárias", a obra de Agostinho Neto compartilhou temas e ideais também difundidos e defendidos por Nicolás Guillén, Neruda, Sartre, Fanon, Césaire, Senghor, entre muitos outros que se bateram pela descolonização dos territórios africanos, asiáticos, americanos subjugados por séculos de dominação europeia. Conscientizando os povos humilhados da opressão sofrida no decorrer da história, esses intelectuais e poetas converteram seus textos em instrumentos de resistência e politização. Afinados aos princípios do Marxismo e do Socialismo, clamaram pela justiça e colocaram seus escritos a serviço de projetos libertadores.

Interpretar os poemas de *Sagrada esperança* por esse viés, ou seja, à luz do messianismo político que orientou, ideologicamente, essa geração de poetas, não é, porém, novidade. Por tal razão, preferimos, como procedeu João Maimona, em seu ensaio "As Vias Poéticas da Esperança em Agostinho Neto"[7], focalizar os temas e procedimentos literários pelos quais a obra poética de Agostinho, a par de se ter afirmado como uma *poiesis* de libertação, veio a contribuir também para libertar a poesia angolana dos cânones coloniais.

Dentre essas importantes conquistas da poesia de Neto está a recriação poética dos ritmos africanos. Como conjuro mágico, a ritmicidade dos versos, embora umbilicada a um *"ethos* da certeza", da confiança, da lealdade e da heroicidade na defesa da pátria a ser fundada, estabelece um forte elo com as raízes africanas mutiladas pelo colonialismo, através de um ressoar de arcaicas tradições na pele do próprio poema:

As mãos violentas insidiosamente batem
no tambor africano
e a pele percutida solta-me tantãs gritantes
de sombras atléticas
à luz vermelha do fogo de após trabalho[8]

A voz poética do sujeito lírico faz o inventário da história, confrontando remotos sons míticos com outros compassos impostos pela colonização. Capta, em outros poemas, a ritmicidade do trabalho forçado dos contratados, acusando a exploração de sua mais-valia. Denúncia e reivindicação de uma vida mais digna para o povo de África se materializam pela cadência de versos livres que instauram a ruptura em relação a paradigmas literários europeus difundidos pela política de assimilação colonial. Estava, assim, instaurada a modernidade na Literatura de Angola que se inspirava, em grande parte, no Modernismo brasileiro:

> Ritmo na luz
> ritmo na cor
> ritmo no movimento
> ritmo nas gretas sangrentas dos pés descalços
> ritmo nas unhas descarnadas
> Mas ritmo
> ritmo.[9]

Colocando em tensão, dialeticamente, vários ritmos e tempos históricos, os poemas de Agostinho recriam não só as sonoridades ancestrais, mas as do passado colonialista, as da natureza angolana, as do presente de opressão vivido pelo poeta. Apreendem o burburinho dos sábados nos *musseques*, os agitados *swings*, os nostálgicos *blues*, a doce melodia da *marimba* e do *quissange*, a angústia e a ansiedade dos moradores dos subúrbios luandenses, o silêncio e o medo no ar pesado de censura, os gemidos nos cárceres da PIDE, os gritos de revolta, as paisagens antigas do *Kinaxixi*, os *xinguilamentos*, as orações em *kimbundu* ao deus *Kalunga* pela perda do amigo *Mussunda*, a voz terna da avozinha ao redor da fogueira contando histórias da lebre e da tartaruga, os pregões das quitandeiras em sua labuta diária:

> Agora vendo-me eu própria.
> – Compra laranjas
> minha senhora!
> Leva-me para as quitandas da Vida[10]

Por intermédio da cadência dos versos, o eu-lírico vai absorvendo a realidade de Luanda, os conflitos e tragédias da gente humilde dos bairros periféricos, as falas em kimbundu, as sintaxes e o léxico de um português angolano que já *kazukutara*, em muitos aspectos, o idioma da colonização. Evocando heróis do outrora angolano – Ngola Kiluanje e Rainha Njinga –, cria uma cadeia de resistência, inserindo os nomes destes ao lado dos que, como Mussunda, na luta contra o colonialismo, deram também a vida pela liberdade. Trazendo a memória dos ritos e cultos ancestrais, a geografia e as etnias da África e de Angola, lança os fundamentos para a construção da autêntica Literatura Angolana. Essas são algumas das contribuições da poética de Agostinho Neto que, em consonância com os demais poetas de *Mensagem*, como Viriato Cruz, António Jacinto, entre outros, abriram caminho para as posteriores gerações poéticas de Angola. As lições desses mais-Velhos ainda ressoam. Mesmo o sonho da liberdade – apesar de se ter tornado um projeto interrompido, em virtude da intensa destruição provocada pelas guerras desencadeadas após a Independência –, ainda ecoa, embora pelo avesso, transformado em pesadelo e dúvida, ou em outras maneiras de sonhar que têm a lúcida dimensão de quão precárias e deslizantes são, hoje, com o avanço do capitalismo neoliberal, as novas possibilidades de formações utópicas.

A transmutação do canto... A diluição das antigas certezas...

Se nos tempos da luta pela libertação Agostinho Neto considerava "saber cantar" mais difícil que "saber chorar", conclamando os poetas a "criarem com os olhos secos", atualmente, não mais se faz possível tal dicotomia entre canto e choro, tendo em vista que estes, na poesia angolana contemporânea, se encontram fundidos na dolorosa tarefa de denúncia da miséria e dos sofrimentos agravados pelas guerrilhas que contribuíram para uma maior desfiguração de Angola, entre 1980 e 2002. As lágrimas passam, então, a habitar os versos dos poetas, "escarificadas" pela dor e pela triste contemplação de "crianças de vidro/ cheias de água até as lágrimas/ enchendo a cidade de estilhaços/ procurando a vida/ nos caixotes de lixo"[11]. Transmutados em profundo lamento, canto e choro expressam o desencanto diante da diluição dos antigos projetos:

> as árvores rebentam nos gritos do poema lacrimoso
> a neblina do poema nasce nas mãos da gente
> as lágrimas acontecem e nelas tremem anjos e deuses
> e os dedos dos homens começam e acabam dias obscuros[12]

O tema da noite que, em Agostinho Neto e outros poetas da sua geração como, por exemplo, António Jacinto, metaforizava o fascismo colonial em oposição ao amanhecer da liberdade, na *poiesis* angolana pós-1980, se encontra reagenciado, não havendo mais a antiga dicotomia entre luzes e trevas, pois os "dias se tornaram obscuros". Conforme análise de Xosé

Lois García, "a noite, na poesia de João Maimona, testemunha (...) a visão do tempo e a da 'escuridão fértil' que se inscrevem na dominação histórica de Angola"[13]. As sombras penetram as sílabas dos versos de Maimona, denunciando a realidade de miséria e guerra, mas, ao mesmo tempo, oferecendo-se como resistência poética. A linguagem dessa nova poesia, não mais veiculando utópicas mensagens revolucionárias, faz da "sagrada esperança" uma "esperança sombria", na medida em que funda um lirismo, cujo labor estético opera com o lado obscuro e metafórico das palavras.

> a sombra que vagueia por entre as sílabas
> tão inclinada feito o pénis em deserecção
> ouve os passos e volta à rua
> nos passos lentos das palavras
> a sombra que descobre o desfecho do sono
> nas garras da última palavra.[14]

Num contexto de distopias sociais, a poesia angolana das últimas décadas assume um tom crepuscular, mas continua como um dos modos de consciência, lutando com as garras das palavras contra o sono e as sombras que envolvem o país.

Essa mudança de dicção poética é decorrência de um tempo em que os nacionalismos se enfraquecem e os heróis libertadores se esfacelam, ante à corrosão neoliberal que desmantela os mitos nacionais em prol de uma política econômica transnacional. "Segundo Paul Ricoeur, nos anos do socialismo pós-guerra, havia como valores a responsabilidade e autoconsciência. Estes dependiam da crença de que 'alguém precisava do outro'. Os líderes se sentiam necessários na defesa dos outros."[15] Afrouxados os laços éticos e ideológicos que sustentaram as revoluções socialistas, países ricos como Angola foram vítimas de assédios e pressões intra e internacionais que fizeram desencadear uma guerra civil que durou quase 30 anos e dizimou o território e os sonhos angolanos, impondo o desenho da catástrofe não só à realidade, mas à produção poética de Angola dos vinte últimos anos. O desencanto instalado em relação ao outrora revolucionário, entretanto, não foi resultado apenas das guerrilhas entre o MPLA e a UNITA, porém fruto das políticas neoliberais, que, mais recentemente, o FMI e o Banco Mundial também impuseram aos países africanos, como o fizeram às demais regiões do planeta por eles designadas como "blocos periféricos".

Pierre Bourdieu, em seu livro *Contrafogos*, adverte que "há, no capitalismo neoliberal, uma luta simbólica incessante para desacreditar e desqualificar a herança de palavras, tradições e representações associadas às conquistas históricas dos movimentos sociais do passado."[16] Não obstante, as artes, como lugares privilegiados de reflexão, travam também um combate, só que inverso, buscando apreender fios dispersos dessas heranças por intermédio de um novo discurso que, embora tenha a dimensão distópica dos cenários sociais contemporâneos, ainda acredita na qualidade e na força recriadora e contestatória da linguagem artística. Diversas são as vozes representativas dessa prática, na poesia angolana pós-1980: José Luís Mendonça, Paula Tavares, João Melo, João Maimona, Luís Kandjimbo, Lopito Feijoó, Frederico Ningi, Fernando Kafukeno, Carla Queiroz, Nok Nogueira, para citar apenas alguns nomes, além de poetas mais antigos que iniciaram sua trajetória nos anos 70 e continuaram escrevendo nas décadas seguintes, como Jorge Macedo, David Mestre, Manuel Rui, Henrique Abranches, Fernando Costa Andrade, Ruy Duarte de Carvalho, Arlindo Barbeitos, entre outros. Nesse processo de resgate e transformação de contribuições e valores herdados das gerações poéticas dos anos 1950, 1960 e 1970, também tiveram importante papel as Brigadas Jovens de Literatura, de que fizeram parte poetas como João Maimona, Fernando Kafukeno, Lopito Feijóo, entre outros. A produção poética pós-80 é assinalada por um trabalho de profunda elaboração estética, associado a "uma amarga lucidez"[17] que não só caracteriza o lirismo de José Luís Mendonça, conforme observou Inocência Mata[18] em um ensaio sobre o poeta, mas a dicção lírica, em geral, das últimas décadas do século XX em Angola.

A par dessa amargura constante, frente a um contexto de desalento e dor, constata-se que os poetas posteriores, e até mesmo os das novíssimas gerações, ainda querem sonhar. Não mais um sonho de certezas, como foi o de Agostinho Neto, mas um sonho de incertezas, plasmado por um discurso poético fragmentado, feito de colagens e de intensa condensação alegórica. José Luís Mendonça, apesar de absorver a múltipla realidade das "feras madrugadas/ paridas entre a unha e a polpa" de seus "dedos de sangue"[19], ainda quer "acordar a alva, (...) passando sobre cadernos de poesia /escrita nas alturas de um corpo evaporado"[20]. Maimona, embora tenha consciência de que ainda "sangram à boca do poeta as províncias da noite"[21], acredita

> nas noites semeadas nas nuvens que voltam a ser semeadas
> sombras de corpos lentos e corpos de sombras desnorteadas
> sinais de estrelas e luas e teias de poema repoisam com o dia
> (...)
> hei-de semear dias de estrelas nas nuvens que nascem
> nas noites semeadas nas nuvens que voltam a ser semeadas[22]

Em Maimona não há um "caminho de estrelas" fora do poema, como havia na poesia de Agostinho Neto que lutava pela "harmonia do mundo"[23], mas um semear de estrelas dentro da própria teia poemática, tecida ainda de "sombras desnorteadas". Na intertextualidade com a *poiesis* de Neto, fica evidente, entretanto, a direção divergente que o lirismo de João Maimona adota quanto à construção de novos sonhos.

A presença de Agostinho se encontra, também, diluída na obra de alguns poetas que publicaram livros recentemente. Entre estes se encontra o poeta Nok Nogueira que, no poema a seguir, dialoga com "Um buquê de rosas para ti"[24], de Agostinho Neto:

> que reste de todos os bouquets de rosas vermelhas
> os sinais dos teus lábios afinal nem só de cartas viverão
> eterna mente nossas lembranças
> tudo que mais me apetecia pedir à natureza seriam
> duas asas invisíveis para te visitar no visível espaço
> de nossas memórias antes de partir a barca
> e para além do medo de alcançarmos a outra margem
> do rio ainda duas marcas de vida e duas alianças
> sobre a cabeceira dos sonhos [...][25]

Fernando Kafukeno é outra voz representativa do lirismo angolano pós-1980 que, como já analisamos anteriormente, faz alusão à proposta literária de Agostinho Neto. Sua inovadora escritura poética busca esquecer a guerra, afastando a "dança da morte, a festa do fígado"[26] e devolvendo ao humano a liberdade da imaginação.

Carla Queiroz, jovem poeta angolana estudada no capítulo anterior, tem a clareza de que o único lugar possível para sua *poiesis* é o da ruptura. Tem consciência de que: "Algo morreu/ Morreu a flor e a coisa sagrada (...)".[27] Por isso, tece sua lírica com fiapos do que sobrou, dialogando com vozes poéticas tanto do presente como também do passado.

Observamos que, a par de os tempos e as vontades terem transformado e diluído velhos ideais, há, tanto na poesia de Carla Queiroz, como na de outros poetas angolanos das últimas décadas, indeléveis vestígios da geração de Agostinho Neto. Embora as "antigas esperanças" tenham-se convertido em desespero, percebemos que este, marcado pela indignação da palavra poética, passa a selar novos pactos de resistência, anunciando a gestação de outros sonhos, mesmo que esgarçados ante às incertezas do mundo atual. Por intermédio da arte, vemos, portanto, que, apesar de tudo, ainda se torna possível – conforme ensinou Manuel Rui – "ouvir os búzios da imaginação"[28] e reencontrar, assim, sentidos humanos mais profundos para a existência.

NOTAS

1 Trabalho não publicado, apresentado no Colóquio "Agostinho Neto: o pensador e o poeta", realizado em Roma, sob a presidência do então Embaixador de Angola na Itália, o escritor Boaventura Cardoso, 17 e 18 out. 2002.

2 AGOSTINHO NETO, António. "Discurso no Acto de Posse do Cargo de Presidente da Assembleia Geral da União de Escritores Angolanos, em Luanda, a 24 de novembro de 1977". In: _____. *Ainda o meu sonho...* (Discursos sobre a cultura nacional). Luanda; Lisboa: UEA; Edições 70, 1980, p. 29.

3 TAVARES, Ana Paula. *O sangue da buganvília*. Praia; Mindelo: Embaixada de Portugal; Centro Cultural Português, 1998, p. 49.

4 BOSI, A., 1983, p. 158.

5 PAZ, Octavio. *Signos em rotação*. São Paulo: Perspectiva, 1972, p. 53-54.

6 MACEDO, Jorge. "Agostinho Neto: uma escrita humanista". In: *A voz igual. Ensaios sobre Agostinho Neto*. Porto: Fundação Engenheiro António de Almeida; Angolê, Artes & Letras, 1989, p. 265.

7 MAIMONA, João. "As vias poéticas da esperança em Agostinho Neto". In: *A voz igual. Ensaios sobre Agostinho Neto*. Porto: Fundação Engenheiro António de Almeida; Angolê, Artes & Letras, 1989, p. 270.

8 AGOSTINHO NETO, António. *Sagrada esperança*. São Paulo: Ática, 1985, p. 64.

9 _____. *Poemas de Angola*. Rio de Janeiro: Codecri, 1976, p. 15-16.

10 _____. *Sagrada esperança*. São Paulo: Ática, 1985, p. 25.

11 TAVARES, Paula. *O lago da lua*. Lisboa: Caminho, 1999, p. 36.

12 MAIMONA, João. *Ouvir os sinos das sementes*. Luanda: União dos Escritores Angolanos, 1993, p. 65.

13 GARCÍA, Xosé Louis. "Uma voz nos elos da cidade". Prefácio. In: MAIMONA, João. *O útero da noite*. Luanda Nzila, 2001, p. 40.

14 MAIMONA, João. *O útero da noite*. Luanda Nzila, 2001, p. 73.

15 RICOEUR, Paul. *Apud* SENNET, Richard. *A corrosão do caráter*. Rio de Janeiro: Record, 1999, p. 174.

16 BOURDIEU, Pierre. *Contrafogos: táticas para enfrentar a invasão neoliberal*. Rio de Janeiro: Zahar, 1998, p. 147.

17 MATA, Inocência. "Quero acordar a alva, de José Luís Mendonça: uma amarga lucidez". In: _____. *Silêncios e falas de uma voz inquieta*. Luanda: Kilombelombe, 2001, p. 251-253.

18 MATA, Inocência. "A actual literatura angolana: pontes ligando gerações, estéticas em ruptura". Disponível em: https://www.ueangola.com/criticas-e--ensaios/item/73-a-actual-literatura-angolana-pontes-ligando-gera%C3%A7%-C3%B5es-est%C3%A9ticas-em-rupturas. Acesso: 23 fev. 2021.

19 MENDONÇA, José Luís. "Eu queria abster-me". In: _____. *Chuva novembrina*. Luanda: INALD, 1981, p. 9.

20 MENDONÇA, José Luís. *Quero acordar a alva*. Luanda: INALD, 1996, p. 51.

21 Id., p. 54.

22 Id., p. 55.

23 AGOSTINHO NETO, António. "O caminho das estrelas". In: _____. *Sagrada esperança*. São Paulo: Ática, 1985, p. 57.

24 _____. "Um buquê de rosas para ti". In: _____. *Sagrada esperança*. São Paulo: Ática, 1985, p. 84-86.

25 NOGUEIRA, Nok. *Jardim de estações*. Vila Nova de Cerveira: Nóssomos, 2011, p. 37.

26 KAFUKENO, 1997, p. 28.

27 Id., p. 45.

28 RUI, 1985, p. 55.

Craveirinha e Malangatana: cumplicidade e correspondência entre as artes[1]

> Bertina: Mesmo que residamos tu na Polana, o Malangatana para lá de Mavalane e eu na Munhuana, um elo indestrutível liga-nos. (...) Para nós a Arte é também a reivindicação da nossa identidade no mundo dos homens.[2]
>
> José Craveirinha

O próprio poeta José Craveirinha reconhece elos e afinidades entre as propostas de sua poesia e as da pintura de Bertina Lopes e Malangatana Valente, pintores moçambicanos que, como ele, fizeram do animismo da cultura africana ancestral, da miséria e do cotidiano dos periféricos bairros de caniço de Lourenço Marques – capital de Moçambique dos tempos coloniais – temas e cenários de suas obras, nas quais a fome e o sofrimento provocados pela guerra e pela exclusão colonial constituem alguns dos eixos recorrentes.

Entre Craveirinha e Malangatana são muitas as consonâncias, conforme pretendemos evidenciar neste breve estudo, cujo objetivo é estabelecer um diálogo entre as letras do "Poeta da Munhuana" e as telas do "Pintor da Matalana", para os quais a Arte, em última instância, consiste na reivindicação da multifacetada e plural identidade moçambicana. A par da intenção de recuperar as raízes rongas – comuns ao imaginário dos dois artistas, ambos descendentes dessa etnia do sul de Moçambique –, suas obras se apresentam como expressão do hibridismo cultural decorrente da mesclagem de crenças e valores africanos com os trazidos pela colonização portuguesa. Em algumas das telas iniciais de Malangatana, datadas de 1959, 1960 e 1961, símbolos do cristianismo difundidos pelos colonizadores se encontram reagenciados, em tensa mestiçagem com traços e cores característicos das culturas locais. Também na poética de José Craveirinha, é clara a hibridação de heranças portuguesas (advindas de seu pai "ex-emigrante") e moçambicanas (originárias da sua mãe, de ascendência ronga): "E eis que num espasmo (...)/ palavras rongas e algarvias ganguissam/ (...) e recombinam em poema"[3]. De acordo com Ana Mafalda Leite, a produção literária de José Craveirinha

> enquadra-se entre duas culturas diversas – a moçambicana e a portuguesa, fazendo integrar nesta última elementos que vêm da primeira. (...) seus poemas se tecem fundamentalmente entre duas línguas, o português e o ronga, língua materna do poeta, que é intencionalmente usada para pôr em evidência a historicidade e a carga cultural da origem africana.[4]

Embora nos anos 50 e 60 do século XX, em Moçambique, grande parte das produções artísticas ainda sonhassem com a afirmação de uma "moçambicanidade imaginada", ou seja, com uma identidade moçambicana una e homogênea, constatamos que tanto Craveirinha, como Malangatana já tinham a percepção da intensa diversidade cultural existente no território moçambicano. Depreendemos, pois, que o conceito de identidade, para ambos, não se revela fechado, uma vez que suas obras não buscam uma essência moçambicana – ronga, especificamente –, mas ultrapassam concepções identitárias monológicas, operando com a ideia de "relação"[5], isto é, com o reconhecimento do Outro, do Diverso, da Alteridade, o que faz com que as identidades não sejam consideradas instâncias plenas, mas, sim, processos sempre inacabados, "identificações em curso"[6], conforme expressão de Boaventura de Sousa Santos. Essa hibridação cultural é denunciada, sarcástica e ironicamente, tanto pelas telas do referido pintor moçambicano – entre as quais lembramos *Adão e Eva em frente da Catedral de Lourenço Marques* (1960) e *Nu com crucifixo* (1960) –, como por poemas do mais-velho José Craveirinha, onde se encontram ícones representativos do cristianismo imiscuindo-se nos cultos e costumes africanos:

> Efígies de Cristo suspendem ao meu pescoço
> em rodelas de latão em vez dos meus autênticos
> mutovonas da chuva e da fecundidade das virgens[7]

247

Menino Hôssi:
Amamos em família a Paz
Connosco desde o Verbo doutrinário
Que Te emancipou na Cruz.
E do Teu nascimento
Renovado ao calvário do Mundo
Ave-Mamana (...)[8]

Estão presentes também, em quadros de Malangatana datados entre 1959 e 1963, temas do curandeirismo, irônicas representações de feiticeiros com crucifixos pendurados ao pescoço. Depreendemos, assim, que o referido pintor e o poeta José Craveirinha, conhecedores da importância do trabalho de desvelamento da alteridade moçambicana, tiveram como proposta artística a reencenação do Outro, do Diferente, do Diverso. Isso, entretanto, não significa que as diferenças fossem por eles tratadas como meras oposições dicotômicas em relação aos valores do Mesmo europeu; ao contrário, sempre buscaram dar relevo a um jogo de *différances*[9], conceito que, segundo Jacques Derrida, pressupõe uma *performance* do excesso, do suplemento, ou seja, uma permanente ultrapassagem das normas e molduras delineadas pelos paradigmas eurocêntricos. Tal procedimento, portanto, extrapola as concepções monolíticas de identidade, dando ênfase ao conceito de alteridade plural, constituída de diversidades culturais em constante interação.

Michel Foucault orienta sua reflexão, entre outras questões, em direção a uma arqueologia da cultura, ou seja, a uma história das formas da alteridade que as sociedades têm produzido através dos tempos e em diferentes espaços. Mostra que o drama das colonizações sempre foi o de tentar "reduzir o irredutível", isto é, de procurar transformar a alteridade em identidade, como se fosse possível apagar os traços do Outro, encerrando-o numa tranquilidade ideológica do Mesmo. Muitos dos escritos *foucaultianos* se ocupam de pôr em evidência "esse outro irredutível para o qual se fabricaram cárceres, máscaras, execrações: a loucura, a sexualidade, o crime"[10].

Em *A ordem do discurso*, Michel Foucault[11] alerta para a censura empreendida pelos discursos do poder, que silenciam e estigmatizam o diferente, em nome da ideologia e lógica dominantes, taxando como perigosos e anormais os valores, crenças e costumes do Outro:

> Em todas as suas ordens, a Cultura Ocidental e cristã tentou neutralizar a alteridade, aquilo que a materializa como corpo: frente ao "demonismo" do corpo, impôs a expressão do divino; frente à irrupção do outro, a tranqüilidade do eu; frente à loucura, a razão; frente à sexualidade, as

normas das instituições. Para calar as expressões da alteridade, erigiu monumentos da Moral repressora, assentada em dualismos redutores: o bem em lugar do mal; o permitido em lugar do proibido.[12]

Tais estratégias de dominação ocorreram não só na África, como também na América Latina e em outros continentes. Octavio Paz, refletindo sobre a opressiva colonização espanhola no México, chama atenção para as ações negativas dos conquistadores, ressaltando que a cultura ocidental cristã veiculada por eles, de modo geral, atuou no sentido da neutralização da alteridade, através do cerceamento do erotismo e da sexualidade corporais dos povos conquistados. Essa repressão do corpo biológico acabou por se traduzir numa castração maior: a do próprio corpo cultural das sociedades oprimidas. Anulando não apenas a materialidade do corpo, mas também e, principalmente, a da linguagem, a razão colonizadora suprimiu as expressões do Outro, excluindo as alteridades por as considerarem práticas insuportáveis e monstruosas.

As obras de Malangatana e Craveirinha, a contrapelo dos cânones coloniais, são prenhes de figuras "monstruosas", cuja função é a de apontar para uma outra ordem cultural, já que os monstros, "além de representarem o sobrenatural, assinalam uma ruptura com as normas instituídas"[13]. Os monstros não apresentam, geralmente, uma forma definida e suas metamorfoses traduzem a descaracterização da própria cultura que os produziu, alegorizando a irrupção de um universo "fantástico" que se insurge contra a lógica ocidental engendrada pela colonização.

Os poemas de Craveirinha e as telas de Malangatana mergulham num telurismo cósmico e onírico, ao encalço das alteridades submersas. Para libertar a materialidade dos corpos e discursos reprimidos, operam com alegóricas imagens sensuais, com um ritmo vertiginoso que dá movimento aos quadros e aos versos, constituindo fortes estratégias de desrepressão do erotismo vital presente em crenças, religiosidades e mitos africanos. Falos eretos, corpos nus, seios volumosos, cópulas sexuais desvelam, na obra de ambos os artistas, uma outra ordem sensorial que procura, nas trilhas de Eros, tornar vivos os traços culturais africanos esgarçados pela dominação portuguesa:

> E ergo no equinócio de minha terra
> o rubi do mais belo canto xi-ronga
> e, na insólita brancura dos rins da
> madrugada, a carícia dos meus dedos
> selvagens é como a tácita harmonia
> de azagaias no cio das raças,
> belas como falos de ouro erectos no
> ventre nervoso da noite africana.[14]

Valendo-se de uma retórica caudalosa e dissonante, permeada de metáforas insólitas, os poemas de Craveirinha desafivelam uma eroticidade visceral que busca preencher os claros e as brechas das alteridades esmagadas pelo colonialismo. Num estilo sinestésico e emotivo, semelhante ao da poesia de Aimé Césaire e León Damas, a *poiesis* do "Poeta da Mafalala" opera com agressivas imagens surreais, com violentos *enjambements*, cujo efeito é o de romper não só com os versos bem-comportados, mas também com as camadas repressoras do ego, ingressando, assim, no inconsciente africano ancestral. Instaura, desse modo, um surrealismo africano, bastante diverso do europeu, porque constituído com o esperma da criação e o conjuro mágico. Transformada em uma espécie de *xigubo*, ou seja, dança guerreira, ao som do *xigubo* (que também significa "o grande tambor"), essa *poiesis* se faz grito, ritmo, estertor, orgasmo, liberando uma sensualidade dos avessos que emana das entranhas do tecido social fissurado por uma colonização que não respeitou as diferenças étnicas e culturais dos povos da África.

> E os negros dançam o ritmo da Lua Nova
> rangem os dentes na volúpia do xigubo.
> (...)
> E as vozes rasgam o silêncio da terra
> enquanto os pés batem
> enquanto os tambores batem
> e enquanto a planície vibra os ecos milenários[15]

É uma poesia, potenciada pelo cio cósmico e pelo sêmen da revolta, que se erige pelo verbo parturiente, numa gestação fecunda que invoca o raio e o trovão, forças telúricas da natureza, para reencontrar a harmonia e as origens perdidas. Conforme Eugénio Lisboa,

> há em Craveirinha – é mesmo esta uma sua característica nuclear – este gosto, este gozo sensual, esta posse, direi mesmo: esta alucinação da palavra. Craveirinha morde a polpa das palavras, tacteia-as amorosamente, fá-las vibrar no poema, encoleriza-as... Craveirinha, por isso, é poeta – faz amor com as palavras.[16]

Por vezes, esse erotismo se revela permeado de fantasmas e surpreendentes alegorias que ora traduzem os pesadelos da guerra e do autoritarismo que marcaram a história moçambicana, ora expressam a dor do poeta pela perda da amada, a célebre Maria, inspiradora de tantos de seus versos:

> Agudas garras de memória
> acoitam meus leopardos
> de saudade.[17]

Ao lado do amor e de uma exacerbada sensualidade, plasmada pela imagem, entre outras, da "noite desflorada"[18] que "abre o sexo ao orgasmo do tambor"[19], na busca das raízes vitais do imaginário ronga, o medo e a censura são também recorrentes na poesia do Velho Cravo, alegoricamente representados por *quizumbas* (= hienas), mochos (= corujas), corvos, répteis viscosos, sangue, monstros, pássaros, amedrontados e penetrantes olhos de humanos-bichos que espreitam a triste e amordaçada realidade de Moçambique:

> Bichos espreitam nas cercas de arame farpado
> curvam cansados dorsos ao peso das cangas
> e também não são bichos
> mas gente humilhada, Maria![20]

A crítica à exploração dos negros é outro ponto de convergência entre a poesia de Craveirinha e a pintura de Malangatana, onde também é denunciado o trabalho forçado. Nas telas do pintor, essa denúncia se faz pela zoomorfização das figuras humanas, envoltas no vermelho da tinta que, sanguineamente, explode e escorre em violência. Em poemas de José Craveirinha, as acusações são tecidas por intermédio de uma retórica indignada, configurada por uma imagística surreal, apontando para o absurdo do próprio contexto colonial que reprimiu os valores e crenças ancestrais. Imagens do inconsciente vêm à tona dos versos, através de fantasmagóricas alegorias:

> Como pássaros desconfiados
> Incorruptos voando com estrelas nas asas meus olhos
> Enormes de pesadelos e fantasmas estranhos motorizados
> (...)
> E minha boca de lábios túmidos
> Cheios da bela virilidade ímpia de negro
> Mordendo a nudez lúbrica de um pão
> Ao som da orgia dos insetos urbanos
> Apodrecendo na manhã nova
> Cantando a cega-rega inútil de cigarras obesas.[21]

Também em Malagatana Valente[22], há a apoteose erótica da carne, das cores e do sexo. Ambiguamente, o vermelho, os seios, os falos, as bocas, as garras, as imagens recorrentes de dentes cerrados, os olhos agudos e assustadores expressam ora esse erotismo luxuriante, ora traduzem a cólera diante de um universo de amargura e morte. Há uma alucinação pictórica que rasga os contornos das telas e atinge o âmago daqueles que as contemplam. Mia Couto, em depoimento sobre a obra do pintor, assim resume seu onirismo cósmico:

> Estes rostos repetidos até a exaustão do espaço, estas figuras retorcidas por infinita amargura são imagens deste mundo criado por nós e, afinal, contra nós. Monstros que julgávamos há muito extintos dentro de nós são ressuscitados no pincel de Malangatana. Ressurge um temor que nos atemoriza porque é o nosso velho medo desadormecido. Ficamos assim à mercê destas visões, somos assaltados pela fragilidade da nossa representação visual do universo. (...)
> No seu traço está nua e tangível a geografia do tempo africano. No jogo das cores está, sedutor e cruel, o feitiço, (...)
> Estes bichos e homens, atirados para um espaço tornado exíguo pelo acumular de elementos gráficos, procuram em nós uma saída. A tensão criada na tela não permite que fiquem confinados a ela, obriga-nos a procurar uma ordem exterior ao quadro. Aqui reside afinal o génio apurado deste "ingénuo" invocador do caos, sábio perturbador das nossas certezas.[23]

De modo semelhante, na poesia de Craveirinha, podemos detectar um delírio verbal que faz os versos se derramarem em vertiginosa luxúria de palavras, sons e ritmos. É uma *poiesis* que se constrói por movimentos labirínticos da linguagem, cujo estilhaçamento e as volutas produzem espelhamentos sem fim, liberando sentimentos, valores, emoções, mitos, costumes, práticas adivinhatórias, feitiços – tudo que foi excluído desde a imposição colonialista. No poema *"Sia-Vuma"*, do livro *Karingana ua karingana* (CRAVEIRINHA, 1982, p. 169), o eu poético se assume como um *"nhanga"* (= adivinho, feiticeiro), trazendo à memória do leitor signos das religiosidades ancestrais moçambicanas: os *"tintlholos"* (= ossículos das práticas adivinhatórias), os sons das *"timbilas"* (= xilofones), a *"xipalapala"* (= o berrante), cuja função é a de convocar todos para a reconquista das próprias raízes. Em suas produções artísticas, Malangatana também é visitado pelos espíritos – conforme crenças moçambicanas – e funde, num permanente turbilhão de sensações, o animismo africano ao feitiço da sua arte que é tecida por um onirismo mágico, similar, em certos aspectos, às alucinações do fragmentado inferno de Bosch.

> Na tradição africana, o fantástico, o mundo povoado de animais astutos e também monstros horrendos e onde ocorrem as situações mais inquietantes, transmissível e enriquecido historicamente, é escola de valores e forma de desenvolver capacidades intelectuais e criativas (...). Cosmogonia que se insere na cultura popular, o imaginário é evocado normalmente à noite, à volta da fogueira, rearticulando o verossímil e o inverossímil, o verdadeiro e o falso, fazendo surgir situações antes tidas como impossíveis, numa dialética que não explica o mundo, mas procura imbuir a sociedade de respeito (...) pelos valores culturais que lhe são próprios. (...) Com o ritual mágico do gesto e da palavra, o conto, a narração, a canção, o passo de dança, magnetiza-se a assistência. (...) Malangatana bebeu avidamente a água de todos os sabores deste rio de seiva do seu povo.[24]

O discurso poético de José Craveirinha, principalmente o do livro *Karingana ua karingana*, também se encontra encharcado desse fluir da narratividade oral, recriada numa linguagem que teatraliza formas de contar com "jeito de profecia"[25], recuperando ritmos e ritos bastante característicos da cultura moçambicana: "Negro chope/ subnutrido canta na noite de Lua Cheia/ e na cúmplice timbila/ entoa os ritmos dolorosos do pesadelo."[26]

Nas telas do "Pintor da Matalana" e nos poemas do "Velho Cravo", esse narrar "fantástico" é perpassado por jogos de luz e sombra, por um movimento rítmico vertiginoso. Há uma ausência de vazios que tenta suplementar as lacunas provocadas pelo processo de neutralização das alteridades, ao longo de séculos de submissão. Animais e homens, *"xicuembos"* (= espíritos de antepassados) e *"shetanis"* (= figuras mágicas e fantasmagóricas), lagartos repulsivos (os *"lumpfanas"*, que, segundo lenda das tradições moçambicanas registrada por Henri Junod[27], foram os responsáveis pela transformação dos homens em seres fadados à morte e não mais passíveis de ressurreição) e *"ngwenhas"* (= jacarés com dentes afiados), seres híbridos e pássaros míticos como o *"ndlati"* (conhecido como "o galo do céu, a ave do relâmpago e do trovão"[28]) se entrecruzam em metamorfoses, algumas vezes monstruosas, desvelando temores profundos, enraizados na alma do povo apequenado por tantas violências sofridas, materializadas por afiadas e ferinas garras.

> Sonhos, mitos... (...) Malangatana permanece autêntico quando, depois de contar para si, conta para todos (...): "Nós temos um horror doido do mocho e da coruja", diz ele. E o horror abre as portas do fantástico. **Horror vacui**... As figuras acumulam-se, enchem completamente o

espaço. E quanto mais o quadro é "fantástico", mais as cores se tornam contrastantes, com estridentes amarelos; e onde o sangue e as lágrimas correm, correm também as tintas, literalmente. E as linhas deixam a marca da emoção.[29]

Craveirinha também conta e dramatiza, em seus poemas de *Karingana ua karingana*, os sofrimentos do povo, a exploração dos magaíças, trabalhadores que iam para as minas da África do Sul. Em linguagem dissonante, alegoriza o clima de temor e tensão vivido por milhares de famílias moçambicanas:

> Madevo
> foi no comboio do meio-dia
> casa de caniço ficou lá na terra
> mamana escondeu coração na xicatauana
> (...)
> Madevo atravessou Ressamo Garcia
> com ritmo de sífilis nas calças "tem and six"
> um brilho de escárnio no candeeiro à cinta
> um gramofone "his master's voice"
> e na boca uma sincopada
> cantiga de magaíza que retoca a paisagem
> com a sofisticada cor das hemoptises
> "one pound tem".
> (...)
> N' Gelina agora
> vai matar cabrito
> vai fermentar bebida
> e vai fazer missa N´Gelina
> que os mochos fatais ruflaram asas no Jone
> e bicaram Madevo no âmago dos mil pulmões.[30]

Em diversos poemas de José Craveirinha, a revolta e o sarcasmo contra a humilhação e a opressão de seu povo se traduz, como em Malangatana, pelo horror ao vazio. Versos caudalosos, então, abalam a simetria das estrofes e extrapolam a métrica, em indignada denúncia:

> Correm-nos mil cães de água e sal a fio
> olhos abaixo a ganir-nos as faces inchorosas
> (...)
> enquanto nossos filhos cantam estrofes dos lusíadas
> aportuguesando-se epicamente no dia da raça

(...)
nós espécie de gente a morder de raiva a neurastenia
das raparigas imolando-as nas hirtas culatras
do nosso efervescente crepúsculo moçambicano.

E aos prévios sinais das nossas bocas rangendo os milhos
lançamos os duros frutos das mochilas prenhes nas ruas
e semeamos no quotidiano nossas vespas de lume em lascivas
rajadas ansiosas do seu favo de ossos desflorando roupas. [31]

Essa angústia frente ao vazio; esse jogo de excessos; esse erotismo que excede as fronteiras da ordem, provocando a irrupção do inconsciente mitológico; os espelhamentos *ad infinitum*, configuradores de uma visão labiríntica do universo, subvertem, tanto na obra do pintor, como na do poeta, a razão colonial, pois assumem uma dissemetria em relação ao centro organizador. Assinalam, desse modo, a presença de um barroquismo estético que muito se aproxima do neobarroco latino-americano.

Na segunda metade do século XX, autores da literatura hispano-americana, entre os quais Lezama Lima, Alejo Carpentier e Severo Sarduy, fundam uma nova vertente estética barroca – designada pelo último de "neobarroca" – que se afasta da concepção religiosa do barroquismo europeu. Tal reapropriação do barroco empreendida por esses escritores visa a uma contestação do passado colonial, na medida em que reescreve o outrora segundo o olhar dos excluídos pelos discursos históricos oficiais. O cubano Severo Sarduy define essa nova estética como uma arte da transgressão, possibilitadora de uma outra legibilidade poética e histórica:

> Barroco em sua ação de pesar, em sua queda, em sua linguagem afetada, às vezes estridente, multicor e caótica, que metaforiza a impugnação da entidade logocêntrica que até então nos estruturava em sua distância e autoridade; barroco que recusa toda instauração, que metaforiza a ordem discutida, o deus julgado, a lei transgredida. Barroco da Revolução.[32]

O neobarroco, portanto, representa sublevação, discordância em relação ao centro, ao *Logus* absoluto, à razão imposta pela Europa aos continentes periféricos, como a América Latina e a África. Por tal razão, se encontra "relacionado à literatura e à cultura dos países saídos do colonialismo".[33]

Afonso Ávila[34], também estudioso do barroco, enfatiza que a dúvida existencial, própria desse estilo, se expressa pela consciência da ludicidade, fundindo os contrários que labirinticamente se suplementam em espirais de gozo, libertando-se dos círculos redutores do racional. Assim, o jogo barroco se afirma como instrumento de rebeldia, onde a emoção predomina, desestabilizando o equilíbrio clássico. O excesso e o exagero, a abundância e o desperdício caracterizam essa linguagem, cuja extroversão exprime a festa dos sentidos, o sem limites, o prazer, o erotismo.

Para Walter Benjamin, outro teórico do barroco, este se configura como uma alegoria do desengano. É espelho deformado. Através do estilhaçamento semântico e fônico, faz o riso contracenar com a melancolia e com o vazio.

> O barroco, encruzilhada de signos e temporalidades, funda sua razão estética na dupla vertente do luto e da melancolia, do luxo e do prazer. Mistura de convulsão erótica e patetismo alegórico, aponta para a crise da modernidade e revela o impedimento de continentes que não puderam incorporar o projeto do Iluminismo.[35]

Com uma perspectiva divergente, essa nova "razão barroca", ou melhor, "neobarroca", institui-se como uma "razão do Outro", emergindo como crítica ao racionalismo ocidental com que os colonizadores europeus, na maior parte das vezes, impuseram sua cultura aos povos colonizados. Expressão de uma crise cultural e política aguda, essa vertente neobarroca encontra nas literaturas dos continentes periféricos, entre as quais as da América Latina e da África, espaço propício para sua manifestação, tendo em vista o hibridismo e a mesclagem de culturas existentes nos territórios colonizados.

A poesia de José Craveirinha apresenta fortes traços neobarrocos. Profundo sentido alegórico se depreende da ludicidade verbal dos seus poemas, cujos versos se movimentam em espiralados pontos e contrapontos, fluxos e refluxos, cantos e contracantos, numa atitude barroca, que, entretanto, nada tem a ver com as antíteses e os raciocínios conceptistas próprios ao barroquismo religioso advindo da Contra Reforma. Segundo o poeta moçambicano Virgílio de Lemos, esse novo viés barroco, como o de toda a literatura moçambicana pós-50, é puramente estético e ideológico, pois consiste na sedução do abismo e da irreverência de imagens e linguagens, adotando do barroquismo europeu, apenas, a vertigem, o labirinto, os espelhamentos, recursos usados como estratégias de subversão dos cânones literários europeus transplantados pelo colonialismo.

Na poética de José Craveirinha e na pintura de Malangatana Valente, a dimensão neobarroca assume contornos cósmicos, intensamente atrelados a uma busca telúrica das raízes moçambicanas, apagadas, em parte, pelas práticas coloniais etnocêntricas. O erotismo neobarroco do poeta e o do pintor se manifestam como jogo, revolta e indignação diante da consciência da fratura em relação às matrizes africanas.

A pintura de Malangatana apresenta várias fases: a do expressionismo crítico – influenciado pelo neorrealismo – que efetua a denúncia do colonialismo, dos trabalhos forçados, dos cruzamentos culturais resultantes da imposição do cristianismo, das injustiças e miséria presentes no cotidiano dos bairros de caniço de Lourenço Marques; a do expressionismo marxista, onde se depreende um didatismo pictural em prol da luta de libertação e dos ideais da Revolução; a do onirismo cósmico e telúrico em que predominam o encarnado, os elementos do universo mítico moçambicano, os monstros, as unhas, os dentes, enfim, o horror e o sangue próprios de um contexto de guerra e violência; a do surrealismo cósmico, em que o azul substitui o rubro das telas, tingindo as figuras fantasmagóricas do imaginário ancestral que se retorcem à procura das origens, da paz e dos antigos sonhos. "Este sonhar é projeção que alimenta o real mítico, ou, se se quiser, o diurno onírico, já que entre o mito e o sonho estreitas relações se tecem. Pois não é a Cultura-Mãe que faz nascer a parte pensável, visível, sonhável do Sonho?"[36]

Como a pintura de Malangatana, mergulhada nesse espaço materno-onírico-cultural, a poética de Craveirinha, condecorada em 1991 com o Prêmio Camões, também apresenta longo percurso, tendo passado por várias fases: a neo-realista, a da negritude, a da "moçambicanidade", a anticolonial, a do lirismo amoroso nos célebres poemas à Maria, a dos tempos distópicos. Em toda a obra – composta pelos livros *Xigubo* (1964), *Cantico a un dio de catrame* (1966), *Karingana ua karingana* (1974), *Cela 1* (1980), *Maria* (1988), *Babalaze das hienas* (1997) –, a posição clandestina adotada pelo sujeito poético inscreve a lírica do autor sob a égide desse barroquismo estético e revolucionário, cuja consciência da necessidade de contaminar a língua do colonizador determinou a dicção erótica, guerreira, vibrante, áspera, luxuriante, da qual é depreendido um roçar nervoso de vocábulos, escritos em ronga, que se atritam, insubmissos, com a língua portuguesa.

Incorporando os ritmos moçambicanos, "os gritos de azagaias no cio das raças", o "tantã dos tambores" ressoando na pele dos versos, Craveirinha conclama miticamente a ancestralidade africana e impõe sua poesia como um canto apoteótico de rebeldia. Assim, a língua portuguesa, que o aparelho colonial desejava imune a alterações, é sublevada; passa por um processo de moçambicanização. No poema "Inclandestinidade", de *Cela 1*, por exemplo, a voz lírica assume a contramão da língua, evidenciando, em relação à História, uma postura barroca – na acepção dada a esse termo por Walter Benjamin:

> Cresci.
> Minhas raízes também
> cresceram
> e tornei-me um subversivo
> na genuína legalidade.
> Foi assim que eu
> subversivamente
> clandestinizei o governo
> ultramarino português.
>
> Foi assim![37]

O sujeito-poético, com metáforas iradas e versos agressivos, transgride a norma e as regras impostas pelo padrão culto do idioma português. Poeta, militante, Craveirinha "subverte o código e funda outras relações com a lógica perversa do discurso comum"[38]. A subversão se impõe, assim, tanto em nível ideológico, quanto linguístico e literário, fazendo emergir uma "razão Outra", contestadora do passado ibérico e colonial. Nos poemas de *Cela 1*, a angústia em relação à história de opressões se manifesta através de alegóricas imagens neobarrocas que expressam o insólito e o absurdo da violência vivida nos cárceres da PIDE, na antiga Lourenço Marques:

> Noites enjoadas de um milhão de angústias
> Racham-se as unhas na lascívia das macias
> Paredes de cimento (mentira não são macias) caiado
> E no amoroso cárcere ensurdecedor de silêncios.[39]

Outro ponto de contato entre as histórias de vida de Craveirinha e Malangatana foi a experiência do cárcere. Também o pintor foi acusado de se ter envolvido com a FRELIMO e foi companheiro de prisão do poeta, trazendo, depois, para sua arte essa opressiva e dolorosa vivência nas celas da ditadura salazarista.

Os poemas à Maria singularizam o lirismo de Craveirinha. Barrocamente, expressam a dor e a estranheza do homem diante da morte. Chorando a saudade da esposa e celebrando a memória do amor conjugal, o sujeito poético transforma as lembranças da vida partilhada ao lado da amada em matéria de versos de imensa beleza e inquietação existencial e ontológica. Na encruzilhada de tempos, as sofridas reminiscências do poeta eternizam a figura de Maria:

> Hoje
> é o eterno ontem
> da silhueta de Maria
> caminhando no asfalto da memória
> em nebuloso pé ante pé do tempo.
>
> Todo o tempo
> colar de missangas ao pescoço
> sempre o tempo todo
> suruma minha suruma da saudade[40]

Conforme assinalou Ana Mafalda[41], em *Maria*, muitos poemas compõem um lento *"requien"* à memória de Maria e à terra moçambicana, vítima de tantas atrocidades:
> De
> Mil cutelos
> Os inhumanos
> Lanhos nas carnes.
> Beiços
> De lâmina
> No sangue
> A língua delambe.[42]

As dores e padecimentos pessoais se acumpliciam com a consciência em relação às torturas sofridas pelo povo moçambicano. Ironia, sarcasmo e ceticismo se fazem procedimentos poéticos de denúncia social. Há um erotismo às avessas que revela o sadomasoquismo de um período histórico em que imperou um regime marcado pela força de cutelos.

Na pintura de Malangatana procedimentos picturais correspondentes também expressam essa violência: facas, catanas e o vermelho intenso traduzem o pavor e o medo de uma época manchada de sangue.

Em *Babalaze das hienas*, Craveirinha continua sua proposta lúcida de desmascar as injustiças e opressões também ocorridas nos longos anos da guerra de desestabilização travada entre a FRELIMO e a RENAMO. Os poemas desse livro alertam, criticamente, para a morte que ameaça os moçambicanos, a quem, ironicamente, o eu-lírico chama "moçambiquicidas":
> Das incursões bem sucedidas aos povoados
> Sobressaem na paisagem as patrícias
> (...)

tabuadas e uns onze
– ou talvez só dez –
cadernos e um giz
espólio das escolas destruídas.

Sobrevivos moçambiquicidas
imolam-se mesclados no infuturo.[43]

Um dos traços mais representativos da poesia de Craveirinha – a narratividade – encontra-se também em *Babalaze das hienas*, onde, como em *Karingana ua Karingana*, há a presença de um poeta-narrador. Só que, em *Babalaze*, o poeta-*griot* não conta mais as antigas lendas da terra, porém, os tristes casos que assolam o país destruído pelas guerrilhas iniciadas após a independência de Moçambique. Em linguagem disfórica, irônica, alegórica, neobarroca, narra o pânico instalado na cidade de Maputo, enfocando, principalmente, as classes sociais desfavorecidas, as mais atingidas pela violência:

> Gente a trouxe-mouxe da má sorte
> calcorreia a pátria asilando-se onde
> não cheire a bafo
> de bazucadas.
> (...)
> Gente dessendentando martírios
> nos charcos
> se chover.
> ...
> ou a pé descalço dançando.
> A castiça folia.
> Das minas.[44]

Na arte neobarroca, acumulam-se fragmentos de signos em explosão que alegorizam as ruínas da história. Na poesia de Craveirinha e na pintura de Malangatana, vários espaços fraturados do contexto moçambicano surgem como topológicos locais revistos criticamente pela pena do poeta e pelo pincel do pintor: os subúrbios de caniço, os bordéis da prostituição, os cárceres da PIDE, os cenários da velha África ancestral, entre outros. Fazendo contracenarem relatos do fabulário oral com cenas trágicas do presente, a *poiesis* de Zé Craveirinha e a pintura de Malangatana Valente põem em cena o lado de sombra da cultura moçambicana que a colonização manteve silenciado. Com o vigor de versos e cores profundamente eróticos, imprimem vida no luto cultural de um Moçambique marcado por tantas mortes. A linguagem corporal, sonora, plástica, passional dos poemas de Craveirinha e das telas de Malangatana se oferece, assim, como um exercício de máxima estetização, funcionando como um grande espelho retorcido, labiríntico, onde os avessos da história se refletem transformados em apoteótica expressão poética e pictural de busca das próprias raízes e de mordaz acusação às tiranias perpetradas, durante séculos, contra sua terra e sua gente.

Segundo Severo Sarduy, a reapropriação do barroco pela modernidade gera uma arte descentrada que depõe a ordem estabelecida. Ao fundarem uma poesia e uma pintura autenticamente moçambicanas, Craveirinha e Malangatana põem em questão os cânones coloniais, efetuando uma grande ruptura em relação aos paradigmas estéticos até então vigentes. A arte de ambos, portanto, se erige como uma apoteose da palavra, da cor, da imagem, do movimento e do canto, fazendo explodirem, neobarrocamente, os submersos sentidos culturais, políticos e sociais existentes no rico imaginário moçambicano.

NOTAS

1 Este ensaio foi produzido durante a realização de nosso projeto de pesquisa *Letras e telas: sonhos, paisagens e memórias na poesia e na pintura africanas contemporâneas*, que desenvolvemos junto ao CNPq, de 1999 a 2003. Foi publicado na *Scripta*, revista da PUCMG, v. 7, n. 12, dedicado aos 80 anos de José Craveirinha e Agostinho Neto. Belo Horizonte, 1. sem. 2003, p. 350-367.

2 NAVARRO, 1998, p. 203.

3 CRAVEIRINHA, 1982, p. 151.

4 LEITE, 2000, p. IV; p. V.

5 GLISSANT, 1990, p. 20.

6 SANTOS, 1996, p. 135.

7 CRAVEIRINHA, 1980a, p. 16.

8 _____. 1982, p. 114.

9 DERRIDA, 1971, p. 24-29.

10 BRAVO, 1988, p. 9.

11 FOUCAULT, 1970, p. 11.

12 BRAVO, 1988, p. 10.

13 CALABRESE, 1987, p. 106.

14 CRAVEIRINHA, 1980a, p. 17.
15 Id., p. 10.
16 LISBOA, 2001.
17 CRAVEIRINHA, 1998, p. 186.
18 _____. 1980a, p. 10.
19 Id., ibid.
20 CRAVEIRINHA, 1982, p. 164.
21 _____. 1980a, p. 33.
22 Cf. telas de Malangatana Valente disponíveis em https://www.pinterest.pt/fragosoformacao/malangatana-arte/ Acesso em: 30 mar. 2021.
23 COUTO, 1996, p. 12-13.
24 NAVARRO, 1998, p. 206.
25 CRAVEIRINHA, 1980a, p.13.
26 _____. 1982, p. 127.
27 JUNOD, H., 1996, tomo II, p. 297.
28 Id., p. 264.
29 GONÇALVES, 1986, p. 18. [grifo do autor]
30 CRAVEIRINHA, 1982, p. 58-59.
31 _____. 1980b, p. 79-80.
32 SARDUY, 1979, p. 178.
33 VASCONCELOS, 1989, p. 7.
34 Em seu livro *O lúdico e as projeções do mundo barroco*, 1971.
35 CHIAMPI, 1998, p. 3.
36 PEREIRA, 1998, p. 18.
37 CRAVEIRINHA, 1980b, p. 85.
38 CHAVES, 1999, p. 147.
39 CRAVEIRINHA, 1980b, p. 15.
40 _____. 1998, p. 20.
41 LEITE, 1993 (site Revista *Maderazinco* não mais disponível on-line).
42 CRAVEIRINHA, 1998, p. 112.
43 _____. 1997, p. 52.
44 Id., p. 11.

Voos em direção ao humano[1]

> Sonhar é uma imitação do vôo. Só o verso alcança a harmonia que supera os contrários – a condição de sermos terra e a aspiração do eterno etéreo.[2]
>
> Mia Couto

Apresentando os Poetas...

Sonhos, memórias, terras e gentes: os rituais da poesia em Moçambique e no Brasil. Estudo comparativo acerca da presença dos sonhos e da memória na poesia de Carlos Drummond de Andrade e na de Eduardo White. Este, poeta moçambicano contemporâneo, vivo, ainda não tendo completado 40 anos; aquele, reconhecido poeta brasileiro, cuja longa vida ultrapassou os 80 anos.

Apesar das diferenças etárias, geográficas, sociais, políticas e muitas outras, une estes dois poetas a obsessão pela procura existencial dos sentidos do humano.

Drummond, talvez, não tenha chegado a ler poemas do jovem White. Este, entretanto, conhece a poesia drummondiana, tendo declarado, em entrevista a Michel Laban:

> Carlos Drummond de Andrade é o poeta que mais me toca porque consegue trabalhar a violência da realidade com toda a beleza e a seriedade com que os olhos de um poeta podem ver essa realidade. Estou-me lembrando do poema do distribuidor de leite, do menino que morre com um tiro, onde o sangue se cruza com o leite derramado. Isso é o Brasil – mas é toda essa violência do Brasil dita com poesia. E mais me toca profundamente porque é também o que eu procurei no *País de mim*: foi

falar do amor, mas não do amor desajustado da realidade – quer dizer, o amor que a gente foi capaz de fazer, fomos capazes de dar e de receber, mesmo na realidade violenta que foi a guerra no nosso país. Aí eu aprendi muito com o Mestre Drummond de Andrade. De facto.[3]

A temática do amor, o constante labor em relação ao verbo poético, a busca permanente da beleza estética não são, no entanto, as únicas afinidades entre esses dois poetas. Ambos operam também com uma *poiesis* de sonhos e "relembranças", procurando, no passado, imagens antigas, essenciais à recomposição da fraturada identidade.

Sonho e memória, para esses poetas, encontram-se em íntima correlação com a história, mas uma história de rupturas e descontinuidades, afetividades e sentimentos. Como sonhadores à deriva, reinventam a poesia da realidade. Penetram nos desvãos das palavras, recriando a linguagem em combinações inusitadas, devolvendo ao humano a capacidade de voar e imaginar.

O itinerário dos avessos: a procura das raízes...

Drummond, em seus poemas de *Boitempo*, envereda pelos meandros das reminiscências. Benjaminianamente, o eu-lírico dos poemas repensa os cacos de sua história pessoal, os fantasmas familiares. Regressa, em sonhos e lembranças, à fazenda paterna em Itabira, cidade de Minas Gerais onde nasceu, encontrando aí várias das explicações para sua atual dissonância. Cada objeto, cada recanto emerge do baú das recordações e a história é redesenhada: tanto a pessoal, como a coletiva. O Brasil patriarcal ressurge dessa incursão à casa de Itabira. A opressão do pai em relação aos empregados é denunciada e a ela é associada a história remota da escravidão. "A mancha de sangue tatuada no degrau"[4] traz a memória da tortura dos negros, das muitas injustiças praticadas.

No presente lírico, o eu-poético adulto tenta resgatar do outrora a imagem do menino sensível incompreendido pelos familiares. Por intermédio do jogo lúdico da linguagem e do lúcido esquadrinhar do passado, procura recuperar a história pretérita, reconstruindo sua genealogia. Investiga, então, os significados de seus nomes, pronunciando-os magicamente, liberando o "abafado canto das origens"[5].

Ao apreender a história do Menino-Antigo que ele próprio fora, tece correlações entre a sua infância reprimida e o autoritarismo que sempre marcou a história do Brasil. A mineração, a relação senhor x escravo, o Império, a República são reavaliados, sendo criticados os mecanismos repressivos que impediram a livre construção de uma identidade nacional. Sob "os cacos de louça quebrada há muito tempo"[6], o sujeito poético encontra o itinerário dos avessos, o subterrâneo dos sonhos, os fantasmas pretéritos. Boitempo transforma-se na metáfora do ruminar da memória, do adentrar nas malhas do tempo, ao encalço das raízes:

> De cacos, de buracos
> de hiatos e de vácuos
> de elipses, psius
> faz-se, desfaz-se, faz-se
> uma incorpórea face,
> resumo do existido.[7]

Na poesia de Eduardo White, está presente também a preocupação com as origens. Há nessa procura o desejo de reencontrar a própria face e a do país. O sujeito lírico, em viagem interior, almeja reescrever liricamente a sua história e a de Moçambique. Uma história escrita por um amor plural: pela amada, pela terra, pela própria poesia, e que visa a apagar as marcas dos longos anos de guerra vividos. À procura de Eros, elege como ponto de partida a Ilha de Moçambique (Muipíti), lugar matricial, onde, antes de Vasco da Gama lá ter aportado em 1498, os árabes também haviam estado desde o século VII, tendo levado do continente para a ilha negros de etnia macua, cujas tradições e língua também ficaram inscritas no imaginário insular. Sob a sugestão erotizante do Índico, a voz lírica evoca a insularidade primeira, captando as múltiplas raízes culturais presentes no tecido social moçambicano, cuja identidade, ao longo dos séculos, se fez mestiça:

> Sou ao Norte a minha Ilha, os sinais e as sedas que ali se trocaram e nessa beleza busco-te e para mim algum percurso, alguma linguagem submarina e pulsional, busco-te por entre negras enroladas em suas capulanas arrepiadas, altas, magras, frágeis e belas como as missangas e vejo-te pelos seus absurdos olhos azuis. Que viagens eu viajo, meu amor, para tocar-te esses búzios, esses peixes vulneráveis que são as tuas mãos e também como me sonho de turbantes e filigranas e uma navalha que arredondada já não mata, e minhas oferendas de Java ouros e frutos incensos e volúpia.[8]

A procura do Amor, da Poesia e do Humano...

O voo onírico pelas asas da linguagem leva a poética de Eduardo White a indagações de ordem existencial, filosófica e metapoética. A viagem se tece por uma cartografia imaginária que percorre os mapas da poesia:

> Minha flor obscura e inicial, eu movo por ti as palavras para dentro do poema, as imagens que desenham as minhas mãos enevoadas e elas são dentro uma rara delicadeza, uma safira pura, são o sangue, as tripas do poema, matéria profunda, vulcânica, natural. (...) Harpas decifráveis, bússolas, viajam o mapa da poesia (...)[9]

Em errância pelo Índico, a voz poética tenta redescobrir as "raízes da água"[10] que poderão, com o sal e a espuma do oceano, purificar a história de sangue e violência do país, fazendo com que os homens reencontrem "as raízes do afecto"[11] e o mistério da própria vida.

Após o trajeto pelas águas marítimas de *Amar sobre o Índico*, o lirismo de Eduardo White adota, nos livros seguintes, o caminho dos sonhos, alçando voo através das asas da poesia. A engenharia de ser ave engendra os poemas que se elevam em busca do belo e da plenitude estética.

> Voar é não deixar morrer a música, a beleza, o mundo e é também fazer por escrever tudo isso. Nada pode ser mais deslumbrante que esta relação com a vida e por essa razão me obstinam as aves e me esforço por querer sê-las.[12]

O poeta tem consciência de que "as imagens fundamentais, aquelas em que se engaja a imaginação da vida, devem ligar-se às matérias elementares e aos movimentos fundamentais. Subir ou descer – o ar e a terra – estarão sempre associados aos valores vitais, à expressão da vida, à própria vida."[13]

Leveza e liberdade é ao que visa o poeta, procurando, com a brandura de sua linguagem aérea, amenizar as lembranças da sua terra, cheia de "sonhos terríveis e muito sangue a escorrer"[14]. Essa leveza, entretanto, não implica fuga da realidade. É uma acuidade que representa uma outra maneira de mirar a realidade. É uma força ascensional que faz os homens não se entregarem à tristeza, embora desta tenham consciência e lutem por extingui-la. De forma semelhante a Ítalo Calvino, em *Seis propostas para o próximo milênio*, conceitua a leveza, associando-a "à precisão e à determinação, nunca ao que é vago ou aleatório. Paul Valéry foi quem disse: É preciso ser leve como o pássaro, e não como a pluma"[15]. Em Eduardo White, é o ser ave que representa a profunda engenharia do poema. O sonho em sua poética está relacionado ao mundo, à beleza estética, ao mistério da própria poesia; não é imprecisão, nem se apresenta como evasão. Ao contrário: age como força impulsionadora da própria consciência de estar vivo: "A poesia do invisível, a poesia das infinitas potencialidades imprevisíveis, assim como a poesia do nada, nascem de um poeta que não nutre qualquer dúvida quanto ao caráter físico do mundo."[16]

Ar, água, fogo e terra são elementos físicos formadores do cosmos. São em White agentes poéticos de uma lírica que persegue os sentidos cósmicos da existência e se indaga filosoficamente sobre a Vida, a Morte, o Amor e a Poesia.

Forjada pelo Amor, a *poiesis* de Eduardo White se faz "desafio à tristeza", devolvendo ao poeta a emoção de saber-se vivo e humano:

> Um tiro certeiro na cabeça da tristeza é tudo quanto basta para a emoção desse desafio devolver-me à realidade de saber-me homem, mesmissimamente igual a tantos outros: pequeno, humilde e sem glória. Homem só. Mais nada.[17]

Essa preocupação com o humano também é presente na poesia de Carlos Drummond de Andrade. No livro *As impurezas do branco*, o poeta focaliza a paisagem da incomunicação no contexto da mídia contemporânea. Sob os destroços das palavras e do ritmo agressivo das propagandas, a voz lírica, em meio às notícias sobre as viagens espaciais que, nos finais dos anos 60, dominaram os noticiários dos jornais e da televisão do mundo todo, percebe, entretanto, a grande solidão moderna e alerta para a necessidade de o ser humano ainda ter de se conhecer profundamente:

> Restam outros sistemas fora
> do solar a col-
> onizar.
> Ao acabarem todos
> só resta ao homem
> (estará ele equipado?)
> a dificílima dangerosíssima viagem
> de si a si mesmo:
> Pôr o pé no chão
> de seu coração
> experimentar

colonizar
civilizar
humanizar
o homem
descobrindo em suas próprias inexploradas entranhas
a perene, insuspeitada alegria
de con-viver.[18]

No livro *A paixão medida*, Drummond canta o Amor e a Poesia, ambos fonte de erotismo e vida. A voz lírica toma consciência de que a única forma possível de preencher o vazio da linguagem e do próprio homem é através das paixões e dos sentimentos. Logo no primeiro poema desse livro, o sujeito poético descobre que a natureza são duas: a rotineira e a profunda. No segundo poema, declara que é preciso encontrar essa existência profunda sob a face "enganadora da suposta existência"[19], que "a melodia interna é fugaz, pois a canção absoluta não se escreve"[20]. Tem consciência de que "é perene a batalha entre o ser inventado e o inventor"[21]. Essa também é a matriz dos seus livros *Corpo* e *Amar se aprende amando*, onde alerta: "O problema não é inventar. É ser inventado / hora após hora e nunca ficar pronta / nossa edição convincente"[22].

Senhor do arco e da lira, Drummond faz da poesia "paixão medida", construção que reconhece o Amor como magma da existência.

Concluindo...

Os dois poetas fazem dos sonhos e da memória itinerário de Eros. O corpo dos poemas se transforma no corpo erótico das próprias palavras e imagens, tatuagens inscritas na pele metafórica da linguagem. Desejo e musicalidade se fazem veículo de uma *poiesis* aérea que busca, no fluir do tempo e da vida, alcançar o prazer absoluto de uma cópula imemorial com as origens, para aí descobrir o Amor pleno e a Beleza estética, desfrutando, assim, a consciência fugaz do misterioso absurdo do próprio existir humano.

NOTAS

1 Texto anteriormente intitulado "Carlos Drummond de Andrade e Eduardo White: duas poéticas do sonho e da memória", publicado no *Jornal Savana*, ano VI, n. 296, Maputo, 17 set. 1999, p. 30.

2 COUTO, Mia. Prefácio. In: WHITE, Eduardo. *Poemas da ciência de voar e da engenharia de ser ave*. Lisboa: Caminho, 1992, p. 10.

3 LABAN, Michel. *Moçambique: encontro com escritores*. Porto: Fundação Eng. António de Almeida, 1998, v. III, p. 1203.

4 ANDRADE, Carlos Drummond de. *Boitempo I*. Rio de Janeiro: Record, 1987, p. 48.

5 Id., p. 61.

6 Id., p. 144.

7 Id., p. 10.

8 WHITE, Eduardo. *Os materiais do amor seguido de O desafio à tristeza*. Lisboa: Caminho, 1996, p. 24.

9 Id., p. 28-29.

10 WHITE, Eduardo. *Amar sobre o Índico*. Maputo: AEMO, 1984, p. 56.

11 Id., p. 76.

12 WHITE, Eduardo. *Poemas da ciência de voar e da engenharia de ser ave*. Lisboa: Caminho, 1992, p. 29.

13 BACHELARD, Gaston. *O ar e os sonhos*. São Paulo: Martins Fontes, 1990, p. 270.

14 WHITE, Eduardo. *Poemas da ciência de voar e da engenharia de ser ave*. Lisboa: Caminho, 1992, p. 29.

15 CALVINO, Ítalo. *Seis propostas para o próximo milênio*. São Paulo: Companhia das Letras, 1993, p. 28.

16 Id., p. 21.

17 WHITE, Eduardo. *Os materiais do amor seguido de O desafio à tristeza*. Lisboa: Caminho, 1996, p. 80-81.

18 ANDRADE, Carlos Drummond de. *As impurezas do branco*. 2. ed. Rio de Janeiro: José Olympio, 1974, p. 21-22.

19 _____. *A paixão medida*. Rio de Janeiro: INL; Fund. Pró-Memória, 1983, p. 518.

20 Id., p. 519.

21 Id., p. 518.

22 ANDRADE, Carlos Drummond de. *Corpo*. Rio de Janeiro: Record, 1987, p. 100.

Dormir com Deus e sonhar o mel das palavras...[1]

Para o poeta Fernando Couto, cujos versos e "os olhos deslumbrados" também navegam e fazem a língua navegar.

O navio na língua. O navio e a língua. (...) O navio está num caminho e a língua está para além dele. Olho pelas redondas vigílias da máquina tudo isto e descubro que a língua tem essa sede de viajar caminhos. Não de sê-los mas de conhecê--los, de os sonhar, de os evocar.[2]

Eduardo White

Assim se inicia *Dormir com Deus e um navio na língua*, sexto livro de poesia do moçambicano Eduardo White. Singrando a memória e a escrita, o eu-lírico embarca na nave e na língua, zarpando em uma viagem introspectiva e metapoética pelos meandros de si, da história e de sua poesia. A imagem do navio, metaforicamente, traz a ideia da "travessia difícil", do convite à "grande viagem"[3], rumo ao Eros primordial, centro irradiador da vida, e aos sentidos sacralizados da criação. "Ancorado na saliva", esse navio se faz evocação, espuma seminal, voz, imaginação. Viabiliza, dessa forma, a trajetória interior do poeta que se move por entre reminiscências do outrora e sombras que "entardecem o presente de seu país"[4], por entre a magia cósmica das palavras e os eróticos rumores da língua.

"E a língua, essa, poderá rumorejar?"[5] A poesia de White demonstra, na prática, que sim e Roland Barthes, teoricamente, confirma: "o rumor denota um ruído limite, um ruído impossível, o ruído daquilo que, funcionando na perfeição, não tem ruído; rumorejar é fazer ouvir a própria evaporação do ruído; o tênue, o confuso, o fremente são recebidos como os sinais de uma anulação sonora."[6]

O rumor da língua é frêmito, "fulguração da desordem"[7] que só a linguagem poética é capaz de produzir, pois, se afastando dos significados desgastados pelo uso ordinário e denotativo, alcança sentidos outros, inusitados. "E fugindo do retórico e do lugar comum que é supor que tudo isto se pensa, resultar-me nas perguntas e nas respostas que jamais fiz com a finalidade única de as pensar."[8]

Ousadia constante, "assombro amilagrado"[9], o ato poético não almeja respostas prontas e fechadas: só se quer canto e rumor. Este, portanto, "é o ruído da fruição plural"[10], a musicalidade própria da poesia, cujo discurso filigranado, prenhe de metáforas dissonantes, leva a língua, suavemente, a deslizar – leve como um navio em sonho – pelos mares de sentidos "nunca dantes navegados".

Para Barthes, "o rumor da língua forma uma utopia: a de uma música do sentido"[11]. Segundo o referido teórico, somente em "seu estado utópico, a língua pode ser alargada, desnaturada"[12], atingindo a plenitude polissêmica do verbo poético.

Em White, cada palavra, cada metáfora e cada imagem criam tremores de sentidos, que, amplificados, possibilitam à língua um sonoro e musical rumorejar, resultante do embate de suas encapeladas vagas de encontro às quilhas que vão sulcando as oceânicas trilhas percorridas através dos séculos: um navio na língua, a língua e o navio... Metapoeticamente, o eu-lírico de *Dormir com Deus e um navio na língua* reflete sobre o próprio itinerário, absorvendo sons, ruídos e sonoridades que emanam de sua criação: "A música aprofunda-nos, eleva-nos para dentro, para os ilimites que somos e não nos apercebemos. Azul e quente, amarela e doce, verde e fresca. A música a arder toda como se vinda de tudo. Da língua na música e da música da língua."[13]

É uma *poiesis* que mergulha na melodia própria da linguagem lírica, traçando um percurso de interiorização capaz de penetrar os abismos do ser, ao mesmo tempo que se eleva em direção a longínquas heranças da língua, "flor inicial", ampliada por infinitas trocas e diálogos: "Esse é o longe de onde vos fala a minha língua. O lugar onde a amo e a sonho para todos os outros lugares."[14]

O poeta está só. Inicialmente, se encontra sentado à mesa de um restaurante chinês, voltado aos silenciosos traços de um Oriente que tanto marcou sua pátria e a língua portuguesa nessas margens índicas de onde se interroga, angustiado, e em sobressalto, acerca de seu próprio ofício e de sua escrita. Mas a angústia que o toma, entretanto, não interdita inteiramente a erótica que lhe anima o caminho. Intui que é necessária a inquietação para o prosseguimento da travessia. Sabe que "sonhar exige uma língua" e esta, metaforicamente transformada em navio, o transporta pelos desvãos dos tempos, trazendo-lhes memórias antigas, insuflando-o à imaginação de distantes futuros:

> Agora até posso deitar-me sob ela. Refestelar-me na possibilidade de ali estar sem utilidade nenhuma. Ouvir-lhe a música, pedir-lhe absurdos. Ler um livro como um exercício e resultar, depois, no exercício de ter lido. Sentir os sonhos que se sonharam nela, as vagas que quebrou até chegar a mim. A minha língua com especiarias dentro e tecidos e bijuterias. Os sabores etílicos dos vinhos. O arroz da China. As missangas coloridas dos dromedários. O cheiro triste e ácido dos porões negreiros, os seus fatídicos destinos, o reluzente dos aços das espadas e dos elmos, a profunda nostalgia dos poetas e dos versos deportados. Esta é minha língua e não tenho outra. E sinto-me feliz de falá-la e de estar de pé no que isso significa.[15]

Um erotismo, permeado de remotos odores, sabores e cores, perpassa suas recordações e a história de seu país emerge como um híbrido mosaico de intercâmbios múltiplos que deixaram na pele do idioma e da sociedade moçambicana vestígios de diversas culturas. O poeta sorve a bebida e a memória. Entristece-se com a lembrança dos "fatídicos destinos" da diáspora negra. Delicia-se com certas minúcias e delicadezas chinesas que, esparsamente, Moçambique guardou como reminiscências do antigo comércio de porcelanas em seu litoral índico, "janela aberta ao Oriente"... Outras presenças, ao ritmo da vitrola, "girando em sua caixa convexa"[16], se entrecruzam em seu imaginário. Ao ouvir uma canção cubana de Pablo Milanês, nostalgicamente, o eu-lírico relembra os tempos da sonhada liberdade defendida por líderes socialistas, entre os quais Fidel e Mandela. Procura, então, evocar, pelo exercício da linguagem criadora, o "outro lado da vida", "o outro lado das palavras", o outro lado da língua – o além ilimitado da própria poesia, onde, sempre, "cada reverso esconde uma nova descoberta"[17]. Distraído, contempla a foto de um relógio em uma revista. A imagem do cronômetro desafivela-lhe reflexões, mas o tempo em que está inserido é outro. Como poeta, compreende que "o tempo ontológico da poesia está fora e liberto do tempo do relógio, embora possa habitá-lo e penetrá-lo nos momentos de epifania".[18]

O leve tecido da escritura poética se cruza, então, com a imagem de uma aranha no teto. A fragilidade da teia se confunde com a da diáfana caligrafia dos sonhos engendrados. Senhora da fiação e da tecelagem, a aranha se revela uma alegoria do próprio tecer poético. Criadora cósmica, aracne representa a interioridade, sendo, em muitas lendas africanas, a tecelã por excelência, a intermediária entre os deuses e os homens. Comparando-se a ela, no poder de trepar e escorregar pelos próprios fios tecidos, o poeta se vale da língua que rumoreja, galgando metafóricos sentidos por intermédio de um jogo erótico com a linguagem:

> A minha língua dá-me esta visão meio enlouquada que me faz supor subir as paredes da casa e buscar os seus cantos mais altos, os pensamentos que aí pousaram para os habitarem, talvez, até, os ouvidos empedrados do betão, sonoros para dentro de si e mudos para onde se exteriorizam. (...) A casa tem aranhas das quais não me quero separar que são as do texto que flutuam e as da própria vida que me procura.[19]

O texto e a teia. O poeta e a aranha. Tecidos aéreos de sonho e poesia que aprisionam e libertam. No emaranhado de reflexões, a consciência do real; no deslumbramento da criação, a sede de liberdade. Num dos mais belos trechos de *Dormir com Deus e um navio na língua*, ouve-se o grito social do poeta que, simultaneamente, se extasia com a beleza estética e se choca com a miséria circundante:

> Atordoam-se as palavras todas e voam sobre a língua. (...) Minhas palavras luzidias, frescas, algas lentas que de rompante são pelas minhas mãos o ar onde se querem existidas. Palavras que lavram a beleza da língua e me despem quando as visto. Aqui ocorre-me pensar que vivo no país da nudez, da miséria absoluta, das crianças com suas grandes barrigas cheias de vazio, esquálidas, frágeis e tristes (...) Que palavras haveriam de dizer este quadro trágico, estes meninos sepultos por sobre o chão mas a viver para que a esperança os acredite e os ame e os furte ao desespero, estes anjos absurdos, este disforme séquito dos párias e dos canalhas, da luxúria e da trivialidade a arrotar pelos palácios. Não, não haveria nunca poesia na minha língua que pudesse ser demasiadamente bela sem chorar o grito e a revolta.[20]

Ante à trágica condição dos meninos famintos de Moçambique, o sujeito lírico se desnuda e, atordoado, se questiona: "Que razões moverão a liberdade a cantar isto? Por que a liberdade aspira-se enquanto conceito e assusta como pura e profunda realidade?"[21] A consciência de ter como presente o mórbido espetáculo da fome faz o poeta sangrar. Errando, agora, solitário, em outro espaço – o do quarto em que escreve –, assume "a voz da tristeza" a recobrir-lhe as próprias memórias. A inquietação inerente ao poético converte-se em desencanto e dor. Porém, se indaga: "**a es-**

crita e o escritor como podem crescer (se não for) de tal modo?"[22]. Intertextualizando-se com Fernando Pessoa, reafirma que o "pensar embacia tudo". Todavia, está ciente de que a poesia amadurece o ser e quanto mais dói, maior lucidez gera. Com a clareza de que "estar lúcido não é ver luzes, é ter"[23], passa, então, a empreender a "grande viagem" na e para além da língua. Vai à procura da cintilação divina e decide dormir com Deus. Porém, sabe que precisa se despojar de todos os luxos, alcançar a delicadeza de uma sexualidade indizível, abraçar o mais humano de si, provando a humildade "do milagre real de ser pequeno"[24].

Semelhante mensagem de despojamento e humanidade traz a letra da canção brasileira *Se eu quiser falar com Deus*, do compositor Gilberto Gil:

Se eu quiser falar com Deus
Tenho que ficar a sós
Tenho que apagar a luz
Tenho que calar a voz
Tenho que encontrar a paz
Tenho que folgar os nós dos sapatos
Da gravata, dos desejos, dos receios
Tenho que esquecer a data
Tenho que perder a conta
Tenho que ter mãos vazias
Ter a alma e o corpo nus

Se eu quiser falar com Deus
Tenho que aceitar a dor
Tenho que comer o pão
Que o diabo amassou
Tenho que virar um cão
Tenho que lamber o chão
Dos palácios, dos castelos
Suntuosos do meu sonho
Tenho que me ver tristonho
Tenho que me achar medonho
E apesar de um mal tamanho
Alegrar meu coração

Se eu quiser falar com Deus
Tenho que aventurar
Tenho que subir aos céus
Sem cordas para segurar

> Tenho que dizer adeus
> Dar as costas, caminhar
> Decidido pela estrada
> Que ao findar vai dar em nada
> Nada, nada, nada, nada
> Nada, nada, nada, nada
> Nada, nada, nada, nada
> Do que eu pensava encontrar[25]

É também nu, sentado a sós dentro de seu sonho, que o sujeito poético de *Dormir com Deus e um navio na língua*, após "abrir as aspas de sua angústia" e "estender as asas das alegrias", se prepara para deitar com Deus, expondo seu lado mais humilde, mais humano. "Deus é um lugar para estremecer, mapa do arrepio". Deus é "perturbadora desordem", "subversiva febre" a queimar as entranhas do poeta. É fulguração de infindas significâncias que ultrapassam os convencionais limites dos significados, é o rumorejar da linguagem da poesia no coração dos homens. É o mistério da arte e da criação instaurado no âmago do ser. Deus é a língua infinita, é a respiração emotiva do desconhecido. É a fruição plural do rumor da língua. É o além, a margem suplementar dos sentidos, a "grande viagem" do verbo e do texto em direção ao Nada:

> E tendo a noite como única certeza, rebolo-me no sono e pouso a cabeça na imensidão humana do colo Dele. (...) O colo de Deus não é quente. É fundo e único, é uma vontade, um músculo inacabado e expressa-se com dignidade quando nele rimos ou choramos. **Cresço para dentro reatado a mim mesmo, ao conhecimento do desconhecimento, à honra da ingenuidade porque não existem caminhos aqui para a ignorância, para o desconfiado, para o ambicionado e tão somente para a profundidade inteira e indivisível do Nada.**[26]

Em *Dormir com Deus e um navio na língua*, a memória poética reintegra o tempo humano e histórico com a eternidade cósmica da criação artística. O sonho acordado dos devaneios poéticos se situa entre o sono e a vigília, espaço limítrofe entre imaginação e realidade. É "o volante brilhante a conduzir o poeta para os caminhos de si mesmo"[27]. O percurso trilhado, contudo, fica em aberto: fora realmente vivenciado ou apenas escrito por um "eu de papel"? "Só Deus julgará isso"[28], porque foi dormindo com Ele que o sujeito lírico se despiu das defesas e máscaras e, semiadormecido, conseguiu vislumbrar o que totalmente desperto seria incapaz de enxergar. Neste entrelugar, ingressou no tempo Aion, na atemporalidade da arte, no Alfa, realizando a epifânica redescoberta da própria humanidade que, desvencilhada da materialidade mundana, logrou tangenciar os territórios do divino.

Configurando esse ilimitado alcançado pelo discurso lírico de *Dormir com Deus e um navio na língua*, os versos se dilatam e transgridem os contornos tradicionais do poema e da retórica, esgarçando as fronteiras entre poesia e prosa, entre Poesia e Filosofia. A viagem do "navio na língua" se transforma, assim, na travessia do próprio texto, desvelando-se como um exercício (meta)poético que, além de se tecer como pura poesia, discute semiológica e filosoficamente os caminhos da língua, da história, da linguagem, da criação literária e do próprio Homem.

NOTAS

1 Texto apresentado no II Simpósio das Literaturas Africanas da PUC/MG: "Visões e percepções das culturas africanas", na PUC-MG, Belo Horizonte, 12 nov. 2002. Publicado nos *Cadernos CESPUC de Pesquisa*, Série Ensaios, 1, n. 11, Belo Horizonte: PUC-MG, 2017, p. 18-28. Disponível em: http://periodicos.pucminas.br/index.php/cadernoscespuc/article/view/14847. Acesso em: 25 fev. 2021.

2 WHITE, Eduardo. *Dormir com Deus e um navio na língua*. Braga: Labirinto, 2001, p. 9.

3 CHEVALIER e GHEERBRANT, 1999, p. 632.

4 WHITE, 2001, p. 29.

5 BARTHES, Roland. *O rumor da língua*. Lisboa: Edições 70, 1984, p. 76.

6 Id., p. 75

7 SECCHIN, Antônio Carlos. *Poesia e desordem*. Rio de Janeiro: Topbooks, 1996, p. 18.

8 WHITE, 2001, p. 28.

9 Id., p. 24.

10 BARTHES, 1984, p. 76.

11 Id., p. 76.

12 Id., ibid.

13 WHITE, 2001, p. 27.

14 Id., p. 14.

15 Id., p. 13.

16 Id., p. 15.

17 Id., p. 16.

18 BOSI, Alfredo. In: NOVAES, A. *Tempo e história*. São Paulo: Companhia das Letras, 1992, p. 29.

19 WHITE, 2001, p. 20.
20 Id., p. 21.
21 Id., ibid.
22 Id., ibid. [grifo do autor]
23 Id., p. 24.
24 Id., p. 31.
25 GIL, Gilberto. *Se eu quiser falar com Deus.* https://www.letras.mus.br/elis-regina/160767/ Acesso em 24 fev. 2020.
26 WHITE, 2001, p. 46-47. [grifos nossos]
27 Id., p. 49.
28 Id., ibid.

Letras e telas moçambicanas em diálogo...[1]

> O pintor moçambicano Roberto Chichorro situa-nos no autêntico lugar da pintura e da arte, quando a poesia é o seu fundamento, a sua inspiração.[2]
>
> Maria João Fernandes

O tema da correspondência das artes já foi alvo de vários estudos, cujas concepções variaram através dos tempos e em função de diferentes pontos de vista. Na Antiguidade Clássica, por exemplo, as artes eram dicotomizadas em espaciais (a pintura, a escultura e a arquitetura) e temporais (a poesia, a música e a dança). Atualmente, essa dicotomia já foi, em grande parte, ultrapassada, e isso se deve, entre outras contribuições, às dos estudos de Lessing e de Etienne Souriau, para quem:

> Nada mais evidente do que a existência de um tipo de parentesco entre as artes. Pintores, escultores, músicos, poetas são levitas do mesmo templo. (...) As artes plásticas contêm um tempo essencial, sendo as artes rítmicas tão espaciais quanto as ditas artes do tempo.[3]

Hoje, a maioria dos estudiosos das artes sabe que essas "nunca são apenas intraestéticas"[4], pois se entrelaçam não só por meio de fios visíveis presentes nas relações intersemióticas entre textos literários, composições musicais e telas pictóricas, mas também por invisíveis elos que estabelecem entre os objetos artísticos analisados uma interconexão semiológica, cuja interpretação faz aflorarem significados submersos, inscritos no imaginário coletivo relativo aos contextos sociais onde se geraram as referidas obras de arte. Essas são sempre produtos culturais e refletem criticamente as sociedades e os imaginários locais.

Explicitada a perspectiva social que orienta nossa concepção de arte, passaremos a investigar os significados da recorrente presença dos sonhos nas artes de Moçambique, produzidas no período pós-colonial. Elegemos para *corpus* de nossa análise a poesia de Luís Carlos Patraquim e a de Eduardo White, poetas moçambicanos que começaram a publicar depois de 1980, e telas do também moçambicano Roberto Chichorro, um "pintor-poeta", um "músico pictural", que comprova, com sua pintura, as palavras do brasileiro Mário de Andrade acerca da poesia e do poeta: "Entre o artista plástico e o músico está o poeta, que se avizinha do artista plástico com sua produção consciente, enquanto atinge as possibilidades do músico no fundo obscuro do inconsciente."[5]

Na pintura de Roberto Chichorro, cores, sons, formas, acordes se harmonizam, criando um universo poético que se exprime também pelos títulos das telas, os quais se revelam matéria de poesia. Os quadros do pintor se convertem em lugares onde "a beleza é recriada, onde se reconstitui uma plenitude sonhada"[6]. O onirismo pictórico das obras de Chichorro dialoga com a poesia de Patraquim e de White, bem como com outras vozes da literatura moçambicana pós-colonial, entre elas a do conhecido escritor Mia Couto, em cuja obra os sonhos também são constantes.

O referido pintor nasceu em Moçambique, em Malhangalene, bairro pobre da antiga capital Lourenço Marques, cujo nome passou a Maputo, em 1975, ano da Independência do país. Autodidata, Chichorro concluiu o Curso Industrial de Construção Civil aos dezessete anos e logo começou a trabalhar, pintando, apenas, nas horas vagas. Incentivado pelo poeta Carneiro Gonçalves, expôs pela primeira vez em 1966. Em 1971, recebeu uma bolsa de estudos em Lisboa, onde aprimorou seu conhecimento e sua arte da pintura. Em 1980, se tornou profissional e, de 1982 a 1985, foi-lhe concedida uma nova bolsa, dessa vez, na Espanha. O pintor estagiou também em cidades da Itália; depois, casou-se com uma portuguesa e vive em Portugal, tendo-se tornado amigo do pintor António Inverno que muito o tem estimulado na carreira artística.

Essa pequena biografia esclarece os cruzamentos culturais presentes na pintura de Chichorro que "se coloca num lugar geométrico, onde se encontram duas civilizações"[7] e dois continentes: a África, onde nasceu e viveu o pintor até os 30 anos, e a Europa, onde estudou durante alguns anos e acabou por fixar residência a partir de 1986. Explica-se, desse modo, certos aspectos europeus assimilados por sua obra, que, entretanto, não deixou nunca de pintar também a memória do país natal e da infância sem luxo, passada em um subúrbio da capital moçambicana.

Embora tenha vivenciado os anos duros da ditadura de Salazar e os tempos da Revolução em Moçambique, a pintura de Roberto Chichorro não retrata explicitamente a luta armada, nem a repressão colonial. É preciso observar, no entanto, com atenção, em meio ao vitalismo e ao colorido intenso de suas telas, expressões de medo nas faces de algumas personagens e alegorias, como a dos mochos e a das hienas, a sinalizarem a opressiva realidade social imposta ao povo moçambicano, principalmente dos anos 1940 até o início dos 1970.

O surrealismo pictórico assumido pelo pintor busca apreender os sonhos esgarçados nas nebulosas dobras da história de Moçambique, país destroçado por duas guerras: a colonial, contra o salazarismo português, que se estendeu de 1964 a 1975; e a dos dezesseis anos,, entre a FRELIMO, partido que ocupou o poder com a Independência, e a RENAMO, a oposição moçambicana, insuflada pela antiga Rodésia e pela África do Sul, que durou de 1977 a 1992, deixando o tecido social moçambicano ainda mais dilacerado.

Após a libertação de Moçambique, em 25 de junho de 1975, uma parte significativa das artes optou por trabalhar com uma dimensão existencial, intimista, que, embora parecesse afastada dos paradigmas sociais caracterizadores da "arte necessária" a serviço da ideologia marxista dos tempos da FRELIMO, se encontrava comprometida com outras formas de poeticidade, as quais operavam não com a transparência da História, mas, sim, com os sentidos submersos, presentes, de modo latente, nos diferentes imaginários das várias etnias que constituem o multifacetado corpo cultural moçambicano.

Conscientes do sonambulismo e da mutilação causados pela guerra, pintores e poetas assinalaram a urgência de serem restaurados os sentimentos individuais do povo, massacrado pelo colonialismo e pelas palavras-de-ordem da Revolução. Exaltaram, então, a importância de as artes expressarem o amor, os sonhos, as emoções, a imaginação, a memória.

Surgiu, nessa época, uma *poiesis*, cujo lirismo fundiu o trabalho estético ao ideológico, a revolução da linguagem a novas concepções da História, a proposta existencial à sociológica. Erigiram-se representantes dessa dicção poética Luís Carlos Patraquim, Eduardo White, entre outros. Esses poetas enveredaram pelo viés da metapoesia e pelo jogo onírico da linguagem. O discurso poético surreal por eles adotado desvela significados profundos do contexto multicultural moçambicano. Operando com os sonhos, expressões dos desejos negados pela realidade, essa nova poesia, como a pintura de Chichorro, encena, alegoricamente, momentos reprimidos do outrora.

Nas obras de Patraquim, Eduardo White e Roberto Chichorro, o onírico é um dos caminhos de busca da multifacetada identidade moçambicana, fraturada no decorrer da história.

O voo pelas asas da linguagem levou a poesia de Eduardo White, por exemplo, a indagações de ordem existencial, filosófica e metapoética, fundando uma nova cartografia literária.

White elege a via aérea dos sonhos e a engenharia de ser ave preside a construção de seus poemas que se elevam ao encalço do belo estético: "No vento e sem milagres, sobem as aves pelo ar. Nenhum fogo as suspende. Só sangue e movimento. Matéria carnal. A casa solar."[8]

Seguindo uma perspectiva próxima, a pintura de Roberto Chichorro também prioriza o Amor, as figuras humanas e o tema dos namorados em noites enluaradas sonhando noivados[9]. Encontra-se povoada de violas, violões, gaitas, violinos, sanfonas, flautas e outros instrumentos musicais, cuja melodia penetra a interioridade psicológica das personagens. Também são recorrentes imagens de pássaros e papagaios de papel, alegorias dos voos da imaginação necessários à ruptura com a dura realidade de miséria dos bairros de caniço. Patraquim ilustrou esse fascínio das asas com o poema "Voo de papel", cuja plasticidade da linguagem corresponde à da tela intitulada "Voo de papel em azul", de Roberto Chichorro:

VOO DE PAPEL

Eis o silêncio noturno verde sonho
Por um fio de pássaros ritmando-se
Na memória como um óbulo
Da minha carne de caniço.[10]

Poesia e pintura, portanto, se convertem em trilhas de recuperação da memória esmaecida pelo sofrimento. Erotismo e vitalismo se fazem, então, estratégias para imprimir vida ao corpo moribundo do país.

A linguagem plástica de Chichorro apresenta intenso colorido resultante do emprego das cores do arco-íris, este, geralmente, considerado símbolo cósmico em diversas culturas africanas. O surrealismo pictórico funde formas geométricas arquetípicas (o triângulo, o quadrado, o retângulo e o círculo) com animais (pássaros, peixes, mochos, hienas), representantes do mundo mágico de fábulas e mitos moçambicanos. É uma pintura narrativa, que conta estórias do passado e do presente de Moçambique e, ao mesmo tempo, apresenta grande sedução lírica, conseguida pelo jogo entre tons líquidos, aquarelados e pela lembrança das ressonâncias musicais de festas e danças do subúrbio onde nasceu e cresceu o pintor. Também a poesia de Eduardo White recupera ecos melódicos do outrora moçambicano, anterior às guerras que silenciaram as violas de lata tocadas em noites de luar:

> Tão antigo o amor aqui nesta terra,
> que em cada noite há um batuque que o anuncia,
> que o anuncia
> e o eleva
> como uma folha sem peso,
> como uma folha da alegria.
>
> Às vezes surpreende que não o saibam
> nem o vejam inchando
> puro e maiúsculo dentro dos panos,
> dos movimentos bruscos das danças.[11]

O erotismo onírico e a presença constante de recordações da infância aproximam esses versos das telas de Chichorro, que, por sua vez, se assemelham à pintura de Chagall, cuja influência na obra do pintor moçambicano já tem sido por muitos apontada. Mas, a pintura de Chichorro não se afasta de suas raízes africanas, trazendo o encantamento de antigas memórias por intermédio da plasticidade de imagens de velhos contadores à volta de fogueiras, de animais míticos das tradições (o mocho e a hiena), de tocadores de violão dos subúrbios moçambicanos, de namorados trocando carícias e sonhos, de mulatas dengosas dançando ritmos sensuais, de brincadeiras infantis com piões, papagaios de papel e bolas feitas de meias velhas.

Pintura da memória, as telas de Chichorro se apresentam como elementos de resistência cultural à amnésia dominante no contexto moçambicano de opressão e guerra. Segundo Maria João Fernandes, "oferecem-nos uma alegria humana, possível, protegida no cofre de suas lembranças, poetizada pelo tempo e pela distância, dádiva intemporal da arte, hoje materializada na sua obra de pintor-poeta."[12]

No campo das letras, Luís Carlos Patraquim, por sua vez, se revela um "poeta-pintor". No seu primeiro livro, *Monção* (1980), e nos seguintes, *Vinte e tal novas formulações e uma elegia carnívora* (1991) e *Mariscando luas* (1992), assume o exercício da metapoesia e o jogo onírico da linguagem. Apresentando o domínio de modernas técnicas do verso, trabalha intertextualmente com palavras, cores e imagens, fazendo dialogarem vozes representativas das produções literárias e pictóricas moçambicanas com as da literatura e da pintura universal. Assim, Rimbaud, Chagall, Neruda, Picasso, Drummond, José Craveirinha, Rui Knopfli, Malangatana Valente, Roberto Chichorro, entre outros, compõem o quadro dialógico dessa poética intersemiótica que vai além do meramente regional, à procura de um sentido transnacional para a arte.

Diferentemente do tom lírico e suave das telas de Chichorro e da ternura dos poemas de Eduardo White, o estilo de Patraquim é carnívoro, prenhe de conotações insólitas que desafivelam pesadelos recalcados, provocando o sangramento das feridas não cicatrizadas da história.

> Eis o tempo, objeto tangível
> tecido em teu pulsar no vento;
> o ventre que cresce
> – cavalo de crinas úmidas –
> e sobre o azul onde repousa
> eis a voz ainda ovo,
> rio interior a fulgir de pássaros [13]

Como na pintura de Chichorro, o azul dos sonhos e os pássaros predominam nesses versos, sinalizando para a urgência de o povo moçambicano alçar voo pelos territórios da imaginação, pois, só assim, afastará a memória da guerra e poderá ser livre, como sugere a imagem do "cavalo de crinas úmidas".

Voz, tempo, vento – significando o direito à fantasia – insuflam as velas da viagem às avessas, à procura das origens, representadas, nos versos de Patraquim, pela metáfora do "ovo". Pelo exercício metalinguístico constante, a linguagem se erotiza; a plasticidade verbal se intensifica e a poesia transforma-se em paixão e cor. Vento, asas e sonhos tornam-se semas recorrentes nos poemas que se plasmam em berrantes cores, dentre as quais o vermelho e o azul. Este, metaforizando o universo surreal; aquele, a libido, o interdito profundo das pulsões inconscientes, onde reside o mistério vital do *élan* criador.

A poesia de Patraquim, em um estilo estilhaçado e surrealista, pinta o país de forma alegórica, fazendo denúncias contundentes:

> País, bestial camelo,
> carrego-te à bolsa
> uterina da viagem,
> os veios de som explodindo,
> nada é sobrante nas areias
> meu país boi flanando
> no céu úbere da Mafalala.[14]

A referência a Mafalala, bairro pobre de Moçambique, associado à imagem do "boi flanando no céu úbere", remete criticamente à resignação bovina dos habitantes desses caniços de Maputo, onde a miséria e o sofrimento adormeceram as consciências. Nesse aspecto, mantém relações intersemióticas com a pintura de Chichorro que apreende pictoricamente a memória de Malhangalene, outro bairro periférico do subúrbio moçambicano. Seguindo esse viés, o último livro de Patraquim, *Lidemburgo blues* (1997), também relembra a rua da infância do poeta, em Moçambique.

Retomando a imagem do "céu úbere", observamos que ela se choca com a própria escassez da realidade. Entretanto, remete também à alegoria do céu gordo do leite dos sonhos, alimento indispensável à imaginação.

Na tarefa de recuperar as origens, o lirismo de Patraquim e o de White elegem os caminhos oníricos, tentando restaurar, sob as ruínas da história colonial, esgarçados fiapos de sonhos que ainda resistem nas malhas do tempo. Plasticamente, os versos desses poetas dialogam com telas do pintor Roberto Chichorro.

Letras e telas cantam o Amor, tingindo-se do azul dos sonhos que imprimem uma nova eroticidade às paisagens de morte do país. O cromatismo da linguagem atinge o leitor, fazendo com que se torne cúmplice do compromisso poético e político de redesenhar Moçambique, segundo uma cartografia própria, feita não só de consciência social, mas também de sonhos, tintas, sons e imagens guardados na memória e recriados pela imaginação.

NOTAS

1 Texto anteriormente intitulado *A presença dos sonhos nas artes moçambicanas contemporâneas: poesia e pintura, um diálogo possível*, apresentado no Congresso da Associação Nacional de Professores de Língua e Literatura - ANPOLL, 2000, Universidade Federal Fluminense - UFF, Niterói, jun. 2000.

2 FERNANDES, Maria João. "O país da memória". In: *JL. Artes*, Ano XV, n. 645. Lisboa, 5 jul. 1995, p. 37.

3 SOURIAU, Etienne. *A correspondência das artes*. Trad. de Maria Cecília Pinto e Maria Helena Cunha. São Paulo: Cultrix; EDUSP, 1983, p. 14.

4 GEERTZ, Clifford. *O saber local*. 2. ed. Petrópolis: Vozes, 1999, p. 146.

5 ANDRADE, Mário. *Poesias completas*. São Paulo: Martins, 1984, p. 27.

6 FERNANDES, Maria João. Lisboa, 05 jul. 1995, p. 37.

7 Id., ibid.

8   WHITE, Eduardo. *Poemas da ciência de voar e da engenharia de ser ave*. Lisboa: Caminho, 1992, p. 29.

9   Cf. telas de Roberto Chichorro disponíveis em https://br.pinterest.com/andriottipodade/roberto-chichorro/. Acesso em: 31 mar. de 2021.

10 PATRAQUIM, Luís Carlos; LEITE, Ana Mafalda e CHICHORRO, Roberto. *Mariscando luas*. Lisboa: Vega, 1992, p. 61. Neste livro, há telas de Chichorro ilustrando os poemas de Patraquim e Ana Mafalda Leite.

11 WHITE, Eduardo. *País de mim*. Maputo: AEMO, 1989, p. 12.

12 FERNANDES, Maria João. "O país da memória". In: *JL. Artes*. Ano XV, n. 645. Lisboa, 5 jul. 1995, p. 37.

13 PATRAQUIM, Luís Carlos. *Vinte e tal novas formulações e uma elegia carnívora*. Lisboa: ALAC, 1991, p. 22.

14 PATRAQUIM, Luís Carlos; LEITE, Ana Mafalda e CHICHORRO, Roberto. *Mariscando luas*. Lisboa: Vega, 1992, p. 29.

Por entre sonhos e ruínas – reflexões sobre a atual poesia angolana[1]

Angola, espécie de dor para se viver todo dia.[2]
Paula Tavares

Profundo sentimento de melancolia perpassa por grande parte da produção poética angolana das últimas décadas. Transgressão, errância, desafio, eroticidade, metalinguagem e desconstrução são alguns dos vetores dessa nova *poiesis* tecida por perplexidades e incertezas. Uma heterogeneidade de tendências reflete a dispersão dessa poesia que oscila entre a revitalização de formas orais da tradição e a ruptura / e ou recriação em relação a alguns dos procedimentos literários adotados por gerações anteriores.

A par do desencanto frente a um social prenhe de contradições, muitos poetas, atualmente, continuam, entretanto, a escrever versos, a maioria dos quais se oferece como instância crítica de reflexão acerca dos sofrimentos do povo angolano.

> A poesia resiste à falsa ordem, que é, a rigor, barbárie e caos. (...) Quer refazendo zonas sagradas que o sistema profana (o mito, o rito, o sonho, a infância, Eros); quer desfazendo o sentido do presente em nome de uma liberação futura, o ser da poesia contradiz o ser dos discursos correntes. (...) A luta é, às vezes, subterrânea, abafada, mas tende a subir à tona da consciência e a acirrar-se porque crescem a olhos vistos as garras do domínio.[3]

É, pois, como resistência que a poesia sobrevive em Angola, ora trilhando os caminhos da sátira e da paródia, ora os da metalinguagem e do erotismo, ora os dos mitos e dos sonhos. Estes sempre nutriram o sistema literário angolano e, nos tempos presentes, embora esgarçados, ainda constituem uma espécie de energia subterrânea que impulsiona a imaginação criadora, combatendo, assim, o imobilismo e a anomia cultural.

> A palavra é um pacto com o tempo. Mesmo que seja um tempo fissurado entre realidade e sonho, entre vivido e por viver, entre ruído e silêncio.
>
> A palavra dos poetas, ou de quem como eles não se esqueceu da mala da poesia, é um acto de coragem assumida no limite, tantas vezes da própria vida.[4]

Mudam-se os tempos, mudam-se os pactos e as vontades. Os sonhos se transformam e se apresentam outros. Não obstante, a matéria da poesia, tecida por "silêncio e coragem", prossegue afirmando-se como um risco "assumido no limite da própria vida", tantas vezes posta, esta, à prova, por um fio, diante dos inúmeros e concretos perigos existentes em uma realidade constantemente ameaçada e atingida por catástrofes e guerras.

Esse tipo de dicção poética que funde a consciência do próprio fazer literário a uma reflexiva análise do contexto social é uma das tendências recorrentes na *poiesis* angolana das últimas décadas. Antes de nos debruçarmos sobre essa produção mais atual, necessária se faz uma retrospectiva do percurso dos sonhos na poesia de Angola, apontando para as mudanças de significação sofridas por estes, através dos tempos, nos diferentes paradigmas formadores do sistema literário angolano.

Sonhar é uma ação inerente à natureza humana e aos momentos históricos de transformações sociais e culturais. Referimo-nos aqui ao sonho, não como evasão de real, mas como manifestação da imaginação utópica, isto é, de uma imaginação exigente, que não se alimenta apenas de desejos individuais, mas procura a projeção de um presente modificado num futuro possível.

> Essa imaginação exigente tem um nome: é a imaginação utópica, ponto de contato entre a vida e o sonho, sem o qual este é uma droga narcotizante (...) É ela que, apresentando-se como o elemento de impulso das invenções, descobertas e revoluções, impele os homens a novas crenças e realizações (...)[5]

Nas origens das letras angolanas, "sonhar a terra" constituiu-se como uma das primeiras quimeras, embora, na poesia do século XIX, essa utopia se tenha expressado segundo valores nativistas românticos que traduziam uma identidade indecisa, porque, a par da sedução das belezas naturais locais, guardava certa idealização, pautada por modelos literários trazidos pelos colonizadores portugueses:

> Bem vinda sejas ó terra,
> Minha terra primorosa,
> Despe as galas – que vaidosa
> Ante mim queres mostrar:
> Mesmo simples teus fulgores,
> Os teus montes têm primores,
> Que às vezes fallam de amores
> A quem os sabe adorar![6]

Nas primeiras décadas século XX, esse paradigma de "sonhar a terra" se mantém, condicionado, ainda, por uma consciência idílica da paisagem. É, principalmente após a segunda metade do século XX, que a poesia produzida nas, então, colônias portuguesas em África rompeu com essa visão pitoresca em relação ao continente africano e passou a ressemantizar metaforicamente a terra com elementos do imaginário mítico ancestral africano. Sob o signo de tambores e outros instrumentos musicais surgiu, desse modo, o sonho da "africanidade", proclamado por vozes poéticas como as de Agostinho Neto, entre muitas outras, cujos poemas fazem a catarse e a denúncia da opressão do colonialismo na África. Cabe ressaltar, contudo, que o embrião desse sonho já existia, por exemplo, em alguns poetas anteriores, entre os quais Tomaz Vieira da Cruz, Geraldo Bessa Víctor e outros, de quem lembramos os poemas "O tocador de marimba" e "O menino negro não entrou na roda", textos que podem ser considerados precursores de uma poética de cariz africano e de acusação ao racismo colonial em Angola.

Mas é com os poetas do grupo dos "Novos Intelectuais de Angola" que se dá o salto decisivo rumo à formação de um sistema literário voltado para a realidade da própria terra, erigindo-se, assim, o sonho do "VAMOS DESCOBRIR ANGOLA!". Precursor desse movimento, Maurício de Almeida Gomes, representante do grupo "Novos Poetas de Angola", conclama, no poema "Exortação", à criação de uma poesia autenticamente angolana:

> Ribeiro Couto e Manuel Bandeira,
> poetas do Brasil,
> do Brasil, nosso irmão,
> disseram:
> – "É preciso criar a poesia brasileira,

de ventos quentes, fortes como o Brasil,
sem macaquear a literatura lusíada."

>Angola grita pela minha voz,
>Pedindo a seus filhos nova poesia!
>(...)

Poesia nossa, única, inconfundível,
diferente,
quente, que lembre o nosso sol,
suave, lembrando nosso luar...
que cheire o cheiro do mato,
(...)
o cantar de nossas aves
rugir de feras, gritos negros,
gritos de há muitos anos,
de escravos, de engenhos das roças,
no espaço vibrando, vibrando...

Sons magoados, tristíssimos, enervantes,
de quissanges e marimbas...
versos que encerrem e expliquem
todo o mistério dessa terra,
versos nossos, húmidos, diferentes,
que, quando recitados,
nos façam reviver o drama negro

e suavizem corações,
iluminem consciências,
e evoquem paisagens
e mostrem caminhos,
rumos,
auroras...[7]

As imagens dos novos caminhos, rumos e auroras metaforizam, no poema anterior, as utopias dessa geração poética dos anos 50, constituída pelos poetas Viriato da Cruz, António Jacinto, Ernesto Lara Filho, Mário António, Mario Pinto de Andrade, Agostinho Neto, entre outros, cujas poéticas versaram sobre as coisas e as gentes de Angola, exorcizando também as opressões, o autoritarismo e os racismos sofridos por toda a

"Mãe África". Lara Filho, por exemplo, elegeu o seripipi de Benguela, um dos metonímicos motivos da terra, como símbolo de sua poesia; Mário António eternizou em seus versos a célebre Rua da Maianga; Viriato da Cruz cantou, através do pregão da avó Ximinha, o *makèzu*, típico alimento angolano; António Jacinto denunciou o regime dos contratos, o drama dos *monangambas* (contratados, serviçais), explorados de sol a sol nas roças de São Tomé; Alexandre Dáskalos fez a catarse do tráfico negreiro em sombrias galeras que atravessaram o Atlântico e obrigaram à diáspora tantos negros; Agostinho Neto, imaginando, utopicamente, um mundo melhor, expressou seus ideais no poema "Aspiração", que pode ser tomado como um dos textos representativos da significação dos sonhos para essa geração de poetas:

> Ainda o meu canto dolente
> e a minha tristeza
> no Congo, na Geórgia, no Amazonas
>
> Ainda o meu sonho de batuques em noites de luar
> (...)
> Ainda o meu sonho
> o meu grito
> o meu braço
> a sustentar o meu Querer
>
> E nas sanzalas
> nas casas
> nos subúrbios das cidades
> para lá das linhas
> nos recantos escuros das casas ricas
> onde os negros murmuram: ainda
>
> O meu Desejo
> Transformado em força
> Inspirando as consciências desesperadas.[8]

Outra importante figura, no panorama literário dos anos 1950 e 1960, é Arnaldo Santos. Em sua poesia, o sonho é recorrente. Ora o poeta aborda o sonho-esperança metaforizado pelo sintagma "sol da sua terra"; ora focaliza os fantasmagóricos pesadelos da realidade angolana acuada, principalmente no início dos anos 1960, pela forte censura e repressão da PIDE:

Soturnidades suspensas palpitam no escuro
Como pulsações sombrias de ngomas.
Há ecos de falas abafadas
Longínquos sons que o vento move
Cavando distâncias na distância
Fatais
como a queda livre de uma pedra.

E esfiam-se vidas em murmúrios...

E há olhos postos no caminho...

E eu sinto a marca dos meus passos
Cala vozes nas cubatas
Acorda silêncios no negrume.[9]

    Esse poema e outros, como "Canção para Luanda", de Luandino Vieira, anunciam o "medo no ar" que antecede a guerra colonial, iniciada em Angola em 1961. Com esta, surge uma poética cantalutista e guerrilheira acalentadora da utopia da libertação nacional. Dentre os representantes desse novo paradigma, onde os sonhos se tornam coletivos e passam a significar o ideal da "pátria livre", citamos, entre outros, o poeta Costa Andrade, cujos versos, escritos no início da década de 1960, traduziam a ideologia do engajamento literário em prol das lutas revolucionárias:

    Amanhã
    a flor vermelha
        das acácias
            há de lembrar apenas
                a flor vermelha das acácias
    ou bandeiras flutuando ao vento
    porque a seiva que tiver nas veias
        dará ao tronco
        a imponência
        do estandarte do triunfo

    A flor vermelha das acácias
        será facho de vida
        a florir do sonho
        que nos preenche.[10]

O sonho, na poética revolucionária angolana dos anos 1960 e início dos 1970, se constituiu, portanto, como trilha a ser percorrida no sentido da libertação das culturas africanas locais que foram descaracterizadas durante o processo da colonização. Para isso, os poemas perseguiam as rotas da Revolução e cantavam as armas como metáforas da independência almejada.

Paralelamente a esse viés poético, existiu, entretanto, na cena literária angolana desse período, uma safra de poetas afastados dos paradigmas guerrilheiros e voltados para o próprio chão angolano. A poesia desse grupo buscava recuperar "os hábitos da terra", os ecos longínquos da memória ultrajada, a cartografia de processos poéticos emergentes que operassem com a eroticidade da língua portuguesa recriada por "saberes, sabores" e ritmos angolanos. É o caso, por exemplo, de poetas como Ruy Duarte de Carvalho, Manuel Rui, David Mestre, Arlindo Barbeitos, cuja produção apresentava como principal característica a consciente opção pela metapoesia. Resume bem a postura dessa geração o conhecido verso de Ruy Duarte: "o texto como esforço de existir". O ofício da tecedura poética se erigia, assim, como um trabalho de artífice, cuja maior revolução se dava no campo da linguagem, fazendo com que a significação dos sonhos se deslocasse para a dimensão latente do discurso, uma vez que as dissonantes construções dessa poesia perseguiam o silêncio e as camadas recônditas do enunciado literário:

> Na superfície branca do deserto,
> na atmosfera ocre das distâncias
> no verde breve da chuva de Novembro,
> deixei gravado meu rosto
> minha mão,
> minha vontade, meu esperma;
> prendi aos montes os gestos de entrega,
> cumpri as trajectórias do encontro,
> (...)
> Aqui sonhei europas, verdes ásias
> cidades de cristais, antártidas caiadas,
> daqui refiz a lua dos astronautas;
> contei estrelas   recolhi algumas
> p´ra dormir com elas.
> (...)
> Lancei escadas ao céu, assomei a tundras siderais,
> divisei anjos sentados como pássaros,
> expectantes, terríveis, sobre o gelo.

Aqui me dei, aqui me fiz,
desfiz, refiz amores.
Agachado, aqui senti escorrer pelo corpo o pus das mais antigas chagas.

Aqui me embebedei e vomitei o espanto.

Aqui contei os passos da distância que me não contém.

Daqui abalo hoje, parido para o nada,
apalpo a água,
afago um bicho,
ordeno qualquer coisa
e vou.[11]

    Antecipando a "poesia do eu" que surge nos anos 80, após a independência, esse poema de Ruy Duarte já antevia o clima de desencanto que viria depois, quando os angolanos, após a euforia do 11 de novembro de 1975, perceberam que as palavras revolucionárias não haviam sido totalmente cumpridas. Também David Mestre foi outra voz poética que prenunciou esse contexto de desilusão:

    existo acento de palavra, carapinha
    recordação áspera de monandengue,
    mapa de conversas na visitação da lua,
    grávida luena sentada no verso da fome.

    aqui esqueço África, permaneço
    rente ao tiroteio dialecto das mulheres
    negras, pasmadas na superfície do medo
    que bate oblíquo no quimbo quebrado[12]

    Afastando-se dos clichês da poética de combate, a poesia desse grupo se dobrou sobre si, à procura de outros significados, profundos e silenciosos, reveladores de indagações interiores do ser e/ou de fragmentos míticos do imaginário cultural do país. É o caso, principalmente, da poética de Arlindo Barbeitos, que, conforme evidenciamos anteriormente neste livro, pode ser denominado como "poeta dos sonhos", pois é autor, entre outras, das obras *Nzoji* (que significa sonho em *kimbundo*), 1979, e *Fiapos de sonhos*, 1990. Desde seu primeiro título, *Angola, angolê, angolema* (1975), esse poeta enveredou pela recuperação dos sonhos e dos mitos angolanos. Usando uma linguagem cortante e surreal, urdida em estilo de contundente condensação poética, a *poiesis* de Barbeitos, oniricamente, aponta para:

> escuras nuvens grossas de outros céus vindas
> entrançando-se por entre asas de pássaros canibais
> e
> chuva de feiticeiro
> em sopro
> de arco-íris dependurada[13]

É uma poesia que também antecipa, em alguns aspectos, as propostas poéticas das gerações angolanas posteriores. Em seu último livro, *Na leveza do luar crescente*, publicado em 1998, Barbeitos, refletindo acerca do contexto conturbado dos últimos anos do século XX em Angola, constrói poemas em que o eu-lírico confessa a desilusão por saber profanados os antigos sonhos:

> enquanto
> corujas espiam hirtas as sombras
> desliza silente
> por
> entre vultos de árvores perfiladas
>   ao luar
> a lembrança de um sonho violado
> e na fria quietação nocturna
> de temor
> os homens se aconchegam à quentura
>   da cinza
> enquanto
> corujas espiam hirtas as sombras[14]

A produção poética dos anos 1970 voltada para a redescoberta ética e estética do poder da palavra e da imaginação criadora, foi designada por Luís Kandjimbo como pertencente à "geração do silêncio"[15], que se caracterizou pela consciência crítica acerca do ato de escrever, ou seja, por um mergulho abissal nas entranhas da própria poesia, em busca de procedimentos inovadores. O poema passou a ser, assim, o lugar do encontro do poeta consigo mesmo, o local, portanto, da descoberta existencial, política e literária. Nesse sentido, deu passagem à poética dos anos 1980, que radicalizou as conquistas estéticas da geração de 1970 em vários aspectos, diferenciando-se desta por não adotar a práxis do silêncio.

A geração da poesia dos anos 1980, definida por Luís Kandjimbo como "geração das incertezas"[16], e também a dos anos 1990 têm como traço constante a temática da decepção e da angústia diante da situação de Angola, que, até o momento presente, não resolveu a questão da fome, da miséria, de conflitos internos. As dúvidas em relação ao futuro fecham, atualmente, as possibilidades entreabertas pelas utopias revolucionárias dos anos 1960 e início dos 1970. A poesia surgida na década de 1980 não vai, na maioria das vezes, se ater explicitamente às questões sociais. Ela "inscreve a demiurgia do Homem em todas as suas dimensões, engendrando um sub(sistema) literário com signos do tecido social, mas também de inquirição cogniscitiva."[17] Entre os poetas das contemporâneas gerações angolanas, destacamos: João Maimona, João Melo, José Luís Mendonça, Paula Tavares, João Tala, Lopito Feijóo, Frederico Ningi, Maria Amélia Dalomba, Maria Alexandre Dáskalos, Fernando Kafukeno, Luís Kandjimbo, entre outros.

Em grande parte dessa poesia produzida pelas novas gerações, os sonhos se encontram envoltos em uma visão crepuscular. Para Maimona, por exemplo, a trajetória da liberdade foi obliterada pela corrupção e as utopias em Angola foram mutiladas, asfixiadas pelos sofrimentos: "De quem são as nuvens em ruas de sonho?/ De quem são os desertos que anunciam lágrimas?"[18]

A poesia de Maimona opta pelas trilhas da alegoria, operando com signos da ruína e da morte. Esqueletos enchem as mãos do poeta. São imagens alegóricas da fome que ocupou o lugar dos sonhos. Há, todavia, nesses poemas, a par do desencanto, da solidão e da dor, a procura de elementos cósmicos: o ar, o vento, as aves, as abelhas, metáforas do tecido tênue e aéreo da própria poesia.

Também a poética de José Luís Mendonça apresenta uma visão noturna e melancólica, embora sua *poiesis* busque, em última instância, "acordar a alva", alegoria da aurora dos sonhos e do amanhecer da poesia:

> A tempestade arrancou os ventos do meu peito.
> A pele de leão do meu coração faísca
> Nos subúrbios da noite. De quem são estes sonhos perfilados no mural dos meus testículos?[19]

Essas imagens alegorizam a perda dos ventos da imaginação, frente à noite que se abate sobre o eu-poético, cujos sonhos, contudo, sob a forma de desejos, se guardam nos próprios testículos, local metaforicamente conotado que aponta para reprodução, representando, por isso, uma forma de resistência.

A poesia de Paula Tavares também põe em cena, de modo contundente e alegórico, o universo de dor existente no atual contexto social angolano, cujo onirismo é revelador dos absurdos do próprio real: "No meu sonho nascem tartarugas dos olhos dos anjos/ São elas que voam e eles que resolvem problemas matemáticos."[20]

Outras vozes poéticas femininas vêm também se destacando no decorrer dos anos 1980 e 1990: Ana de Santana, Lisa Castel, Maria Alexandre Dáskalos, Amélia Dalomba, entre outros nomes. Na poesia dessas autoras, há a reivindicação do direito de a mulher ser correspondida também nos prazeres sexuais, desfrutando da sexualidade até então reprimida. Os sujeitos líricos têm saudades dos tempos livres, quando podiam admirar os flamingos e as andorinhas, alegorias dos antigos sonhos, da imaginação e dos desejos recalcados. Destacamos um poema de Ana de Santana, pois, em sua poesia, o sonho é temática recorrente, aparecendo, inclusive, no título de seu livro. Neste, o ato de sonhar se institui como o lugar da metapoesia, espaço ainda possível de desafio e transgressão da palavra poética, que soa, por vezes, sonambulizada, em meio a um universo de guerra e morte:

> Reinvento o sonho
> e curvo-me para apanhar
> o teu retrato caído.
>
> Ao mesmo tempo,
> um imenso nevoeiro
> para lá de nós
> e um grito de mulher na noite,
> um choro de criança
> para além da parede,
> chamando para a normalidade.[21]

Um outro poeta representativo da contemporânea poesia de Angola é João Melo, que vem publicando desde os anos 1980. O erotismo, em sua *poiesis*, se faz arma de resistência para enfrentar medos e dores do passado e do presente povoados por fantasmas, pesadelos, gemidos. Poeta da paixão, elege o amor como forma de se manter vivo e poder sonhar:

> Estes fantasmas antigos
> Estas palavras
> Estes gemidos selvagens
> – eu os arranco de ti, amor
> um segundo
> apenas um segundo

antes
da violenta explosão
destes tambores medonhos
e belos
que eu não sei quem solta[22]

Poetas como Lopito Feijóo e Frederico Ningi, cuja linguagem poética rompe iconoclastamente com os cânones estéticos tradicionais, valendo-se de metáforas dissonantes, corporizações plásticas de palavras e experimentalismos visuais, assumem claramente um viés poético paródico, transgressor e irreverente, através dos quais os pesadelos sociais são denunciados. Frederico Ningi opera, iconicamente, com uma poética que faz dialogarem palavras, imagens e símbolos gráficos. Sua poesia é dissonante e agressiva. Busca, por intermédio de alegorias surreais, denunciar que os sonhos e a esperança, em Angola, estão morrendo, sob as luzes de um poente desencantado.

Também Lopito Feijóo apresenta uma *poiesis* sorumbática que se erige como crítica violenta e agressiva ao surreal e absurdo contexto político de Angola. Conotações eróticas, entretanto, revelam-se ainda, em seus poemas, como frágeis possibilidades de não deixarem que os sonhos e os desejos venham a morrer totalmente.

Herdeira de conquistas anteriores como, por exemplo, a do trabalho de intensificação linguística e estética que caracterizou a geração dos anos 1970, encontramos entre outras, no panorama literário angolano dos 1990, a poética de Fernando Kafukeno. Seu lirismo exacerba o exercício do aproveitamento das potencialidades intrínsecas da língua, primando, entretanto, por uma economia capaz de desbastar o verbo poético de excessos e, através de uma contundência visual, denunciar uma Angola em que os sentidos e os sonhos foram amputados:

    o infinito
    cego

    há-de na
    penumbra pedalar

    o surdo
    ocaso[23]

Embora esse poema aponte para o ocaso e a penumbra, outro traço se faz recorrente na *poiesis* de Kafukeno: o erotismo sensorial que transforma

seus versos em viagem de reflexão e desejo de novos sonhos. Estes, então, se instituem como agentes de manutenção e sobrevivência do prazer poético:
> esta viagem de sonho sabe-me
> a sandálias couro do túnel que te reveste
> o prazer na descarga da espada[24]

A imagem das sandálias de couro, metáfora da imaginação poética, e a contundência da espada rasgando a superfície das palavras em descargas de prazer, provam que, apesar do desencanto atual, a viagem de sonho, ou seja, a viagem da poesia ainda é possível. Esta, conforme, José Luís Mendonça,
> É o que brota a raiz e o que mexe
> Na mais obscura sinfonia de cada grão de poeira.[25]

Na maior parte da produção poética dos anos 1990, observamos uma tônica: a de que os sonhos se encontram adiados em razão da catastrófica realidade de guerra do país. Conceição Cristóvão, por exemplo, deixa isso bem claro no poema "Apocalipse II":
> turva claridade:
> sonho e realidade adiados
> da criança é tênue sorriso
> precocemente envelhecido.
>
> ao redor é áspero e perpétuo o ar.
> e meu corpo térreo e estático.
> só o gume das palavras elípticas
> preenche o abismo do silêncio.[26]

A crença no gume das palavras e na raiz da própria poesia transferem os sonhos para o universo dos poemas, o que faz com que a literatura e as artes em geral, se apresentem, portanto, como locais privilegiados das poucas utopias ainda existentes em Angola:
> raízes. da eterna palavra a semente.
> da semente ainda aguardo o espanto da árvore.
> ou o corpo e o fruto – os frutos de
> um dia começam na noite – o tempo é
> a palavra que amadurece o fruto. de
> maduro desce o tempo através das folhas.
> da água e da folhagem basta o hálito,

> a seiva. é um animal que floresce
> em busca do pássaro inatingível.²⁷

São constantes, entre os representantes dessa atual geração, as imagens de pássaros. O poeta Ricardo Manuel aponta para a perda da liberdade em Angola através da metáfora das gaivotas de asas cortadas:

> Gaivotas de asas cortadas e
> castelos desmoronados à
> espera da consumação do amor
> é o que nós somos!²⁸

Povoam os versos dos poetas andorinhas, flamingos e outras aves, geralmente, a metaforizarem o voo dos sonhos e da poesia, antídotos ao vazio que envolve o presente angolano, perpassado de distopias e ruínas.

> A área da saudade
> idade do tempo
> envolve o vazio. No cio.
>
> o auge da sensação encoberta
> descobre no drama do destino
>
> o pino duma andorinha
> piando poesia!²⁹

O cio poético é, como podemos observar, um frequente elemento de resistência ao tédio provocado pela devastação da pátria. Também na poesia de António Panguila esse erotismo se desvela, conotado através da metáfora da tesão que, a par dos sofrimentos, persegue a foz dos sonhos:

> esta tesão que me persegue
> há-de sufocar meu inocente sangue
> se as vozes do céu radiante
> não excitarem as lágrimas de meus poros
> a encontrar a foz do sonho
> para capitalizar a desgraça
> a esgravatar a terra queimada.³⁰

Na poesia de John Bella, jovem poeta, oriundo das Brigadas Jovens de Literatura, também surge a metáfora de uma época seca ("*kixibu*"), onde o "cereal ("*masangw*") baloiça esfomeado". Focalizando o clã de *Ngombe*, denuncia também a miséria entre os povos pastores de Angola, vítimas das guerras que devastaram o interior do país. Em versos que mesclam o português com palavras das línguas das etnias angolanas, aponta também para o vácuo, embora ainda restem como esperança o sonho e a chuva:

    O vácuo
    em´ bebido
    no sonho d´aurora
    nomes marcados
    com a cor da chuva
    neste clã
    oh Ngombe
    masangw baloiça esfomeado
    no mel do pote há kasumuna
    e os restos que o Cágado comeu?
    gado ingeriu sementes
    cujas matérias fecais
    produziram kixibu [31]

A maioria das vozes líricas da poesia angolana dos anos 1990 do século XX reflete acerca desse mal-estar ante o estado atual de penúria social em que vive Angola. Grande parte dos poetas adverte para o vazio sufocante que asfixia todos num clima de desilusão e melancolia:

    Retalhos de frustrações
    de horizontes fechados
    aquém das promessas [32]

Nok Nogueira é outra voz representativa da nova geração poética angolana. Ana Lídia da Silva Afonso, em sua tese de doutorado sobre esse poeta, estuda os "des-caminhos da utopia" na poesia nokiana:

> Ao recuperar as memórias contidas nas paisagens literárias angolanas de um passado recente, o poeta evidencia a existência da imaginação utópica em seus poemas. Ao pensar acerca dos desafios vivenciados pelos intelectuais que projetaram utopicamente a nação, o poeta leva-nos a refletir, entre outras coisas, sobre a gritante diversidade social existente em Angola, que já sinalizava para a inviabilidade de sucesso na concretização de quaisquer projetos ideais que contemplassem um "nós", sem se preocuparem com o "eu", e atentassem para as muitas demandas que envolviam a individualidade do sujeito. Essas ponderações

ganham relevância na obra de Nok Nogueira, na medida em que o poeta indica que em seus versos ainda há lugar para a imaginação utópica, pois nas paisagens por ele produzidas aparecem diversos ícones – a exemplo do sol, do mar, do vento e do voo –, que emergem como sinônimos de movimento, esperança, transcendência e renovação. Nesse sentido, pode-se afiançar que em Nok Nogueira, além da dimensão coletiva, a imaginação utópica contempla perspectivas plurais. Contudo, o poeta entende que as experiências de ontem sempre serão fundamentais para meditar sobre o amanhã, pois, para superar angústias, romper silêncios e voltar a imaginar utopicamente perante um cenário distópico, ainda torna-se fulcral "criar com os olhos secos", como advertia Agostinho Neto.[33]

A par da distopia e da falta de perspectivas em relação ao social, concluímos, entretanto, que, no quadro atual da literatura angolana, a poesia se oferece ainda como força geradora de utopia, pois diversos poetas continuam a crer no poder da linguagem poética, sonhando com "um lugar à passagem da lua/ que virá fecundar o valor da palavra."[34]

NOTAS

1 Texto escrito pela autora deste livro, especialmente, para a primeira edição de *A magia das letras africanas*, em 2003.
2 TAVARES, Ana Paula. Palestra proferida na Universidade de São Paulo - USP, out. 1998.
3 BOSI, Alfredo. 1983, p. 146.
4 TAVARES, Paula. *O sangue da buganvília*, 1998, p. 49.
5 COELHO, Teixeira. *O que é utopia*. 3. ed. São Paulo: Ed. Brasiliense, 1981, p. 8-9.
6 FERREIRA, José da Silva Maia. *Apud* FERREIRA, Manuel. *No reino de Caliban II*. 2. ed. 1988, p. 23.
7 GOMES, Maurício de Almeida. *Apud* FERREIRA, Manuel, 1988, p. 85-89.
8 NETO, Agostinho. *Apud* SOARES, António Filipe. *Poesia angolana: antologia*. Porto Alegre: Instituto Cultural Português; Escola Superior de Teologia São Lourenço de Brindes, 1979, p. 63-64.
9 SANTOS, Arnaldo. *Apud* FERREIRA, Manuel, 1988, p. 198.
10 COSTA ANDRADE, Fernando. *Apud* FERREIRA, Manuel, 1988, p. 206-207.
11 CARVALHO, Ruy Duarte. Poema "A gravação do rosto", 1972. *Apud* FERREIRA, Manuel, 1988, p. 404-406.

12 MESTRE, David. *Apud* FERREIRA, Manuel, 1988, p. 390.
13 BARBEITOS, Arlindo. *Apud* FERREIRA, Manuel, 1988, p. 418.
14 _____. *Na leveza do luar crescente*. Lisboa: Caminho, 1998, p. 13.
15 KANDJIMBO, Luís. "A nova geração de poetas angolanos". In: *Austral*. Revista de Bordo da TAAG. n. 22. Luanda, out.- dez. 1997, p. 21.
16 Id., ibid.
17 MATA, Inocência. "A poesia de João Maimona: o canto ao homem total ou a catarse dos lugares-comuns". In: *Revista da Faculdade de Letras da Universidade de Lisboa*. n. 15, 5. série. Lisboa, 1993, p. 181-188.
18 MAIMONA, João. *Idade das palavras*. Luanda: INALD, 1997, p. 81.
19 MENDONÇA, José Luís. *Quero acordar a alba*. Luanda: INALD, 1997, p. 37.
20 TAVARES, Paula. *Dizes-me coisas amargas como os frutos*. Lisboa: Caminho, 2001, p. 18.
21 SANTANA, Ana de. *Sabores, odores & sonhos*. Luanda: UEA, 1985, p. 47.
22 MELO, João. *Tanto amor*. Luanda: UEA, 1989, p. 52.
23 KAKUFENO, Fernando. *sobre o grafite da cera*. Luanda: Kilombelombe, 2000, p. 35.
24 Id., p. 49.
25 MENDONÇA, José Luís. *Ngoma do negro metal*. Luanda: Chá de Caxinde, 2000, p. 15.
26 CRISTÓVÃO, Conceição. *Amores elípticos (entre o amor e a transparência)*. Luanda: Edição do Autor, 1996, p. 15.
27 TALA, João. *O gosto da semente*. Luanda: INIC; Instituto Nacional das Indústrias Culturais, 2000. (Colecção "A Letra", 2ª Série, n. 19), p. 17.
28 MANUEL, Ricardo. *Bruxedos de amor. Poesias eróticas*. Luanda: Kilombelombe, 1998, p. 29.
29 GONÇALVES, António. *Buscando o homem. Antologia poética*. Luanda: Kilombelombe, 2000, p. 65.
30 PANGUILA, António. *Amor mendigo*. Luanda: Governo Provincial de Luanda, 1997, p. 5.
31 BELLA, John. *Panelas cozinharam madrugadas*. Luanda: Ponto Um, Indústria Gráfica, 2000, p. 36. (Edição Comemorativa dos 25 Anos da Independência).
32 AUGUSTO, Rui. *O amor civil*. Luanda: União Cooperativa Editora, 1991, p. 15 (Colecção Lavra & Oficina, 92).
33 AFONSO, Ana Lídia da Silva. "'Des-caminhos' da utopia na poética de Nok Nogueira". Tese de doutorado defendida na Universidade Federal do Rio de Janeiro em 24 ago. 2020, sob orientação da Profa. Carmen Tindó Secco, p. 158.
34 VASCONCELOS, Adriano Botelho. *Abismos de silêncio*. Luanda: União dos Escritores Angolanos: ABV Editora, 1996, p. 40.

Paisagens, memórias e sonhos na poesia moçambicana contemporânea[1]

> A poesia recompõe cada vez mais arduamente o universo 'mágico' que os novos tempos renegam.
>
> Alfredo Bosi[2]

Ao observarmos o conjunto da poesia moçambicana contemporânea, verificamos que, em grande parte, essa produção poética opera, tematicamente, com resíduos de sonhos, desejos, sentimentos, paisagens e memórias que resistiram às guerras e resistem, hoje, a novas pressões sociais e políticas. Se durante os tempos das lutas pela libertação, uma significativa parcela dos poemas produzidos se fez arma ideológica de combate ao colonialismo, atualmente, os discursos poéticos se revelam sob formas diversas, apresentando outras maneiras de resistir, explorando sentidos que o silêncio pode expressar. Segundo o crítico brasileiro Alfredo Bosi, "a resistência tem muitas faces". Ora propõe a recuperação do sentido comunitário perdido (poesia mítica, poesia da natureza); ora a melodia dos afetos em plena defensiva (lirismo subjetivo); ora a crítica direta ou velada da desordem estabelecida (vertente da sátira, da paródia, do *epos* revolucionário, da utopia)[3].

Estudiosos da literatura de Moçambique, entre os quais Fátima Mendonça, Ana Mafalda Leite, Lourenço Rosário, Nataniel Ngomane, Gilberto Matusse, Francisco Noa, António Sopa, António Cabrita, Lucílio Manjate, Sara Laisse, Matteo Angius, Alberto Mathe, entre outros, são unânimes em apontar duas vertentes estéticas caracterizadoras do sistema poético moçambicano, as quais, se tomamos a classificação de Bosi acima mencionada, notamos que correspondem, respectivamente, ao que o crítico brasileiro denominou "poesia de afetos, do lirismo subjetivo" e "poesia da utopia, do *epos* revolucionário". Segundo Noa, essas vertentes são:

> 1. "uma, que exprime um lirismo individual, que se faz espaço de afirmação da poesia, eximindo-se de comprometimentos políticos ou ideológicos, exprimindo, mesmo assim de forma oblíqua, mas não menos profunda, preocupações existenciais nos mais variados níveis. Aqui, a figura emblemática é, inquestionavelmente, Rui Knopfli;
>
> 2. a outra, inserida num projecto e num desiderato mais amplo de afirmação colectiva, em que se reivindicam raízes culturais negro-africanas, instituindo uma poesia programática e datada de protesto e denúncia, em que se observa uma crescente contaminação político-ideológica".[4]

Tais vertentes não se opõem, podendo coexistir em um poema ou em vários de um mesmo autor.

Iniciando nossa reflexão acerca da lírica moçambicana contemporânea a partir da publicação dos livros *Monção* (1980), de Luís Carlos Patraquim, e *Raiz de orvalho* (1983), de Mia Couto, cuja maior parte dos poemas substituiu o tom engajado da poética de combate por um lirismo intimista, constatamos, principalmente desde esse momento, uma predisposição para a superação da poesia de conteúdo revolucionário, centrada em utopias político-ideológicas. Não podemos deixar de referir, entretanto, que, nesse período, devido à euforia pela Independência recém-conquistada, ainda havia condições propícias a uma produção literária celebratória dos heróis nacionais e da pátria liberta. Data dessa época a edição da *Poesia de combate*, cujo volume 3, publicado pela FRELIMO em 1980, reunia poemas que versavam sobre essa temática social, à qual não se mantiveram totalmente imparciais até alguns dos novos poetas. Essa adesão coletiva era, na altura, perfeitamente justificável, tendo em vista não só o clima da vitória e da liberdade que a todos contagiava, como o teor dos poemas que faziam a catarse das feridas ainda recentes da história. Mas, a par dessa ambiência épica, começavam a se esboçar outras tendências estéticas. No campo cultural, surgiram realizações – a edição da coleção Autores Moçambicanos do INDL, a fundação em 1982 da Associação de Escritores Moçambicanos, a criação de páginas literárias, entre as quais, o Suplemento *Literatura e Artes* do *Jornal Notícias*, a página *Artes e Letras* do semanário *Domingo*, a *Gazeta de Artes e Letras* do semanário *Tempo*, a página *Diálogo* do *Jornal Diário de Moçambique* da Beira, coordenada por Heliodoro Baptista – que propiciaram uma mudança na vida literária do país. Principiava a se formar uma consciência em relação aos danos causados pela guerra, o que Mia Couto já denunciava em poemas escritos nos anos 1970, nos quais alertava para o fato de "os quartéis terem adoecido e a poesia ter perdido a própria medida", apontando para a urgência de serem reinventados os sonhos e desejos interditados pelo longo tempo de opressão:

>(...) me recolho ferido
>exausto dos combates
>(...) porque o tempo em que vivo
>morre de ser ontem
>e é urgente inventar
>outra maneira de navegar
>outro rumo, outro pulsar
>para dar esperanças aos portos[5]

Buscando outros ritmos, pulsações e novos ventos literários, Mia Couto e Patraquim reativaram, na cena literária moçambicana do início dos anos 1980, uma *poiesis* de cariz existencial, preocupada não só com as emoções interiores, mas com as origens, com as paisagens do presente e do outrora, com o próprio fazer poético. Rebelando-se contra paradigmas literários articulados pelo *ethos* revolucionário, evidenciaram como, em razão destes, muitos dos cidadãos moçambicanos se encontravam despojados de suas singularidades. Defensores de uma dicção poética subjetiva, fizeram ponte entre o antigo lirismo e o de *Charrua* (que despontaria em 1984), comprovando que "a poesia lírica sempre arriscou em Moçambique"[6].

Mia Couto, através da metáfora da "raiz de orvalho" – "gota trêmula, raiz exposta" –, corporizou o cerne de sua *poiesis*, tributária, em alguns aspectos, do cotidiano de poesia vivenciado com o pai, o poeta Fernando Couto, cujo lirismo – como o de Fonseca Amaral, Rui Knopfli, Glória de Sant'Anna, Virgílio de Lemos, Reinaldo Ferreira e outros mais – havia, anteriormente, ultrapassado, também, os ângulos redutores e limitados do panfletarismo literário.

Relembrando fragmentos da infância, Mia Couto presta homenagem ao progenitor-poeta, cuja sensibilidade captava os "úmidos silêncios da lua" e os transformava, pela linguagem, em matéria de poesia:

>(...) ali ficava por dentro da noite
>havia não sei que diálogo
>entre ele e o silêncio húmido da Lua
>Depois

> entrava no quarto
> os olhos cobertos de prata
> e dizia-nos com sua voz ausente:
> "a chuva está suspensa na luz"
> falava de nevoeiro[7]

A poesia de Luís Carlos Patraquim também dialoga com a de representantes do antigo lirismo moçambicano. No poema "Metamorfose", é visível a intertextualidade tecida com conhecidos versos de José Craveirinha, conforme já assinalaram vários estudiosos da sua poesia:

> quando o medo puxava lustro à cidade
> eu era pequeno
> vê lá que nem casaco tinha
> nem sentimento do mundo grave
> ou lido Carlos Drummond de Andrade
> (...)
> mas agora morto Adamastor
> tu viste-lhe o escorbuto e cantaste a madrugada
> (...)
> falemos da madrugada e ao entardecer
> porque a monção chegou
> e o último insone povoa a noite de pensamentos grávidos
> num silêncio de rãs a tisana do desejo[8]

Embora anuncie a "monção" e a "morte do Adamastor", metáforas da Independência e do fim dos tempos coloniais, o poema, convocando versos de Craveirinha e Drummond, procura exorcizar o medo, há séculos, instalado em Moçambique. Consciente das mutilações físicas e mentais sofridas por grande parte do povo, o sujeito lírico adverte – como também observamos em poemas de Mia Couto – para a premência de se restaurarem as emoções individuais bloqueadas pelos anos de arbítrio exacerbado, exaltando, então, a importância de cantar o amor, o desejo, os sonhos, a imaginação.

Desde o primeiro livro *Monção* até os mais recentes, Patraquim enveareda por um percurso fundado no exercício da metapoesia e no jogo transgressor da linguagem.

"Sonhando um Moçambique mais verdadeiro que a realidade, porque inventado pela intensidade do sonho"[9], a *poiesis* de Patraquim, em estilo fragmentado, retrata o país de forma alegórica, fazendo denúncias, por intermédio de imagens dissonantes que desautomatizam os habituais sentidos. O onírico se oferece, assim, como caminho de busca da identidade esfacelada. Também o oceano faz parte dessa trajetória do eu-lírico ao encalço das origens. Através de uma viagem surreal, acorda fantasmas que vagueiam pelo Índico e se cruzam, no chão bantu, com as heranças árabes, indianas e das etnias negras do continente. Sob a pena aguda e crítica dos versos, trama e destrama a rede textual, desvelando múltiplas facetas da história de Moçambique. A *poiesis* de Patraquim é carnívora, prenhe de metáforas insólitas que deixam sangrar a memória. Seus poemas trazem à tona nódoas que aviltaram o oceano Índico pelo comércio árabe e pelo tráfico de escravos feito por portugueses, mas resgatam, também, sinestesicamente, o paladar de temperos fortes, como o caril e o açafrão, os quais deixaram seu sabor impresso na pele cultural moçambicana, além da sensualidade de tufos e alcatifas persas, cuja maciez despertou desejos amortalhados na terra descaracterizada pelo entrecruzamento de diferentes culturas. Os ventos índicos portam o sopro das "mil e uma noites", vencendo, desse modo, a morte social pelo acordar da imaginação fraturada pela miséria, pela fome e pela guerra. Por intermédio do recurso à metalinguagem constante, o discurso se erotiza; a plasticidade verbal se intensifica e a poesia se transforma em paixão, em "escrutínio de um sexo fundo com palavras", no dizer do próprio poeta. O vento, o mar e os sonhos tornam-se semas recorrentes. O Amor, a Mulher, as paisagens aéreas, marítimas, insulares passam a habitar seus poemas, o que, aliás, não é uma novidade, pois temas e cenários como esses também podem ser detectados não só na poesia de Mia Couto, mas na de vários poetas mais antigos – Virgílio de Lemos; José Craveirinha, com seus belíssimos poemas à Maria; Glória de Sant'Anna; Rui Knopfli; Fernando Couto; Fonseca Amaral; entre outros – e na das gerações contemporâneas, conforme mostraremos adiante.

    Evidente é, portanto, a importância da transição efetuada pelas poéticas de Patraquim e Mia Couto. "Quer refazendo zonas sagradas que o sistema profanou (o mito, o rito, o sonho, a infância, Eros), quer desfazendo o sentido do presente em nome de uma liberação futura"[10], o lirismo praticado no início dos 1980 abriu espaço favorável às tendências estéticas apresentadas pela Revista *Charrua* – criada, por Juvenal Bucuane, Hélder Muteia, Pedro Chissano –, a qual conquistou outros adeptos, entre os quais Marcelo Panguna, Ungulani Ba ka Khosa, Eduardo White, cuja obra é, atualmente, reconhecida e celebrada, não só em Moçambique, mas nos meios literários estrangeiros.

    Uma parte da poesia de *Charrua* se caracterizou por um "lirismo de afetos", cujo discurso literariamente elaborado funcionou como antídoto aos *slogans* poéticos dos tempos guerrilheiros. A revolução deixou, assim, de ser tema e passou a se manifestar no campo formal da construção dos próprios poemas, tecidos em linguagem de apuro e esmero estético. Esses foram, em linhas gerais, os principais vetores da Revista, a qual, entretanto, em seus oito números publicados entre 1984 e 1986, apresentou um certo ecletismo, tendo em vista não ter chegado a definir um projeto único, abrigando perspectivas várias e plurais, coincidentes, apenas, quanto à opção por um intenso labor metafórico dos versos, à recusa de uma poética engajada e à afirmação de uma lírica voltada para os meandros subjetivos da alma humana. Segundo Rita Chaves,

> com o distanciamento que os anos trazem, já podemos observar que à ruptura efetuada em certos planos corresponde à consolidação de algumas propostas definidas em tempos anteriores. (...) O grande objetivo de *Charrua* (...) não era a negação do que se fazia, mas remexer o terreno a ser cultivado. O nome charrua aponta para essa vinculação com a terra a ser revolvida para que se aumente a sua fertilidade.
>
> Tratava-se – o repertório produzido – de inserir-se dialeticamente na tradição, negando-lhe alguns aspectos para reforçar-lhe de maneira vertical outros traços e concepções.[11]

Na poesia de Eduardo White – uma das referências obrigatórias para quem estuda a geração *Charrua* –, está presente a preocupação com as origens. Há nessa procura o desejo de reencontrar a própria face e a do país. O sujeito lírico, em viagem interior, almeja reescrever poeticamente a sua história e a de Moçambique. Uma história escrita por um amor diversificado: pela amada, pela terra, pela própria poesia, e que visa a apagar as marcas da guerra. À procura de Eros, o eu-poético elege como ponto de partida a Ilha de Moçambique, lugar matricial, onde, antes de Vasco da Gama lá ter aportado em 1498, os árabes também haviam estado desde o século VII, tendo levado do continente para a ilha negros de etnia macua, cujas tradições e língua também ficaram inscritas no imaginário insular. Sob a sugestão erotizante do Índico, a voz lírica evoca a insularidade primeira – como fizeram antes dele outros poetas como, por exemplo, Patraquim –, captando as múltiplas raízes culturais presentes no tecido social moçambicano, cuja identidade, no decorrer dos séculos, se fez mestiça.

Os temas do mar, das ilhas, das praias são também frequentes em vários poetas do passado, entre os quais: Virgílio Lemos, Glória de Sant'Anna, Rui Knopfli:

> Mas retomo devagarinho às tuas ruas vagarosas,
> caminhos sempre abertos para o mar,
> brancos e amarelos filigranados
> de tempo e sal, uma lentura
> brâmane (ou muçulmana?) durando no ar...[12]

Nesses versos, Knopfli assinala na ilha a presença do Oriente, cujas marcas, contudo, não somente existem ali, mas em outras regiões moçambicanas, tema explorado por Eduardo White em seu livro *Janela para Oriente* (1999). Outros poetas louvaram a Ilha de Moçambique, chamada inicialmente *Muhipíti*, cujas paisagens e monumentos, como "lugares da memória", guardam diferentes heranças culturais impressas nas fortalezas portuguesas e nas naves moiras. Orlando Mendes lembra que "Por ali estiveram Camões das amarguras itinerantes/ e Gonzaga da Inconfidência no desterro em lado oposto".[13] Virgílio de Lemos, no poema "A fortaleza e o mar", avivou a lembrança desse local e, pela meditação, buscou esconjurar "os fantasmas e paradoxos" da história "de cobiça" que ultrajaram o chão insular:

> O tempo quebrado invade
> o canonizado lugar e o Amor
> deixa-se viver, Eros, talvez mar
> desta reflexiva via, meditação.
> (...)
> Os mesmos fantasmas se cruzam
> pela praia, nos paradoxos repetidos
> entre a cobiça e o cego desejo.[14]

Vem, pois, de longe, esse viés erótico-amoroso que perpassa pela poesia de vários representantes de *Charrua*. Erotismo visceral, ternura e musicalidade foram "os materiais de amor" usados pelos poetas, principalmente por Eduardo White, o qual tece sua poética, refletindo também sobre a necessidade de o povo moçambicano recuperar a dignidade de uma vida mais humana: "Felizes os homens/ que cantam o amor. / A eles a vontade do inexplicável / e a forma dúbia dos oceanos".[15] Nesses versos, a metáfora marinha assinala a dubiedade de uma identidade problemática, porque engendrada na encruzilhada de dois oceanos: o Índico que banha o litoral do país e serviu à rota oriental dos mercadores árabes e o Atlântico que, embora distante, a ocidente, trouxe as caravelas e o imaginário lusitano. Eduardo White, apesar de cantar o amor, não esquece as questões sociais, mostrando o luto que sufoca Maputo, depois de tantos anos de combates e lutas: "Amor! / Os nossos mortos estão apodrecendo pelas ruas / e há uma tristeza ornada que entre as mãos leva um álamo."[16] Tentando expurgar essa história de sangue e violência, sua poesia busca reencontrar "as raízes do afecto"[17] e o mistério da própria vida. Antes de White, outros poetas, conforme já referimos, assumiram esse viés lírico-amoroso, fazendo dos sentimentos uma forma de questionamento da realidade, como evidenciam os versos de Heliodoro Baptista: "Impugnados somos,/ mas de ternura subversiva"[18].

O motivo onírico foi também recorrente em vários outros momentos da lírica moçambicana. Virgílio de Lemos, nos anos 1950, adotou em seus versos imagens surreais; Patraquim, bem depois, retomou essa vertente, numa dicção mais agressiva e contundente. Mia Couto associou o sonho – "semente a engravidar o tempo" – ao poder de reação do ser humano. Ana Mafalda Leite referiu pesadelos que lhe ficaram na memória de Moçambique: "Venho de um país de sonho /de uma verdade tão pura / que até mete medo.[19]

Seguindo viés semelhante, alguns dos poetas de *Charrua* defenderam um fazer literário que de novo facultasse o direito aos sonhos, compreendidos estes como estratégias de resistência cultural, como elementos propulsores da imaginação criadora e dos desejos reprimidos. Em entrevista a Michel Laban, Eduardo White afirma: "Eu acho que os nossos países, hoje, são os grandes cacos e os pequenos cacos dos sonhos que eles partiram ontem. Sonhos ir-re-cons-ti-tu-í-veis, durante muitos, muitos anos"[20]. No entanto, o próprio White declara, a seguir, que sonhar consiste em reagir a tudo que é decepcionante. Por isso, transforma sua poesia em "ciência de voar".

O "fascínio das asas" é outro tema que vem do antigo lirismo, com poetas como, por exemplo, Virgílio de Lemos, Fernando Couto, entre outros, e passa pelas gerações mais jovens. Em Heliodoro Baptista, cujo percurso poético se iniciou nos anos 1970 – antes, portanto, de Eduardo White –, também estão presentes metáforas aladas, assim como o discurso amoroso e a metalinguagem, tendências existentes em poetas ligados à *Charrua* e em alguns que surgiram paralelamente à Revista ou depois de ela se ter extinguido.

Um outro poeta de *Charrua* que também trabalha artesanalmente o verso, na linha de Knopfli, Heliodoro Baptista e White, é Armando Artur. Adepto do viés das emoções, canta os sonhos, as asas, a Mulher e os desejos, principalmente no seu primeiro livro, *Espelho dos dias* (1986). No segundo, *O hábito das manhãs* (1990), se volta mais para as paisagens interiores, buscando a memória das origens e a cosmicidade dos elementos da natureza: o sol, as águas, a luz, a terra, a maresia. Em seu terceiro título, *Estrangeiros de nós próprios* (1996), embora continue insistindo em captar o "hábito das manhãs" e o "flutuar das nuvens", percebemos nele uma desterritorialização dos antigos sonhos. Melancólico, "com o azul absurdo deste dia", escreve versos a Rui Nogar[21], cuja poesia, marcadamente utópica, sonhara com um mundo diferente. Em exílio no seu próprio tempo e espaço, o eu-lírico, "acocorado como um escriba", faz opção por uma assumida intertextualidade com Rui Knopfli:

PELO DEVER

> De resistir e caminhar
> Pelos destroços da nossa utopia,
> Eis-nos aqui de novo, acocorados,
> Aqui onde o tempo pára
> E as coisas mudam.[22]

Fátima Mendonça, referindo-se a esse poeta, elogia-lhe a qualidade poética a qual se caracteriza pela dialética entre um constante inovar do presente e uma nítida continuidade em relação ao passado literário:

> (...) a poesia de Armando Artur não surgiu isolada e constituiu, com a promessa que já era inegavelmente *Amar sobre o Índico* de Eduardo White (1984), uma amostra do potencial estético da geração pós-independência, que não se furtava a uma herança literária particularmente rica e variada, e que circulava então em torno da Associação de Escritores Moçambicanos e da Revista *Charrua*.[23]

Hélder Muteia, um dos idealizadores de *Charrua*, segue também essa via da artesania poética; não deixa, no entanto, de acusar as mentiras e as falsidades do seu tempo, denunciando a fome que a Revolução não resolveu. Afirma o sentido humano da existência e a metalinguagem dos versos, reclamando para dentro destes "o esperma" do verbo criador: "Hoje também se exige que os poetas sejam homens? Que fecundem pão e pólvora no orvalho das palavras."[24] Outro poeta fundador de *Charrua*, Juvenal Bucuane, embora ciente do "medo ainda presente nos rostos dos homens", não revela tanta desesperança em sua poesia. Transforma esta em "raiz e canto", voltando-se para o chão de suas raízes e para a melodia de seus poemas que imaginam, ainda, dias melhores: "Criemos uma canção, homens/ Que nos eleve do torpor!/ O minuto que vem? Deve ser de esperança e certeza/ minuto de firmeza/ cantaremos sobre o medo/ do minuto que vem!"[25]

Essa poesia de sonhos e artefato verbal que marca a produção de vários poetas de *Charrua* guarda laços com a de Virgílio de Lemos, um dos criadores, em 1952, de *Msaho*, que teve o papel vanguardista de inserir a lírica moçambicana numa outra respiração, propondo a libertação dos cânones coloniais que regiam a literatura da época. Embora preocupado com as injustiças étnicas e sociais, o lirismo de Virgílio nunca se restringiu à denúncia social. Buscou sempre os horizontes da liberdade, dando livre expressão aos desejos e às dúvidas existenciais. Sintética e fragmentária, sua escritura poética perseguiu o indizível. Com versos curtos, incisivos, com uma escrita automática, libertadora do subconsciente, com metáforas imprevistas, imagens surreais, os poemas virgilianos procuram flagrar as fulgurações do Eros primordial, os labirintos eróticos do fazer poético.

Mas, *Charrua* não apresentou apenas esse tipo de lirismo. Conforme já comentamos, foi uma geração um tanto eclética. Encontramos nela, além dos vetores poéticos de recuperação dos sentidos humanos, subjetivos, o da crítica direta ou velada que se manifesta através da sátira e da paródia. Filimone Meigos é um dos representantes desse viés. Sua escrita "personifica o lirismo mais inconformista, mais irreligioso, e mais iconoclasta desta geração literária, em permanente desafio aos poderes instituídos."[26] A veia sarcástica de sua lírica encontra fundamento, não obstante, em vozes poéticas anteriores que se caracterizaram por uma crítica corrosiva e ácida, entre as quais: Grabato Dias, Rui Knopfli, Craveirinha, Luís Carlos Patraquim. A poesia de Meigos não foge, entretanto, ao subjetivismo. Só que opera em outra direção, dando a temas como o Amor um tratamento carnavalizador. No poema "Poemakalachinilove", por exemplo, a irônica alusão à *kalashnikov*, arma soviética dos tempos da guerra, alegoricamente faz uma denúncia à ortodoxia marxista leninista que reprimia as emoções individuais dos cidadãos em prol da valorização dos sentimentos patrióticos. Através desse "humor amaro", que nos lembra o do poeta brasileiro Carlos Drummond de Andrade, quando canta "O Homem, bicho da Terra", o eu-lírico não deixa, a par da ironia utilizada, de reverenciar existencialmente o ser humano, ou seja, o "BICHO HOMEM":

> Nós somos nada mais senão à exacta medida Homens
> quer dizer feitos *sine qua non* mistela de emoções
> monções na hipófise que controlam todas as funções
> de ANA e METABOLISMO
> Somos pessoas, pessoas que PESSOA tinha muitas e imensuráveis
> Adoçadas com mel e impregnadas de fel.
> Nós somos homens: BICHO HOMEM.[27]

Francisco Noa[28], em *A escrita infinita*, evidencia o jogo intertextual efetuado, a partir do viés da distopia, pela poesia de Filimone Meigos em relação à de Craveirinha e à de Patraquim. Com uma acidez semelhante à do paladar das "Saborosas Tanjarinas d'Inhambane" e uma agressividade alegórica na linha da *Elegia carnívora*, de Patraquim, a poética de Meigos encena a consciência trágica de um tempo em que a violência continua a oprimir e no qual não mais cabem as messiânicas certezas. Noa também aponta nos poemas de Filimone – chamando atenção para o fato de ser este poeta um "leitor confesso de *Mangas verdes com sal*" – uma clara intertextualidade com Knopfli, em termos de ceticismo e iconoclastia. Fica evidente, desse modo, que o lirismo de José Craveirinha e o de Rui Knopfli nunca deixaram de estar presentes na poesia das gerações que os sucederam.

Com longa trajetória, iniciada nos anos 1950 e vinda até 2003, no caso de Craveirinha, e até 1997, no de Knopfli, a poesia desses Mestres integra também, a nosso ver, o painel atual da lírica moçambicana. Não havendo condições de aqui abordarmos toda a obra desses poetas, decidimos fazer referência apenas aos seus últimos livros. Em *O monhé das cobras* (1997), Knopfli traça a cartografia da memória fragmentada, depois do prolongado exílio dentro e fora do país onde nasceu. Revisita os lugares de infância, a geografia africana e a história de Moçambique. Como afirmou Francisco José Viegas no Prefácio a esse livro, neste estão presentes as questões centrais da poética de Knopfli: "a extraterritorialidade, o não pertencer a uma pátria, a colisão obrigatória e inevitável com uma linguagem pura, rectificada, censurada. Moçambique é a dor e o deleite transportado nessa bagagem de exilado. Exilado por dentro e por fora".[29] Concordamos com a opinião de que sua poesia "criou um território, uma geografia e uma ortografia próprios, uma orografia sentimental e afectuosa."[30] Conquanto tenha sido acusado de desenraizado e apátrida, vemos que Knopfli é um poeta de muitas pátrias. Na opinião de Francisco Noa, *O monhé das cobras* talvez seja uma forma de Rui mostrar "que tem e teve sempre uma pátria"[31]. Dividida em três partes – "Os nomes e os lugares", "As estátuas" e "O desterro" –, essa obra faz um inventário não só das paisagens e das lembranças biográficas do autor, mas da trajetória literária do poeta:

> (...) a primeira parte, essencialmente evocativa de um passado remoto, tem inequivocamente a ver com o ciclo africano do poeta, identificado pelas obras *O País dos Outros* (1959), *Reino Submarino* (1962), *Máquina de Areia* (1964), *Mangas Verdes com Sal* (1967), *A Ilha de Próspero* (1972); (...) a parte 2, (...) o momento de transição para um novo ciclo existencial e poético, (...) o começo da jornada do exílio que ficará marcado pela obra

O Escriba Acocorado (1977). "O Desterro" corresponde à última parte de *O Monhé das Cobras*. Trata-se, no essencial, da *reprise* de *O Corpo de Atena* (1984). Poesia dolorosa de quem se encontra jogado (...)[32]

Apesar de *O monhé das cobras* não apresentar a intensa artesania poética da linguagem caracterizadora dos demais livros de Knopfli, traz a memória do passado e, por intermédio das "arestas cortantes da ironia" – expressão cunhada por Linda Hutcheon –, também uma lúcida crítica em relação ao outrora vivido em Moçambique:

> Pelo trajecto sangrento das acácias,
> Da Mafalala às areias da Polana,
> Ou à maré morta da Catembe, (...)
> ainda resiste, na memória, uma cidade.
> (...) no deserto da memória vai morrendo.
> Dele, em tempo, só será o sal
> Teimoso que, a algum verso,
> Há-de emprestar o travo amargo
> E o que, no rigor afectuoso do seu traço,
> Da insensível ferida oculta,
> É, obstinadamente, a visível cicatriz.[33]

É, pois, como artefato, cicatriz e memória que a poesia de Rui Knopfli permanece, inspirando outras gerações que se rendem à beleza de seus versos.

Outra figura emblemática, cultuada até entre os novíssimos poetas da década de 1990, é José Craveirinha, cuja obra – condecorada em 1991 com o Prêmio Camões – , atravessa diversas gerações, apresentando várias fases: a neorrealista, a da negritude e da "moçambicanidade", a anticolonial, a do lirismo amoroso nos célebres poemas à Maria, a dos tempos distópicos. Como já explicamos, não focalizaremos todos os seus livros – *Xigubo* (1964), *Cantico a un dio de catrame* (1966), *Karingana ua karingana* (1974), *Cela 1* (1980), *Maria* (1988), *Babalaze das hienas* (1997) –, mas, apenas, o último, cujos poemas "falam" de um tempo de sangue e horror, alertando, ceticamente, para a morte que ameaça os moçambicanos, a quem, com ironia, o eu-lírico chama "moçambicanicidas": "Das incursões bem sucedidas aos povoados/ Sobressaem na paisagem (...) / Tabuadas e uns onze / – ou talvez só dez – / cadernos e um giz / espólio das escolas destruídas./ Sobrevivos moçambiquicidas/ imolam-se mesclados no infuturo."[34] Um dos traços mais representativos de sua poesia – a narratividade –, encontra-se também em *Babalaze das hienas*, onde, como em *Karingana ua karingana*, há a presença de um poeta-narrador. Só que, em *Babalaze*, o poeta-*griot* não conta mais as antigas lendas da terra, porém, os tristes casos que assolam o país destruído pelas guerrilhas iniciadas após a Independência. Em linguagem disfórica, irônica, expressionista, narra o medo instalado na cidade de Maputo, enfocando, principalmente, as classes sociais mais atingidas pela violência: "Gente a trouxe-mouxe da má sorte? Calcorreia a pátria asilando-se onde/ não cheire a bafo/ de bazucadas/ (...) Gente dessendentando martírios/ nos charcos/ se chover./ .../ ou a pé descalço dançando,/ A castiça folia,/ Das minas."[35]

Esse dramático clima de desencanto, particularmente acentuado entre 1982 e 1992, é também encenado por poetas – alguns dos quais surgidos paralelamente à Revista *Charrua*; outros, um pouco antes ou depois –, que desenvolvem projetos poéticos individuais, como é o caso de Nelson Saúte, Afonso dos Santos[36], Gulamo Khan[37], Júlio Kazembe[38], Eduardo Pitta[39], entre muitos outros.

Em virtude de, aqui, não haver espaço suficiente para um inventário completo de todos os poetas que escreveram após a Independência, nem para uma análise mais profunda de suas obras, optamos por mencionar alguns dos que operam, recorrentemente, com as temáticas do sonho e da memória. Entre estes estão vários, cuja decepção pela falência do projeto revolucionário os levou à consciência da "pátria dividida", metáfora usada por Nelson Saúte para definir o dilaceramento do país. Este poeta, como outros contemporâneos dele, buscou dar vazão aos sentimentos, desafivelando os sonhos, mesmo que ainda "drapejassem no coração do luto", pois sonhar, em decorrência do longo período de lutas, era a "única hipótese de viajar. Era como se o sonho fizesse a substituição, a sublimação desta viagem impossível, uma vez que as estradas tinham sido mortas."[40]. O sonho, propulsor de percursos imaginários, era, desse modo, uma das vias que conduzia ao outrora, onde se encontravam esgarçados alguns traços culturais resistentes à dominação colonial e às guerras. O onírico, portanto, para esses poetas, nada tinha de evasão, sendo, ao contrário, uma força geradora do despertar político. Agindo no sentido de retirar Eros dos escombros e ruínas, buscava exorcizar, poeticamente, a violência que transformara a morte em algo negativo, na medida em que impedira os rituais dos óbitos e deixara os cadáveres apodrecerem nas ruas ou serem enterrados em covas coletivas:

> Na ignomínia noticiada pelos jornais
> esta consentida memória dos mortos
> para sempre insepultos
> porque não existe vala comum

para os gritos da mulher
rasgada à baioneta
numa manhã inocente.[41]

Com a consciência de que os "sonhos foram mutilados", o lirismo proposto por Nelson Saúte recria elementos matriciais da cultura ultrajada. Como Knopfli, Virgílio de Lemos, Patraquim, White, entre outros, Saúte também canta a mítica Ilha de Moçambique: "mulher de m'siro feitiço do Oriente", que "adormece no coração dos poetas"[42]. Encharca-se também do mar índico, alegorizado pelo "orgasmo das ondas", para recuperar as pulsões do desejo no corpo da própria poesia. Em poemas seus há nítida intertextualidade com poetas anteriores: Rui Knopfli, Sebastião Alba, Luís Carlos Patraquim. Pires Laranjeira[43] interpreta o título *A pátria dividida* como uma clara alusão à *A noite dividida*, de Sebastião Alba[44], outra voz paradigmática que perpassa também pela lírica mais jovem, passando a esta o prazer estético de perseguir metáforas originais: "Onde uma palavra faz esquina,/ enveredo por outras"[45]. Em direção semelhante, Saúte opta por uma "escrita hieroglífica", ou seja, aquela que desvela inquietação e gozo ante o próprio fazer poético: "O acerado gume das palavras/ fere-me a polpa dos dedos/ na solidão do ofício"[46]. Em um de seus poemas, "A Secreta Angústia", é recorrente o uso da metalinguagem; nesse texto, a imagem da introspecção, expressa visualmente pelo verbo "curvar" e pelo sintagma "descoberta de mim", traduz a solidão do eu-lírico curvado como "um escriba / à distância acocorado",[47] em intencional diálogo com Rui Knopfli. Seguindo a linhagem de apuro do verso, a poesia de Nelson Saúte assume o pacto – como outros poetas também o fizeram – de atualizar uma das vertentes mais significativas do sistema poético moçambicano.

Domina a cena literária dos anos 1980 a insatisfação com o contexto político-social do país. Leite de Vasconcelos, no poema "A espera"[48], denuncia a condição de Moçambique continuar como sombra da Europa. José Pastor, fugindo à violência do real, busca "o voo de pássaros em altitudes por causa do azul".[49] Julius Kazembe acusa a "teia impura" que traiu os ideais da libertação e não saciou a fome do povo: "Ó desventurados da conjuntura/ pirilampos sem luz, sem prevenção/ retidos na teia cor-de-tonga impura/ porque a mão vos furtou para a boca o pão!"[50]. Tomando o sonho como antídoto à distopia social, em ressonância com o lirismo de Eduardo White, Afonso dos Santos é outra das vozes que procura resistir ao desalento, através das quimeras da própria poesia, pois percebe que no "tempo de agora/ em agonia engolimos/ a palavra equívoca/ a penumbra o gesto esquivo"[51].

Em 1987, um ano após a extinção de *Charrua*, Momed Kadir e Adriano Alcântara criaram, em Inhambane, os Cadernos Literários *Xiphefo*, palavra que significa candeeiro, metáfora de uma luz que resiste e não deixa a poesia se apagar. Outros nomes integram esse grupo: Francisco Muñoz, Danilo Parbato, Artur Minzo, Francisco Guita Jr.[52]. Fátima Mendonça, em palestra proferida na Faculdade de Letras da UFRJ em 1998, definiu o lirismo de *Xiphefo* como regionalista e, ao mesmo tempo, universalista, com forte comprometimento com o real, com a denúncia da fome e da distopia. Observou que alguns desses poetas trilham a via-erótica amorosa fundada por poetas anteriores, em especial Eduardo White, aliás *"guru"* desses poetas de Inhambane. Poesia da dissonância, do contradiscurso, do tom provocatório e do desalento, na linha do lirismo de Al Berto, poeta português contemporâneo, é também "tributária de gestos líricos passados", de acordo com a referida estudiosa no prefácio ao livro *Impaciências & desencantos*, de Momed Kadir:

> Na Parte I "IMPACIÊNCIAS (1987/1994) há uma entrada deliberada no solilóquio erótico/amoroso a que a poesia moçambicana já nos habituou, do mais recente Eduardo White a Luís Carlos Patraquim, Heliodoro Baptista ou Sebastião Alba e Eduardo Pitta até aos fundadores José Craveirinha e Rui Knopfli. (...) Os poemas que constituem a Parte II "DESENCANTOS" (1992/1997) também insistem no reconhecimento de uma genealogia e não será por acaso que o tom dado pelo primeiro poema deste conjunto: "Calcanhares dilacerados puxam lustro ao rosto citadino" vai juntar-se a "quando o medo puxava lustro à cidade/ eu era pequeno(...)" (Luís Carlos Patraquim) não sendo possível ler os dois sem os religar à fonte precursora que é José Craveirinha "(...) enquanto no dia lúgubre de sol/ os jacarandás ao menos ainda choram flores/mas de joelhos o medo/ puxa lustro à cidade". A integração de alguns dos elementos mais marcantes da estética da Mafalala, como a parataxe ou ausência de determinantes, conduz definitivamente estes poemas para um plano deliberado de intertextualidade de que se alimenta toda a poesia moderna.[53]

Momed publicou o livro *(In)Diferenças*, cujos poemas se tecem na mesma clave da desesperança, expressando ceticismo: "algo se estagnou sobre a noite do tempo/ repousa na bruma dos mapas proclamados/ em sobressalto sem bandeira"[54]. Agressivamente, denuncia o vazio dos anos 90 e o "verbo hipócrita do poder opressor". Mas sua crítica se faz por versos de elaborado labor estético: "giram girassóis no vácuo do sonho por cima de toda tristeza/ de mãos dadas até às raízes/ de tantas noites ao relento/ garras e lâminas/ suportadas como vento".[55]

Outras representativas vozes de *Xiphefo* são as de Francisco Guita Jr. – com um livro já lançado, a ser referido nas notas 56 e 57, e outro para sair intitulado *Rescaldo* – e Francisco Muñoz – com poemas publicados nos *Cadernos Literários do Grupo* e com o livro *É noite na alma* à espera de breve edição.

Guita Jr. também desvela, como Momed, o clima de corrupção e o sentimento de decepção que envolvem o país. Seu lirismo é cortante em suas acusações e agudo no tecer de metáforas dissonantes. Revendo "o antes e o depois" da paz assinada em 1992, o sujeito lírico confessa uma terrível descrença nos homens, nas emoções e nos anseios de todos: "de que nos serve falar de amor/ quando apenas nos submetemos/ ou a um mundo turvo e desleal/ ou a uma religiosa digestão de preconceitos?"[56] Desiludido até com a própria profissão de fé de manter o acurado artefato da linguagem ensinado por Knopfli, se questiona: "valerá ainda a razão eterna de existir acocorado/ prevalecerá a certeza dos fantasmas castrados/ ou o doce ardor de ter que ter uma morte incerta?"[57]

Essa é uma geração perpassada pelo desconsolo. Morte, fome, crepúsculo são semas recorrentes nessa poesia, cuja angústia nada consola, embora, desesperados, os poetas se agarrem ao Amor, procurando-o, "sílaba a sílaba, no exíguo ardor das palavras"[58], as quais se encontram ainda vinculadas a vozes poéticas anteriores, conforme se depreende pela intertextualidade com Eduardo Pitta.

Francisco Muñoz, também de *Xiphefo*, a par da desesperança crescente, demonstra crer ainda no poder da indignação, manifestando liricamente sua revolta:

> Matamos o tempo em nossas mãos escarlates
> E desce agora a hora da vingança
> (...) é a hora da cólera e dos afogados
> a hora dos corpos sem rosto sem nome
> veias na rua perdida
> lâminas e sangue
> um político perdido enquanto o matam à dentada
> uma pátria perdida sem o nome de pátria[59].

No final dos anos 1980 e princípio dos 1990, outros grupos surgiram – entre eles, a Revista *Forja* (1987), ligada à *Brigada João Dias* e editada pela Associação de Escritores Moçambicanos, sob coordenação de Castigo Zita e António Firmino –, mas tiveram existência fugaz, como ocorreu com a Revista *Eco* e com o Sarau Cultural *Mshao*. Conforme advertem os versos de Guita Jr. anteriormente citados, quase todos se acham perdidos nos campos social, político e cultural do contexto moçambicano atual.

Na década de 1990, Chagas Levene, Celso Manguana, Rui Jorge Cardoso, Bruno Macame – estudantes com idade entre dezessete e vinte e poucos anos – idealizaram fundar a geração Bazar Cabaret, com a qual procuravam definir uma nova proposta literária. No entanto, esse projeto não se concretizou. Logo o grupo mudou de nome, denominando-se Geração 70, porque os poetas ali reunidos haviam nascido nos anos 1970. Estes se assumiam como herdeiros das ruínas de um tempo conturbado, recém-saído da guerra extinta em 1992. Declaravam-se democratas, sendo a primeira geração poética urbana surgida após a Independência[60]. A temática dessa poesia versava, geralmente, sobre a realidade presente, a miséria e a fome. Esses jovens reivindicavam um linguajar das ruas para dentro de seus poemas, rejeitando *Charrua*, por a considerarem com linguagem muito lusitana e por ter sido criada com apoio oficial e patrocínio do Partido. Optavam pela rebeldia e rejeitavam a poesia de Eduardo White por julgarem-na "bem comportada". De *Charrua* só reconheciam o mérito de ter ultrapassado a poética de combate, cujo único poeta que enalteciam era Jorge Rebelo, talvez pelo tom agressivo dos versos. Elogiavam o viés satírico do lirismo anterior, representado por Knopfli, Grabato Dias, Jorge Viegas, Patraquim e, naturalmente, José Craveirinha, o "velho Cravo", como o designavam, elegendo-o como o "grande Mestre", a "antena da raça", expressão, segundo eles próprios, retirada de Erza Pound.

Esses poetas da chamada Geração 70 chegaram a delinear o número 00 de um periódico, no qual seriam expostos os pressupostos de sua poética, mas também esse intento se viu frustrado por falta de verba para um melhor acabamento gráfico. Alguns dos remanescentes do grupo participaram, então, da Associação Aro Juvenil que funcionou nas dependências da Associação de Escritores Moçambicanos e que, com o objetivo de expandir a cultura moçambicana, teve uma revista – editada por Bruno Macame, com o título também de *Aro Juvenil* –, da qual chegaram a sair alguns números. Estiveram ligados também à Revista *Oásis*, cuja duração foi, como a das demais, passageira, com apenas dois exemplares editados, nos quais colaboraram, além deles, Luís Nhachote, Domi Chirongo, Magdalena Izabel Monteiro, entre outros.

O lirismo dessa nova safra literária, ainda à procura de reconhecimento, se apresenta irreverente e continua a se ocupar de temas bem atuais. Celso Manguana, por exemplo, critica a política econômica neoliberal, acusando o poder dos "príncipes austrais no Banco de um Mercedes"[61], enquanto o povo morre de fome e são assassinados, no país, muitos dos que defendem a liberdade: "Aqui jaz a pátria/ No último suspiro de sobrevivência// Interessa a vida/ Quando as mesmas armas que libertaram/ também matam?"[62]

Grande parte dos poetas que participaram da chamada Geração 70 e da Revista *Oásis*, seguindo o viés irônico iniciado por Craveirinha e Knopfli – o que, entretanto, não quer dizer que tenha alcançado uma maturidade poética comparável à desses Mestres – , não rompeu totalmente com o passado. Mesmo quando há a recusa explícita a certas propostas líricas precedentes, esta é expressa através de jogos intertextuais com poemas emblemáticos como, por exemplo, "*Let my People Go!*", de Noémia de Sousa, parodicamente referido em:

LET MY BODY GO

(...) não professo essa religião
religião feminista
deixe passar o meu corpo
aqui a instituição pessoa foi esquecida
há muito que não tem vida
(...)
neste *beat* cardíaco
quidi, quidi, quidi, quididi
apenas deixe passar o meu corpo (...)[63]

Ao tecermos o perfil da poesia moçambicana dos anos 1990 e início dos 2000, detectamos um pequeno número de mulheres-poetas. Ecoam ainda vozes antigas, como a de Noémia de Sousa, Glória de Sant'Anna, cuja presença tutelar Eduardo White, em entrevista a Michel Laban, reconhece em sua obra. Clotilde Silva, com o livro *Testamento 1* (1985) editado pela AEMO e poemas publicados no Jornal *Lua Nova*, conquanto tenha recebido o segundo Prêmio de Poesia no concurso literário Rui de Noronha em 1964, é pouco conhecida fora de Moçambique. Ana Mafalda Leite, editada a partir 1984, é herdeira, em vários aspectos, do lirismo de Glória de Sant'Anna, também oscilando entre as fronteiras de duas pátrias: Moçambique, onde viveu parte de sua vida; e Portugal, país para onde retornou e fixou moradia. Os sujeitos líricos dos poemas de Ana Mafalda percorrem trilhas marítimas, fluviais, ou navegam por dentro da palavra poética; alçam voo e riscam o infinito, criando vida e imaginação. Tecem uma poesia que se realiza como encantamento do ser e da linguagem.

Concluímos, assim, que, de modo geral, na produção lírica da pós-independência, não há, como já se delineia com visibilidade na ficção, com Paulina Chiziane, Lília Momplé e Lina Magaia, uma significativa dicção "no feminino". A eclosão da poesia feminina ocorre com mais força no final da primeira década do século XXI com Sónia Sultuane, Rinkel, Lica Sebastião, Tânia Tomé, que trazem para seus poemas a sexualidade e o corpo da mulher. Mais recentemente, na segunda década do século XXI, outras vozes poéticas se afirmam como as de Mel Matshine, Deusa da África, Emy Xyx, Énia Lipanga e Hirondina Joshua. Além de afirmarem o feminino em seus poemas, há, por exemplo, na poética de Hirondina Joshua uma dicção poética voltada para o existencial e para a metapoesia, conforme se depreende da leitura de seu livro *Os ângulos da casa*[64]; o mesmo ocorre com Sónia Sultuane em *Roda das encarnações*.

Magdalena Izabel Monteiro é outra das vozes jovens femininas que opta por um lirismo subjetivo. Embora tenha colaborado em *Oásis*, acabou por se distanciar dessa revista, tendo publicado, também, em *Lua Nova*:

(...) segredos são segredos
como os amantes
são eclipses
não por terem
o sexo apunhalado
de nexo
nem por fazerem amor
ao som do jazz
na solidão dos relógios.[65]

Esses versos de Magdalena Monteiro abordam a questão da solidão contemporânea, "a dos relógios" atuais, que envolvem os moçambicanos num tempo distópico. Essa atmosfera se reflete nos novos poetas, a maioria sem conseguir, até o momento, definir um projeto poético conjunto. No milênio que se inicia, o novíssimo lirismo moçambicano vive uma grande dispersão. Várias e ecléticas são as tendências, algumas das quais repetindo procedimentos poéticos anteriores, sem, entretanto, atingirem ainda uma maturação literária da linguagem e do verso. A maioria das publicações de grupos surgidos após *Charrua* foram efêmeras – com exceção dos *Cadernos Literários Xiphefo* já no 16º ou 17º número – ou então tiveram uma periodicidade irregular, como o Jornal *Lua Nova* – fundado em 1994 e dirigido inicialmente por Leite de Vasconcelos e, a partir de 1997, por Marcelo Panguana – que, embora não seja um espaço de exercício apenas de poesia, pois contempla vários gêneros (contos, poemas, ensaios, teatro, tendo publicado Craveirinha, Leite de Vasconcelos, Mia Couto, Suleiman Cassamo, Ba Ka Khosa, Lília Monplé, para citar apenas alguns dos colaboradores), vem-se mantendo e conseguiu editar, em janeiro de 2001, seu 6º número.

No contexto dos anos 2000 e 2001, existem também jovens poetas com produção individual como, Rogério Manjate, cuja poesia, a par da consciência dos desenganos e das mentiras de seu tempo, nutre ainda o desejo de voar e acordar os poetas: "adensa-se a ferrugem/ na minha vontade de pássaro/ suspende-se o meio-dia no girassol/ falta virgindade ao silêncio/ a noite foi à luz/ amanhã a cárie ataca o sol/e o que era sonho vira mentira.// acordei os poetas!/ e as aves, maria,/ cheias de graça espreguiçam-se no céu".[66] O fascínio das asas e a necessidade de reinventar os sonhos o fazem – como vários dos poetas de *Xiphefo* – um dos muitos admiradores e seguidores de Eduardo White, cujo lirismo se impõe já como paradigma às gerações futuras:

POETA
(ao Eduardo White)
invento o mar
invento a asa
reinvento o sonho
e a paisagem ocupa
o seu lugar de voo.[67]

Há na poesia moçambicana uma dimensão relacionada ao ar e ao mar de que são exemplos as poéticas de Virgílio de Lemos, Glória de Sant'Anna, entre outras. Esse legado marítimo e aéreo passado à geração de Eduardo White, Armando Artur, Júlio Carrilho, por sua vez, se transmite a vozes poéticas bem mais novas, como as de Adelino Timóteo, Sangare Okapi, cujas *poiesis*, embora diferentes das anteriores em diversos aspectos, se aproximam a partir de uma paixão pelo Oceano Índico.

A poética de Sangare Okapi se organiza a partir de três semas recorrentes: viagem, paisagens e memória. Seus poemas efetuam um percurso antiépico e intertextual pelas entranhas da história e da poesia moçambicana. Cruzam imagens e paisagens com afetos que despertam lembranças do passado.

> (...) Resgatasse o Índico o que do oriente com o tempo soube sufragar.
> Os barcos todos com as velas hirtas e as gentes.
> Suas as pérolas mais os rubis. O aljôfar. Luzindo no ar.
> Minha fracturada chávena árabe persa na cal
> ou resplandecente a missanga cravada no ventre d'água,
> qual sinal dos que de além mar chegaram
> e partiram com baús fartos...
> Fobia dos que ficamos. Mas herdeiros.[68]

Tanto Sangare Okapi como Glória de Sant'Anna cantam o mar, a memória, a viagem. Na poesia dela, esses semas navegam em uma direção mais existencial. Já na linguagem de Okapi, há um tom histórico mais claramente crítico e denunciador dos abusos coloniais, embora essa denúncia também possa ser encontrada nas entrelinhas de vários poemas da autora.

Quanto à poética de Adelino Timóteo, além da celebração do Índico, a aproximação com a poesia de Glória de Sant'Anna pode ser tecida pelo jogo lúdico com a linguagem elaborada, cheia de simbolismos e imagens. Adelino, em entrevista, expressa sua concepção de poesia, que, em alguns aspectos, se assemelha à maneira como Glória concebia a criação poética:

> O único lugar de liberdade no mundo é a criação, a arte, em geral. A mim já me aborreceram quando se impunha, no meu país, que a poesia devia ser escrita seguindo um vector da propaganda, de circunstância. (...) Penso que a relação se inscreve no domínio da imagética. O encanto que me dá ler poemas cheios de imagens, simbolismos, rios, mar, expressões, diria, da linguagem e do corpo erótico, fruindo, com gozo, (...) Tenho para mim que a literatura é essa realidade abissal: a alquimia. Alquimia de cores, de pessoas, homens e mulheres, alquimia de sentidos. (...)[69]

Há na poesia da mais jovem geração moçambicana – a da segunda década do século XXI – uma dicção melancólica. O mar, o silêncio estão presentes, entretanto há um tom distópico mais agudo que busca resistir às decepções do mundo contemporâneo. Há o medo, e o silêncio se torna muito mais denso, agônico, pesado. Mbate Pedro, por exemplo, traz, por vezes, o mar e o silêncio para seus poemas. Tem a lúcida compreensão de "estar entre a mentira que se ergue em turbilhão e o silêncio que se ajoelha"[70]. Predomina em sua poesia uma "agonia às costas", uma "angústia seca", uma sensação de encarceramento diante do papel em branco que se transforma na consciência plena do sujeito poético que faz de seus poemas penetrante oficina de escrita.

A poesia moçambicana atual trilha caminhos mais existenciais, voltada a exercícios metapoéticos e a uma consciente e constante divulgação da importância da literatura. Há uma diversidade de tendências. Em autores como Mbate Pedro, Amosse Mucavele desvela-se uma dicção social com agudas denúncias às distopias do presente. Amosse Mucavele, por exemplo, faz críticas às políticas públicas em Moçambique que marginalizam os subúrbios; Hélder Faife, por sua vez, denuncia a desigualdade social.

De acordo com o escritor, professor e crítico literário Lucílio Manjate, a geração XXI é composta por autores nascidos nos anos 1970 e alguns no início dos anos 1980. É uma geração que viveu a guerra dos dezesseis anos entre a FRELIMO e a RENAMO. Dentre poetas e escritores dessa geração citados por Lucílio Manjate[71] estão: Sangare Okapi que foi ligado à Revista *Oásis*, Mbate Pedro, Léo Cote, Tânia Tomé, Andes Chivangue, Amosse Mucavele, Eduardo Quive, Nélson Lineu, Mélio Tinga, Dom Midó das Dores, Amin Nordine, Hélder Faife, Chagas Levene, Rogério Manjate, Álvaro Taruma e muitos outros.

Conforme apontamos anteriormente, a produção literária dos anos 2000-2021 se constitui por uma multiplicidade de vertentes. Há, em geral, em grande parte da poesia desses jovens, uma preocupação e reflexões acerca da existência e da condição humana. "Nos novos contornos estéticos, o silêncio é possibilitador de sentidos"[72], havendo um pendor metapoético que faz com que muitos poemas se apresentem como exercícios literários de escrita.

Uma característica ressaltada por Lucílio Manjate em seu estudo acerca dessa geração é não haver uma ruptura estética em relação à *Charrua*, havendo, pelo contrário, "uma sacralização do legado das gerações anteriores"[73]. Por tal razão, de acordo com o referido crítico, é improvável admitir a existência de uma nova geração de poetas moçambicanos nas duas primeiras décadas do século XXI: "A questão é que, se compararmos a nova geração à *Charrua*, verificamos que as condições de surgimento da Geração XXI não permitem antever propostas estéticas que as demarquem dos charrueiros"[74]. Eduardo White é celebrado pelos novos poetas que o têm como grande referência. Assim ocorre, também, com o Movimento Kuphaluxa, agremiação artístico-literária fundada em 2009, cujo lema é disseminar a literatura em Moçambique e na diáspora, incentivando o prazer pela leitura e o intercâmbio entre as literaturas em língua portuguesa. Os poetas do Kuphaluxa promovem, assim, um ativismo literário, fazendo intenso trabalho de divulgação da literatura moçambicana em escolas e outros espaços, inclusive através das redes sociais, e da Revista *Literatas*, cujas edições on-line atingem não só o público moçambicano, mas também o estrangeiro. Dentre os principais poetas desse Movimento, lembramos: Nelson Lineu com os livros *Cada um em mim* e *Asas da água*, Eduardo Quive com *Lágrimas da Vida e Sorrisos da Morte*, Álvaro Taruma com os títulos *Para uma cartografia da noite* e *Matéria para um grito* (prêmio BCI de Literatura), Amosse Mucavele com *Geografia do olhar*, Mélio Tinga com *O voo dos fantasmas*, entre outros.

Os poetas do Movimento Kuphaluxa se declaram "filhos de Eduardo White", poeta por eles venerado, cujas trilhas poéticas seguem, em diversos aspectos. Tal atitude corrobora a tese de Lucílio Manjate: a de que a "Geração XXI", assim denominada por ele, não pode ser considerada uma geração, pois é herdeira das conquistas estético-literárias de *Charrua*, devendo ser entendida "como extensão e alargamento do pluralismo de pensamento reivindicado pelos charrueiros"[75].

Após essa breve incursão pela lírica moçambicana contemporânea, averiguamos que o desenvolvimento desta "não se fez propriamente de rupturas, mas de movimentos espiralares de avanços e recuos"[76], de conquistas e retomadas, tanto que até os mais jovens poetas não abriram mão da intertextualidade com reconhecidas vozes poéticas que os antecederam, como as de José Craveirinha, Rui Knopfli, Virgílio de Lemos, Glória de Sant'Anna, Patraquim, Eduardo White, entre outras, que deixaram heranças incorporadas e ressignificadas pelas gerações mais novas.

Detectamos que as vertentes estéticas apontadas inicialmente em nosso texto (a da "poesia de afetos" e a da "poesia paródica") atravessam, em alternância, e, por vezes, em simultâneo, praticamente todo sistema poético de Moçambique, estando presentes nas produções mais recentes.

Outra conclusão a que chegamos é a de que alguns dos poetas egressos da Geração 1970, embora não tenham logrado publicar seus livros, não param de escrever. E por quê? Em nossa opinião, porque, apesar de se terem declarado poetas do real, da denúncia direta da fome, identificando-se como herdeiros de distopias e guerras, não abandonaram a utopia do fazer literário e sabem, no íntimo, que ainda precisam aprimorar seus versos. Notamos que o descontentamento frente ao contexto econômico, social, político e cultural do país é grande, refletindo-se no quadro atual da poesia. Vários poetas – alguns que pertenceram à *Charrua* e outros que surgiram paralelamente ou depois – revelam, em seus poemas, uma cética lucidez em relação à realidade de Moçambique, mas prosseguem no encalço das "paisagens da memória" e dos "subterrâneos dos sonhos", pois creem, no fundo, que estes, segundo palavras de Eduardo White e Alfredo Bosi, se configuram como forças interiores capazes de manterem "os homens vivos" e de buscarem recompor o universo da poesia "que os novos tempos tentam renegar".

NOTAS

1. Artigo publicado na Revista *Gragoatá*. Revista da Pós-Graduação em Letras da UFF. Niterói, v. 7, n. 12, p.161-178, 1. sem. 2002. Não poderia deixar de expressar a minha imensa gratidão a Michel Laban, Rogério Manjate e Matteo Angius que me forneceram rico material referente às mais novas gerações de poetas de Moçambique.

2. BOSI, Alfredo, 1983, p. 150.

3. Id., p. 142; p. 145.

4. NOA, Francisco. *A escrita infinita*. Maputo: Livraria Universitária Eduardo Mondlane, 1998, p. 39.

5. COUTO, Mia. "Confidência". Poema escrito em 1979. In: SAÚTE, Nelson e MENDONÇA, Fátima. *Antologia da nova poesia moçambicana*. Maputo: AEMO, 1993, p. 312; p. 313.

6. _____. In: WHITE, Eduardo. *Poema da ciência de voar e da engenharia de ser ave*. Lisboa: Caminho, 1992, p. 9.

7. _____. "Poema para meu pai". Datado de 1971, Beira, publicado no Jornal *Notícias*, Ano XLVIII, n. 15899, Lourenço Marques, 19 set. 1973, p. 7. Apud ANGIUS, Fernanda e ANGIUS, Matteo. *O desanoitecer da palavra*. Praia; Mindelo: Embaixada de Portugal e Centro Cultural Português, 1998, p. 22.

8. PATRAQUIM, Luis Carlos. *Monção*. Lisboa: Edições 70, 1980, p. 27.

9. LISBOA, Eugênio. Prefácio. In: PATRAQUIM, Luís Carlos, LEITE, Ana Mafalda e CHICHORRO, Roberto. *Mariscando luas*. Lisboa: Vega, 1992, p. 5.

10. BOSI, Alfredo. *O ser e o tempo da poesia*. São Paulo: Cultrix, 1983, p. 146.

11. CHAVES, Rita. "Eduardo White: o sal da rebeldia sob ventos do Oriente na poesia moçambicana". In: SEPÚLVEDA, M. C. e SALGADO, M. T. *África & Brasil: letras em laços*. Rio de Janeiro: Atlântica, 2000, p. 137.

12. KNOPFLI, Rui. In: SAÚTE, Nélson, 1992, p. 35.

13. _____. In: SAÚTE, Nélson e SOPA, António. *A Ilha de Moçambique pela voz dos poetas*. Lisboa: Ed. 70, 1992, p. 39.

14 SAÚTE, Nélson e SOPA, António. *A Ilha de Moçambique pela voz dos poetas*. Lisboa: Ed. 70, 1992, p. 76.
15 WHITE, Eduardo. In: SAÚTE, Nélson. *Antologia da nova poesia moçambicana*. Maputo: AEMO, 1993, p. 88.
16 Id., ibid.
17 Id., p. 76.
18 BAPTISTA, Heliodoro. In: SAÚTE, Nélson. *Antologia da nova poesia moçambicana*. Maputo: AEMO, 1993, p. 176. Heliodoro Baptista coordenou várias páginas literárias em jornais desde os anos 70. Escreveu *Por cima de toda folha*, em 1987, livro que venceu o Prêmio Gazeta de Poesia do semanário *Tempo* em 1988.
19 CHICHORRO, PATRAQUIM e LEITE, 1992, p. 65.
20 WHITE, Eduardo. In: LABAN, 1998, v. III, p. 1192-1193.
21 Rui Nogar publicou *Silêncio escancarado* em 1992. É um dos representantes – ao lado de Orlando Mendes, com *Lume florindo na forja*, 1980, e Jorge Viegas, com *O núcleo tenaz*, 1981 – de uma poética ainda voltada para o coletivo e para os ideais advindos dos tempos da luta pela libertação de Moçambique.
22 ARTUR, Armando. *Estrangeiros de nós próprios*. Maputo: AEMO, 1996, p. 53.
23 MENDONÇA, Fátima. Prefácio. In: KADIR, Momed. *Impaciências & desencantos*. Maputo: AEMO, 1997, p. I.
24 MUTEIA, Hélder. "Homilia em Versos". In: SAÚTE, Nélson. *Antologia da nova poesia moçambicana*. Maputo: AEMO, 1993, p. 154.
25 BUCUANE, Juvenal. "O minuto que vem". In: SAÚTE, Nélson. *Antologia da nova poesia moçambicana*. Maputo: AEMO, 1993, p. 257.
26 NOA, Francisco. *A escrita infinita*. Maputo: Livraria Universitária Eduardo Mondlane, 1998, p. 48.
27 MEIGOS, Filimone. "Mitose". In: SAÚTE, Nélson. *Antologia da nova poesia moçambicana*. Maputo: AEMO, 1993, p. 130.
28 NOA, Francisco. *A escrita infinita*. Maputo: Livraria Universitária Eduardo Mondlane, 1998, p. 63-73; p. 88.
29 VIEGAS, Francisco José. "Prefácio". In: KNOPFLI, Rui. *O monhé das cobras*. Lisboa: Caminho, 1997, p. 16.
30 Id., p. 17.
31 NOA, Francisco. *A escrita infinita*. Maputo: Livraria Universitária Eduardo Mondlane, 1998, p. 92.
32 Id., p. 93-94.
33 KNOPFLI, Rui. *O monhé das cobras*. Lisboa: Caminho, 1997, p. 50.
34 CRAVEIRINHA, José. *Babalaze das hienas*. Maputo: AEMO, 1997, p. 52.
35 Id., p. 11.

36 Este poeta escreveu durante certo tempo com o heterônimo de António Tomé, tendo publicado pela primeira vez em *Charrua*, em 1984, mas cujo primeiro livro, *Colecionador de quimeras*, só em 1998 foi editado pela Ed. Ndjira.

37 Autor do livro *Moçambicanto*. Morreu em 1986, no mesmo acidente em que morreu o Presidente Samora Machel.

38 Colaboração dispersa na imprensa.

39 Autor de *Sílaba a sílaba* (1974); *Um cão de angústia progride* (1979); *A linguagem da desordem* (1983). Vive em Portugal desde novembro de 1975.

40 COUTO, Mia. In: LABAN, Michel. *Encontro com escritores: Moçambique*. Porto: Fundação Eng. António de Almeida, 1998, v. III, p. 1036.

41 SAÚTE, Nelson. *A pátria dividida*. Lisboa: Vega, 1993, p. 63.

42 Id., p. 54.

43 LARANJEIRA, Pires. *Literaturas africanas de expressão portuguesa*. Lisboa: Universidade Aberta, 1995, p. 324.

44 Outra voz emblemática do lirismo subjetivo, assinalado pelo constante artefato verbal, é Sebastião Alba. Publicou: *O ritmo do presságio* (1974); *A noite dividida* (1981); *A noite dividida* (obra completa). Lisboa: Assírio & Alvim, 1996.

45 ALBA, Sebastião. In: SAÚTE, Nélson. *Antologia da nova poesia moçambicana*. Maputo: AEMO, 1993, p. 393.

46 SAÚTE, Nelson. *A pátria dividida*. Lisboa: Vega, p. 16.

47 Id., p. 15.

48 VASCONCELOS, Leite. "A espera". In: SAÚTE, Nélson. *Antologia da nova poesia moçambicana*. Maputo: AEMO, 1993, p. 276-277. O referido poema foi escrito em 1981.

49 PASTOR, José. In: SAÚTE, Nélson. *Antologia da nova poesia moçambicana*. Maputo: AEMO, 1993, p. 238.

50 KAZEMBE, Julius. "A teia". In: SAÚTE, Nélson. *Antologia da nova poesia moçambicana*. Maputo: AEMO, 1993, p. 244.

51 SANTOS, Afonso dos. *Colecionador de quimeras*. Maputo: Ndjira, 1996, p. 55.

52 GUITA JR. foi presidente dessa Associação, tendo recebido o Prêmio de Poesia Revelação/2000 com o livro *O agora e o depois das coisas* (1997).

53 MENDONÇA, Fátima. Prefácio. In: KADIR, Momed. *Impaciências & desencantos*. Maputo: AEMO, 1997, p. III.

54 KADIR, Momed. Poema do livro na época inédito *(In)Diferenças*, fornecido a Rogério Manjate que nos repassou.

55 _____. Poema do livro na época inédito *(In)Diferenças*, fornecido a Rogério Manjate que nos repassou.

56 GUITA Jr., Francisco. *O agora e o depois das coisas (1990-1992)*. Maputo: AEMO, 1997. p. 27.

57 _____. Poema do livro na época inédito *Rescaldo*, fornecido a Rogério Manjate que também nos repassou.

58 MUÑOZ, Francisco. Poema cedido a Rogério Manjate que nos repassou. Há uma clara alusão ao livro de Eduardo Pitta intitulado *Sílaba a sílaba*.

59 _____. Poema cedido a Rogério Manjate que nos repassou.

60 LABAN, Michel. *Encontro com escritores: Moçambique*. Porto: Fundação Eng. António de Almeida, 1998, v. III, p. 1209-1230.

61 MANGUANA, Celso. Poema fornecido a Rogério Manjate que nos repassou.

62 _____. Poema fornecido a Rogério Manjate que nos repassou.

63 CHIRONGO, Domi. Poema cedido pelo poeta a Rogério Manjate que nos repassou.

64 JOSHUA, Hirondina. *Os ângulos da casa*. Maputo: Fundação Fernando Leite Couto, 2016.

65 MONTEIRO, Magdalena Izabel. Poema fornecido pela autora a Rogério Manjate, que nos cedeu.

66 MANJATE, Rogério. Poema nos fornecido pelo próprio poeta.

67 _____. Poema fornecido pelo próprio poeta.

68 OKAPI, Sangare. *Mesmos barcos ou poemas de revisitação do corpo*. Maputo: Associação dos Escritores Moçambicanos, 2007, p. 49.

69 Cf. TIMÓTEO, Adelino. *Revista Palavra Comum*. Disponível em: http://palavracomum.com/entrevista-ao-escritor-mocambicano-adelino-timoteo/. Acesso em 31 mar. 2021.

70 MBATE, Pedro. *Vácuos*. Maputo: Cavalo do Mar, 2017, p. 18.

71 MANJATE, Lucílio. *Geração XXI: notas sobre a nova geração de escritores moçambicanos*. Maputo: Alcance, 2018, p. 69-73.

72 MATHE, Alberto José. *A nova poesia moçambicana: diálogos estéticos-literários*. Palestra proferida por via remota na disciplina de Pós-Graduação em Letras da UFRJ, a convite da Profa. Carmen Tindó Secco, 10 dez. 2020.

73 MANJATE, Lucílio, 2018, p. 19.

74 Id., p. 21-22.

75 Id., p. 23.

76 MATA, Inocência. Opinião emitida em conversa informal que tivemos, no Rio de Janeiro. fev. 2001.

Noémia de Sousa, Grande Dama da Poesia Moçambicana[1]

Noémia de Sousa não é apenas uma grande dama da poesia moçambicana. É, também, uma grande dama da poesia africana em língua portuguesa, tendo em vista sua voz ardente ter ecoado por diversos espaços e compartilhado seu grito com outras vozes, em prol dos que lutaram e clamaram pela liberdade dos oprimidos, entre os anos 1940-1975, no contexto do colonialismo português.

Já não era sem tempo, no Brasil, a edição de *Sangue negro*, único livro escrito por Noémia. Praticamente desconhecida de grande parte dos leitores brasileiros, a autora, no entanto, nas décadas de 1940-1950, manteve, como jornalista, colaboração esparsa com a revista brasileira *Sul*, publicação que, nesse período, aproximou escritores e poetas do Brasil, entre os quais Marques Rebelo e Salim Miguel, de autores de Angola e de Moçambique, como António Jacinto e Augusto dos Santos Abranches, respectivamente. Além desses e de Noémia, outros escritores africanos também colaboraram na Revista *Sul*: Glória de Sant'Anna, Viriato da Cruz, Luandino Vieira, Francisco José Tenreiro. Em *Cartas d'África e alguma poesia*, Salim Miguel reuniu algumas dessas missivas trocadas com escritores da África, em cujas páginas se detectam contundentes denúncias ao salazarismo.

A ligação de Noémia com o Brasil vem, por conseguinte, dessa época e se revela, ainda, em alguns poemas, nos quais a poetisa assinala não só sua breve passagem por terras brasileiras (cf. o poema "Samba", p. 85-87, cuja dedicatória ao amigo e fotógrafo moçambicano Ricardo Rangel registra a noite de 19/11/1949 em que estiveram juntos no Brasil), mas também sua declarada admiração por Jorge Amado, que pode ser claramente observada nos versos a seguir:

> [...]
> As estrelas também são iguais
> às que se acendem nas noites baianas
> de mistério e macumba...
> (Que importa, afinal, que as gentes sejam moçambicanas
> ou brasileiras, brancas ou negras?)
> Jorge Amado, vem!
> Aqui, nesta povoação africana
> o povo é o mesmo também
>   é irmão do povo marinheiro da Baía,
> companheiro de Jorge Amado,
> amigo do povo, da justiça e da liberdade!
> [...]
> (SOUSA, "Poema a Jorge Amado", p. 125.)[2]

Nos versos citados, o sangue pulsante nas veias do povo baiano carrega igual seiva africana, traz a memória amarga de negreiros que transportaram muitos escravos de lá, vindos para o Brasil à revelia. Há, na poesia de Noémia, uma emoção e uma musicalidade tão profundas, que atravessam tempos e espaços.

Nos jornais moçambicanos, entre 1948 e 1951, os poemas de Noémia de Sousa acenderam consciências, fizeram vibrar revoltas, dialogaram com o movimento da Negritude e com o Renascimento Negro do Harlem, entrecruzaram cadências melódicas e estribilhos de *blues*, *spirituals* e *jazz*, fazendo vir à tona a musicalidade africana reinventada.

No Brasil, tantos anos depois, na Feira Literária de Paraty, em julho de 2015, um poema de Noémia, intitulado "Súplica", ao ser lido pelo poeta pernambucano Marcelino Freire, provocou enorme comoção no público presente. Em agosto de 2015, Emicida, cantor brasileiro de *rap*, no SESC Pinheiros, em São Paulo, também declamou esse mesmo poema, comovendo os ouvintes que não conseguiram esconder o entusiasmo e a atração despertados. Por tudo isso, torna-se importante, no Brasil, ler e conhecer a vida e a obra de Noémia de Sousa, o que contribuirá, sobremaneira, para refazer, com a África, alguns laços ancestrais que uma história de dores e exílios esgarçou por tanto tempo.

Carolina Noémia Abranches de Sousa nasceu em 20 de setembro de 1926, em Catembe, em uma casa à beira-mar, banhada pelo Índico, no litoral de Moçambique; faleceu em 2002, em Cascais, em Portugal, levando consigo a mágoa de não ter sido convidada para a festa da independência de Moçambique pela qual tanto lutou em sua mocidade.

Noémia era mestiça, tanto por via paterna, como materna: seu pai, de procedência lusitana, afro-moçambicana e goesa, era originário da Ilha de Moçambique; sua mãe, filha de um caçador alemão e de uma mulher africana da etnia ronga, era do sul de Moçambique. Ela sempre se mostrou precoce; antes dos cinco anos, já lia, pois o pai, cedo, a iniciara no mundo das letras e a incentivara intelectualmente. Com a morte deste, quando ela tinha apenas 8 anos, as condições financeiras da família mudaram e, aos 16 anos, se viu obrigada a trabalhar para ajudar na educação dos irmãos. Entretanto, mesmo trabalhando, nunca deixou de procurar amigos que defendiam as letras, as artes e os ideais libertários, em Moçambique. As orientações recebidas do pai calaram-lhe fundo e a levaram a atuar politicamente junto a intelectuais que reivindicavam uma sociedade mais justa e humana.

Em 1948, Noémia publicou, no *Jornal da Mocidade Portuguesa*, em Moçambique, o poema "Canção Fraterna", cuja repercussão fez com que se aproximasse de um grupo revolucionário de jovens moçambicanos: João e Orlando Mendes, Ruy Guerra, Ricardo Rangel, Cassiano Caldas, José Craveirinha, entre outros. A combatividade poética e política de seus poemas, assinados com as iniciais N.S. ou com o pseudônimo literário Vera Micaia, acarretou à autora o exílio. Junto com João Mendes e Ricardo Rangel, foi presa por atacar, frontalmente, o sistema colonial português em Moçambique. Foi degredada para Portugal, tendo participado, em 1951, da Casa dos Estudantes do Império, em Lisboa; viajou pela América e, entre 1952 e 1972, foi deportada para Paris, continuando, como jornalista, poetisa e tradutora, sua luta a favor do nacionalismo e da libertação de Moçambique.

Noémia de Sousa inaugurou a cena literária feminina moçambicana, protestando contra as opressões sofridas pelas mulheres em Moçambique. Seus 46 poemas, escritos todos entre 1948 e 1951, circulavam em jornais da época, como *O Brado Africano*. Só em 2001, foram reunidos no livro *Sangue negro*, publicado pela Associação dos Escritores Moçambicanos (AEMO), com organização de Nelson Saúte, Francisco Noa e Fátima Mendonça. Noémia não queria seus poemas publicados em livro. Ela tinha consciência da dimensão de sua linguagem poética, capaz de disseminar a revolta por intermédio de poemas incendiários, passados, de mão em mão, de jornal em jornal (*O Brado Africano, Itinerário* etc.), de antologia em antologia (as editadas pela Casa dos Estudantes do Império, CEI, em 1951 e 1953; a *Poesia negra de expressão portuguesa*, organizada por Mário Pinto de Andrade e Francisco José Tenreiro, em 1953; o *Boletim Mensagem*, de 1962; a antologia *No reino de Caliban*, organizada por Manuel Ferreira em 3 volumes, em 1975, 1976 e 1988; a *Antologia temática de poesia africana*, de Mário

Pinto de Andrade em 2 volumes, em 1975 e 1979; a *Antologia da nova poesia moçambicana*, organizada por Fátima Mendonça e Nelson Saúte, em 1993, entre outras).

Embora, para Noémia, um livro com seus poemas não fosse necessário à sua militância poética, para os estudiosos de sua poesia, as duas edições moçambicanas de *Sangue negro* – a de 2001, pela AEMO, e a de 2011, pela Editora Marimbique, de Nelson Saúte – foram importantíssimas, pois cumpriram a tarefa de consagração da primeira poetisa das letras de Moçambique, considerada por Zeca Afonso, compositor e cantor da "Grândula Morena", nas celebrações do 25 de Abril, "a mãe dos poetas moçambicanos". Mãe, por ser a primeira voz feminina da poesia moçambicana a embalar os poetas que a sucederam. Contudo, é como irmã, companheira de luta, que os sujeitos poéticos de grande parte dos poemas de *Sangue negro* se impõem. Irmã, filha de uma África violada e aviltada durante séculos, cujos filhos foram vítimas de muitas discriminações e crueldades. Irmã, que denuncia os dramas do continente africano.

A publicação de *Sangue negro*, no Brasil, amplia esse universo de sagração da autora, cuja voz atravessou *índices de revolta e desespero*, levando seu brado contestador por outras terras e mares, sem se calar, mesmo no exílio, vivido até a morte, em 2002, em Portugal.

A edição brasileira mantém a mesma estrutura das edições moçambicanas anteriores, respeitando a divisão em seis seções: "Nossa Voz", "Biografia", "Munhuana 1951", "Livro de João", "Sangue Negro", "Dispersos".

A primeira seção funda a "poética da voz", a "*poiesis* do grito" que se quer rebelde e se expressa por poemas longos, caudalosos, feitos para serem declamados, dramaticamente, de forma a traduzirem a indignação do sujeito lírico que, por meio de anáforas e gradações, não se cansa de gritar contra as injustiças sociais, denunciando a escravidão, os preconceitos em relação aos negros, a fome e a pobreza dos menos favorecidos.

A voz de Noémia não é apenas feminina; é, também, coletiva. É uma voz tutelar, fundadora da poesia moçambicana. É uma voz plural, prometeica, que, epicamente, assume uma heroicidade salvacionista, na medida em que se declara como a que iluminará e libertará os destinos dos irmãos africanos marginalizados. É evidente a postura redentora dos sujeitos poéticos, cuja missão é dar passagem ao povo oprimido. São inúmeras as imagens que se relacionam a esse campo semântico: "trespassou", "passe", "abrir a porta". Tais metáforas dão abertura aos poemas da segunda seção, "Biografia", que tratam não apenas da urgência de ser recobrada a memória individual de Noémia, nascida na casa à beira-mar, em Catembe, mas, ainda, do imperativo de ser revigorada a memória ancestral dos povos negros moçambicanos e africanos, cujos hábitos, crenças, ritmos e histórias precisam ser preservados, assim como necessitam ser esconjuradas as lembranças sombrias de injúrias e atrocidades vividas ao longo de séculos de escravidão.

O poema "Deixa passar o meu povo", "*Let my people go*", se configura como movimento e ação para dentro e fora de Moçambique. É uma poética nervosa, tecida por afetos e emoções, que, pulsantes, revelam a revolta contra as discriminações vivenciadas não só pelos negros de África, porém, também, pelos africanos dispersos nas Américas e no mundo. Nesse sentido, a voz de Noémia se acumplicia à dos irmãos negros do Harlem, referência explícita ao Renascimento Negro, de Langston Hughes.

>Noite morna de Moçambique
>e sons longínquos de marimba chegam até mim
>– certos e constantes –
>vindos nem eu sei donde.
>Em minha casa de madeira e zinco,
>abro o rádio e deixo-me embalar...
>Mas as vozes da América remexem-me a alma e os nervos.
>E Robeson e Marian cantam para mim
>spirituals negros de Harlém.
>"Let my people go"
>– oh deixa passar o meu povo,
>deixa passar o meu povo –,
>dizem.
>[...]
>(id., "Deixa passar o meu povo", p. 48)[3]

No posfácio "Noémia de Sousa: a metafísica do grito", escrito por Francisco Noa, é sublinhado esse pendor para a emoção, recorrente na poesia de Noémia, em que são frequentes apóstrofes, cuja função é imprimir uma dicção emocionada aos versos. É uma emoção fremente, acelerada, que deixa à mostra o dilaceramento do sujeito poético, cuja insubordinação se manifesta não apenas no nível temático, mas, ainda, no campo da linguagem.

Os afetos na poética de Noémia vão da repulsa e do ódio ao amor e à esperança, da angústia e da solidão à indignação e à solidariedade, da vergonha e da humilhação à rebeldia e à coragem. A voz enunciatória prima por um derramamento de sentimentos que leva a mulher oprimida a buscar recuperar sua dignidade. Falando da margem, dos bairros periféricos de Lourenço Marques, antiga capital moçambicana no tempo colonial, o sujeito lírico feminino se rebela contra o abuso sofrido pelas moças das docas, encaradas como objetos sexuais pelos colonizadores, cuja posse empreendida não foi só da terra, porém, também, dos corpos dessas negras, tratadas, quase sempre, de forma exótica e subalterna.

> Somos fugitivas de todos os bairros de zinco e caniço.
> Fugitivas das Munhuanas e dos Xipamanines,
> viemos do outro lado da cidade
> com nossos olhos espantados,
> nossas almas trancadas,
> nossos corpos submissos escancarados.
> [...]
> (id., "Moças das docas", p. 79)[4]

Este poema faz parte da terceira seção do livro, intitulada "Munhuana 1951". Os espaços marginais aqui são eleitos como cenários de uma poesia que chama atenção para os subalternizados pelo regime colonial racista: as mulheres negras e pobres, prostituídas e humilhadas; os habitantes dos bairros de caniço, Munhuana, Mafalala, Xipamanine; os magaíças, serviçais explorados nas minas da África do Sul; os zampunganas, negros que recolhiam em baldes, à noite, as fezes dos patrões colonizadores; os escravos, em diáspora, que, obrigados a condições subumanas de trabalho, morreram em terras distantes.

Os poemas da quarta seção "Livro de João" constituem uma espécie de réquiem a João Mendes, seu irmão de luta, cuja vida deu à causa dos oprimidos de Moçambique e da África em geral:

> Ah, roubaram-nos João,
> mas João somos nós todos,
> por isso João não nos abandonou...
> E João não "era", "é" e "será",
> porque João somos nós, nós somos multidão,
> [...]
> (id., "Poema de João", p. 105)[5]

João representa o companheiro político com quem Noémia partilhou ideais revolucionários. Os poemas desta seção choram a falta do amigo, mas rendem-lhe homenagem por ter sido o grande mentor intelectual, cujas lições de liberdade ficaram e continuaram a animar a poesia da autora.

A seguir, a quinta seção, "Sangue Negro", reúne composições poéticas de profunda recusa à opressão sofrida pelos negros. É o momento em que os sujeitos poéticos celebram o sangue negro, metáfora da ancestralidade africana reinventada e repensada por uma poesia lúcida que consegue dizer não a formas de imposição e autoritarismo:

> Bates-me e ameaças-me,
> Agora que levantei minha cabeça esclarecida
> E gritei: "Basta!"
> [...]
> Condenas-me à escuridão eterna
> Agora que minha alma de África se iluminou
> E descobriu o ludíbrio...
> E gritei, mil vezes gritei: "Basta!"
> (id., "Poema", p. 122)[6]

Se a poesia de Noémia, por um lado, se pautou pelo grito de "basta" à exploração da mulher e à escravização dos negros em geral, por outro procurou afirmar traços da oralidade e da cultura popular de Moçambique, como também aspectos de valorização das raízes africanas em geral.

Os poemas da quinta seção, numa espécie de gradação, alcançam o clímax de suas reivindicações, celebrando a África e outras vozes que também bradaram pela liberdade: Billie Holiday, nascida em 1924 na Pensilvânia, a primeira grande cantora de *jazz*, cujas letras das canções protestaram, com veemência, contra o preconceito racial e as desigualdades sofridas pelos negros americanos; Jorge Amado que defendeu o Brasil negro, descendente dos escravos vindos da África; Rui de Noronha, o poeta-precursor da poesia moçambicana.

O livro de Noémia de Sousa se fecha com a sexta seção, "Dispersos", em que se encontram os poemas: "Quero conhecer-te África", "19 de outubro", "A Mulher que ria à Vida e à Morte". Nessas três composições, fica expresso o compromisso de os sujeitos poéticos mergulharem num profundo conhecimento da África milenar, buscando recuperar a prática do culto aos antepassados, a crença de que é preciso continuar a batalha daqueles que deram a vida pelas causas libertárias, pois, segundo antigas religiosidades africanas, "para lá da curva, esperam os espíritos ancestrais".

Mesmo tendo vivido tantos anos fora de Moçambique, Noémia de Sousa se manteve viva na lembrança do povo moçambicano e seus poemas não se afastaram de suas origens africanas. Por isso, talvez, não tenha sido relegada ao silêncio, nem ao esquecimento, tendo sido aclamada "a mãe dos poetas moçambicanos". Agora, publicada no Brasil, sua voz continuará a ecoar, compartilhando com Jorge Amado, entre outros, as dores da memória de um passado escravo que ainda precisa ser exorcizado para, definitivamente, ser ultrapassado.

Rio de Janeiro, 26 de maio de 2016.

NOTAS

1 Texto publicado como prefácio em Sousa, Noémia. *Sangue negro*. São Paulo: Kapulana, 2016, p. 11-18. Disponível em: https://www.kapulana.com.br/noemia-de-sousa-grande-dama-da-poesia-mocambicana-por-carmen-lucia-tindo-secco/ Acesso em: 20 set. 2021.
2 "Poema a Jorge Amado", In: Sousa, Noémia. *Sangue negro*, p. 125.
3 "Deixa passar o meu povo", op. cit., p. 48.
4 "Moças das docas", op. cit., p. 79.
5 "Poema de João", op. cit., p. 105.
6 "Poema", op. cit., p. 122.

REFERÊNCIAS

ABDALA JR., Benjamin. *Fronteiras múltiplas, identidades plurais.* São Paulo: SENAC, 2002.

_____. *Literatura, história e política.* São Paulo: Ática, 1989.

ABRANCHES, Henrique. *Reflexões sobre a cultura nacional.* Lisboa: Edições 70, 1980.

AFONSO, Ana Lídia da Silva. "'Des-caminhos' da utopia na poética de Nok Nogueira". Tese de doutorado defendida na Universidade Federal do Rio de Janeiro em 24 ago. 2020.

AGOSTINHO NETO, António. "Náusea". In: SANTILLI, M. Aparecida. *Estórias africanas.* São Paulo: Ática, 1985, p. 53-54.

ALEGRE, Manuel. In: *Jornal de Letras.* Lisboa, 29 mar. 1995, p. 19.

ALBA, Sebastião. *A noite dividida* (Obra Completa). Lisboa: Assírio & Alvim, 1996.

ALVES, Maria Theresa Abelha. "Manuel Rui: os onze novembros de certeza". Rio de Janeiro: Faculdade de Letras, 1992. Palestra no curso *Vozes d'África.* (texto não publicado)

ANDERSON, Benedict. *Nação e consciência nacional.* São Paulo: Ática, 1989.

ANDRADE, Carlos Drummond de. *A paixão medida.* In: *Carlos Drummond de Andrade: nova reunião.* Rio de Janeiro: INL; Fundação Pró-Memória, 1983.

_____. *Amar se aprende amando.* 7. ed. Rio de Janeiro: Record, 1987.

_____. *As impurezas do branco.* 2. ed. Rio de Janeiro: José Olympio, 1974.

_____. *Boitempo I.* Rio de Janeiro: Record, 1987.

_____. *Boitempo II.* Rio de Janeiro: Record, 1987.

_____. *Boitempo III.* Rio de Janeiro: Record, 1987.

_____. *Corpo.* 10. ed., Rio de Janeiro: Record, 1987.

_____. *Poesia e prosa: organizada pelo autor.* 6. ed. Rio de Janeiro: Nova Aguilar, 1988.

ANDRADE, Mário de. *Poesias completas.* São Paulo: Martins, 1984.

ANGIUS, Fernanda e ANGIUS, Matteo. *O desanoitecer da palavra.* Praia; Mindelo: Embaixada de Portugal; Centro Cultural Português, 1998.

APPIAH, Kwame Anthony. *Na casa de meu pai. A África na filosofia da cultura.* Trad. Vera Ribeiro. Rio de Janeiro: Contraponto, 1997.

ARGUEDAS, José Maria. *Os rios profundos.* Trad. Maria Célia Paoli e Anna Maria. Buenos Aires: Editorial Losada, 1953.

ARTUR, Armando. *Estrangeiros de nós próprios.* Maputo: AEMO, 1996.

AUGÉ, Marc. *Por uma antropologia dos mundos contemporâneos.* Trad. Clarisse Meireles e Leneide Duarte. Rio de Janeiro: Bertrand Brasil, 1997.

AUGUSTO, Rui. *O amor civil.* Luanda: União Cooperativa Editora, 1991. (Colecção *Lavra & Oficina,* 92).

ÁVILA, Afonso. *O lúdico e as projeções do mundo barroco.* São Paulo: Perspectiva, 1971.

BÂ, Amadou Hampâté. "Palavra africana". In: *O Correio da UNESCO*. Ano 21, n. 11. Paris; Rio de Janeiro, nov. 1993, p. 16-20.

BACHELARD, Gaston. *La poétique de la revêrie*. Paris: Presses Universitaires de France, 1960, p. 5-150.

_____. *O ar e os sonhos*. Ensaio sobre a imaginação do movimento. Trad. José Américo Motta Pessanha. São Paulo: Martins Fontes, 1990.

_____. *O direito de sonhar*. Trad. Antônio de Pádua Danesi. 2. ed. São Paulo: DIFEL, 1986.

BAKHTIN, Mikhail. *Marxismo e filosofia da linguagem*. Trad. M. Lahud e Yara F. Vieira. São Paulo: HUCITEC, 1979.

_____. *Problemas da poética de Dostoiévski*. Rio de Janeiro: Forense, 1981.

BARBEITOS, Arlindo. *Angola, angolê, angolema*. 2. ed. Lisboa: Sá da Costa, 1977.

_____. *Fiapos de sonho*. Lisboa: Vega, 1992.

_____. *Na leveza do luar crescente*. Lisboa: Caminho, 1998.

_____. *Nzoji (sonhos)*. Lisboa: Sá da Costa, 1979.

BARTHES, Roland. *A câmara clara*. 2. ed. Trad. Júlio Castañon Guimarães. Rio de Janeiro: Nova Fronteira, 1986.

_____ *O prazer do texto*. Trad. Jacó Guinsburg. Lisboa: Edições 70, 1974.

BATAILLE, Georges. *O erotismo*. Trad. Antonio Carlos Viana. Porto Alegre: L&PM, 1987.

BELLA, John. *Panelas cozinharam madrugadas*. Luanda: Ponto Um, Indústria Gráfica. Edição Comemorativa dos 25 Anos da Independência, 2000.

BENJAMIN, Walter. *Magia e técnica, arte e política*. Trad. Sérgio Paulo Rouanet. 2. ed. São Paulo: Brasiliense, 1986.

_____. *Origem do drama trágico alemão*. Lisboa: Assírio & Alvim, 2004.

BHABHA, Homi K. A questão do "outro": diferença, discriminação e o discurso do colonialismo. In: HOLLANDA, Heloísa Buarque de. *Pós-modernismo e política*. Rio de Janeiro: Rocco, 1992, p. 177-204.

_____. *O local da cultura*. Trad. Myriam Ávila, Eliana Reis e Gláucia Gonçalves. Belo Horizonte: Editora da UFMG, 1998.

BOAVENTURA, Cardoso. *Maio, mês de Maria*. Porto: Campo das Letras, 1997.

_____. *Mãe, materno mar*. Porto: Campo das Letras, 2001.

BOSI, Alfredo. *O ser e o tempo da poesia*. São Paulo: Cultrix, 1983.

BRAVO, Víctor Antonio. *La irrupción y el límite*. México: Universidad Nacional Autónoma de México - UNAM, 1988.

BURKE, Peter. "As fronteiras instáveis entre história e ficção". In: AGUIAR, Flávio et al. (org.). *Gêneros de fronteira: cruzamento entre o histórico e o literário*. São Paulo: Xamã, 1997, p. 107-115.

CACCIATORE, Olga Gudolle. *Dicionário de cultos afro-brasileiros*. 3. ed. Rio de Janeiro: Forense, 1988.

CAILLOIS, Roger. *O homem e o sagrado*. Trad. Germiniano Franco. Lisboa: Edições 70, 1988.

CALABRESE, Omar. *A idade neobarroca*. Trad. Mary Amazonas Leite de Barros e Antonio Steffe. Lisboa: Edições 70, 1987.

CALVINO, Ítalo. *Seis propostas para o próximo milênio*. Trad. Ivo Barroso. São Paulo: Companhia das Letras, 1993.

CAN, Nazir. *História e ficção na obra de João Paulo Borges Coelho: discursos, corpos, espaço*. Barcelona: Universitat Autònoma de Barcelona, Facultat de Letres, Departament de Filologia Española (Tese de Doutorado), 2011.

_____. "Para além da História: *Campo de Trânsito* de João Paulo Borges Coelho," *Revista da Pós-Graduação em Estudos Comparados de Literaturas de Língua Portuguesa* da Fac. de Filosofia, Ciências e Letras da Universidade de São Paulo, n. 16., São Paulo, 2010, p. 105-117.

CAPELA, José. *Donas, senhores e escravos*. Porto: Afrontamento, 1995.

CARDOSO, Boaventura. *Noites de vigília*. São Paulo: Terceira Margem, 2012.

CARDOSO, Sérgio et al. *Os sentidos da paixão*. São Paulo: Companhia das Letras, 1987.

CARVALHO, Ruy Duarte. *A câmara, a escrita e a coisa dita... Fitas, textos e palestras*. Luanda: Instituto Nacional do Livro e do Disco - INALD, 1997.

_____. *Ana a Manda: os filhos da rede*. Lisboa: Instituto de Investigação Científica Tropical, 1989.

_____. *A decisão da idade*. Lisboa: Sá da Costa, 1976.

_____. *Catálogo da exposição sobre Jorge Gumbe* montada por Tirso do Amaral. Luanda: Edições Asa; Secretaria de Estado da Cultura; UNAP, 1989.

_____. In: *António Ole: Retrospectiva 1967-1997* (Catálogo da Exposição). Luanda: Centro Cultural Português de Angola e Instituto Camões, 1997.

_____. *Vou lá visitar pastores*. Lisboa: Cotovia, 1999.

CAVACAS, Fernanda. *Mia Couto: brincriação vocabular*. Lisboa: Mar Além & I. Camões, 1999.

_____. *Mia Couto: pensatempos e improvérbios*. Lisboa: Mar Além & I. Camões, 2000.

CERTEAU, Michel. *A invenção do cotidiano. Artes de fazer*. Trad. Ephraim Ferreira Alves Petrópolis: Vozes, 1994.

CHABAL, Patrick. *Vozes moçambicanas*. Trad. José Laurêncio de Melo. Lisboa: Vega, 1984.

CHARTIER, Roger. *A história cultural: entre práticas e representações*. Trad. Maria Manuela Galhardo. Rio de Janeiro; Lisboa: Bertrand Brasil; Difel, 1990.

CHAUÍ, Marilena. "Sobre o medo". In: CARDOSO, Sérgio et al. *Os sentidos da paixão*. São Paulo: Companhia das Letras, 1987, p. 35-76.

_____. *Jornal do Brasil*. Caderno Idéias. Rio de Janeiro: 08 mar. 1991, p. 6.

CHAVES, Rita de Cássia Natal; CAVACAS, Fernanda; MACÊDO, Tania. (org.). *Mia Couto: o desejo de contar e de inventar*. Maputo: Nzila, 2010.

_____. "Eduardo White: o sal da rebeldia sob ventos do Oriente na poesia moçambicana". In: SEPÚLVEDA, M. C. e SALGADO, M. T. *África & Brasil: letras em laços*. Rio de Janeiro: Atlântica, 2000, p. 133-156.

_____. "Notas sobre a ficção e a história em João Paulo Borges Coelho". In: RIBEIRO, Margarida Calafate e MENESES, Paula (org.). *Moçambique: das palavras escritas*. Porto: Afrontamento, 2008.

_____. *A formação do romance angolano: entre intenções e gestos*. São Paulo: Departamento de Letras Clássicas e Vernáculas da USP, 1999.

_____. *Mayombe: a reinvenção de Ogum, o Prometeu africano*. Dissertação de Mestrado. Niterói: UFF, 1984.

_____. Resenha de *O lago da lua*. In: *Metamorfoses*, 1. Revista da "Cátedra Jorge de Sena para estudos literários luso-afro-brasileiros". Lisboa; Rio de Janeiro: Cosmos; Faculdade de Letras da UFRJ, 2000.

CHEVALIER, Jean e GHEERBRANT, Alain. *Dicionário de símbolos*. Rio de Janeiro: José Olympio, 1988.

CHIAMPI, Irlemar. *Barroco e modernidade*. São Paulo: Perspectiva, 1998.

CHIZIANE, Paulina e KASSEMBE, Dya. *As heroínas sem nome* – memórias de guerra e paz das mulheres em Angola. Luanda: Nzila, 2009.

_____; MARTINS, Mariana. *Ngoma Yethu: o curandeiro e o Novo Testamento*. Maputo: Matik, 2015.

_____; SILVA, Maria do Carmo da. *Na mão de Deus*. Maputo: Matiko, 2016.

_____. *As andorinhas* (contos). Maputo: Índico Editores, 2008.

_____. *Balada de amor ao vento*. Lisboa: Caminho, 2003.

_____. *Eu, mulher... por uma nova visão do mundo*. Belo Horizonte: Nandyala, 2013.

_____. *Niketche*: uma história de poligamia. Lisboa: Caminho, 2004.

_____. *O alegre canto da perdiz*. Lisboa: Caminho, 2008.

_____. *O canto dos escravizados* (poemas). Belo Horizonte: Nandyala, 2018.

_____. *O sétimo juramento*. Lisboa: Caminho, 2000.

_____. Paulina Chiziane e a liberdade de quem conta suas próprias histórias. Entrevista por Yolanda Barros. *Afreaka*. Disponível em: http://www.afreaka.com.br/notas/paulina-chiziane-e-liberdade-de-quem-conta-suas-proprias-historias. Acesso em: 19 jan. 2021.

_____. *Por quem vibram os tambores do além?* – biografia do curandeiro Rasta Pita. Maputo: Índico Ed., 2013.

_____. *Ventos do apocalipse*. Lisboa: Caminho, 1999.

COELHO, João Paulo Borges. *As duas sombras do rio*. Lisboa: Caminho, 2003.

_____. "E depois de Caliban? A história e os caminhos da literatura no Moçambique contemporâneo", in GALVES, Charlotte et al., *África-Brasil: caminhos da língua portuguesa*. Campinas: Unicamp, 2009, p. 57-68.

_____. Entrevista feita por Carmen L. Tindó Secco ao escritor moçambicano João Paulo Borges Coelho. *Metamorfoses*. Revista da Cátedra Jorge de Sena para Estudos Literários Luso-Afro-Brasileiros, n. 10, Rio de Janeiro: UFRJ, 2009, p. 167-78.

_____. Entrevista no blog *Macua*, 2006. Disponível em: http://www.macua.blogs.com/...todos/.../joao_paulo_borges_coelho_entrevista.doc. Acesso em: 16 dez. 2009.

_____. *Índicos indícios I: Setentrião*. Lisboa: Caminho, 2005a.

_____. *Índicos Indícios II: Meridião*. Lisboa: Caminho, 2005b.

COELHO, Teixeira. *O que é utopia*. 3. ed. São Paulo: Brasiliense, 1981.

COELHO, Virgílio. "Imagens, símbolos e representações 'quiandas, quitutas, sereias': imaginários locais, identidades regionais e alteridades. Reflexões sobre o quotidiano urbano luandense na publicidade e no universo do marketing". *Ngola*. Revista de Estudos Sociais. Luanda: Associação de Antropólogos e Sociólogos de Angola (AASA), v. I, n. 1, jan.-dez. 1997, p. 127-191.

COLLOT, Michel. Do horizonte das paisagens ao horizonte dos poetas. Trad. Eva Nunes Chatel. In: ALVES, Ida Ferreira e FEITOSA, Márcia Manir Miguel (Org.). *Literatura e paisagem: perspectivas e diálogos*. Niterói: EDUFF, 2010, p. 191-218.

CONTE, Daniel; NASSR, Paula. "Knopfli, um poeta na esquina do mundo!". *Nonada*. Letras em Revista. Ano 15, n. 19, Porto Alegre, 2012, p. 183-198.

COSTA ANDRADE, Fernando. *Literatura angolana* (opiniões). Lisboa: Edições 70, 1980.

COSTA, Luana A. *Pelas águas mestiças da história*. Uma leitura de *O outro pé da sereia*. Niterói: EDUFF, 2010.

COSTA, Norberto. "A poesia do jovem Kafukeno". In: *Jornal de Angola. Cultura*, ano 17, n. 5655, Sábado, 24 mar. 1993, p. 13.

COUTO, Fernando. *Monódia*. Maputo: Associação Moçambicana de Língua Portuguesa-AMOLP, 1996.

_____. *Os olhos deslumbrados*. Maputo: Central Impressora e Editora de Maputo (CIEDIMA), jul. 2001.

COUTO, Mia. *A varanda do frangipani*. Lisboa: Caminho, 1996.

_____. *Cada homem é uma raça*. 2.ed. Lisboa: Caminho, 1992.

_____. *Cronicando*. Lisboa: Caminho, 1991.

_____. Entrevista, 2009. Disponível em: https://docs.google.com/Doc?docid=0AbOaMJaKtaZGhtanhraG5fMWM0dnEyM2Nt&hl=en. Acesso em: 25 ago. 2010.

_____. *Estórias abensonhadas*. Lisboa: Caminho, 1994.

_____. *O outro pé da sereia*. São Paulo: Companhia das Letras, 2006.

_____. "O gato e o novelo". In: *JL. Jornal de Letras, Artes & Ideias*. Lisboa, 8 out. 1997, p. 59.

_____. *Pensageiro frequente*. 2. ed. Lisboa: Caminho, 2010.

_____. *Terra sonâmbula*. Lisboa: Caminho, 1992.

_____. *Vinte e zinco*. Lisboa: Caminho, 1999.

CRAVEIRINHA, José. *Xigubo*. 2. ed. Lisboa: Edições 70, 1980a.

_____ *Cela 1*. Lisboa: Edições 70, 1980b.

_____. *Karingana ua karingana*. Lisboa: Edições 70, 1982.

_____. *Babalaze das hienas*. Maputo: AEMO, 1997.

_____. *Maria*. Lisboa: Caminho, 1998.

CRISTÓVÃO, Conceição. *Amores elípticos (entre o amor e a transparência*. Luanda: Edição do Autor, 1996.

CRUZ, Alice. "Entre a evidência e a verdade: nos interstícios da experiência e da memória com *As duas sombras do rio*, de João Paulo Borges Coelho". In: RIBEIRO, Margarida Calafate, e MENESES, Paula (org.). *Moçambique: das palavras escritas*. Porto: Afrontamento, 2008, p. 199-214.

DERRIDA, Jacques. *A escritura e a diferença*. Trad. Maria Beatriz Marques Nizza da Silva. São Paulo: Perspectiva, 1971.

DIEHL, Astor Antônio. Introdução. In: DIEHL, Astor Antônio. *Cultura historiográfica*: memória, identidade e representação. Bauru: EDUSC, 2002. p. 13-20.

DURAND, Gilbert. *Les structures anthropologiques de l'imaginaire*. Paris; Bruxelles; Montréal: Bordas, 1969.

ELIADE, Mircea. *O sagrado e o profano*. Trad. Rogério Fernandes. Lisboa: Livros do Brasil, s.d.

EVERDOSA, Carlos. *Roteiro da literatura angolana*. Lisboa: Edições 70, 1979.

ESPINOZA, Baruch. *Ética*. Trad. Diogo Pires Aurélio. Lisboa: Relógio d'Água, 1992.

FAIFE, Hélder. *Poemas em sacos vazios que ficam de pé*. Maputo: TDM, 2010.

FANON, Frantz. *Os condenados da terra*. Prefácio de Sartre. Trad. José Laurêncio de Melo. Rio de Janeiro: Civilização Brasileira, 1968.

_____. *Pele negra, máscaras brancas*. Trad. Maria Adriana Silva Caldas. Rio de Janeiro: Fator, 1983.

FEIJÓO, Lopito. (Org., selecção e notas). *No caminho doloroso das coisas. Antologia de jovens poetas angolanos*. Luanda: UEA, 1988.

FERNANDES, Maria João. "O país da memória". In: *JL. Letras, Artes & Ideias*. Ano XV, n. 645. Lisboa, 5 jul. 1999, p. 37.

FERREIRA, Aurélio Buarque de Holanda. *Novo Aurélio século XXI: o dicionário da língua portuguesa*. Rio de Janeiro: Nova Fronteira, 1999.

FERREIRA, Manuel. *Literaturas africanas de expressão portuguesa*. São Paulo: Ática, 1987.

_____. *No reino de Caliban*. 2. ed. Lisboa: Plátano, 1988.

FONSECA, Maria Nazareth (Org.). *Brasil afro-brasileiro*. Belo Horizonte: Autêntica, 2000.

_____. *Campos de guerra com mulher ao fundo no romance Ventos do apocalipse*. Revista *Scripta*. v. 7, n. 13, Belo Horizonte, 2. sem. 2003, p. 302-313.

_____; CURY, Maria Zilda. *Mia Couto: espaços ficcionais*. Belo Horizonte: Autêntica, 2008.

FOUCAULT, Michel. *Vigiar e punir*. Trad. Lígia Pondé Vassalo. 4. ed. Petrópolis: Vozes, 1986.

_____. *História da loucura*. Trad. José Teixeira Coelho Netto. São Paulo: Perspectiva, 1978.

FRAYSE-PEREIRA, João. *O que é loucura*. São Paulo: Brasiliense, 1985.

GAGNEBIN, Jeanne-Marie. *História e narração em Walter Benjamin*. São Paulo: Perspectiva; Campinas: Ed. UNICAMP, 1994.

_____. *Sete aulas sobre linguagem, memória e história*. Rio de Janeiro: Imago, 1997.

GALVES, Charlotte et al. *África-Brasil: caminhos da língua portuguesa*. Campinas: Unicamp, 2009.

GEERTZ, Clifford. *O saber local*. Trad. Vera Mello Joscelync. 2.ed. Petrópolis: Vozes, 1999.

GIDDENS, Antony. *A transformação da intimidade*. Trad. Magda Lopes. São Paulo: Ed. UNESP, 1993.

GOLDMANN, Lucien. *Sociologia do romance*. Trad. Álvaro Cabral. 2. ed. Rio de Janeiro: Paz e Terra, 1976.

GONÇALVES, António. *Buscando o homem. Antologia poética*. Luanda: Kilombelombe, 2000.

GONÇALVES, Rui Mário. Malangatana: um grande pintor africano. Entrevista ao pintor. In: *Jornal de Letras – JL*. Ano VI, n. 208, p. 18-19, Lisboa, 30 jun. 1986.

GUATTARI, Felix e ROLNIX. *Cartografias do desejo*. Trad. Suely Rolnik; rev. Sonia Junqueira. 4. ed. Petrópolis: Vozes, 1996.

GUILLÉN, Nicolás. *Lagarto verde*. Trad. Carlos Augusto Nougué et al. Rio de Janeiro: Leviatã, 1992.

GUITA Jr., Francisco. *O agora e o depois das coisas* (1990-1992). Maputo: AEMO, 1997.

GUMBE, Jorge. *Exposição Colectiva de Pintura: António Ole, Jorge Gumbe, Massongi Afonso (Afó), Van* (Catálogo). Luanda: Centro Cultural Português de Angola e Instituto Camões, 1999.

_____. Telas do catálogo da exposição montada por Tirso do Amaral. Luanda: Edições Asa; Secretaria de Estado da Cultura; UNAP, 1989.

HALBWACHS, Maurice. *A memória coletiva*. Trad. Laurent Leon Schaffter. São Paulo: Vértice, 1990.

HAMILTON, Russell. *Literatura africana, literatura necessária. Angola*. Lisboa: Edições 70, 1981. v. I.

HOLLANDA, Francisco Buarque de e GIL, Gilberto. Fragmento da letra de música "Cálice". LP *Álibi*. Gravado por Maria Bethânia. São Paulo: Philips; Polygram Discos Ltda., 1978.

HUTCHEON, Linda. *Poética do pós-modernismo*. Trad. Ricardo Cruz. Rio de Janeiro: Imago, 1991.

_____. *Teoria e política da ironia*. Trad. Péricles Eugênio da Silva Ramos. Belo Horizonte: Ed. UFMG, 2000.

JOSHUA, Hirondina. *Os ângulos da casa*. Maputo: Fundação Fernando Leite Couto, 2016.

JUNOD, Henri. *Usos e costumes dos bantu*. Maputo: Arquivo Histórico de Moçambique, 1996, tomos I e II. (Coleção Documentos, 3).

KAFUKENO, Fernando. *Boneca do Bê-Ó*. Luanda: Edição do Autor, 1993.

_____. *...na máscara do litoral*. Luanda: Delegação Provincial de Luanda da Cultura, 1997.

_____. *Sobre o grafite da cera*. Luanda: Editorial Kilombelombe, 2000.

KAJIMBANGA, Víctor. *A alma sociológica na ensaística de Mário Pinto de Andrade*. Luanda: Instituto Nacional das Indústrias Culturais, 2000.

KANDJIMBO, Luís. A nova geração de poetas angolanos. In: *Austral*. Revista de Bordo da TAAG, n. 22. Luanda, out.-dez. 1997, p. 21.

_____. *Apologia de Kalitangi*. Luanda: INALD, 1997.

_____. "Breve panorâmica das recentes tendências da poesia angolana". In: *Austral*. Revista de Bordo da TAAG, n. 22, Luanda, out.-dez. 1997, p. 27.

KAPELA, Paulo. *Instalação* exposta na UNAP. Luanda: nov. 2000. (observação no local).

KHAN, Sheila. "Narrativas, rostos e manifestações do pós-colonialismo moçambicano nos romances de João Paulo Borges Coelho". *Gragoatá*. Revista do Instituto de Letras da UFF, n. 24, Niterói, 2008, p. 131-145.

KHOSA, Ungulani Ba Ka. *Choriro*. Maputo: Alcance, 2009.

KHOTE, Flávio. *A alegoria*. São Paulo: Ática, 1986.

KI-ZERBO, Joseph. *Para quando a África?* Entrevista com René Holenstein. Trad. Carlos Aboim de Brito. Rio de Janeiro: Pallas, 2006.

KNOPFLI, Rui. *O monhé das cobras*. Lisboa: Caminho, 1997.

_____. *Antologia poética*. Eugénio Lisboa (org.). Belo Horizonte: Ed. UFMG, 2010.

KONDER, Leandro. *Walter Benjamin: o marxismo da melancolia*. Rio de Janeiro: Campus, 1988.

KRISTEVA, Júlia. *Estrangeiros para nós mesmos*. Trad. Diogo Mainardi. Rio de Janeiro: Rocco, 1994.

LABAN, Michel. As muitas águas do Rioseco, de Manuel Rui. Conferência pronunciada no I Encontro Internacional sobre a Literatura Angolana, realizado em Luanda, de 10 a 14 dez. 1997, sob o patrocínio da União dos Escritores Angolanos. Excerto publicado em *Lavra & Oficina*, Gazeta da União dos Escritores Angolanos, Série II, n. 1, jan.-fev. 1998, p. 5-7.

_____. *Moçambique: Encontro com escritores*. Porto: Fundação Engenheiro António de Almeida, 1998, v. I, II e III.

LARANJEIRA, Pires. *Literaturas africanas de expressão portuguesa*. Lisboa: Universidade Aberta, 1995.

LE GOFF, Jacques. *História e memória*. Trad. Bernardo Leitão. Campinas: UNICAMP, 1990.

_____. *História e memória*. Trad. Bernardo Leitão. Campinas: UNICAMP, 1996.

LEITE, Ana Mafalda. *Oralidades & escritas nas literaturas africanas*. Lisboa: Colibri, 1998.

_____. In: CHICHORRO, Roberto; PATRAQUIM, Luís Carlos; LEITE, Ana Mafalda. *Mariscando luas*. Lisboa: Vega, 1992.

_____. *Cenografias pós-coloniais nas literaturas africanas*. In: MEDEIROS, Paulo de (org.). *Postcolonial theory and lusophone literatures*. Utrecht: Portuguese Studies Center; Univ. Utrecht, 2007, p. 99-107.

_____. In: *Vertical*. n. 55. Lisboa, jul.-ago. 1993. *Apud: Maderazinco*. Revista literária moçambicana. 2 ed., Maputo, dez. 2001. Site: www.maderazinco.tropical.co.mz/ index. html Acesso em: 9 jul. 2003 (site não mais disponível on-line).

_____. *Literaturas africanas e formulações pós-coloniais*. Lisboa: Colibri, 2003.

_____. "Poesia moçambicana, ecletismo de tendências". In: *Poesia sempre*: Angola e Moçambique. Revista da Biblioteca Nacional, v. 13, n. 23. Rio de Janeiro, 2006, p. 139-142.

LEMOS, Virgílio de. "O Barroco estético ou 7 enunciados e 4 variantes". In: _____ *Eroticus mozambicanus. Congresso Internacional Panorama "As novas literaturas africanas de língua portuguesa"*. Lisboa: GT do Ministério da Educação para a Comemoração dos Descobrimentos Portugueses, 1997, p. 124-150.

_____. *Eroticus moçambicanus. Breve antologia da poesia escrita em Moçambique (1944-1963)*. Organização e apresentação de Carmen Lucia Tindó Secco. Rio de Janeiro: Nova Fronteira, 1999.

_____. *Ilha de Moçambique: a língua é o exílio do que sonhas*. Maputo: Associação Moçambicana de Língua Portuguesa - AMOLP, 1999.

_____. *Negra azul*. Maputo: Centro Cultural Português; Instituto Camões, 1999.

LISBOA, Eugénio. "A voz ciciada. Ensaio de leitura da poesia de Rui Knopfli". In: *AA.VV. Poesia de Moçambique I*. Lourenço Marques: Minerva Central, s.d.

_____. José Craveirinha. In: *Maderazinco*. Revista literária moçambicana. 2. ed. Maputo, dez. 2001. Em: http://www.maderazinco.tropical.co.mz/index.html Acesso em: 9 jul. 2008. Site atualmente não mais disponível.

LOPES, Carlos. *Compasso de espera*. Porto: Afrontamento, 1997.

LOPES, José Miguel. "Literatura moçambicana em língua portuguesa: na praia do oriente, a areia náufraga do ocidente". In: Revista *Script*. v. 1, n. 2. Belo Horizonte: PUC/MG, 1. sem. 1998, p. 269-285.

MACEDO, Jorge. *Literatura angolana e texto literário*. Rio Tinto: União dos Escritores Angolanos, 1989.

_____. *Poéticas na literatura angolana*. Luanda: INALD, s.d.

MACEDO, Tânia Celestino de, e MAQUÊA, Vera. *Literaturas de língua portuguesa: marcos e marcas - Moçambique*. São Paulo: Arte & Ciência, 2007.

_____. "Imagens do mar na literatura angolana". In: Anne et AFONSO, Fernanda. *La lusophonie: voies/voix océaniques*. Bruxelas: Lidel, 2000, p. 257-265.

_____. *Angola e Brasil: estudos comparados*. São Paulo: Arte & Ciência, 2002.

MADRUGA, Elisalva. *Nas trilhas da descoberta: a repercussão do modernismo brasileiro na literatura angolana*. João Pessoa: Editora da UFPB, 1998.

MAIMONA, João. *As abelhas do dia*. Luanda: UEA, 1990.

_____. *Idade das palavras*. Luanda: INALD, 1997.

MANJATE, Lucílio. *Geração XXI: notas sobre a nova geração de escritores moçambicanos*. Maputo: Alcance, 2018.

MANUEL, Ricardo. *Bruxedos de amor. Poesias eróticas*. Luanda: Kilombelombe, 1998.

MARCUSE, Herbert. *Eros e civilização*. Trad. Álvaro Cabral. Rio de Janeiro: Zahar, 1968.

MARIA, Pombal. "Quatro poetas dos anos 90: nova geração de autores não teme comparações". In: *Correio da Semana*. Luanda, ano 4, n. 30, 23-30 jul. 1995, p. 10-11.

MARGARIDO, Alfredo. *Estudos sobre literaturas das nações africanas de língua portuguesa*. Lisboa: A Regra do Jogo, 1980.

MARTINHO, Fernando J. B. Prefácio. In: CARDOSO, Boaventura. *O fogo da fala*. Lisboa: Edições 70, 1980, p. 11-21.

MARTINS, Celina. *O entrelaçar de vozes mestiças*. Estoril: Princípia, 2006.

MARTINS, Leda. *Afrografias da memória*. São Paulo; Belo Horizonte: Perspectiva; Mazza Edições, 1997.

MATA, Inocência. "A imagem da terra na literatura angolana - uma viagem ao rizoma da nação literária". Conferência pronunciada no I Encontro Internacional sobre a Literatura Angolana, em Luanda, 10 a 14 dez. 1997, sob o patrocínio da União dos Escritores Angolanos. Texto publicado em *Lavra & Oficina*, Gazeta da União dos Escritores Angolanos, Série II, n. 2, mar.-abr. 1998, p. 7-11.

_____. "A poesia de João Maimona: o canto ao Homem Total ou a catarse dos lugares-comuns". *Revista da Faculdade de Letras*, n. 15, 5. Série. Lisboa: Universidade de Lisboa, 1993, p. 181-188.

_____. A alquimia da língua portuguesa nos portos da expansão em Moçambique, com Mia Couto. *Scripta*. Revista da Pós-Graduação em Letras da PUC/MG e do CESPUC. Belo Horizonte, v. 1, n. 2, 1. sem. 1998, p. 262-268.

_____. *Literatura angolana: silêncios e falas de uma voz inquieta*. Lisboa: Mar Além, 2001.

MATA, Inocência. *O sétimo juramento* de Paulina Chiziane – Uma alegoria sobre o preço do poder. *Scripta*. v. 4, n. 8, p. 187-191, 1. sem. 2001.

_____ e PADILHA, Laura. *Mário Pinto de Andrade: um intelectual na política*. Lisboa: Colibri, 2000.

MATUSSE, Gilberto. *A construção da imagem de moçambicanidade em José Craveirinha, Mia Couto e Ungulani Ba Ka Khosa*. Maputo: Livraria Universitária da UEM, 1998.

MBATE, Pedro. *Vácuos*. Maputo: Cavalo do Mar, 2017.

MELO NETO, João Cabral. "Morte e Vida Severina". In: _____. *Poesias completas*. Rio de Janeiro: José Olympio; Sabiá, 1968.

MELO, João. *Tanto amor*. Luanda: UEA, 1989.

MEMMI, Albert. *Retrato do colonizado precedido do retrato do colonizador*. Trad. Roland Corbisier e Mariza Coelho. Rio de Janeiro: Paz e Terra, 1977.

_____. *Retrato do colonizado precedido pelo retrato do colonizador*. Trad. Roland Corbisier e Mariza Pinto Coelho. 3. ed. Rio de Janeiro: Paz e Terra, 1989.

MENDONÇA, Carlos Vinícius Costa de; ALVES, Gabriela Santos. "Da alegria e da angústia de diluir fronteiras: o diálogo entre a História e a Literatura". Disponível em: http://www.historia.uff.br/cantareira/novacantareira/artigos/edicao4/hliteratura.pdf. Acesso em: 20 jan. 2011.

MENDONÇA, Fátima. "Hibridismo ou estratégias narrativas? Modelos de herói na ficção narrativa de Ngugi wa T'hiongo, Alex La Guma e João Paulo Borges Coelho". *Via Atlântica*, Revista da Pós-Graduação em Estudos Comparados de Literaturas de Língua Portuguesa da Faculdade de Filosofia, Ciências e Letras da Universidade de São Paulo, n. 16, 2009, p. 143-150.

_____. *Literatura moçambicana: a história e as escritas*. Maputo: Faculdade de Letras; Núcleo Editorial da UEM, 1989.

MENDONÇA, José Luís. *Ngoma do negro metal*. Luanda: Chá de Caxinde, 2000.

_____. *Quero acordar a alba*. Luanda: INALD, 1997.

MESTRE, David. *Lusografias crioulas*. Évora: Pendor, 1997.

_____. *Nem tudo é poesia*. Luanda: União dos Escritores Angolanos, 1989.

_____. "Voz off". In: _____. *Subscrito a giz: 60 poemas escolhidos (1972-1994)*. Lisboa: Imprensa Nacional- Casa da Moeda, 1996.

MIRANDA, Maria Geralda e SECCO, Carmen Lucia Tindó. *Paulina Chiziane: Vozes e rostos femininos de Moçambique*. Curitiba: Appris, 2013.

MIXINGE, Adriano. "António Ole e a Travessia dos Anéis Etnocêntricos". *Jornal de Angola*. Ano 24. n. 7735. *Vida & Cultura*: Suplemento de Artes, Letras e Ideias do Jornal de Angola. Lisboa, 17 jan. 1999, p. I-III.

_____. "JORGE GUMBE: A Natureza como Mãe". In: *Exposição Colectiva de Pintura: António Ole, Jorge Gumbe, Massongi Afonso (Afó), Van* (Catálogo). Luanda: Centro Cultural Português de Angola e Instituto Camões, 1999.

_____. Prefácio ao livro *...na máscara do litoral*, de Fernando Kafukeno. Luanda: Delegação Provincial de Luanda da Cultura, 1997, p. 11-16.

MORAES, Viviane Mendes de. *Entre as savanas de aridez e os horizontes da poesia: as paisagens em Rui Knopfli*. Tese de Doutorado orientada por Carmen Lucia Tindó Secco. Programa de Pós-Graduação em Letras Vernáculas da Universidade Federal do Rio de Janeiro, 2015.

MORENO, César Fernandez. *América Latina em sua literatura*. Trad. Luiz João Gaio. São Paulo: Perspectiva, 1979.

MOURA, Jean-Marc. *Littératures francophones et théorie postcoloniale*. Paris: Puf, 1999, p. 120-138.

MOURÃO, Fernando de Albuquerque. *A sociedade angolana através da literatura*. São Paulo: Ática, 1978.

NASCENTES, Antenor. *Dicionário etimológico resumido*. Rio de Janeiro: Instituto Nacional do Livro; Ministério de Educação e Cultura, 1966.

NASCIMENTO, Milton e VELOSO, Caetano. Música "A terceira margem do rio". In: LP *TXAI*. São Paulo: Discos Colúmbia, s.d.

NAVARRO, Júlio (org.). *Malangatana* (álbum). Lisboa: Caminho, 1998.

NOA, Francisco. *Literatura moçambicana: memória e conflito. Itinerário poético de Rui Knopfli*. Maputo: Universidade Eduardo Mondlane; Livraria Universitária, 1997.

_____. *A escrita infinita*. Maputo: Livraria Universitária Eduardo Mondlane, 1998.

_____. *Império, mito e miopia: Moçambique como invenção literária*. Lisboa: Caminho, 2002; São Paulo: Kapulana, 2015.

NOGUEIRA, Nok. *Jardim de estações*. Vila Nova de Cerveira: Nóssomos, 2011.

NOVAES, Adauto. De olhos vendados. In: NOVAES, Adauto (org.) *O olhar*. São Paulo: Companhia das Letras, 1988, p. 9-20.

_____ (org.). *Tempo e história*. São Paulo: Companhia das Letras, 1992.

NUNES, Benedito. "O amor na obra de Guimarães Rosa". In: *Revista do Livro*. Ano VII, n. 26. Rio de Janeiro: Instituto Nacional do Livro; Ministério da Educação e Cultura, set. 1964, p. 39-62.

OLE, António. In: PEDRO, Francisco. "O corpo da pintura". *Jornal de Angola*. Ano 24, n. 7889. *Vida & Cultura*: Suplemento de Artes, Letras e Ideias. Lisboa, 20 jun. 1999, p. II-III.

_____. Telas da exposição *António Ole: Retrospectiva 1967-1997* (Catálogo). Luanda: Centro Cultural Português de Angola e Instituto Camões, 1997, 38 p.

_____. Telas da exposição colectiva de pintura: *António Ole, Jorge Gumbe, Massongi Afonso (Afó), Van* (Catálogo). Luanda: Centro Cultural Português de Angola e Instituto Camões, 1999, 28 p.

OLIVEIRA, Carlos Ramos, s.d. Disponível em: http://www.macua.org/livros/tauara1.html. Acesso em: 29/04/2011.

OLIVEIRA, José António de. "A pintura recente de Jorge Gumbe". In: *Jorge Gumbe*: catálogo da exposição montada por Tirso do Amaral. Luanda: Ed. Asa; Secretaria de Estado da Cultura; UNAP, 1989.

OLIVEIRA, Valdevino Soares de. *Poesia e pintura: um diálogo em três dimensões*. Assis: UNESP, 1999.

OKAPI, Sangare. *Mesmos barcos ou poemas de revisitação do corpo*. Maputo: Associação dos Escritores Moçambicanos, 2007; São Paulo: Kapulana, 2017.

PADILHA, Laura Cavalcante. "Em memória do rio (um esboço de dois romances angolanos)". Conferência pronunciada no I Encontro Internacional sobre a Literatura Angolana, realizado em Luanda, de 10 a 14 de dezembro de 1997, sob o patrocínio da União dos Escritores Angolanos. Excerto publicado em *Lavra & Oficina*. Gazeta da União dos Escritores Angolanos, Série II, n. 1, jan.- fev. 1998, p. 5-7.

_____. *Entre voz e letra: o lugar da ancestralidade na ficção angolana do século XX*. Niterói: EDUFF, 1995.

_____. *Palestra sobre Paula Tavares*. Rio de Janeiro: Faculdade de Letras - UFRJ, 5 out. 2000.

PAIXÃO, Fernando. *O que é poesia*. São Paulo: Brasiliense, 1982.

PANGUILA, António. *Amor mendigo*. Luanda: Governo Provincial de Luanda, 1997, 22 p.

PATRAQUIM, Luís Carlos. *Monção*. Lisboa: Edições 70, 1980.

_____. *Lidemburgo blues*. Lisboa: Caminho, 1997.

_____. *Vinte e tal novas formulações e uma elegia carnívora*. Lisboa: ALAC, 1991.

_____; LEITE, Ana Mafalda e CHICHORRO, Roberto. *Mariscando luas*. Lisboa: Vega, 1992.

PEDRO, Francisco. "O corpo da pintura". *Jornal de Angola*. Ano 24. n. 7889. *Vida & Cultura*: Suplemento de Artes, Letras e Ideias do Jornal de Angola. Lisboa, 20 jun. 1999, p. II-III.

PEPETELA. *Mayombe*. São Paulo: Ática, 1982.

_____. *O desejo de Kianda*. Lisboa: Dom Quixote, 1995; São Paulo: Kapulana, 2021.

_____. *Entrevista*. In: *Jornal de Letras*. Lisboa: 29 mar. 1995, p. 15.

PEREIRA, Frederico. Falar de Malangatana, ouvir ecos de Malangatana. In: NAVARRO, Júlio (org.). *Malangatana* (álbum). Lisboa: Caminho, 1998.

PETERS, Edward. *Tortura*. Trad. Lila Spinelli. São Paulo: Ática, 1989.

PESSOA, Fernando. *Obra poética*. Rio de Janeiro: Editora José Aguilar, 1972.

QUEIROZ, Carla. *Os pequenos botões sonham com o mel*. Luanda: INIC, 2001.

REBELO, Luís de Sousa. "A memória consentida de Rui Knopfli". In: KNOPFLI, Rui. *Obra Poética*, Lisboa: Imprensa Nacional - Casa da Moeda, 2003.

RIBAS, Óscar. *Dicionário de regionalismos angolanos*. Matosinhos: Contemporânea, s.d.

_____. *Ilundu*. Rio Tinto; Luanda: Edições Asa; União dos Escritores Angolanos, 1989.

RIBEIRO, Fátima. "Mia Couto: sempre igual sempre surpreendente". Disponível em: http://macua.blogs.com/moambique_para_todos/2006/06/mia_couto_sempr.html#t. Acesso em: 28 jul. 2006.

RIBEIRO, Margarida Calafate e MENESES, Paula (org.). *Moçambique: das palavras escritas*. Porto: Afrontamento, 2008.

RICOUER, Paul. *La mémoire, l'historie, l'oubli*. Paris: Seuil, 2000.

ROCHA, Aurélio. Posfácio. In: KHOSA, Ungulani Ba Ka. *Choriro*. Maputo: Alcance, 2009, p. 146-150.

ROCHA, Claudia M. V. da. "Ruy Duarte de Carvalho: a construção do texto e de (muitos) percursos". In: SEPÚLVEDA, M. C. e SALGADO, M. T. *África & Brasil: letras em laços*. Rio de Janeiro: Atlântica, 2000, p. 321-328.

ROSA, João Guimarães. *Ficção completa*. Rio de Janeiro: Nova Aguilar, 1994, v. II.

_____ *Grande sertão: veredas*. 4. ed. Rio de Janeiro: José Olympio, 1965.

_____. *Primeiras estórias*. Rio de Janeiro: José Olympio, 1962.

_____. *Tutaméia*. Rio de Janeiro: José Olympio, 1967.

ROSÁRIO, Lourenço. *A narrativa africana*. Lisboa: Instituto de Cultura e Língua Portuguesa; Angolê - Artes e Letras, 1989.

ROUX, Jean-Paul. *La Sangre: mitos, símbolos y realidades*. Barcelona: Ediciones Península, 1990.

RUI, Manuel. "Da escrita à fala". Texto apresentado na mesa-redonda intitulada "A prosa e a sociedade: estórias de nossa terra", nas Jornadas do Livro e da Literatura. Luanda: Ministério da Cultura, 25 abr. 2003.

_____. "Entre mim e o nómada – a flor". In: *África*. Revista de literatura, arte e cultura. Ano II, v. I, n. 5. Lisboa, jul.-set.1979, p. 541-543.

_____. "Eu e o outro – O Invasor ou em poucas três linhas uma maneira de pensar o texto". In: MEDINA, Cremilda de Araújo. *Sonha mamana África*. São Paulo: Epopéia, 1987, p. 308 -310.

_____. "O relógio". In: _____. *Sim, camarada!* 2. ed. Luanda: União dos Escritores Angolanos, 1985.

_____. "Pensando o texto da memória". Texto publicado nos Anais do 2° Congresso da ABRALIC de 1990. Belo Horizonte: Ed. UFMG, 1991, p. 541-543.

_____. "Mulato de Sangue Azul". In: *Regresso adiado*. Luanda: UEA, 1985, p. 23-44.

_____. *Rioseco*. Lisboa: Cotovia, 1997.

_____. *Travessia por imagem*. Luanda: Editorial Kilombelombe, 2011.

SAID, Edward. *Cultura e imperialismo*. Trad. Denise Bottmann. São Paulo: Companhia das Letras, 1995.

SAID, Roberto. "O delito da palavra" (posfácio). In: KNOPFLI. *Antologia poética*. Eugénio Lisboa (org.). Belo Horizonte: Editora UFMG, 2010.

SANTANA, Ana de. *Sabores, odores & sonhos*. Luanda: UEA, 1985.

SANT'ANNA, Affonso Romano de. *Barroco: do quadrado à elipse*. Rio de Janeiro: Rocco, 2000.

SANT'ANNA, Glória de. *Amaranto: poesias 1951-1983*. Lisboa: Imprensa Nacional-Casa da Moeda, 1988.

SANTIAGO, Silviano. *Uma literatura nos trópicos*. São Paulo: Perspectiva, 1978.

SANTILLI, Maria Aparecida. *Estórias africanas*. São Paulo: Ática, 1985.

_____. *Paralelas e tangentes*. São Paulo: Arte & Ciência, 2003.

SANTOS, Afonso dos. *Colecionador de quimeras*. Maputo: Ndjira, 1996.

SANTOS, Boaventura de Sousa. *Epistemologias do Sul*. Coimbra: Almedina, 2009.

_____. *Pela mão de Alice*. 2.ed. São Paulo: Cortez, 1991.

SANTOS, Edna Maria. "Mar: elos, rupturas entre o Oriente e o Ocidente". Separata com o texto integral da comunicação apresentada no Congresso "Il Portogallo e i Mari: um incontro tra culture". Org. Maria Luisa Cusati, Napoli, 15 a 17 dez. 1994. Napoli: Liguori Editore, 1998, p. 179-183.

SARDUY, Severo. *Barroco*. Trad. Maria de Lurdes Júdice e José Manuel de Vasconcelos. Lisboa: Vega, 1989.

_____. "O Barroco e o Neobarroco". In: MORENO, César Fernández. *América latina em sua literatura*. Trad. Luiz João Gaio. São Paulo: Perspectiva, 1979, p. 161-178.

SARLO, Beatriz. *Tempo passado: cultura da memória e guinada subjetiva*. Trad. Rosa Freire d´Aguiar. São Paulo; Belo Horizonte: Companhia das Letras; UFMG, 2007.

SAÚTE, Nelson. *A pátria dividida*. Lisboa: Vega, 1993.

_____. *Os habitantes da memória*. Praia; Mindelo: Embaixada de Portugal; Centro Cultural Português, 1998.

_____ e MENDONÇA, Fátima. *Antologia da nova poesia moçambicana*. Maputo: AEMO, 1993.

SECCHIN, Antonio Carlos. *João Cabral: a poesia do menos*. São Paulo: Duas Cidades; Brasília: Instituto Nacional do Livro, Fundação Pró-Memória, 1985.

SECCO, Carmen Lucia Tindó. *Além da idade da razão: longevidade e saber na ficção brasileira*. Rio de Janeiro: Graphia, 1994.

_____. *Antologia do mar na poesia africana do século XX. Angola*. Luanda: Editorial Kilombelombe, 2000.

_____. *Antologia do mar na poesia africana do século XX. Moçambique, Guiné-Bissau, São Tomé e Príncipe*. Rio de Janeiro: Faculdade de Letras - UFRJ, 1999.

_____. "De mares, exílios, fronteiras". In: QUATAERT, Anne et AFONSO, Fernanda. *La lusophonie: voies/voix océaniques*. Bruxelas: Lidel, 2000, p. 288-294.

_____. "Nas águas do sonho, nas margens do poético". *Anais do 5º Congresso da ABRALIC - Cânones e Contextos*. Rio de Janeiro: UFRJ, 1998. v.2, p. 227-230.

_____. "O ar, as águas e os sonhos no universo poético da ficção de Mia Couto". Revista *Gragoatá*. n. 5: "Linguagem, Língua e Discurso". Niterói: EDUFF, 1999, p. 159-169.

_____. "Uma varanda sobre o Índico: entrelugar de sonhos, mitos e memórias..." In: SILVEIRA, Jorge F. da. *Escrever a casa portuguesa*. Belo Horizonte: Ed. UFMG, 1999, p. 385-398.

SELIGMANN, Márcio e NESTROVSKI, Arthur (org.). *Catástrofe e representação: ensaios*. São Paulo: Escuta, 2000.

SEPÚLVEDA, M. C. e SALGADO, M. T. *África & Brasil: Letras em laços*. Rio de Janeiro: Atlântica, 2000.

SILVA, Manoel de Souza e. *Do alheio ao próprio: a poesia em Moçambique*. São Paulo; Goiânia: EDUSP; UFG, 1996.

SOARES, António Filipe. *Poesia angolana: antologia*. Porto Alegre: Instituto Cultural Português; Escola Superior de Teologia São Lourenço de Brindes, 1979.

SOARES, Francisco. *Notícia da literatura angolana*. Lisboa: Imprensa Nacional-Casa da Moeda, 2001.

SOPA, António e SAÚTE, Nélson. *A Ilha de Moçambique pela voz dos poetas*. Lisboa: Edições 70, 1992.

SOURIAU, Etienne. *A correspondência das artes*. Trad.: Maria Cecília Pinto e Maria Helena Cunha. São Paulo: Cultrix; EDUSP, 1983, p. 7-95.

SOUSA, Conceição Barreira de. "O estado das coisas". In: *António Ole: Retrospectiva 1967-1997* (Catálogo da Exposição). Luanda: Centro Cultural Português de Angola e Instituto Camões, 1997.

SOUSA, Noémia. *Sangue negro*. Ilustrações de Mariana Fujisawa. Capa de Amanda de Azevedo. São Paulo: Kapulana, 2016, p. 11-18 [Série Vozes da África]. Disponível em: https://www.kapulana.com.br/noemia-de-sousa-grande-dama-da-poesia-mocambicana-por-carmen-lucia-tindo-secco/. Acesso em: 20 set. 2021.

SOW, Alpha I.; BALOGUN, Ola et al. *Introdução à cultura africana*. Trad. Emmanuel L. Godinho, Geminiano Cascais Franco, Ana Mafalda Leite. Lisboa: Edições 70, 1977.

STAN, Robert. *Bakhtin: da teoria literária à cultura de massa*. Trad. Heloisa John. São Paulo: Ática, 1992.

STEINER, George. *Linguagem e silêncio: ensaios sobre a crise da palavra*. Trad. Cristiano Martins. São Paulo: Companhia das Letras, 1988.

SULTUANE, Sónia. *Roda das encarnações*. São Paulo: Kapulana, 2017.

TALA, João. *O gosto da semente*. Luanda: INIC - Instituto Nacional das Indústrias Culturais, 2000. (Colecção "A Letra", 2. Série, n. 19).

TAVARES, Ana Paula. *Dizes-me coisas amargas como os frutos*. Lisboa: Caminho, 2001.

_____. *O lago da lua*. Lisboa: Caminho, 1999.

_____. *O sangue da buganvília*. Praia: Instituto Cultural Português, 1998.

_____. *Ritos de passagem*. Luanda: UEA, 1985.

TIMÓTEO, Adelino. *Revista Palavra Comum*. Disponível em: http://palavracomum.com/entrevista-ao-escritor-mocambicano-adelino-timoteo/. Acesso em: 31 mar. 2021.

TODOROV, Tzvetan. Os homens-narrativas. In: *As estruturas narrativas*. Trad. Leyla Perrone-Moisés. 2. ed. São Paulo: Perspectiva, 1970, p. 119-133.

TRIGO, Salvato. *Ensaios de literatura afro-luso-brasileira*. Lisboa: Vega, s.d.

VASCONCELOS, Adriano Botelho. *Abismos de silêncio*. Luanda: União dos Escritores Angolanos; ABV Editora, 1996.

VASCONCELOS, José Manuel de. Apresentação de Severo Sarduy. In: SARDUY, Severo. *Barroco*. Lisboa: Vega, 1989, p. 7-17.

VEIGA, José J. *A hora dos ruminantes*. 10. ed. Rio de Janeiro: Civilização Brasileira, 1979.

VENÂNCIO, José Carlos. *Literatura versus sociedade.* Lisboa: Vega, 1992.

VERGER, Pierre. *Lendas africanas dos orixás.* Trad. Maria Aparecida da Nóbrega. 3. ed. Salvador: Corrupio, 1992.

VIA ATLÂNTICA, Revista da Pós-Graduação em Estudos Comparados de Literaturas de Língua Portuguesa da Faculdade de Filosofia, Ciências e Letras da Universidade de São Paulo, n. 3, n. 5, n. 16. São Paulo: USP, 1999, 2002, 2010.

VIEIRA, José Luandino. *João Vêncio: seus amores.* Lisboa: Edições 70, 1987.

_____. *Luuanda.* 3. ed. Lisboa: Edições 70, s.d.

_____. *Velhas estórias.* 3. ed. Lisboa: Edições 70, 1986.

WHITE, Eduardo. *Amar sobre o Índico.* Maputo: AEMO, 1984.

_____. *Os materiais do amor seguido de O desafio à tristeza.* Lisboa: Caminho, 1996.

_____. *País de mim.* Maputo: AEMO, 1989.

_____. *Poemas da ciência de voar e da engenharia de ser ave.* Lisboa: Caminho, 1992.

ZAHAR, Renate. *Colonialismo e alienação.* Trad. Amadeu Graça do Espírito Santo. Lisboa: Ulmeiro, 1976.

ZUMTHOR, Paul. *A letra e a voz.* Trad. Amálio Pinheiro, Jerusa Pires Ferreira. São Paulo: Companhia das Letras, 1993.

A Autora

CARMEN LUCIA TINDÓ SECCO nasceu no Rio de Janeiro. Professora Titular de Literaturas Africanas de Língua Portuguesa da UFRJ (Universidade Federal do Rio de Janeiro), ensaísta e pesquisadora do CNPq (Conselho Nacional de Desenvolvimento Científico e Tecnológico) e Cientista do nosso Estado da FAPERJ (Fundação Carlos Chagas Filho de Amparo à Pesquisa do Estado do Rio de Janeiro). Tem Mestrado em Letras pela Pontifícia Universidade Católica do Rio de Janeiro (1976), Doutorado pela Universidade Federal do Rio de Janeiro (1992) e pós-Doutorado pela Universidade Federal Fluminense, com estágio na Universidade Politécnica de Moçambique (2009-2010). É Membro da Cátedra Jorge de Sena para Estudos Literários Luso-Afro-Brasileiros, na Faculdade de Letras da Universidade Federal do Rio de Janeiro.

Publicações:

SECCO, C. L. T. R. *A magia das letras africanas. Angola e Moçambique - Ensaios.* São Paulo: Kapulana, 2021. [Ciências e Artes]

_____. "Quatro vozes femininas do Índico e alguns entrelaces poéticos" (capítulo). In: PINHEIRO, V. R.; FREITAS, S. R. F. *Dos percursos pelas Áfricas: a literatura de Moçambique.* João Pessoa: Ed. UFPB, 2020, p. 61-76.

_____. "Avisos à navegação". Prefácio. In: TAVARES, Ana Paula. *Um rio preso nas mãos – Crônicas.* São Paulo: Kapulana, 2019. [Vozes da África]

_____; LEITE, A. M.; PATRAQUIM, L. C. *CineGrafias moçambicanas: memórias & crônicas & ensaios*. (Organizadores). São Paulo: Kapulana, 2019. [Ciências e Artes]

_____. "Sonhos, sangue, perplexidades, esperança... — um percurso pela poesia da Guiné-Bissau" (capítulo de livro). In: RIBEIRO, Margarida Calafate; ROTHWELL, Phillip. *Heranças pós-coloniais nas literaturas de língua portuguesa*. Porto: Afrontamento, dez. 2019. p. 105-116.

_____. "As mulheres do Imperador: entrelaces de histórias e estórias". Posfácio. In: KHOSA, Ungulani Ba Ka Khosa. *Gungunhana: Ualalapi e As mulheres do Imperador*. São Paulo: Kapulana, 2018. [Vozes da África]

_____. *Pensando o cinema moçambicano – ensaios*. (Org.). São Paulo: Kapulana, 2018. [Ciências e Artes]

_____; LEITE, A. M.; SAPEGA, E.; OWEN, H. (org.). *Nação e narrativa pós-colonial III. Cabo Verde, Guiné-Bissau e São Tomé e Príncipe: Ensaios* (org. LEITE, Ana Mafalda, Ellen Sapega, Hilary Owen, Carmen Lucia Tindó Secco). Lisboa: Colibri, 2018.

_____; LEITE, A. M.; FALCONI, J.; KRAKOWSKA, K.; KHAN, S. (org.) *Nação e narrativa pós-Colonial IV. Cabo Verde, Guiné-Bissau e São Tomé e Príncipe: Entrevistas* (org. LEITE, Ana Mafalda, Carmen Lucia Tindó Secco, Jéssica Falconi, Kamila Krakowska, Sheila Khan). Lisboa: Colibri, 2018.

_____. "Outras fronteiras: o brilho dos pirilampos e os fragmentos da memória". Posfácio. In: LEITE, Ana Mafalda. *Outras fronteiras: fragmentos de narrativas*. São Paulo: Kapulana, 2017.

_____. "O legado índico da poesia moçambicana". Prefácio: OKAPI, Sangare. *Mesmos barcos ou poemas de revisitação do corpo*. São Paulo: Kapulana, 2017. [Vozes da África]

_____. "Noémia de Sousa, grande dama da poesia moçambicana". Prefácio. In: SOUSA, Noémia. *Sangue negro*. São Paulo: Kapulana, 2016. [Vozes da África]

_____. *Afeto & Poesia. Ensaios e entrevistas: Angola e Moçambique*. 1. ed. Rio de Janeiro: Oficina Raquel, 2014.

_____. "Uma pátria chamada Poesia...", capítulo do livro *Vozes femininas de África. Prosa e poesia. Sprachen Literaturen Kulturen*. In: BEGENAT-NEUSCHÄFER, Anne e QUINTALE, Flávio (Organizadores). Frankfurt: Peter Lang Edition, 2014, p. 5-14.

_____; MIRANDA, Maria Geralda (Org.). *Paulina Chiziane: Vozes e rostos femininos de Moçambique*. 1. ed. Curitiba: Appris, 2013.

_____. "A voz, o canto, o sonho e o corpo na poesia feminina moçambicana". In: CHAVES, Rita; MACÊDO, Tânia (Org.). Capítulo do livro *Passagens para o Índico. Encontros brasileiros com a literatura moçambicana*. Maputo: Marimbique, 2012, p. 73-93.

_____. (org.). *Luís Carlos Patraquim: Antologia poética*. 1. ed. Belo Horizonte: Editora da UFMG, 2011.

_____; SALGADO, T.; JORGE, S. R. (Org.). *Pensando África: literatura, arte, cultura e ensino*. 1. ed. Rio de Janeiro: Fundação Biblioteca Nacional, 2010.

_____; CAMPOS, M. C. S.; SALGADO, T. (Organizadores). *África & Brasil: Letras em laços*, v. 2, 1. ed. São Caetano do Sul: Editorial Yendis, 2010.

_____; SALGADO, M. T.; JORGE, S. R. (Org.). *África, escritas literárias*. 1. ed. Rio de Janeiro; Luanda: Editora da UFRJ e UEA (União dos Escritores Angolanos), 2010.

_____. "Entre passos e descompassos, a alquimia e a resistência do canto – Reflexões sobre a poesia angolana hoje". Capítulo de livro. In: PADILHA, Laura; RIBEIRO, Margarida Calafate (Org.). *Lendo Angola*. Porto: Afrontamento, 2008, p. 125-134.

_____. *A magia das letras africanas. Ensaios escolhidos sobre as literaturas de Angola, Moçambique e alguns outros diálogos*. 2. ed. Rio de Janeiro: Quartet, 2008.

_____. *Entre fábulas e alegorias. Ensaios sobre literatura infantil de Angola e Moçambique*. 1. ed. Rio de Janeiro: Quartet, 2007.

_____; MACEDO, T. C.; CHAVES, R. (Organizadoras). *Brasil & África: como se o mar fosse mentira*. 2. ed. São Paulo; Editora da UNESP; Luanda: Editora Chá de Caxinde, 2006.

_____. *A magia das letras africanas. Ensaios escolhidos sobre as literaturas de Angola, Moçambique e alguns outros diálogos*. 1. ed. Lisboa: Edições Novo Imbondeiro, 2004.

_____. *A magia das letras africanas. Ensaios escolhidos sobre as literaturas de Angola, Moçambique e alguns outros diálogos*. 1. ed. Rio de Janeiro: Barroso Produções Editoriais, 2003.

_____. (Org.). LEMOS, Virgílio. *Eroticus moçambicanus*. 1. ed. Rio de Janeiro: Nova Fronteira, 1999.

_____; OLIVEIRA, C. F.; DINIZ, A. L. M.; SILVA, R.; MOURA, C. A. ; ROCHA, R. M. A.; BELFORD, E. M. (Org.). *Antologia do mar na poesia africana do século XX: Moçambique, Guiné-Bissau, São Tomé e Príncipe* (v. III). 1. ed. Rio de Janeiro: Coordenação dos Cursos de Pós-Graduação em Letras Vernáculas - Fac. Letras, UFRJ, 1999.

_____. Resenha crítica para a orelha do livro: PEPETELA. *A gloriosa família*. 1. ed. Rio de Janeiro: Nova Fronteira, 1999.

_____; DINIZ, A. L. M.; OLIVEIRA, C. F.; MOURA, C. A.; ROCHA, R. M. A.; SILVA, R. (Organizadores). *Antologia do mar na poesia africana do Século XX: Cabo Verde* (v. II). 1. ed. Rio de Janeiro: Coordenação dos Cursos de Pós-Graduação em Letras Vernáculas - Faculdade de Letras da UFRJ, 1997.

_____. *Antologia poética do mar em Angola*. (coletânea de poemas) 1. ed. Luanda: Editorial Kilombelombe, 2000; 1. ed. Rio de Janeiro: Coordenação dos Cursos de Pós-Graduação em Letras Vernáculas - Fac. Letras, UFRJ, 1996.

_____. *Além da idade da razão*. Rio de Janeiro: Graphia, 1994.

_____. *Morte e prazer em João do Rio*. Rio de Janeiro: Francisco Alves, 1978.

fontes	Andada (Huerta Tipográfica)
	Open Sans (Ascender Fonts)
papel	Pólen Soft 80 g/m²
impressão	BMF Gráfica